船舶工匠系列教材
国家级高技能人才培养基地推荐教材

# 船舶电焊工基础工艺

主编　朱建华　秦　毅　张翼飞
主审　许志祥

哈爾濱工程大學出版社
Harbin Engineering University Press

## 内容简介

本教材根据现代造船工艺的流程编写，以中国船级社(CCS)的焊接工艺规范为标准，以船舶企业对焊工技能的实际需求为立足点，主要包括四个方面：一是焊接工艺基础知识；二是船舶焊接工艺要求；三是常用金属材料的焊接；四是船厂焊工考试及项目内容。

本教材注重工艺知识的讲解和实际操作性，填补了国内技能人才培训教材的空白，可作为企业相关工种培训的指导用书，也可供高职高专、技工学校等职前教育选用，亦可作为船舶企业电焊工等级考试的参考用书。

**图书在版编目(CIP)数据**

船舶电焊工基础工艺/朱建华，秦毅，张翼飞主编. —哈尔滨：哈尔滨工程大学出版社，2021.2

ISBN 978-7-5661-2897-3

Ⅰ. ①船… Ⅱ. ①朱… ②秦… ③张… Ⅲ. ①船舶-电焊 Ⅳ. ①U671.8

中国版本图书馆 CIP 数据核字(2021)第 018368 号

**选题策划** 史大伟 薛 力
**责任编辑** 张 昕
**封面设计** 李海波

---

**出版发行** 哈尔滨工程大学出版社
**社　　址** 哈尔滨市南岗区南通大街 145 号
**邮政编码** 150001
**发行电话** 0451-82519328
**传　　真** 0451-82519699
**经　　销** 新华书店
**印　　刷** 哈尔滨市石桥印务有限公司
**开　　本** 787 mm×1 092 mm 1/16
**印　　张** 19.5
**字　　数** 487 千字
**版　　次** 2021 年 2 月第 1 版
**印　　次** 2021 年 2 月第 1 次印刷
**定　　价** 49.00 元

http://www.hrbeupress.com
E-mail:heupress@hrbeu.edu.cn

# 序

实现中华民族伟大复兴，把我国建设成为海洋装备大国是每一代造船人的不懈追求和梦想。随着我国产业结构的不断调整升级，建设一支高技能人才队伍是沪东中华造船（集团）有限公司（以下简称公司）人才培养工作的重中之重。公司依托国家级高技能人才培养基地的建设，有计划、有步骤、高标准、严要求地培养符合船舶企业需求的高技能人才，帮助技能人才用知识武装自己，不断进取，不断提高业务技能，使其最终成为造船业技术工人队伍的核心骨干，技术创新的探索者、实践者和推动者。但是，在打造这样一支队伍的过程中，我们发现现有的培训教材已经无法满足企业产品升级的需求，公司迫切需要一系列能够适应现代造船需求的培训教材。

本次出版的教材是沪东中华国家级高技能人才培养基地的配套教材，是在2016年出版的基础上，结合新工艺、新标准、新船型的再次扩展。为此，公司专门成立了教材编审委员会，组织了相关领域的专家，结合生产实际情况和行业发展新趋势编写成书。

本教材在编写过程中，得到了公司生产、技术部门领导和专家的大力支持，谨在此表示感谢！希望沪东中华国家级高技能人才培养基地的各领域的精英积极将自己的知识和经验的“金矿”“富矿”不断地转化为理论成果，公司也将为大家学习交流打造一个开放的平台。

沪东中华造船（集团）有限公司党委副书记、工会主席

2020年11月

# 前　　言

随着我国造船工业的飞速发展,造船能力和产量也得到了快速提升,先进的焊接技术在船舶生产中得到越来越广泛的应用。为了帮助船舶焊工队伍整体技能水平和素质的提高,我们编写了本教材。

本教材根据现代造船工艺的流程进行编写,以中国船级社(CCS)的焊接工艺规范为标准,以船舶企业对焊工技能的实际需求为立足点,从以下四个方面进行内容安排:一是焊接工艺基础知识,这部分内容可以帮助焊工掌握应知的理论并运用于生产实践;二是船舶焊接工艺要求,这部分内容以船舶生产流程中典型的分段或结构的焊接工艺实例,为焊工在具体的工作中提供借鉴;三是常用金属材料的焊接,这部分内容以船舶常用金属材料的焊接工艺为主,帮助焊工在具体的焊接过程中采取合理的工艺措施解决实际问题;四是船厂焊工考试及项目内容,这部分内容介绍了 CCS 等船规中对各类焊工的技术要求,进一步促进焊工扎实掌握焊接技能并实施规范操作。

本教材在编写过程中,得到了相关船舶企业的广大焊工师傅和工程技术人员的大力支持和帮助,在此深表谢意!由于编者水平有限,书中难免存在不当之处,敬请广大读者批评指正。

编　者

2020 年 10 月

# 目　　录

## 第二部分　船舶焊接工艺要求

## 第三部分　船用金属材料的焊接

## 第四部分 船厂焊工考试及项目内容

# 绪　　论

## 一、焊接的概念

在金属结构中，往往需要将两种或两种以上的零部件按一定的要求进行连接，形成一个完整的结构。常用的连接方法有螺栓连接、铆钉连接和焊接等（图0－1）。

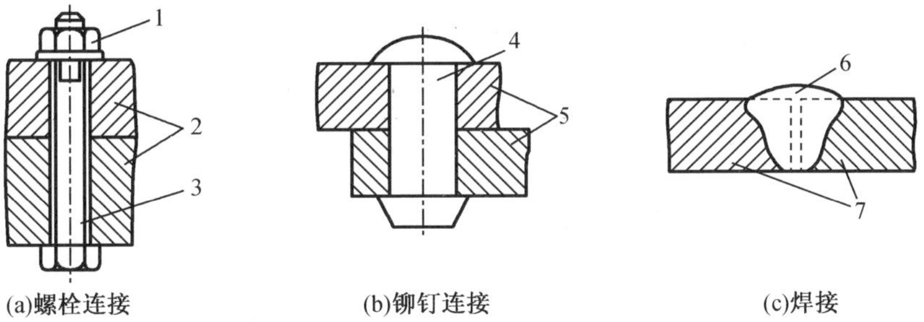


1—螺母；2，5，7—零部件；3—螺栓；4—铆钉；6—焊缝。

**图0－1　常用的连接方法**

焊接是一种永久的连接方法，广泛地应用于金属材料的连接。

焊接就是通过加热或加压，或两者并用，使用或不使用填充材料，使焊件结合的一种加工方法。焊接方法一般可分为熔焊、压焊和钎焊三类。

熔焊是在焊接过程中，将焊接接头加热至熔化状态，不需要借助外力完成焊接的方法。常用的有气（火焰）焊、电弧焊、电渣焊和气体保护电弧焊等。

压焊是在焊接过程中，必须对焊件施加压力，并通过加热或不加热，来达到焊接目的的方法。如冷压焊、爆炸焊等都属于压焊。

钎焊是一种采用比母材熔点低的金属材料作为钎料，将焊件和钎料加热到高于钎料熔点，低于母材的熔化温度，利用液态钎料润湿母材、填充接头间隙，并实现焊件与母材连接的方法。常见的有烙铁钎焊、火焰钎焊等。

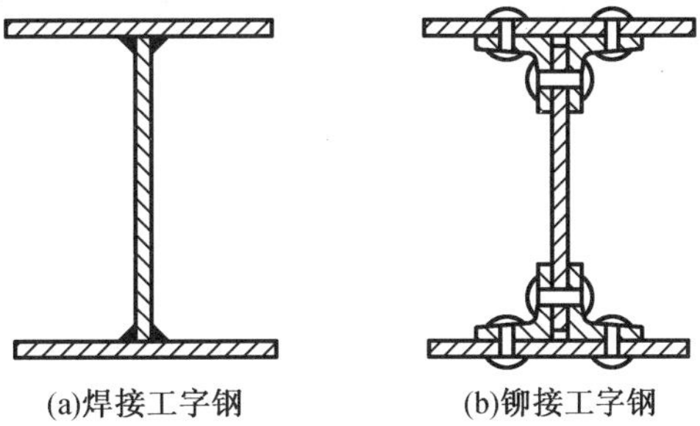


**图0－2　焊接和铆接的对比**

尽管电弧焊的发展只有百余年的历史，但它却是电焊技术发展的起点。电弧焊是在20世纪30年代之后才逐步取代铆接成为造船、锅炉等制造工业的基本加工手段。与铆接结构相比较，焊接结构可以节约大量的金属材料，结构质量小，节省了画线、打孔等工时，最重要的是具有比铆接结构好得多的密封性，这是船舶特别是海洋深潜器等耐压器具不可缺少的条件。焊接和铆接的对比如图0－2所示。当前正是现代工业技术，尤其是航天、能源、海洋开发等行业迅猛发展的时代，各种新型材料和结构为焊接技术的发展提供了广泛的技术基础。

## 二、我国船舶焊接技术发展概况

造船工业是技术密集型行业，它是国民经济建设的重要组成部分，它的发展是衡量一个国家工业水准的重要尺度之一。目前，我国的造船工业发展迅速，各类新型船舶不断涌现，造船能力和产量实现了跨越式的提升，取得了令世界瞩目的成绩。这是我国的造船人积极采用新技术、新工艺，不断提高生产效率、降低成本，稳定和提高产品质量的结果，其中焊接技术起着不可估量的作用。焊接是船体建造的关键工序，焊接工时占船体建造总工时的30% ~40%，焊接成本占船体建造成本的1/3左右，焊接生产率是影响造船产量和生产成本的重要因素之一，同时船体建造质量中焊接质量是一项重要的检验指标。船厂常用的焊接方法和应用如图0-3所示。高新船舶的研发和制造需要以高效率、高质量的焊接技术作为保障，所以要求从事船舶制造生产的焊接工程人员努力掌握并运用好专业知识，尽职尽责地为我国造船事业的蓬勃发展做出应有的贡献。

船厂常用的焊接方法和应用
- 熔焊
  - 气焊——各种管路、有色金属焊接等
  - 电弧焊
    - 焊条电弧焊——船体结构各种位置的焊接等
    - 埋弧半自动焊——船体结构的平角焊、舱壁、构架的角焊等
    - 埋弧自动焊
      - 双面焊
        - 单丝
        - 多丝
        - 加铁粉
        - 预热焊丝
      - 单面焊
        - 单丝、多丝
          - 焊剂 + 铜衬垫（FCB法）
          - 石棉 + 焊剂衬垫（FAB法）
          - 热固化树脂衬垫（RF法）
      - （双面焊、单面焊）甲板、舷侧板、平面分段等的直缝或环缝对接
      - 带极堆焊
    - 气体保护焊
      - 二氧化碳保护焊
        - 半自动焊——构架角焊、封底焊等
        - 自动焊——大接缝、对接板缝等
      - 氩弧焊
        - 非熔化极、熔化极——船用铝合金、铜合金及不锈钢构件焊接和堆焊
    - 等离子焊接——各种有色金属、不锈钢、铸铁构件的焊接
  - 电渣焊
    - 丝极电渣焊——船用尾柱、舵杆等的焊接
    - 熔嘴电渣焊——龙骨、平钢等的焊接
- 压焊
  - 电阻对焊——船用锚链焊接等
  - 缝焊、点焊——船用风道等
- 钎焊
  - 烙铁钎焊、火焰钎焊——船用通风管道焊接等

**图0-3 船厂常用的焊接方法和应用**

## 思考题

1. 什么是金属的焊接？为什么焊接可以取代铆接？
2. 焊接可分为几大类别？熔焊和气焊有什么区别？
3. 什么是熔焊？船体建造中主要采用哪些焊接方法？

# 第一部分　焊接工艺基础

现代焊接技术是从19世纪80年代末才开始发展起来的，其历史不长，但发展却非常迅速。从20世纪开始，几乎每隔10年就出现一种新的焊接能源或焊接方法，目前焊接能源或焊接方法已发展到了几十种。学习和掌握焊接工艺基础，有利于焊接操作人员把焊接原理等知识应用到实际的生产工作中，从而达到提高焊接质量的目的。

# 第1章　焊接电弧

焊接电弧就是利用焊接时产生的电弧热能来熔化母材和填充金属,完成构件的连接。因此,焊接时电弧的稳定性对焊接质量至关重要。

## 1.1　焊接电弧的引燃和构成

在日常生活中经常可以发现电弧,如闪电、电路跳闸时产生的火花等,都是电弧通过气体产生放电的现象。

焊接电弧则是在焊接时,出现于焊条端部与焊件的间隙,如图1-1所示。它与日常所见的通过气体产生放电的现象有所不同。焊接电弧不仅能量大,而且是持续稳定的。所以,焊接电弧是由焊接电源供给的电压下,在气体介质中,电极与电极或电极与焊件之间产生的强烈而持久的放电现象。

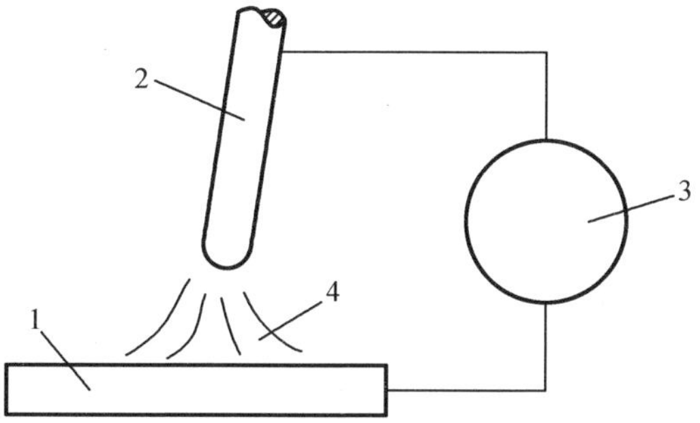


1—焊件;2—焊条;3—焊接电源;4—电弧。

**图1-1　焊接电弧示意图**

### 一、焊接电弧的引燃

通常气体的分子或原子是呈中性的,因此不会导电。要引燃电弧并使其持续燃烧,条件就是使两极间的气体变成通电的导体,使中性的气体分子或原子释放电子形成正离子,此过程即所谓的气体电离。气体电离后,原来气体中的一些中性微粒转变为电子、阳离子等带电质点,这时电流才能通过气体间隙形成电弧。

1. 气体电离

电弧焊时,造成气体电离的方式主要有碰撞电离(电场作用下的电离)和热电离等。

(1)碰撞电离

所谓的碰撞电离实质上就是带电质点与中性原子相互碰撞而发生电离的过程,即在电场的作用下,带电质点高速运动产生较大的能量,当它撞击到中性原子时,就把能量传递给了中性原子。这时如果撞击的能量大于原子核与电子间的引力,则该原子就会发生电离。如果在气体中存在上述条件,就会促使气体的中性原子不断电离成电子和阳离子。

(2)热电离

热电离是指在高温条件下,气体原子由于受到热的作用而产生的电离,其实质是由粒子间的热碰撞而产生的一种电离。气体原子的运动速度与温度有关,气体温度越高,原子运动的速度越快,动能也就越大。在某一温度条件下,气体粒子质量越小,其运动速度越快,由于气体原子的热运动是无规则的运动,原子间频繁发生碰撞。当原子的运动速度足够快时,原子间的碰撞就会引起气体原子的电离。焊接电弧中心温度在 6 000 K 以上,所以热电离在此温度下极易发生。

2. 阴极电子发射

我们知道,电灯之所以能发光是因为有电流通过,即电子的定向流动。阴极的电子发射和气体的电离一样,都是电弧产生和维持的重要条件。

阴极的金属表面连续地向外发射电子的现象,叫作阴极电子发射。

一般情况下电子是不能自由离开金属表面向外发射的。要产生电子发射,就必须给予电子一定的能量,使它克服电极金属内部正电荷对它的静电引力。外加的能量越大,促使阴极电子发射的作用就越强烈。不同的金属材料,其电子逸出功是不一样的。如果在焊条的涂药中添加逸出功小的钾、钠、钙等的化合物,就有利于阴极电子发射,并且电弧燃烧也更稳定。

焊接时,根据阴极所得到的能量不同,电子发射方式分为热电子发射、场致电子发射和撞击电子发射等。

(1)热电子发射

热电子发射是指阴极在高温的作用下使电子逸出电极表面的过程。焊接时,由于阴极表面所处的温度很高,阴极中的电子运动速度也很快,当电子获得的动能足够克服电极内部正电荷对它的静电引力时,电子就会冲出阴极表面而产生电子发射。电极获得的温度越高,则从其表面逸出电子的数量也就越多,从而促使电弧空间气体的碰撞电离也越剧烈,就越有利于电弧的稳定燃烧。

(2)场致电子发射

场致电子发射是指在两极距离一定时,如果提高两极间的电压,则两极间的电场强度也就变大。当电场强度达到一定程度时,其对阴极表面电子的作用足够使电子克服阴极内部正电荷对它的静电引力,而从阴极表面发射出来。这种由电场强度增大而产生的电子发射,称为场致电子发射。电场强度越大,场致电子发射的作用越大。

(3)撞击电子发射

撞击电子发射是指当运动速度较快、质量较大的阳离子撞击阴极表面时,会将能量传递给阴极而产生电子发射的现象。电场强度越大,在电场的作用下阳离子的运动速度也越快,则产生的撞击电子发射作用也越强烈。

在电弧焊时,以上几种电子发射作用常同时存在,相互促进。但在不同条件下,它们所起的作用可能有所差异。如在引弧过程中,热电子发射和场致电子发射起主要作用;电弧正常燃烧时,如采用熔点较高的材料(钨或碳等)作为阴极,则热电子发射作用较显著;如用铜或铅等材料作为阴极,撞击电子发射和场致电子发射就成为主要因素;如用钢作为阴极,则热电子发射、撞击电子发射和场致电子发射都起作用。

综上所述,焊接电弧燃烧的实质就是在焊接电源不断供给能量的情况下,电极不断发射电子,并使电弧空间的气体介质不断电离的过程。

3. 电弧的引燃方法

我们把最初造成两极间气体发生电离和阴极电子发射而引起电弧燃烧的过程叫作电弧的引燃过程。它有以下两种方法。

(1)非接触式引燃

非接触式引燃,即将两电极靠近至 1 ~ 2 mm 的距离,并在两极间加很高的电压(在 1 000 V以上),在强电场作用下,阴极的电子就可以克服内部正电荷对它的静电引力而逸出阴极表面,产生场致电子发射,造成气体介质导电而形成电弧。非接触式引燃主要用于钨极氩弧焊等焊接方法。

(2)接触式引燃

接触式引燃就是先将两极互相接触,然后迅速拉开 3 ~ 4 mm 的距离来引燃电弧,如焊条电弧焊就是采用这种方法来引燃电弧的。将通上焊接电源的焊条端头与焊件表面接触,并迅速拉开一定的距离,则电弧就在焊条端部与焊件间隙产生。由于焊条与焊件接触时,短路电流非常大,这时产生大量的电阻热,使金属电极表面发热、熔化,引起相当强烈的热电子发射和热电离。在拉开后的瞬间,电场又促使产生场致电子发射。同时,已经形成的带电质点在电场作用下加速运动,并在高温条件下相互碰撞,出现了碰撞电离和撞击电子发射。这使得带电质点的数量剧增,导致大量电子通过两极空间流向阳极,电弧便被引燃了。电弧引燃后,电源不断供给电能,新的带电粒子不断得到补充,维持了电弧的稳定燃烧。焊接时电弧的引燃过程如图 1 - 2 所示。短路接触式引燃主要用于焊条电弧焊、熔化极气体保护焊和埋弧焊等焊接方法。

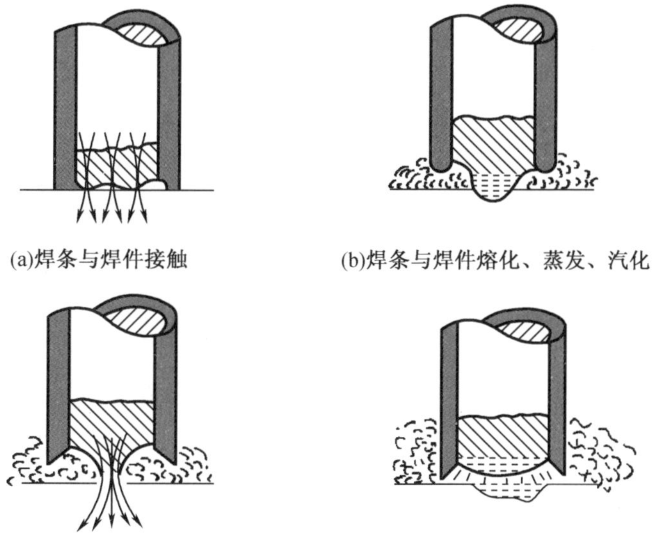

(a)焊条与焊件接触　(b)焊条与焊件熔化、蒸发、汽化

(c)进一步熔化蒸发、汽化,形成细颈　(d)电弧引燃

图 1 - 2　焊接时电弧的引燃过程

## 二、焊接电弧的构造

焊接电弧由阴极区、阳极区和弧柱三个部分组成。以直流电弧为例,焊接电弧的构造如图 1 - 3 所示。

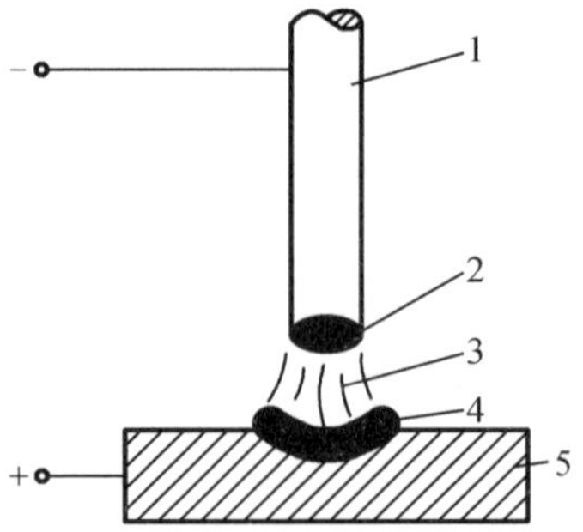


1—碳极;2—阴极区(约 3 500 K);3—弧柱(6 000 K 以上);4—阳极区(约 4 200 K);5—焊件。

**图 1－3　焊接电弧的构造**

1. 阴极区

阴极区在阴极表面有明亮的斑点,它是电弧放电时,阴极表面几种发射电子的微小区域,称为阴极斑点。阴极斑点是一次电子发射的发源地,也是阴极区温度最高的部分,约在 3 500 K。

2. 阳极区

电弧中的电子受阳极的吸引向阳极移动。运动的电子在阳极表面空间的浓度较大,形成一个空间电场,产生电位差,这部分电位差称为阳极压降。在阳极区也有光亮的斑点,它是电弧放电时,正电极表面上集中接受电子的微小区域,叫作阳极斑点。在一般情况下,由于阴极发射电子消耗一定的能量,因此在两极材料相同时,阳极斑点的温度略高于阴极斑点,约为 4 200 K。

在实际生产中,由于不同的焊接工艺方法,电弧的阳极和阴极所得到的能量不同,相应的阳极和阴极温度是有变化的,如表 1－1 所示。

**表 1－1　不同焊接工艺方法的阳极和阴极温度的比较**

| 工艺方法 | 焊条电弧焊(SMAW) | 钨极氩弧焊(GTAW) | 熔化极气体保护焊(GMAW) | 埋弧焊(SAW) |
|---|---|---|---|---|
| 温度比较 | 阳极 > 阴极 | | 阳极 < 阴极 | |

从表 1－1 可以看出:焊条电弧焊时,阳极温度比阴极温度高;钨极氩弧焊时,阳极温度比阴极温度高,是因为钨极发射电子能力较强,在较低的温度下就能满足发射电子的要求;熔化极气体保护焊时,由于气体对阴极有较强的冷却作用,这样就要求阴极具有更高的温度及更大的发射电子的能力,又因为熔化极气体保护焊采用较小直径的焊丝,所以电流密度较大,因此阴极温度较阳极温度高;埋弧焊时,由于使用的焊剂含有 $CaF_2$ 成分,因氟化物等在高温时容易形成阴离子,这样就要求阴极能具备更强的发射电子的能力,而这些阴离子在阴极区与阳离子中和时能放出大量的能量,同时埋弧焊时使用的电流较大,因此这种焊接工艺使阴极温度较阳极温度高。

3. 弧柱

弧柱是电弧的阴极区和阳极区之间的区域。由于阴极区和阳极区的长度极小,因此弧柱的长度就可以认为是弧长。弧柱是自由电子、阴离子向阳极转移与阳离子向阴极转移过程的通路；也是发生电离作用，以及电子、离子在转移的过程中发生相互复合的场所。

由于弧柱的温度不受电极材料的限制，因此其通常高于阴极斑点和阳极斑点的温度。弧柱中心温度可达6 000 K以上。在弧柱的直径上温度分布是不均匀的，弧柱中心的电离度高，带电质点密度大，导电性好，温度最高，越靠近外围温度越低。但是沿弧长方向，温度是均匀分布的，弧柱的温度取决于弧柱中的气体介质和焊接电流，焊接电流越大，弧柱中电离程度也越大，弧柱温度也越高。

## 1.2　电弧静特性及作用

焊接电弧是焊接回路中的负载，起着把电能转换为热能的作用，在这一点上它与普通的电路中的负载相似（如电加热器在电路中也是将电能转换为热能）。但是，它与普通的负载（电阻）相比又有其显著的特点。当电流通过普通电阻时，电阻两端的电压降与所通过的电流值总成正比（欧姆定律 $U=IR$），这种特性称为电阻静特性，如图1－4中的直线1所示。但是当电弧焊的焊接电源输出电流通过弧柱时，电弧两端的电压降与通过弧柱的电流值并不成正比，其比值随电流值的不同而变化，即在电极材料、气体介质和弧长一定的情况下，电弧稳定燃烧时，焊接电流与电弧电压变化的关系称为电弧静特性，也称伏－安特性，表示它们关系的曲线叫作电弧静特性曲线，如图1－4中的曲线2所示。

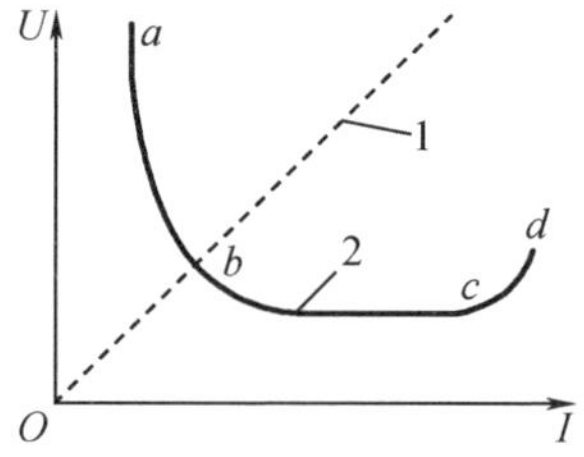


1—普通电阻静特性；2—电弧静特性。

**图1－4　普通电阻静特性与电弧静特性**

图1－4中，电弧静特性曲线呈U形，*ab*段（电压下降段）为焊接的初始阶段，随电流增大，电弧的温度升高，气体电离和阴极电子发射增强，所以这时维持电弧所需的电弧电压随电流的增大而降低。*bc*段（水平段）是正常焊接时的状态，电流增大只是增加对电极材料的加热和熔化程度，电弧电压不变。这时电弧电压仅随电极材料、弧柱中气体的成分和电弧长度而变化，如图1－5所示。*cd*段（上升段）表示焊接电流持续增大，电极斑点的电流密度也不断增大，由于电极端面积有限，使得电极斑点的电流密度达到极限值，因此如需再增大焊接电流，就要求在电极区有较大的电压降，这时维持电弧所需的电弧电压随焊接电流的增大而增大，从而形成了图1－4中曲线上升段。如 $CO_2$ 焊接时，由于采用了直径较细的焊丝，因此在大的焊接电流时才能出现这种状态。

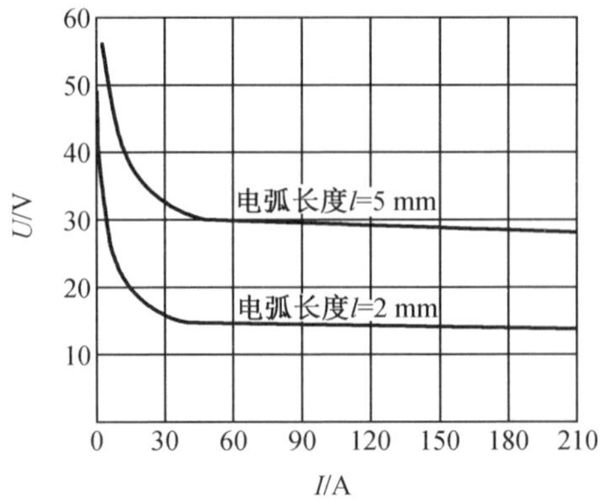


图 1－5　不同电弧长度的电弧静特性曲线

# 1.3　电弧的极性和偏吹

## 一、电弧的极性

极性是指直流电焊接时，焊件与电源输出端的正极或负极的接法，分为正极接（简称正接）和反（负）极接（简称反接）两种。所谓正极接，即焊件接电源正极，电极（焊条）接电源负极（也称 DC－）；所谓反极接，即焊件接电源负极，电极（焊条）接电源正极（也称 DC＋），如图 1－6 所示。

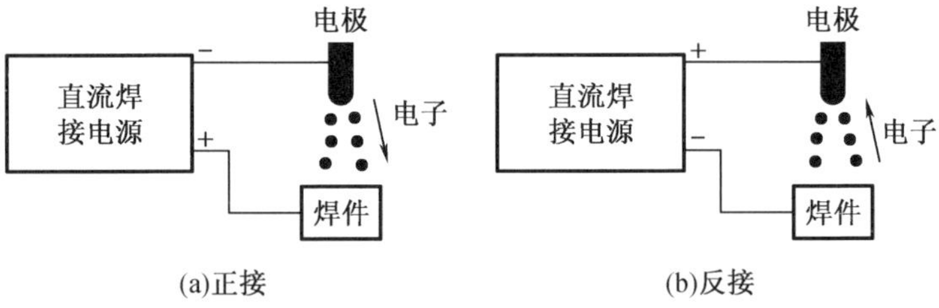


图 1－6　焊接电弧的极性

焊接时极性的选用，主要根据焊件所需的热量和焊条涂药的性质而定。直流电弧焊时，为了获得较大的熔深，可采用正接，这是因为焊件处于电弧阳极区，温度较高；在焊接薄板时，为了防止烧穿，可采用反接。但涂有氟化物（$CaF_2$）药皮的焊条（即较常用的低氢钠型焊条，如 T507）必须采用直流反接进行焊接，这是因为氟化物在电弧气氛中分解出电离电位较高的氟，会造成电弧的稳定性变差，若采用直流正接，在熔滴向熔池过渡时，将受到由熔池方向射来的正离子流的撞击，阻碍了熔滴过渡，导致出现飞溅和电弧不稳定的现象。而采用直流反接时，熔池处于阴极，则焊条端部射来的氢正离子与熔池表面的电子中和形成氢原子，减少了氢气孔的倾向。

在实际生产中，我们可以通过碱性焊条（如 J507）进行试焊来判别焊机的正负极性。如果电弧燃烧不稳定，出现爆裂声，产生大飞溅的现象，就可判断为直流正接；反之，电弧稳定，飞溅量正常，声音柔和，就可判断为直流反接。

## 二、电弧偏吹

电弧焊时,电弧的中心总是沿着焊条的轴线方向,如图 1－7 所示。但是在实际焊接过程中,由于外界气流的干扰,磁场对其作用或焊条的偏心的影响,会出现电弧偏离中心轴线的现象,这就是电弧偏吹。电弧偏吹会造成焊接困难,甚至熄弧,使焊接质量变差。

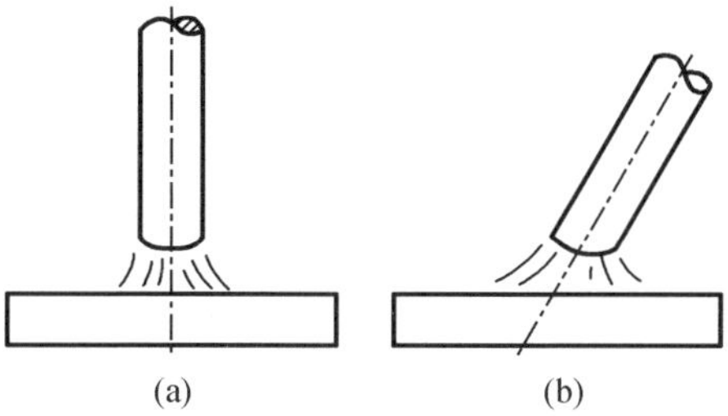


**图 1－7　电弧的方向与焊条沿同一轴线**

1. 焊条偏心度过大

焊条在生产过程中,质量问题会造成其在直径方向涂药薄厚不均匀。焊接时,药皮薄的一边熔化快于厚的一边,迫使电弧偏吹,如图 1－8(a)所示。如果偏心度不大,偏吹现象不严重,可以采取转动焊条,适当调整焊条的倾斜角度来解决偏吹问题。为了保证焊接质量,生产焊条时,对偏心度有一定的限制,其通常规定要求如表 1－2 所示。

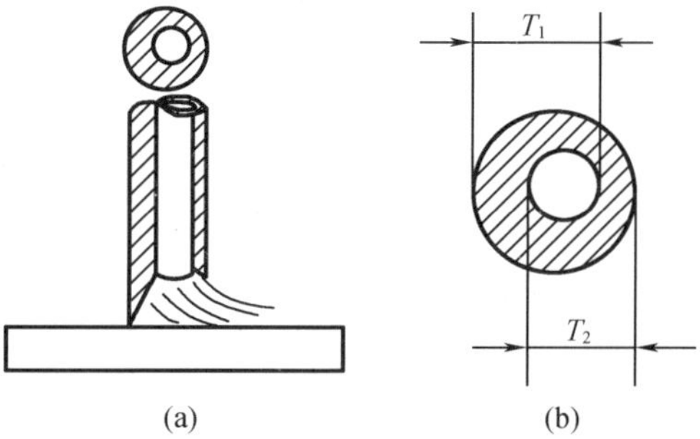


**图 1－8　焊条偏心示意图**

**表 1－2　不同直径焊条的偏心度要求**

| 焊条直径/mm | ≤2.5 | 3.2 或 4.0 | ≥5.0 |
|---|---|---|---|
| 偏心度/% | ≤7 | ≤5 | ≤4 |

如图 1－8(b)所示,焊条的偏心度可通过下列公式计算:

$$焊条偏心度=\frac{2(T_1-T_2)}{T_1+T_2}\times 100\%$$

2. 电弧周围气流的干扰

电弧焊时,由于受到周围气体流动的影响,电弧也会发生向一侧方向偏吹的现象。造成电弧周围气流的原因有多种,如受露天大风的影响;工场排风的影响;管子焊接时,空气在管子中的流动速度较大,形成"穿堂风"的影响;坡口间隙大小不规则形成热对流的影响;等等。一般对于局部气流的干扰而产生电弧的偏吹现象,只要根据情况查明原因,并进行相应遮挡即可解决。

3. 磁偏吹

焊接时由于使用直流电源，使电弧受到焊接回路所产生的电磁力的作用而产生电弧偏吹的现象，称为电弧磁偏吹。造成磁偏吹的主要原因有以下三种。

(1) 接地线位置不适当引起的磁偏吹

这是指直流电弧焊时，由于接地线的位置不适当，使电弧周围的磁场分布不均匀，从而造成电弧的偏吹，如图 1-9 所示。当电流通过焊件流经焊条，在电弧的两侧磁力线分布极不均匀时，由于电弧左侧的磁场强度大于右侧，造成电弧向磁场小的右侧偏吹。

(2) 铁磁物质引起的磁偏吹

由于电弧周围存在铁磁物质（铁块、钢材等），它们的导磁能力大于空气，因此，焊接时靠近铁磁物质一侧的磁力线大部分都通过铁磁物质削弱了磁场，而电弧的另一侧磁场没有被削弱，所以电弧就向有铁磁物质的一侧偏吹，就像电弧被磁铁吸引一样，如图 1-10 所示。

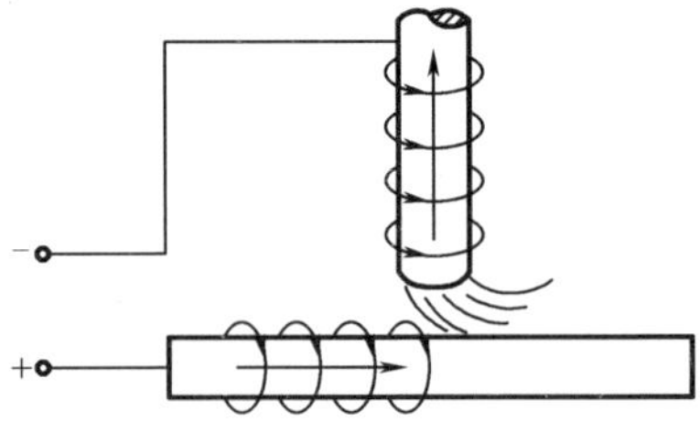


**图 1-9　接地线位置不适当引起的磁偏吹**

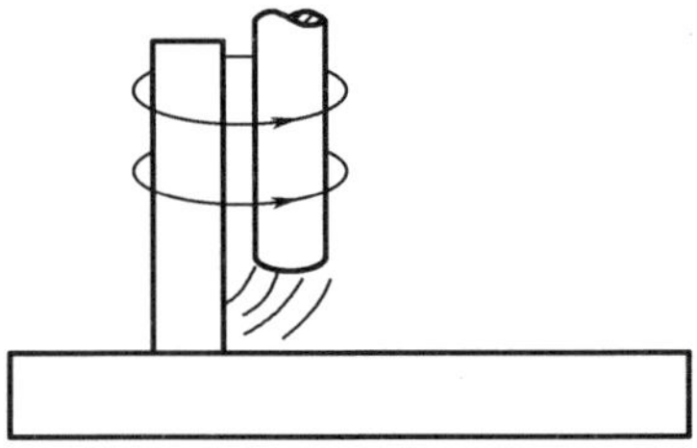

**图 1-10　铁磁物质引起的磁偏吹**

(3) 焊条和焊件位置不对称引起的磁偏吹

当在焊件的端头焊接起弧或焊至焊件端部收弧时，经常会发生电弧偏吹的现象，而当焊接位置逐渐靠近焊件的中心时，电弧偏吹的现象往往会减少或消失。这是因为在焊接起弧或收弧时，焊条与焊件所处的位置不对称，造成电弧周围的磁场分布不均匀，加上在焊件的端部有热对流的作用，就产生了电弧偏吹，如图 1-11 所示。

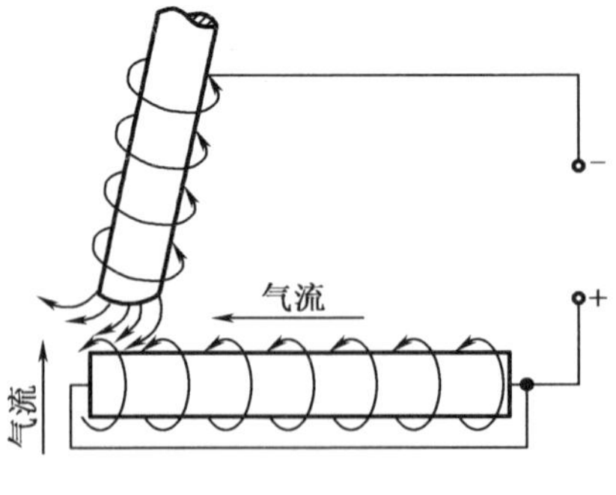


**图 1-11　焊接起弧时的电弧偏吹**

当存在磁偏吹时，焊接电流越大，偏吹现象就越严重。只有在使用直流电源焊接时才会发生磁偏吹现象，而对于交流电源而言，磁偏吹并不明显。

4. 减少或防止电弧偏吹的方法

直流电弧焊时，电弧偏吹会造成焊接困难，影响焊接质量，但我们根据电弧偏吹产生的原因采取相应的措施和方法是可以减少或避免这种现象的。以下是实际焊接中常用的几种减少或防止电弧偏吹的方法：

①在条件允许的情况下尽可能选用交流电源焊接。

②在野外露天工作时，采用挡板或遮罩减少风力对电弧的影响；在管子焊接时，可以对管口的一端进行封闭堵塞，防止气流对电弧的干扰。

③在焊件的端部采用引、熄弧板，使焊件端头的磁力线分布均匀，并防止热对流对电弧的影响。

④如果焊缝的间隙大小不规则，则可以在焊缝的背面加装垫板，以防止热对流造成电弧的偏吹。

⑤采用短弧焊，减小气流或电磁力对电弧的影响。

⑥在焊接时发生电弧偏吹后，可适当调整焊条的倾斜角度，使偏吹的方向转向熔池，这种方法在实际工作中应用较为普遍。

⑦适当地改变焊件上接地线的位置，尽可能使电弧周围的磁力线分布均匀。

⑧尽量采用小电流焊接，减少磁偏吹的影响。

在实际工作中，灵活运用上述方法中的一种或几种，即可减少或防止电弧偏吹。

## 1.4　电弧焊的熔点和过渡形式

电弧焊时，在电弧高温的作用下，熔化的焊条（或焊丝）金属熔滴通过电弧空间向熔池转移的过程称为熔滴过渡。

根据不同的焊接方法或焊接电流的大小，金属熔滴向熔池过渡的形式一般可分为粗（大）滴过渡、短路过渡和喷射（射流）过渡三种。

### 一、熔滴过渡的作用力

1. 熔滴重力

平焊时金属熔滴的重力起着促进熔滴过渡的作用；但在立焊或仰焊时，金属熔滴的重力阻碍了熔滴向熔池过渡，成为阻力。

2. 表面张力

像其他液体一样，液体金属在没有外力作用时，其表面积会减小，凝缩成圆珠形。如焊条端部熔化后，在表面张力的作用下，形成球滴状悬挂在焊条的末端，只有当其他力超过表面张力时，才能促使熔滴过渡到熔池中。因此，平焊时表面张力阻碍了熔滴的过渡，在仰焊等其他位置焊接时，表面张力却有利于熔滴的过渡。这是因为：熔池金属不易滴落；当焊条末端熔滴与熔池金属接触时，会由于表面张力的作用，而将溶滴拉入熔池。表面张力的大小与焊材的直径、熔滴的成分、温度及保护气体的性质等因素有关。

3. 电磁压缩力

从物理学中我们知道，电流通过金属时会在其周围产生电磁力。电磁力的大小与通过导体的电流的乘积成正比，即通过导体的电流越大，产生的电磁力越大。同样，在焊接时，由于焊接电流通过焊条及末端熔滴，其会受到四周向中心的电磁压缩力，如图1－12所示。

电磁压缩力作用在液体金属上时，对熔滴的过渡有极大的影响，电磁力促使熔滴很快地脱离焊条端部并向熔池过渡，这就保证了熔滴在任何空间位置都能顺利地过渡到熔池内。

4. 极点压力

焊接电弧中的带电微粒主要是电子和阳离子。由于电场的作用，电子向阳极运动，阳离子向阴极运动，这些带电质点撞击在两极的斑点上，便产生了机械力，这个力称为极点压力，它是阻碍熔滴过渡的力。在正接时，阻碍熔滴过渡的是阳离子的压力；反接时，阻碍熔滴过渡的是电子的压力。由于阳离子比电子的质量大，因此阳离子流的压力要比电子流的压力大。所以，反接时容易产生细颗粒过渡，而正接时则易产生较大的飞溅，这就是极点压力不同的缘故。

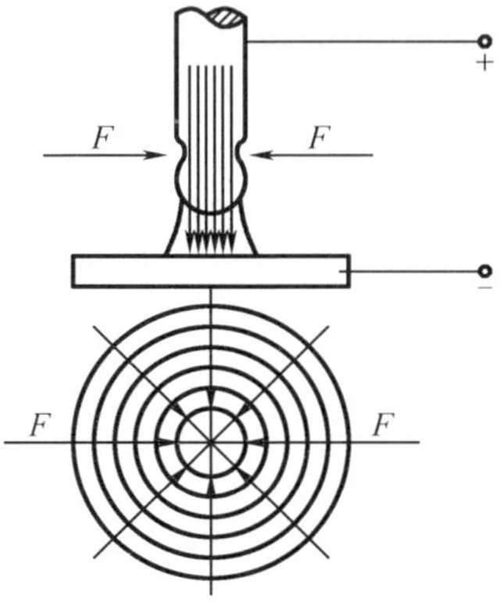


*F*—电磁压缩力。

**图 1－12　磁力线在熔滴上的压缩作用**

5. 电弧气体吹力

在焊条电弧焊时，焊条药皮的熔化略迟于焊芯而在药皮的末端形成一小段尚未熔化的“喇叭”形套管，如图 1－13 所示。套管内有大量的由药皮熔化而使造气剂分解产生的气体和焊芯中碳元素氧化生成的 CO 气体。这些气体因加热（即高温）而体积急剧膨胀，并顺着未熔化套管的方向，以挺而直的稳定气流冲出，把熔滴吹到熔池中。不论焊缝所处的空间位置如何，这种气流都将有利于熔滴金属的过渡。

6. 等离子流力

在焊接电弧中间的气体常呈等离子态。由于电弧的截面上小下大（靠焊条端部截面小，靠熔池截面大），这使得上部的等离子体迅速向下部流动产生压力（就像高压水枪，靠近枪口，截面小，压力大；离枪口越远，截面越大，压力越小），这种压力称为等离子流力。例如，在大电流喷射过渡的熔化极气体保护焊时，由于等离子流力的作用，往往在焊缝中心产生很大的熔深，即形成“蘑菇”状的焊缝断面，如图 1－14 所示。

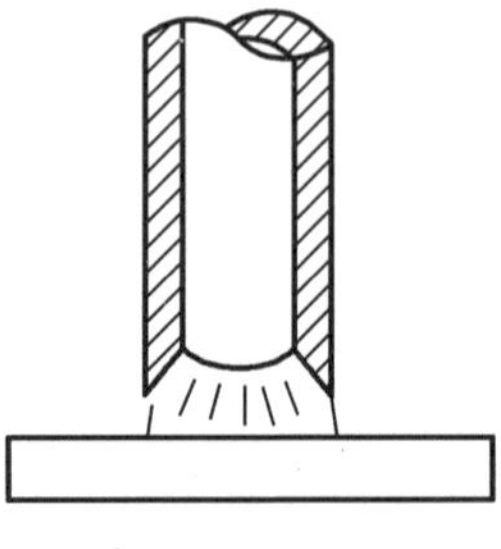

**图 1－13　焊接时焊条末端的“喇叭”形套管**

(a)等离子流力的作用　　(b)“蘑菇”焊缝形状

**图 1－14　“蘑菇”状焊缝断面的形成**

## 二、影响熔滴过渡的因素

电弧焊时,熔滴大小的过渡是不固定的。焊丝中的含碳量,焊条的药皮成分及焊接电流等都会对熔滴大小造成影响。

1. 焊接电流的影响

焊接电流增大,增强了焊丝(焊条)端部的加热作用,提高了金属的温度,减小了熔滴的表面张力,使熔滴变小。

2. 焊丝成分的影响

焊丝中含碳量增加,在高温时生成 CO 气体。由于气化的加强,气体的压力使较大的熔滴爆破成许多细小的熔滴。此外,随着金属中含碳量的增加,金属的熔点及黏性都会降低,导致过渡金属的流动性增加,使熔滴分裂成细小的熔滴。

3. 药皮成分的影响

在电弧高温的作用下,一些活性金属元素被氧化成熔渣,包围在熔滴外围,这些氧化物能减小熔滴的表面张力,使溶滴变细。

## 三、熔滴过渡的形式

1. 短路过渡

在短弧操作时,熔滴过渡受到电弧空间的限制,当熔滴还没有扩大到它的最大尺寸时,就与熔池发生接触,形成短路,如图 1－15 所示。熔池在表面张力、电磁力及其他力的作用下,开始沿着熔池表面流散,并在熔滴和熔池表面之间迅速形成细颈,也称金属小桥。由于小桥中电流密度急剧上升,在电磁压缩力的作用下,熔滴由于强烈过热而爆炸,脱离焊丝而过渡到熔池内。此后电弧又被重新点燃,开始下一个短路过渡的周期。

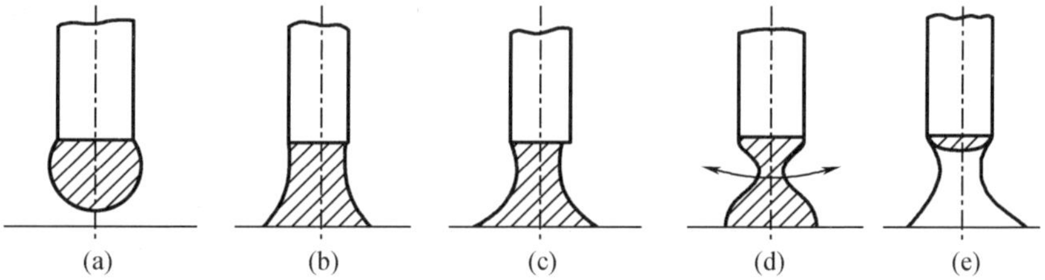


**图 1－15　短路过渡示意图**

2. 粗滴过渡(颗粒状过渡)

当电弧长度超过一定值时,熔滴依靠表面张力的作用在焊丝(焊条)端部自由长大。直至熔滴脱落进入熔池,即不发生短路,如图 1－16 所示。粗滴过渡一般发生在采用细直径焊丝和大的焊接电流的情况下,主要是因为在电弧热和电阻热的作用下,焊丝成小段状脱落,焊丝端部过渡到熔池内。

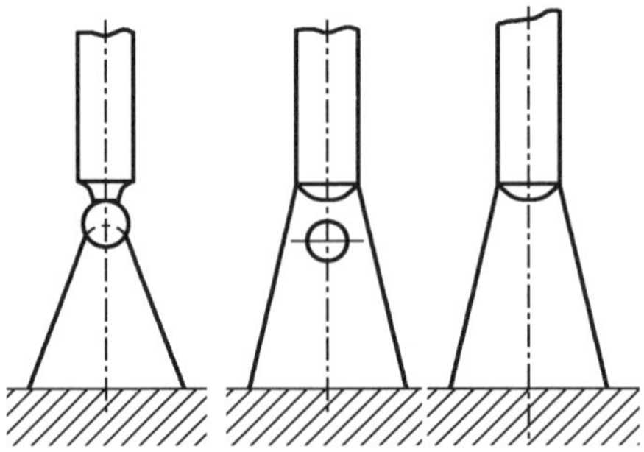

图 1－16　粗滴过渡示意图

3. 喷射过渡（射流过渡）

采用细焊丝和较大电流的直流反接，并在惰性气体中焊接时，当电流达到某个临界值时，熔滴的尺寸和过渡频率会发生突变，这是熔滴由粗滴过渡转变为喷射过渡的标志。其特点是熔滴细，过渡频率高，熔滴沿焊丝轴向以高速向熔池过渡，焊接时飞溅小，过渡稳定，熔深大，焊缝成形美观。此外，焊丝端部变尖，电弧活性斑点遍及焊丝端部的锥面，使粗滴过渡向喷射过渡转变，如图 1－17 所示。

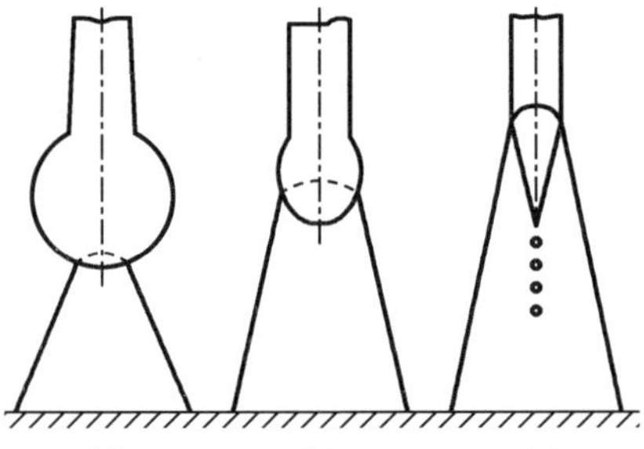


图 1－17　由粗滴过渡向喷射过渡转变

## 思考题

1. 什么是焊接电弧？
2. 什么是气体电离，气体电离的方式有哪些？
3. 什么是阴极电子发射，阴极电子发射的方式有哪些？
4. 焊接电弧的构造及温度分布情况如何？电弧电压与弧长的关系是什么？
5. 什么是电弧静特性，其作用是什么？
6. 焊接时如何区分极性，极性接入方法对焊接的作用有哪些？
7. 造成焊接电弧偏吹的原因是什么，如何防止？
8. 影响熔滴过渡的力有哪些，其在焊接过程中的作用是什么？影响熔滴大小的因素有哪些？

# 第 2 章　金属材料熔焊原理

熔焊一般都要经历如下过程：加热—熔化—冶金反应—结晶—固态相变—形成接头。其经历的过程非常复杂，我们将其归纳为三个互相交错进行而彼此联系的局部过程。

1. 焊接热过程

这是指熔焊时，被焊金属在热源作用下，发生局部加热和熔化的过程。被焊金属存在着热量的传递和分布的问题，通常称之为焊接热过程。

2. 焊接化学冶金过程

熔焊时，在被熔化金属、熔渣、气相之间进行着一系列的化学冶金反应，如金属的氧化、还原、脱硫等，这些冶金反应将影响焊缝金属的化学成分、组织和性质，因此控制冶金过程是提高焊接质量的重要措施之一。

3. 焊接时金属的结晶和相变过程

由于焊接条件是快速连续冷却，因此焊缝金属的结晶和相变具有各自的特点，并且有可能在这些过程中产生偏析、夹杂、气孔等问题。所以，控制和调整焊缝金属的结晶与相变过程是保证焊接质量的又一关键。

## 2.1　焊接热过程及焊接冶金特点

### 一、焊接热源和传递

焊接热源种类可根据焊接方法的不同进行区分。如焊条电弧焊是利用焊接电弧作为焊接热源的；气焊是利用可燃气体燃烧时产生的热量作为焊接热源的；电渣焊是利用电流通过导体时产生的电阻热作为焊接热源的；等离子弧焊或切割是利用等离子弧作为热源的。

焊接过程中，热的传递有三种形式，即传导、对流和辐射。电弧焊时，电弧对焊件的加热以辐射和对流为主，在母材和焊材获得热能后，热的传递则以传导为主。焊接传热有助于我们了解焊件温度场的分布特征及其规律。

焊接时，焊件与焊件上各点的温度每一瞬时都在变化，焊接过程中的某一瞬间焊接接头上各点的温度分布状态称为焊接温度场。焊接试板的表面热源以一定速度移动时，试板各部分受热的温度分布是一系列椭圆形的等温线，如图 2－1 所示，其中每条线上的温度是相等的；在热源中心部位是熔化金属形成的熔池，它的边缘线的温度相当于材料的熔点，离熔池越远，温度越低。由图 2－1 可见，在电弧移动的前方，等温线最密；而后方，等温线较稀疏。温度场对提高焊接质量有着重要的作用。例如，可以根据温度场的分布判断焊件上哪些地方熔化，哪些地方可能产生相变；焊件上产生的内应力和变形的趋势及塑性变形区域的范围、热影响区的宽度等。

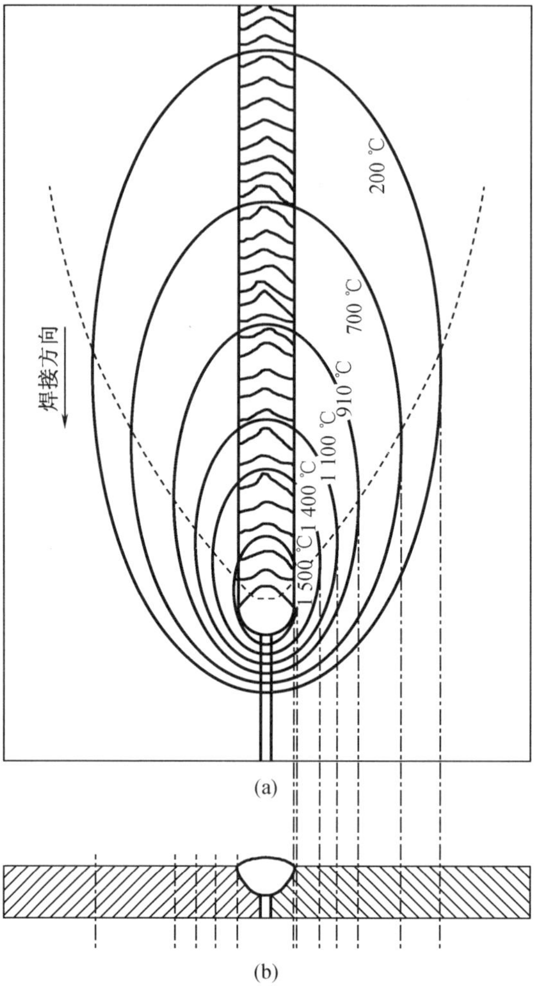


**图 2－1　焊接温度场**

我们经常用热循环来说明焊件的温度变化情况。在焊接热循环的作用下，焊件上某点的温度随时间变化的过程称为焊接热循环。焊缝两侧距焊缝远近不同的各点，所经历的热循环是不同的。距焊缝近的点，加热温度较高；距焊缝远的点，加热温度较低。因此，焊件上各点在热循环的作用下，所经历的时间、加热最高温度、相变温度以上的停留时间、加热速度、冷却速度等要素对于我们了解应力变形、接头组织，提高焊接质量具有重要意义。

## 二、焊接熔池

在焊接热源作用下，一部分能量用于熔化焊接材料，一部分能量用于熔化母材产生熔池。熔焊时在焊接热源作用下，焊件上所形成具有一定几何形状的液态金属部分称为熔池。熔池不是一瞬间形成的，其尺寸和质量均从零增加到某一极限值，然后进入一种相对稳定状态。这时熔池的形状、尺寸和液态金属变化极小，母材的熔化速度等于熔池的结晶速度，熔池随着电弧向前移动做同步动作。

熔池的存在时间取决于熔池的长度和焊接速度，即与熔池的长度成正比，与焊接速度成反比，并且熔池中各点的温度是不均匀的，熔池的头部温度高于尾部温度。熔池边缘靠近母材的温度低于熔池中间的温度，熔池的最高温度位于电弧下面的熔池表面上。

焊接熔池中的液体金属处于强烈运动状态，发生运动的主要原因有三个。一是液体金属的密度差所产生的自由对流运动。这是由于熔池中温度分布不均匀，温度高的地方金属密度小，温度低的地方金属密度大。这种密度差促使液体金属从低温区向高温区流动。二是金属的表面张力差所引起的强迫对流运动。温度越高，表面张力越小，反之则越大；而熔池温度的分布是不均匀的，这必然引起金属表面张力的不均匀，这种表面张力差迫使熔池液体金属发生对流运动。三是电弧的各种机械力所产生的搅拌运动。作用在熔池上的力有熔滴下落的冲击力、电磁力、气流的吹力、熔池金属蒸发产生的反作用力、离子的冲击力等。这些力的存在，使熔池中的液体金属存在强烈的搅拌和对流运动，使母材和焊材金属成分能够很好混合，形成成分均匀的焊缝金属，而且熔池中液态金属的这种运动有利于有害气体和非金属夹杂物的外逸，提高焊缝质量。

但是我们应该注意到，由于液态金属的运动受到限制，液态金属与母材交界的区域内往往形成化学成分的不均匀性，所以此区域称为不完全熔化区。

## 三、焊接冶金过程的特点

熔焊的冶金过程，实质上是金属在焊接条件下熔炼的过程，熔池就相当于一个小的炼钢炉；但是，焊接冶金和普通的化学冶金在原材料及冶炼条件方面却有很大的区别。

1. 焊接时熔化金属前的保护

焊接冶金过程就是对熔池金属进行保护，避免受到空气等不利因素的影响。如埋弧焊采用焊剂保护，$CO_2$ 保护焊采用气体保护（药芯焊丝采用气渣联合保护），焊条电弧焊采用气渣联合保护。

另外，焊接冶金通过调整焊接材料的成分和性能来控制冶金反应，以获得所需要的焊缝成分。

2. 焊接冶金过程分区域连续进行

不同的焊接方法有不同的反应区，如焊条电弧焊有三个反应区，即药皮反应区、熔滴反应区和熔池反应区；熔化极气体保护焊有熔滴反应区和熔池反应区；钨极氩弧焊只有熔池反应区。

焊接冶金的特点如下：熔池中液体金属的温度高且梯度大；焊接熔池体积小，冶金反应的时间短；化学反应复杂且激烈；熔池中的液态金属被剧烈搅动。这些特点对焊缝金属成分起着定性的影响，所以我们通过了解冶金反应过程的基本规律，并在实际工作中加以利用，可消除或防止一些对焊接质量不利的因素，从而控制和调整焊缝的化学成分，获得优质焊缝。

## 2.2　气体对焊接的影响

焊接过程中熔池周围存在各种气体，这些气体主要来自以下五个方面：

①焊条药皮或焊剂中造气剂产生的气体；

②熔池周围的空气；

③焊芯、焊丝和母材在冶炼时残留的气体；

④焊条药皮或焊剂中残留的结晶水在高温下分解成的气体；

⑤母材表面未清除的铁锈、水分、油漆等在电弧作用下分解出来的气体。

这些气体不断地与熔池金属发生作用，有些还进入熔池残留在焊缝金属中，其主要成分有 $CO$、$CO_2$、$H_2$、$H_2O$、$O_2$、$N_2$ 等，以及少量金属与熔渣的蒸气，其中的氧、氢、氮对焊缝的质量影响较大。

### 一、氧对焊缝金属的影响

焊接区的氧主要来自电弧中氧化性气体（$CO_2$、$O_2$、$H_2O$ 等），药皮中的高价氧化物和焊件表面的铁锈、水分等分解物。

氧在电弧高温的作用下分解为原子，因为原子状态的氧比分子状态的氧更活泼，能使熔池金属及其他合金元素氧化，造成焊缝中有益元素大量烧损，氧化物一般漂浮在熔渣中，有时也会以夹杂物的形式存在于焊缝中。焊缝金属中的含氧量增加，就会进一步造成焊缝接头的强度极限、屈服点、塑性和冲击韧性的降低，尤其是冲击韧性的下降更为明显；此外还会使焊缝金属的抗腐蚀性能降低。

氧与碳、氢反应，生成不溶于金属的气体 $CO$ 和 $H_2O$，若这种反应是在结晶温度时进行的，那么由于熔池已开始凝固，$CO$ 和 $H_2O$ 不能顺利逸出，便形成气孔。

由于氧对焊缝金属有这些危害，因此焊接时必须脱氧。电弧焊时，焊缝中氧的含量除与焊条涂药或焊剂等成分有关以外，还与焊接电流、电弧长度有关。焊接电流越大，熔滴越细，则增大了熔滴与氧的接触面积；电弧越长，造成溶滴过渡的路程越长，从而增加了熔滴与氧的接触机会和时间，结果都会使焊缝金属的含氧量增加。

### 二、氢对焊缝金属的影响

焊接区的氢主要来自受潮的药皮或焊剂中的水分、焊条涂药中的有机物，以及焊件表面的铁锈、油脂、油漆等。

一般情况下，氢不和金属发生反应，但是它能够溶解于 Fe、Ni、Cu、Cr、Mo 等金属，氢在铁中的溶解度与温度及铁的同素异构体有关，还与氢的压力有关。氢在铁中的溶解只能以原子状态或离子状态溶入。

熔池温度越高，氢溶解在金属中的数量就越多，而在相变时气体的溶解度发生突变，焊接时的冷却速度又很快，这就容易造成过饱和的氢残余在焊缝金属中，当焊缝金属的结晶速度大于它的逸出速度时，就形成气孔，并且容易引起焊缝接头的氢脆性、氢白点、硬度升高、塑性下降等问题，严重时将产生裂纹。

### 三、氮对焊缝金属的影响

焊接区的氮主要来自空气。焊接时虽然有造气剂和造渣剂等的机械保护作用，但总难免因保护不严密，导致空气中的氮侵入熔池。

氮在焊接熔池中既可以溶解于液态铁，又能形成氮化物，还可以以气态存在。氮在熔池中的溶解有三种形式，即原子形式、氧化氮形式和离子形式。在不同的条件下，氮常以一种或几种形式同时存在。

由于冷却速度快，熔池中大量的氮一部分以过饱和的形式存在于固溶体中，还有一部分则以针状氮化物的形式析出，分布在晶界和固溶体中，因而使焊缝金属的强度、硬度升高，但塑性和韧性急剧下降。氮又是促使时效的元素，焊缝中过饱和的氮处于不稳定的状态，随着时间的延长，过饱和的氮会逐渐析出，形成稳定的针状氮化物，这又会使焊缝的塑性和韧性大大下降。

因此，焊接时必须设法使焊接熔池的含氮量越小越好。实际工作中最好的办法就是加强熔池的保护，防止氮的侵入。

## 2.3　熔渣对焊接的影响

熔渣就是在焊接过程中，焊条与涂药或焊剂熔化后，经过一系列化学变化而形成的覆盖于焊缝表面的非金属物质。

### 一、焊接熔渣的成分与作用

根据被焊金属的性质或强度等级，焊接熔渣的成分分为三大类，即盐型熔渣、盐－氧化物型熔渣和氧化物型熔渣。

在整个焊接过程中，为保证焊缝的质量，熔渣应具有以下五个方面的作用。

1. 机械保护

在一般情况下，焊接熔渣总是覆盖在熔滴和熔池金属的表面，使它们与空气隔绝，避免氧、氮、氢等有害物质侵入液态金属。

2. 稳定电弧

焊接熔渣中含有一定量的低电离电位的物质，例如长石、碱金属、碱土金属（钾、钠、钙）的化合物等，这些物质可以保证电弧的稳定燃烧。在使用交流电源焊接时，这些稳弧剂的作用尤为明显。

3. 控制或改进焊缝化学成分

通过熔渣与熔池间的冶金反应，可以实现脱氧、脱硫、脱磷和渗合金等，从而提高焊缝金属的质量。

4. 调节焊接时的受热状态

在加热时，焊接熔渣发生吸热反应，而冷却时其又发生放热反应，这就使得焊接时的加热和冷却速度变缓，从而改进了焊缝金属的组织和力学性能。

5. 改善焊缝成形

焊接熔渣具有一定的黏度，覆盖在熔池表面，不仅有助于熔池中气体的逸出及阻止液态金属飞溅,而且有助于焊缝表面良好的成形。

## 二、熔渣的酸碱度

焊接熔渣的碱度是说明熔渣冶金性能的主要指标。以钢焊条为例,其熔渣主要是由氧化物组成的,这些氧化物有的是金属氧化物,有的是非金属氧化物。如果按化学性质来分,这些氧化物可以分为碱性氧化物、酸性氧化物和两性氧化物(两性氧化物的特点是遇到强酸性氧化物时它们呈碱性,遇到强碱性氧化物时它们呈酸性)。为了表示熔渣碱性的强弱,渣系用碱度来表示:

$$碱度 = \frac{\sum 碱性氧化物\ \%}{\sum 酸性氧化物\ \%}$$

熔渣中碱性氧化物多时(碱度 >1.5),其渣系称为碱性渣;反之,熔渣中酸性氧化物多时(碱度 <1.5),其渣系称为酸性渣。

E4320(J424)焊条的焊接熔渣由 FeO、$SiO_2$、MnO 组成,化学性质呈酸性,E4303(J422)焊条的熔渣由 $TiO_2$、$SiO_2$、CaO 组成,化学性质也呈酸性,所以两者都称为酸性渣;E515(J507)焊条的熔渣由 CaO、$CaF_2$ 组成,化学性质呈碱性,称为碱性渣。

## 三、焊缝金属的脱氧

我们已经了解了氧对焊缝质量的危害,因此,在焊接时要有效防止熔池金属的氧化,以及除去或减少已进入熔池金属的含氧量。要防止熔池金属的氧化,首先是减少氧的来源,特别是防止空气中氧的侵入,其次是对于已经进入熔池中的氧,它通常以 FeO 的形式溶解在液态金属中,所以必须设法排除熔池金属中的 FeO,这就叫作金属的脱氧。焊缝脱氧的途径有以下三种。

1. 先期脱氧

例如焊条电弧焊时,焊条药皮受热过程中,药皮中的高价氧化物($Fe_2O_3$、$FeO_4$、$MnO_2$ 等)和碳酸盐($CaCO_3$、$MgCO_3$ 等)受热分解,放出氧气。这时药皮中的脱氧剂(锰铁、硅铁、钛铁、铝铁等)与氧反应,把氧夺走,成为氧化物,再转入熔渣中固定下来,这种脱氧方式叫作先期脱氧。先期脱氧发生在药皮加热的过程中,脱氧过程及脱氧产物与熔滴金属不发生直接关系,主要是脱去药皮中放出的部分自由氧和 $CO_2$ 中的氧。

先期脱氧的脱氧剂种类与药皮成分、熔渣碱度关系很大。酸性焊条主要用锰铁作为脱氧剂,碱性焊条主要用硅铁、钛铁、铝铁作为脱氧剂。

2. 沉淀脱氧

在熔滴和熔池中,利用溶解在液体金属中的脱氧剂直接与溶入液体金属中的 FeO 作用,把铁还原,再将脱氧产物转入熔渣中,这种脱氧方式叫作沉淀脱氧,也是焊接过程中脱氧的主要方式。沉淀脱氧必须具备下列条件:作为脱氧剂的合金元素对氧的亲和力大于对铁和氧的亲和力;脱氧产物不溶解于金属而容易被熔渣吸收;脱氧产物的密度比金属小,易浮于熔池。常用的脱氧剂有 Mn、Si、Ti、Al,这四种脱氧剂的脱氧能力都与温度有关,即温度升高,脱氧能力降低;相反,温度降低,脱氧能力提高。这是因为这四种脱氧剂都是利用放热反应进行脱氧,并且单独使用时各有优点,联合使用时脱氧效果会更好。

3. 扩散脱氧

利用氧化物能溶解于熔渣中的特性，通过扩散使氧化物自熔池金属进入熔渣中，从而降低金属中氧化物浓度的过程，叫作扩散脱氧。只有既能溶解于熔池金属中又能溶解于熔渣中的氧化物，才有条件进行扩散脱氧。如 FeO 就具备这一条件，利用 FeO 在铁水和熔渣之间的客观规律（或称为分配定律）可实现扩散脱氧。熔焊时，FeO 既溶解于熔池金属又溶解于熔渣，当它们之间达到一定的比值时，就处于一种平衡的状态。如果溶解于熔渣中的 FeO 立即与酸性氧化物 $SiO_2$ 结合成化合物，那么这时 FeO 在熔渣中的浓度减小了，按分配定律，熔渣与熔池中的 FeO 平衡被打破，熔池中的 FeO 又会继续向熔渣中转移。所以利用这一规律，可使熔渣中含有较多的 $SiO_2$、$TiO_2$ 等酸性氧化物，不断减少熔渣中游离的 FeO 的数量，从而使熔池金属中的 FeO 不断扩散到熔渣中去。

但是由于焊接冶金反应的时间很短，而扩散脱氧是一个扩散过程，需要较长的时间，因此焊接过程中的扩散脱氧是有限的。

4. 酸性熔渣和碱性熔渣脱氧过程的特点

（1）酸性熔渣脱氧过程的特点

由于酸性熔渣中的酸性氧化物多，有条件把扩散脱氧作为主要脱氧方式。在酸性熔渣中，除了利用扩散脱氧来减少熔池金属中的 FeO 外，同时还可以在熔渣中加入一定量的锰，以达到进一步完善脱氧的效果。

（2）碱性熔渣脱氧过程的特点

碱性熔渣不以扩散脱氧作为主要脱氧方式，而是采用硅和钛等脱氧剂来脱氧，加入锰也只是起着渗合金的作用。此外，在碱性熔渣中可以加入一定量的 $CaF_2$ 来稀释熔渣，促进脱氧反应的进行，加强脱氧效果。

虽然焊接过程经过脱氧，但往往不可能完全脱除干净，所以对于一些要求很高的焊接结构或对氧敏感的材料，可以采用高纯度的惰性气体保护焊或采用真空焊接的方式。

## 四、焊缝金属的脱硫

硫是钢中的有害元素之一，尤其是当焊缝金属中硫的含量超过一定限度时，将大大降低焊接接头的力学性能，同时造成焊接缺陷。

硫在低碳钢中以 FeS 和 MnS 的形式存在。FeS 可溶解于液态铁中，但很少溶解于固态铁中，因此熔池结晶过程中 FeS 即析出，与 Fe、FeO 等形成低熔点共晶物，并存在于晶界上，当焊接冷却收缩时，在内应力的作用下就可能产生热裂缝。

硫的来源主要为母材、焊材。为了获得优质焊接接头，首先必须限制原材料中的硫含量，如表 2－1 所示。

**表 2－1　部分钢材及焊丝中硫的含量**

| 母材名称 | 含硫量/%（不大于） | 焊丝名称 | 含硫量/%（不大于） |
|---|---|---|---|
| 普通碳素钢 | 0.055 | 普通碳素钢焊丝 | 0.030～0.040 |
| 普通低合金钢 | 0.050 | 普通低合金钢焊丝 | 0.025～0.030（个别为 0.040） |
| 铬镍不锈钢 | 0.030（个别为 0.020） | 铬镍不锈钢焊丝 | 0.020（少数为 0.030） |

尽管可以对材料（母材，焊材）中的含硫量进行限制，但也不可能完全除尽焊缝金属的含硫量。所以在焊接过程中必须利用冶金反应来进行脱硫，其主要方法有元素脱硫和熔渣脱硫两种。

①元素脱硫就是在液态金属中加入一些对硫的亲和力比铁大的元素，把铁从 FeS 中还原出来。脱硫后产生的硫化物，应溶解到熔渣中，最常用的脱硫元素就是锰。

锰的脱硫反应按下式进行：

$$FeS + Mn \longrightarrow MnS + Fe$$

脱硫产物 MnS 不溶解于液态金属，而是进入熔渣从而被排除。

②熔渣脱硫主要是利用 MnO、CaO 和 $CaF_2$ 进行的。

它们的脱硫反应式如下：

$$FeS + MnO \longrightarrow MnS + FeO$$

$$FeS + CaO \longrightarrow FeO + CaS$$

$$SiO_2 + 2CaF_2 \longrightarrow 2CaO + SiF_4$$

从第一、二式中我们可以看出，生成的 MnS、CaS 不溶解于液态金属而是进入熔渣从而被排除。第三式中，一方面 $CaF_2$ 脱硫，使氟和硫化合成挥发性的化合物；另一方面 $CaF_2$ 与 $SiO_2$ 作用可增加 CaO，有利于脱硫。

酸性焊条和碱性焊条的脱硫性能比较：

酸性焊条的熔渣中有大量的 SiO 及 $TiO_2$，这些酸性氧化物容易和碱性氧化物 MnO、CaO 结合成复合化合物，降低了脱硫能力。

碱性焊条因药皮中含有大量的大理石、氟石和铁合金，脱氧能力强。熔渣中有大量碱性化合物，就使 CaO 的脱硫效果明显。

## 五、焊缝金属脱磷

磷以铁的磷化物的形式存在于钢中，而 $Fe_3P$ 等能与铁形成低熔点共晶体，聚于晶界，易引起热裂纹。更严重的是，这些低熔点共晶削弱了晶粒中的结合力，使钢在常温或低温时变脆（冷脆性），造成冷裂纹，所以磷也是钢中的一种有害元素。

为了减少焊缝中的含磷量，同样必须限制它在母材、焊材中的含量，如表 2－2 所示。

**表 2－2　部分钢材及焊丝中磷的含量**

| 母材名称 | 含磷量/%（不大于） | 焊丝名称 | 含磷量/%（不大于） |
|---|---|---|---|
| 普通碳素钢 | 0.045 | 普通碳素钢焊丝 | 0.030～0.040 |
| 普通低合金钢 | 0.050 | 普通低合金钢焊丝 | 0.030～0.040 |
| 铬镍不锈钢 | 0.025 | 铬镍不锈钢焊丝 | 0.030 |

因此，焊接过程必须采用脱磷方法将进入焊缝中的磷消除。

焊接时的脱磷过程主要可以分为两步，第一步使磷氧化生成 $P_2O_5$，反应式如下：

$$2Fe_2P + 5FeO \longrightarrow P_2O_5 + 9Fe$$

$$2Fe_3P + 5FeO \longrightarrow P_2O_5 + 11Fe$$

由于生成的 $P_2O_5$ 在高温时很不稳定，容易分解，因此第二步应采用强碱性氧化物 CaO

来与酸性的 $P_2O_5$ 结合成稳定的磷酸盐，其反应式如下：

$$3CaO + P_2O_5 \longrightarrow Ca_3 \cdot P_2O_8$$

$$4CaO + P_2O_5 \longrightarrow Ca_4P_2O_9$$

生成的磷酸盐进入熔渣中。

从上述反应式可知，熔渣中如果有足够的 CaO 和 FeO，则脱磷效果较好。碱性焊条熔渣中虽然含有较多的 CaO，有利于脱磷，但 FeO 成分较少（碱性熔渣的脱氧性强）导致碱性焊条脱磷效果较差。而酸性焊条熔渣中含有 CaO 较少，因此脱磷效果比碱性焊条更差。

由于焊接时脱磷的效果不理想，因此，实际焊接工作时主要以严格控制原材料中的含磷量为主。

### 六、焊缝金属的合金化

焊缝金属的合金化就是把所需要的合金元素通过焊接材料过渡到焊缝金属中，使焊缝金属的成分、组织和性能符合设计的要求。

合金化的目的不仅在于补偿焊接过程中的由于蒸发、氧化等原因造成的合金元素损失，还在于消除焊接工艺缺陷，改善焊缝金属的组织和性能。比如为了消除因硫引起的热裂纹需要向焊缝金属中添加 Mn，为了细化焊缝金属晶粒，提高焊接接头的韧性，通常需要向焊缝中添加 Ti、Al 等。

焊条电弧焊的焊缝合金化的方式有两种。一种是通过焊芯（即采用合金材料焊芯）过渡，另一种是通过焊条药皮（即在药皮里添加合金成分）过渡，有时可以两种方法同时采用。

采用焊芯过渡时，焊芯中的合金元素含量应高于母材，因此对冶炼制成焊芯的要求很高，通常采用合金钢焊芯，外面涂以碱性熔渣的保护药皮，合金化的效果与可靠性都较好。

采用药皮过渡，就是在焊条药皮中添加各种合金粉末和合金元素，在焊接时把这些元素过渡到焊缝金属中。这种方法在实际生产上应用较广泛。

## 2.4　焊缝金属的结晶

焊接过程中，当熔池离开热源时，熔池金属便开始结晶，焊缝的结晶过程对焊缝金属的组织性能具有重大的影响。焊接过程中的许多缺陷，如气孔、裂纹、夹渣、偏析等大多是在结晶过程中产生的。

### 一、焊接熔池的一次结晶

焊接熔池的金属由液态转为固态时的结晶过程称为焊接熔池的一次结晶。

1. 焊接熔池结晶的特点

①熔池的体积小，冷却速度快。焊接时由于熔池的体积小，周围又被冷金属所包围，因此冷却速度很大。

②熔池中的液态金属处于过热状态。熔池中液态金属由于受电弧的高温影响，其温度比一般浇注铁水温度高得多，处于过热状态，使合金元素的烧损比较严重，导致熔池中作为晶核的质点大为减少，焊缝易形成柱状结晶。

③巨大的温差。由于熔池中心液态温度高，熔池边缘凝固界面处散热快，冷却速度快，

因而使熔池结晶在很大的温差条件下进行,使焊缝中柱状晶得到很大发展。

④熔池在运动状态下结晶。焊接熔池随着电弧的移动而移动,因此熔池的形状和结晶组织也受到热源移动速度(焊接速度)的影响,另外焊接时焊条(丝)的摆动,电弧的吹力,造成熔池发生强烈的搅拌作用,使熔池内的熔化金属在运动状态下发生结晶。

2. 焊接熔池的一次结晶过程

焊接熔池的一次结晶包括产生晶核和晶核长大两个过程。

熔池开始结晶时所需的晶核有两种,一种是合金元素或杂质的悬浮质点,这种晶核一般作用不大;另一种就是熔合区附近加热到熔化温度而还没有熔化的母材表面晶粒。

焊接熔池金属的结晶主要(也是最容易)从熔合线上开始发生,熔合线是熔池中温度最低的地方,而且散热条件好,一旦电弧移去,熔合线上的半熔化晶粒就形成附近液态金属的晶粒,如图2-2(a)所示。

晶体向着散热方向相反的方向长大,如图2-2(b)所示,同时它也向两侧生长,但因受到相邻的正在生长的晶体所阻挡,所以晶体的生长方向指向熔池中心,从而形成柱状结晶,如图2-2(c)所示。当柱状晶体不断长大至互相接触时,焊缝的结晶过程也将结束,如图2-2(d)所示。

熔焊时,随着电弧的移动,熔池的结晶过程连续进行,结晶速度等于焊接速度。焊接速度越快,熔池的结晶速度也越快;焊接速度越慢,熔池的体积越大,则焊缝冷却速度越慢,其晶粒也越粗大,焊缝金属的塑性和韧性也越差。

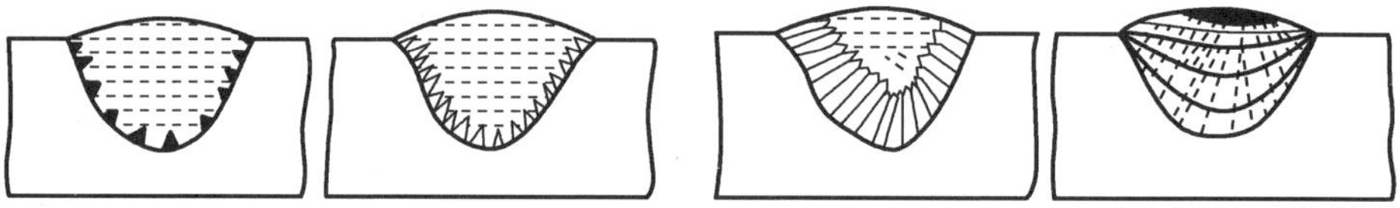

(a)开始结晶　(b)晶体长大　(c)柱状结晶　(d)结晶结束

**图2-2　焊接熔池的结晶过程**

## 二、焊缝中的偏析问题

熔池结晶时会在焊缝金属中产生不同程度的偏析现象。所谓偏析就是合金元素中各组成元素在结晶时分布不均匀的现象(或者说是化学成分分布不均匀)。比如低碳钢内晶界上碳和其他杂质元素的含量比钢的平均含量略高些,就称为碳或杂质在晶界上的偏析。偏析都是在一次结晶时产生的,它对焊缝质量有很大影响,不仅使焊缝化学成分不均匀、性能改变,而且是造成焊缝产生裂纹、夹渣、气孔的主要原因之一。

焊缝中的偏析类型有显微偏析、区域偏析和层状偏析三种。

1. 显微偏析

一个柱状晶粒内部和晶粒之间的化学成分不均匀的现象称为显微偏析。

柱状晶粒生长的过程,一方面是结晶的轴向延长,另一方面是径向扩展,如图2-3所示。焊缝结晶时最先结晶的结晶中心的金属最纯,而后结晶的部分含合金元素和杂质略高,最后结晶的部分,即晶粒的外缘和前端含合金元素和杂质就更高。一个柱状晶粒内部合金元素分布不均匀的现象叫作晶内偏析。焊接结晶过程是无数个柱状晶粒同时生长的过程,每个晶粒都有自己的枝晶轴。因为很多相邻的晶粒都以自己的晶轴为中心向四周和前方发展,所以相邻晶粒之间的液体结晶最迟,这部分含有较多的合金元素和杂质,称为晶间偏析。

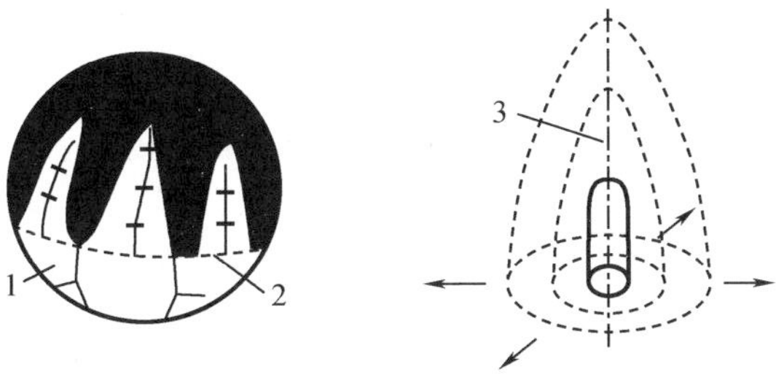


(a)结晶过程中的相邻晶粒　(b)晶粒的生长方向

1—母材晶粒;2—熔合线;3—晶轴。

**图2-3　熔池结晶过程示意图**

影响偏析的主要因素之一就是金属的化学成分。金属的化学成分不同,金属开始结晶和结晶结束时的区间就会不同,结晶区间越大,就越易产生显微偏析。低碳钢由于化学成分不复杂,因此显微偏析现象不严重。而高碳钢、合金钢焊接时,显微偏析就很严重,容易引起热裂纹等缺陷。所以高碳钢、合金钢等焊后必须进行扩散及细化晶粒的热处理,以此来消除显微偏析。

焊缝金属的冷却速度对显微偏析也有很大影响。如果冷却速度很慢,各种元素能有充分的扩散时间,则显微偏析的现象就可以被消除。但实际上,在焊接条件下,焊缝的冷却速度是很快的,因此特别容易产生这种显微偏析现象。

2. 区域偏析

熔池结晶时,由于柱状晶体的不断长大和推移,会把杂质推向熔池中心,这样熔池中心的杂质含量要比其他区域高,这种现象称为区域偏析。影响区域偏析的因素主要有:

(1)焊接材料

焊接材料的合金成分或杂质越多,偏析现象越严重,但对低碳钢影响不大。

(2)冷却速度

焊后的冷却速度对区域偏析影响很大,冷却速度越快,焊缝中杂质和低熔点混合物的聚集越困难,形成区域偏析的可能就越小,但却会促使显微偏析产生。因此要避免产生区域偏析,就必须使熔池尽快冷却。

(3)焊缝的断面形状

焊缝断面的形状会使产生偏析的地点发生变化。当焊缝较窄时,各柱状晶的交界在中心,便有较多的杂质聚集在窄焊缝的中心,如图2-4(a)所示,这时极易形成热裂纹;当焊缝较宽时,杂质便聚集在焊缝上部,如图2-4(b)所示,这种情况对焊缝在高温时的强度影响不大,因此可以利用这一特点来降低焊缝生成热裂纹的可能性。

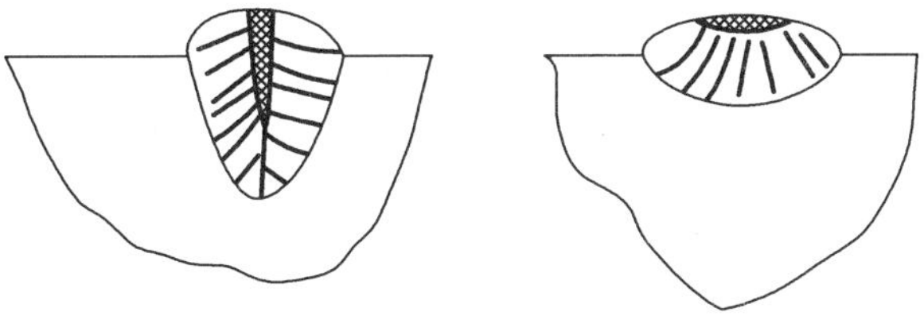

(a)杂质聚集在窄焊缝的中心　(b)杂质聚集在焊缝的上部

**图2-4　焊缝金属断面形状对偏析分布的影响**

3. 层状偏析

焊接熔池始终处于气流和熔滴金属的作用下，同时熔池在结晶过程中要放出结晶散热，并且潜热达到一定时，熔池的结晶出现暂时的停顿，随后由于熔池的散热，结晶又开始了。这些都可能使晶体生长速度出现周期性的增加和减少。晶体生长速度的这种变动，伴随着出现结晶前沿液体金属中夹杂浓度的变化，形成周期性的偏析现象，称为层状偏析。层状偏析常集中一些有害元素，因而缺陷也往往出现在偏析层中。图 2－5 为层状偏析的变化。

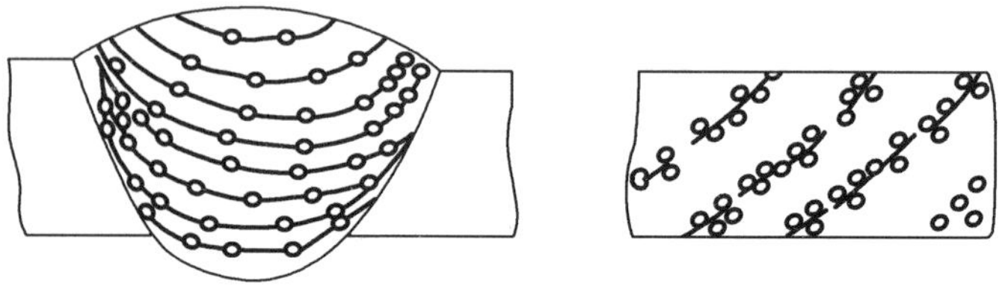


**图 2－5　层状偏析的变化**

4. 焊缝金属的二次结晶

一次结晶结束后，熔池金属就变为固态的焊缝。高温的焊缝金属冷却到室温时，要经过一系列的相变过程，这种相变过程就称为焊缝金属的二次结晶。

以低碳钢为例，一次结晶的晶粒都是奥氏体组织，当冷却到 $Ar_3$（指钢在加热至理论上临界温度时的实际温度）时，发生 γ－Fe→α－Fe 的转变。当温度再降至 727 ℃时，余下的奥氏体分解为珠光体，因此低碳钢焊缝在常温下的组织，即二次结晶后的组织为铁素体加珠光体（见《金属材料手册》中的铁碳平衡图图 2－6）。但在实际中，由于焊缝的冷却速度快，所得珠光体含量相较理论平衡组织中的含量高，因此珠光体含量越高，铁素体含量越低，硬度和强度会有所提高，而塑性和韧性则有所降低。

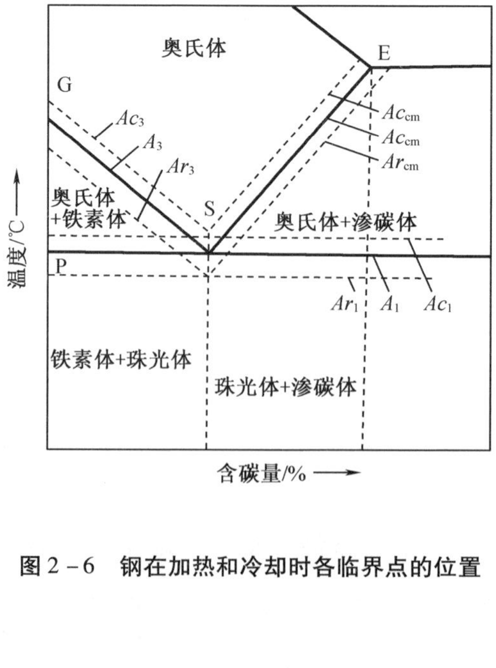


**图 2－6　钢在加热和冷却时各临界点的位置**

# 2.5　焊接热影响区

焊接时，在热源作用下，不仅焊缝会发生从熔化到固态的相变等一系列的变化，而且焊缝两侧未熔化的母材也要因经历一定的热循环而产生组织的转变。在焊割过程中，母材因受热的影响（但未熔化）而发生金相组织和力学性能变化的区域叫作焊接热影响区。

假设焊缝和热影响区的交界处是一条线，通常我们称此线为熔合线。实际上熔合线是从母材到焊缝的一个过渡区，习惯上称之为熔合区。理论上认为焊接接头是由焊缝、熔合区和热影响区三个部分组成的。在实际工作中，由于焊缝的质量有时需要依靠焊材的成分来保证，因此如何保证熔合区和热影响区的焊后质量对焊接工艺来说就显得尤为重要了。

## 一、熔合区的特征

熔合区是焊接接头中焊缝向热影响区过渡的部分，实际上熔合线是一条不规则的锯齿形曲线。以焊条电弧焊为例，焊缝金属主要以焊条熔化的填充金属为主，靠近坡口一侧是受电弧的影响熔化后再凝固的，主要以母材金属为主，称为未混合区。而焊缝金属与母材金属之间是焊缝边界，由焊条成分与母材成分互相混合且不均匀分布组成，称为半熔合区。

熔合区所包括的未熔合区与未混合区都具有过渡性，焊缝的成分主要取决于焊接材料，与母材差别越大，熔合区就越明显。因此，熔合区最重要的特征是具有明显的化学成分不均匀性与严重的物理不均匀性，这种不均匀性会造成熔合区成为整个接头中最薄弱的部位。

## 二、低碳钢接头的热影响区

低碳钢由于含碳量较低，其淬火倾向很小，并且在焊后即使冷却速度很大也不会产生淬火组织，只是影响晶粒的粗细程度，因此判断低碳钢接头的热影响区组织，主要根据加热温度。热影响区金属的加热温度不是均匀分布的，在整个热影响区宽度中，越是靠近焊缝，加热温度越高，如图 2－7 所示。由图 2－7 可知，由于各处的温度分布不同，造成各处金属冷却后的组织也不同。

图 2－7(b) 是铁－碳平衡图的一部分，与图 2－7(a) 所示的接头上各点金属温度对照，可以把低碳钢热影响区分成过热区、正火区、不完全重结晶区、再结晶区。

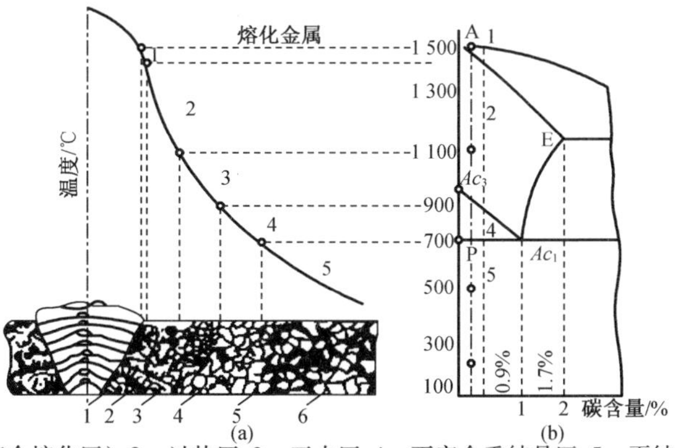


熔合区（不完全熔化区）；2—过热区；3—正火区；4—不完全重结晶区；5—再结晶区；6—母材。

**图 2－7　低碳钢的热影响区**

1. 过热区

焊接热影响区中，具有过热组织或晶粒显著粗大的区域，称为过热区。焊接时，这部分金属被加热到 1 100 ℃至固相线的温度区间，如图 2－8 所示。由于加热温度高，大大超过了相变温度，因此当铁素体（F）和珠光体（P）转变为奥氏体（A）后，晶粒急剧长大，冷却后成为晶粒粗大的过热组织，在高温上停留的时间越长，晶粒越粗大，过热区金属的冲击韧性值比母材低。因此，为了保证焊接接头的质量，焊接时宜采用合理的焊接工艺参数，适当地提高冷却速度，减小在高温停留的时间，从而减小过热区的宽度。

2. 正火区

金属被加热到略高于 $Ac_3$ 线的温度，然后在空气中自然冷却，就会使金属的晶粒细化，称为正火处理。焊接时，热影响的正火区是被加热到 1 100 ℃以下，$Ac_3$ 线以上的区间，冷却后得出的铁素体和珠光体组织比母材晶粒细，其力学性能略高于母材。

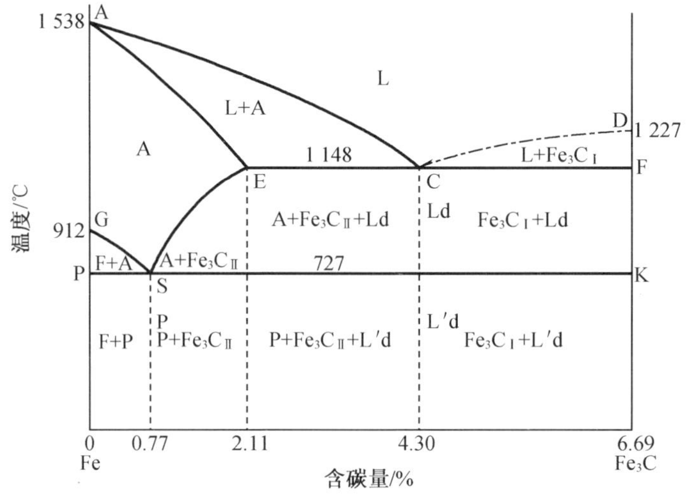


**图 2－8　简化后的 $Fe-Fe_3C$ 相图**

金属由高温冷却下来，奥氏体晶粒分解为铁素体加珠光体晶粒，这个过程叫作重结晶。过热区和正火区冷却后都发生重结晶，它们的区别只是晶粒的粗细不同。

3. 不完全重结晶区（又称部分重结晶区）

该区金属被加热到 $Ac_1$ 线和 $Ac_3$ 线之间的温度范围。金属中的珠光体在加热时全部变成奥氏体，而铁素体只有一部分变成了奥氏体，温度越高，转变成奥氏体的量就越多。在冷却过程中，奥氏体晶粒又发生了重结晶的过程，所得到的铁素体和珠光体晶粒都是细小的。它们与原有的粗大晶粒混杂在一起，这就是该区的显微组织的特点。该区金属性能与母材没有显著的区别。

4. 再结晶区

该区金属被加热到 450 ℃至 $Ac_1$ 线的温度区间未发生向奥氏体的转变。对于经过冷塑性变形（例如冷轧、冷冲压、冷成形）的母材，由于冷塑性变形而破碎的晶粒发生再结晶，晶粒又重新长大，使金属的塑性稍有改善。如果母材未经过冷塑性变形，则焊后该区金属不发生任何变化。

热影响区宽度的大小，对于间接判断焊接接头的质量有很大意义。除了由于组织变化而引起的性能差别外，还会在焊接接头中产生应力与变形。因此，热影响区越窄，则组织焊接接头中内应力越大,越容易出现裂纹;热影响区越宽,则变化较大。所以,在工艺上,应在焊接接头中内应力尚不足以促使产生裂纹的条件下,尽量减小热影响区的宽度,这对整个焊接接头的性能是有利的。

由于热影响区宽度的大小取决于焊件最高温度的分布情况,因此焊接工艺参数、焊件大小和厚薄、金属材料热物理性和接头形式对热影响区的宽度都有不同程度的影响。另外,焊接方式对热影响区宽度的影响也很大(例如埋弧焊的热影响区宽度大于焊条电弧焊)。

## 三、合金钢接头的热影响区

和碳素钢一样,合金钢被加热到高温再冷却后,其热影响区各区间有对应的被加热和冷却过程。对低合金钢来说,因淬火倾向小,其热影响区显微组织与碳素钢相似,而淬火倾向大的合金钢将出现马氏体组织等,造成硬度高、脆性大、容易开裂的情况。图 2-9 为两类淬火倾向不同的合金钢焊后热影响区的组织变化,图中 $S$ 指各热影响区距焊缝的距离。

易淬火合金钢焊接接头的热影响区可分为淬火区、不完全淬火区、回火区。

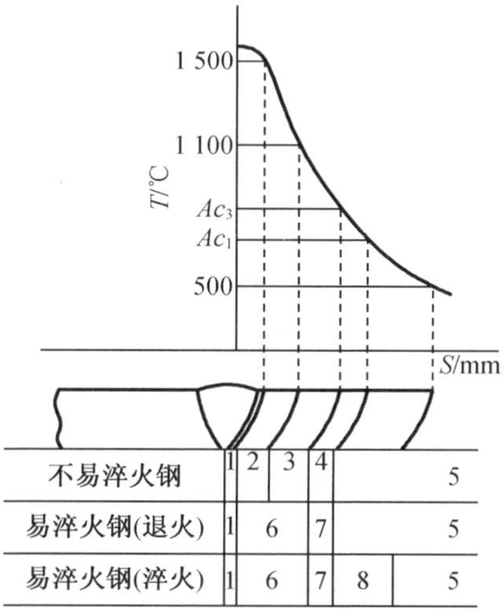


1—熔合区;2—过热区;3—正火区;4—不完全重结晶区;5—母材;6—淬火区;7—不完全淬火区;8—回火区。

**图 2-9　合金钢的热影响区**

1. 淬火区

加热温度超过 $Ac_3$ 线以上的区域,因为材料的淬火倾向大,所以焊后冷却时得到淬火组织(马氏体),在靠近焊缝附近(如低碳钢的过热区),由于晶粒急剧长大,因此得到粗大的马氏体,而部分(如低碳钢的正火区,即相当处于 1 100℃时)将得到细小的马氏体。当冷却速度较慢或含碳量较低时,则形成以马氏体为主的混合组织,这个区域在组织特征上都是马氏体,只是有粗细之分,因此统称为完全淬火区。该区域脆而硬,容易产生裂纹。

2. 不完全淬火区

加热温度为 $Ac_1 \sim Ac_3$ 的热影响区,在快速加热的条件下铁素体很少溶解,而珠光体等转变为奥氏体,在随后快速冷却过程中,奥氏体转变为马氏体,原铁素体保持不变,并有不同程度的长大,最后形成马氏体-铁素体组织,因此该区域称为不完全淬火区。

3. 回火区

加热温度低于 $Ac_1$ 线时，对应区域的范围与组织变化情况和母材焊前的热处理状态有关。若焊前母材处于热轧、正火或退火状态，其组织基本上没有变化，可以认为不存在回火区；若焊前母材为淬火状态，焊后则获得回火组织；若焊前为调质状态，组织和性能取决于焊前的回火温度。

易淬火钢焊后在焊缝和热影响区易出现淬硬组织，影响焊接接头的质量，所以通常采取预热和焊后热处理等工艺措施来调整焊接时的热循环，以清除淬硬组织，改善接头质量。

### 四、线能量对焊接接头性能的影响

线能量是指熔焊时，单位长度上焊缝获得焊接热源的能量，常用下式表示：

$$q = \frac{IU}{v}$$

式中 $q$——线能量，J/cm；

$I$——焊接电流，A；

$U$——电弧电压，V；

$v$——焊接速度，cm/s。

从上述公式中可以看出，焊件受热的影响，其焊接线能量与焊接电流、电弧电压成正比，与焊接速度成反比，即当焊接电流增大或焊接速度减小时，焊接线能量增大，过热区的晶粒尺寸粗大，韧性明显下降；当焊接电流减小或冷却速度增大时，在硬度提高的同时，韧性也会变差。因此，在实际焊接时，对于具体的钢种和具体的焊接方法，须选择一个最佳的焊接工艺参数，可通过一系列试验来确定合适的焊接线能量和焊接工艺参数。

## 2.6 熔焊时常见缺陷的分析

在焊接过程中，由于操作不当、焊接工艺参数选择不正确或冶金反应过程中化学成分等多方面因素，从熔池产生至焊缝形成过程中会出现焊接缺陷，最终直接影响焊接结构的安全使用。焊接缺陷的类型很多，按它在焊缝中的位置，可将其分为内部缺陷和外部缺陷两类。外部缺陷如焊缝尺寸及形状不符合要求、咬边、焊接凹坑（弧坑）、塌陷、烧穿，以及表面气孔和裂纹等；内部缺陷如未焊透、未熔合、夹渣，以及内部气孔和裂纹等。对于各种缺陷，首先要了解其危害性及产生的原因，然后采取相应的措施，防止或消除缺陷才能保证焊接的质量。

### 一、焊缝中的气孔

焊缝中的气孔，就是焊接时熔池中的气体在溶池凝固时未能及时逸出所形成的空穴。它是焊接时常见的一种缺陷，气孔的形状有球形、条状、虫状和针状等多种。气孔的分布有表面的、内部的，有单个的、密集的，还有与焊缝轴线平行的链状气孔，如图 2－10 所示。

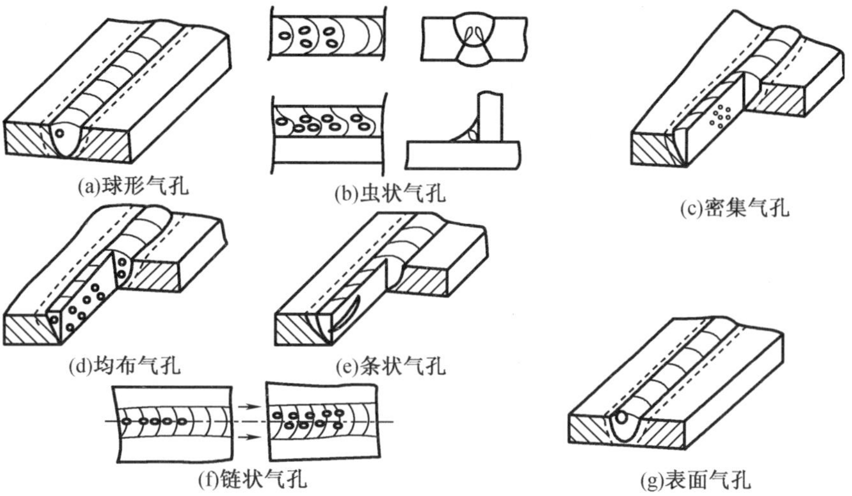


**图 2－10　焊缝中的气孔**

气孔的存在会影响焊缝的致密性，并且减小焊缝的有效面积，降低了焊缝的力学性能。另外气孔对结构的动载强度和疲劳强度也有明显的影响。

气孔产生的原因，一个是在冶金反应过程中形成的，如氢气孔和一氧化碳气孔；另一个是由于焊接过程中对熔池的保护不力而造成的，如氮气孔。

1. 氢气孔

(1)特征

对于低碳钢，气孔大多出现在焊缝的表面上，气孔的断面形状为螺旋状，从焊缝的表面看呈“喇叭”形，并且在气孔的四周有光滑的内壁。这类气孔有时也会残留在焊缝内部，一般为球形，如图 2－10(a)所示。

(2)形成原因

氢气孔形成的主要原因是在焊接区域内有水分子，如焊条药皮的结晶水及材料(母材、焊材)、油、锈等污物。它们在电弧的高温作用下，氢气分解为原子，并以原子或离子的形式溶解于熔池金属中，而且温度越高，金属液体中溶解气体的量越多，从而促使金属为氢所饱和。在冷却结晶过程中，氢在金属中的溶解度急剧下降，金属从液态转变为固态时，来不及逸出的氢便形成气孔。

2. 一氧化碳气孔

(1)特征

一氧化碳气孔一般出现在焊缝内部，并沿柱状晶结晶方向分布，呈长条状，有的呈虫状，表面光滑，如图 2－10(b)所示。

(2)形成原因

在焊接铁碳合金时，电弧气氛中 CO 的含量是比较高的，电弧中心的一氧化碳主要来自焊丝、保护气体(如 $CO_2$)、药皮和焊接熔池。

在焊接熔池中，碳被空气直接氧化或通过冶金反应而生成 CO，反应式如下：

$$C + O = CO$$

$$FeO + C = CO + Fe - Q$$

由于 CO 不溶解在液态金属中，因此生成的 CO 就立即以气泡的形式从熔池中逸出，大部分 CO 在熔池高温时从液态金属中排出。随着反应的进行，熔池开始结晶，在结晶过程中，由于钢中的碳及 FeO 容易偏析，造成它们的含量在局部区域增多，故而使 CO 气泡来不及排出，形成气孔。

3. 氮气孔

(1)特征

焊缝中的氮气孔大多以表面气孔为主，且以密集形式出现，如图 2－10(c)所示。

(2)形成原因

这主要是在焊接时由于对熔池的保护不足造成周围空气进入熔池而形成的。如焊条电弧焊时，电弧长度过大或环境风速过快。

4. 工艺因素对气孔生成的影响

焊缝中气孔的形成除上述因素外，还有工艺因素造成的影响。

(1)焊接方式的影响

例如，埋弧自动焊由于焊接速度过大，熔池的熔深也大，因此生成气孔的倾向越大。但只要正确选择焊接工艺及焊接参数，就能保证焊接质量。

(2)焊接工艺参数的影响

当焊接速度增加时，熔池存在的时间变短，出现气孔的倾向就增大。当焊接电流增大时，熔滴过渡变细，吸收气体量就增加，同时熔深也增加，造成气体逸出的距离和时间加大，因此生成气孔的倾向也增大。当电弧电压升高时，空气易侵入熔池，使出现气孔的倾向增大。

(3)电流种类和极性的影响

交流电源比直流电源易出现气孔，直流正接较直流反接出现气孔的倾向更大。

5. 防止产生气孔的方法

(1)消除产生气孔的各种来源

仔细清除焊件表面上的脏物，在焊缝两侧 20～30 mm 清除锈、油、漆等污物；焊丝不应生锈，焊条、焊剂等要清洁，并按规定烘干焊条或焊剂；按规定存放焊接材料，防止受潮。

(2)加强熔池保护

焊条药皮不要脱落，焊剂或保护气体送给不能中断；采用短弧焊接，电弧不要随意拉长，操作时适当配合手势以利气体逸出，注意正确引弧；操作时发现焊条偏心要及时调整倾斜角度或调换焊条，保持电弧稳定；装配间隙不应过大。

(3)正确执行焊接工艺规程，选择适当的焊接工艺参数

运条速度不得太快；对导热快、散热面积大的焊件，若周围环境温度较低，应进行预热。

## 二、焊接裂纹

裂纹是焊接结构最危险的一种缺陷。焊接接头一旦出现焊接裂纹，不仅会造成产品报废，甚至还可能引起严重的事故。

在实际焊接过程中，裂纹的出现形式是多样的，按存在的部位分类，有表面裂纹和内部裂纹；按存在的方向分类，有平行于焊缝方向的纵向裂纹和垂直于焊缝方向的横向裂纹；按存在的区域分类，有发生在焊缝上的裂纹和发生在热影响区上的裂纹等。我们根据裂纹产生条件把焊接裂纹归纳为热裂纹、冷裂纹、再热裂纹和层状撕裂纹几种。焊接接头裂纹分布形态如图 2－11 所示。

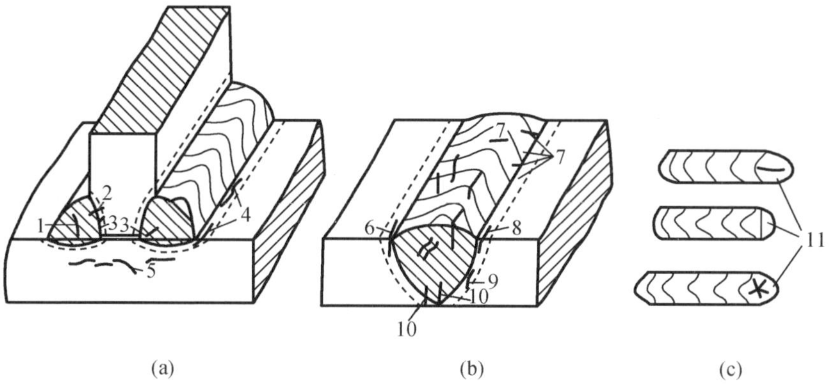


1—纵向裂纹；2，7—横向裂纹；3，10—根部裂纹；4，6，8—焊趾裂纹；5—层状撕裂纹；9—焊道下裂纹；11—弧坑裂纹。

**图2-11　焊接接头裂纹分布形态示意图**

1.热裂纹

焊接过程中，焊缝和热影响区金属冷却到固相线附近的高温区间产生的焊接裂纹称为热裂纹。根据热裂纹产生的机理，热裂纹可分为结晶裂纹（弧坑裂纹）、高温液化裂纹和高温低塑性裂纹。

（1）热裂纹的特点

①产生的时间。它的发生和发展都处于高温条件下，在时间上它产生在焊接过程中。

②产生的部位。热裂纹大多产生在焊缝金属中，有纵向和横向之分。弧坑中产生的裂纹一般呈星状，有时热裂纹也会发展到母材中。

③外观特征。从表面裂纹的形状上看，热裂纹有明显的锯齿形，由于热裂纹产生于高温条件下，因此裂纹的断面有明显的氧化色彩。

④金相结构上的特征。对裂纹的金相断面宏观分析发现，裂纹是沿晶界（晶粒交错的轮廓线）开裂，其外观呈锯齿形状，不平滑。

（2）热裂纹产生的原因

热胀冷缩是很多金属材料的物理性质，焊缝金属从液态凝固，体积缩小，而焊缝周围的金属阻碍收缩时，对焊缝产生一定的拉应力。熔池开始凝固和结晶时，由于液态金属较多，流动性较好，这时拉应力造成的晶粒间的间隙会被液体金属填满。当温度连续下降时，柱状晶体连续生长，拉应力逐渐增大，此时如果焊缝中存在低熔共晶体，因为这些低熔共晶体的熔点低，凝固时间晚，就会被柱状晶体推向晶界，并聚集在晶界上，焊缝金属大部分已经凝固时，这些低熔点杂质尚未凝固，晶间就形成液体夹层，如图2-12所示。而这些液体金属本身没有强度，晶粒间的结合力减弱，在拉应力的作用下，就可能使柱状晶体的间隙增大，这时已没有足够的液态金属填充到空隙中因而产生裂纹。

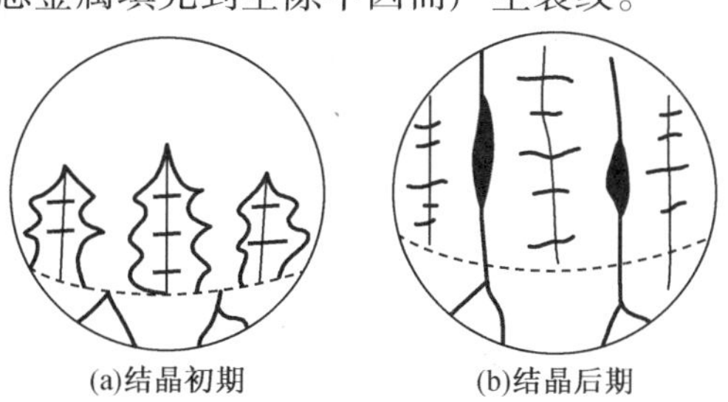


**图2-12　焊缝中液体夹层的形成情况**

由此可见，拉应力是产生裂纹的外因，晶界上的低熔共晶体是产生裂纹的内因，拉应力通过晶界上的低熔共晶体而造成裂纹。

(3)生成热裂纹的影响因素

①合金元素对产生热裂纹的影响。

a. 硫的影响。钢中的硫是一种有害元素，焊接时硫与铁形成 FeS 等低熔共晶体，在焊缝结晶时聚集在晶界上，而成为产生热裂纹的前提条件。因此，为了防止产生热裂纹，必须控制金属材料的含硫量。

b. 碳的影响。当钢中的含碳量增加时，焊缝金属的淬硬性增加，促使焊缝中组织应力增加。而且由于碳元素易与钢中其他元素(如铬、镍等)形成低熔共晶体，也就增大了热裂纹的形成倾向。如果钢中的含硫量、含碳量都较高时，焊缝形成热裂纹的倾向更大。

c. 锰的影响。为了消除硫的有害作用，提高焊缝中的含锰量是大有好处的。锰的作用主要是它与 FeS 作用后生成 MnS 这样的本身熔点比较高，又不会与其他元素形成低熔共晶体的物质。焊缝中含锰量的提高，可降低硫的有害作用，出现热裂纹的倾向就减小。一般钢中的含锰量低于 2.5% 时，锰可起到有利作用。

d. 硅的影响。钢中的硅对焊缝金属的作用和碳相似。过多地增加含硅量是不利的，因为硅与铁也能形成低熔共晶体，同时硅也可能降低硫在铁中的溶解度，因而促使产生热裂纹，但硅对焊缝金属产生热裂纹的影响比碳要小。

②一次结晶组织对热裂纹的影响。熔池金属在一次结晶过程中，晶粒的大小、形态和方向对焊缝金属的抗裂性有很大的影响。一次结晶的晶粒越粗大，柱状晶的方向越明显，产生热裂纹的倾向就越大。

③力学因素对产生热裂纹的影响。熔池结晶时所受到的拉应力是产生裂纹的必要条件。拉应力的大小与焊接结构形式、接头刚性、熔池冷却速度和焊接顺序等都有很大的关系。

(4)防止热裂纹产生的措施

①冶金方面。

a. 控制焊缝的化学成分。为了减小焊缝形成低熔共晶体的倾向，尽可能控制母材、焊材中的含硫量、含磷量；降低焊缝中的含碳量；提高焊材中的含锰量。

b. 改变焊缝组织状态。实际生产中要想完全消除有害杂质及不形成低熔共晶体是不容易的。为了使焊接接头在拉应力作用下不出现裂纹，可向焊缝金属中添加合金剂从而调整焊缝金属的化学成分，在焊缝中形成双相组织，以打乱焊缝金属的结晶方向，使低熔共晶体不能集中分布，从而减小热裂纹的倾向。

②工艺方面。

a. 控制焊缝形状。当焊缝形状如图 2 - 13(a)所示时，即焊缝窄而深，杂质易集中在柱状晶体对接的部位，焊缝抵抗拉应力的能力就很弱，容易产生裂纹。当焊缝形状如图 2 - 13(b)所示时，即焊缝的宽度和深度比例适当，则焊缝的散热方向改变，柱状晶体有向上生长的倾向，低熔点杂质大部分被挤向焊缝表面，拉应力对它的作用就显著减小，焊缝抗热裂的能力就大大提高。当焊缝形状如图 2 - 13(c)所示时，即焊缝宽而浅，这时低熔点杂质虽然也浮在焊缝表面，但焊缝还是容易断裂，其原因是焊缝太薄，强度不足以抵抗拉应力。

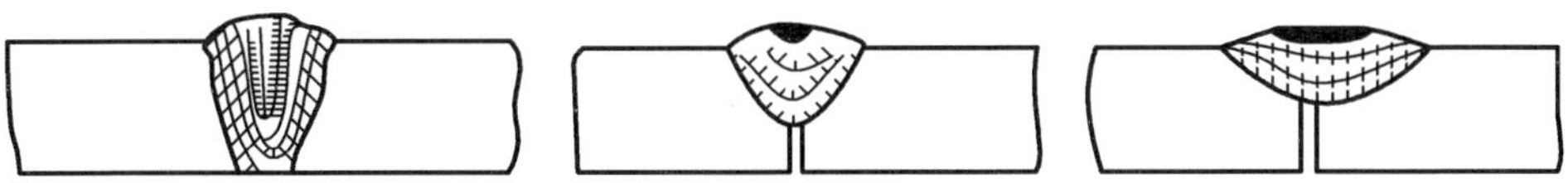


**图 2－13　焊缝形状与杂质分布的关系**

b. 选择合理的焊接顺序和焊接方向。在实际焊接过程中,不合理的焊接顺序和焊接方向会造成焊接构件的刚性加大,使焊缝不能自由收缩,产生裂纹的倾向可能性就会增大。

c. 采用碱性焊接材料。由于碱性焊接材料具有较强的脱硫能力,因此具有较高的抗热裂能力。

d. 在焊缝的端部加装熄弧板。由于焊接收弧时,弧坑冷却速度较快,常因偏析在弧坑处形成热裂纹,因此收弧时应填满弧坑,必要时在焊缝端部加装熄弧板,将弧坑引出焊件。

2. 冷裂纹

焊接接头冷却到较低温度下(对钢来说在马氏体转变温度以下)时产生的焊接裂纹称为冷裂纹。冷裂纹主要发生在低合金高强度钢、中碳钢、合金钢的热影响区。根据钢材的种类、含氢量、受力状态和结构形式的不同,冷裂纹可以分为延迟裂纹、淬火裂纹、低塑性脆化裂纹。

(1)冷裂纹的特点

①产生的温度和时间。冷裂纹发生在焊接之后,一般在 $Ac_3$ 线以下的冷却过程中或冷却以后产生,形成裂纹的温度在 200 ~ 300 ℃以下,即马氏体转变范围。

冷裂纹可以在焊接后立即出现,但也有些可以延迟几小时、几天、几周甚至更长时间,这种冷裂纹也称延迟裂纹。大多冷裂纹一般不会即时产生,往往它是由几处小的(或显微的)裂纹聚集,然后向长度或深度方向发展。某些焊接结构,当小裂纹发展到一定程度后,可能在瞬间迅速扩大,引起整个结构突然断裂。

②产生的部位和方向。冷裂纹大多出现在母材或母材与焊缝交界的熔合线上,但还有可能出现在焊缝上。冷裂纹根据其产生的部位有焊道下裂纹、焊趾裂纹和根部裂纹,如图 2－11 所示。

③外观特点。显露在接头金属表面的冷裂纹断面上没有明显的氧化色彩,所以断口发亮。

④金相结构。冷裂纹一般为穿晶型裂纹(晶粒折断),在少数情况下,也可能沿晶发展。

(2)冷裂纹产生的原因

①淬硬倾向。焊接时,钢的淬硬倾向越大,越易产生冷裂纹。因为淬硬倾向越大,就意味着得到更多的马氏体组织。马氏体是一种硬而脆的组织,在一定的应变条件下,马氏体由于变形能力低而容易发生脆性断裂,形成裂纹。焊接接头的淬硬倾向主要和钢的化学成分、焊接工艺、结构刚性及冷却条件有关。

②氢的作用。焊接时,焊缝金属吸收了较多的氢,由于焊缝冷却速度很快,熔池中的氢往往来不及全部逸出,一部分残留在焊缝金属中。而固体金属中的氢在不同组织中的溶解度是不同的,如表 2－3 所示。由表 2－3 可知,氢在奥氏体中的溶解度比在铁素体中的大。因为焊缝金属的含碳量低,冷却过程中在较高温度下部分奥氏体转变为铁素体,即焊缝的组织转变比热影响区早。由于氢在铁素体中的溶解度比奥氏体小,因此焊缝中析出的氢扩

散至近旁仍被奥氏体组织的热影响区溶解吸收，使热影响区的含氢量增加。在随后的冷却过程中，当热影响区的奥氏体转变为铁素体时，氢的溶解度降低，这样就有相当多的过剩氢析出，并聚集在热影响区熔合线附近，形成一个富氢带。如果是低合金高强钢的焊接，则奥氏体转变为马氏体。和铁素体一样，马氏体的氢溶解度也比奥氏体小很多，所以在焊接接头冷却时，析出的氢就向周围热影响区扩散，待热影响区转变为马氏体组织后，在热影响区内就会聚集相当多的氢，达到过饱和状态，当这一区域存在显微缺陷，如原子空位、空穴等时，氢原子就在这些地方结合成分子状态的氢，在局部区域造成很大的压力，再加上奥氏体向马氏体组织转变时，由于体积膨胀而产生的巨大组织应力就促使钢发生破坏，从而形成裂纹。

**表 2-3　氢在奥氏体和铁素体中的溶解度及扩散能力**

| 温度/℃ | 氢的溶解度/[mL·(100 g)$^{-1}$] | | 氢的扩散能力/[mL·(mm$^2$·h)$^{-1}$] | |
|---|---|---|---|---|
| | 奥氏体中 | 铁素体中 | 奥氏体中 | 铁素体中 |
| 500 | 4 | 0.75 | 0.018 | 0.26 |
| 100 | 0.9 | 0.2 | 0.000 000 026 | 0.000 26 |

③焊接应力。一是焊接接头内部存在的应力，包括由于温度分布不均造成的温度应力和由于相变(特别是马氏体转变)形成的组织应力。二是焊接接头外部存在的应力，包括刚性约束条件、焊接结构自重、工作载荷等引起的应力。

总之，氢、淬硬组织和焊接应力这三个因素是导致冷裂纹的主要原因，它们相互影响、相互促进，在不同的情况下，三者中必有一种为主导因素。例如低碳低合金高强度钢，虽有一定的淬透性，但低碳马氏体组织对氢的敏感性不大，只有当含氢量达到一定值时，才产生裂纹，此时产生冷裂纹的主要因素是氢。对于中碳合金钢，它具有高的淬硬性，而淬硬组织有高的氢脆敏感性，此时产生冷裂纹的主要因素为淬硬组织。又如焊缝根部有未焊透或咬边等缺陷，以及焊缝的余高截面变化很大，存在较高的应力集中区，那么焊接应力就成为冷裂纹产生的主要因素。

(3)防止冷裂纹的措施

①冶金措施。

a. 选用碱性低氢型焊材，减少焊缝中的含氢量。

b. 选用奥氏体焊材，对于高强度钢可采用奥氏体不锈钢或镍基合金等焊材，这些合金塑性比较好，可以抵消马氏体转变时造成的一部分应力。另一方面，氢在奥氏体中的溶解度较高，扩散速度慢，氢不易向热影响区扩散聚集。

②工艺措施。

a. 焊前预热。在结构材料淬硬倾向大、刚性强、气温低等情况下，采取焊前预热是防止冷裂纹的有效措施。预热可根据焊件结构的条件选择整体或局部加热。预热的作用在于通过减缓冷却速度，改善接头的显微组织，降低热影响区的硬度和脆性，提高塑性，并使焊缝中的氢加速向外逸出。预热同时可以起到减小焊接应力的作用。

b. 选用适当的焊接工艺参数。适当减慢焊接速度，使焊接接头的冷却速度减慢一些，对防止产生冷裂纹是有利的。焊接速度过大，焊接接头冷却速度高，容易产生淬火组织；焊接速度过小,热影响区过热造成晶粒粗大,而粗大的晶粒会增大金属的淬火倾向。同样,热影响区增大而淬火区加宽,将促使冷裂纹的产生。因此,应选择适当的。

c. 采用减少氢的工艺措施。这一工艺措施的目的是减少焊缝金属中的含氢量,热影响区的冷裂纹倾向可大为减小。例如,焊条、焊剂按要求烘焙;随取随用;仔细清理坡口及两侧一定的范围,去除油、锈等污物;防止环境中的水分进入焊缝;正确选择焊接电源与极性,保持正确的操作方法等。

d. 后热。焊接后立即对焊件的全部或局部进行加热保温,以使焊件缓慢冷却的工艺措施称为后热,又称消氢处理。后热的目的主要是使焊接接头的扩散氢能充分逸出,对防止延迟裂纹有明显的效果。

e. 采用合理的装焊顺序。采用合理的装焊顺序、焊接方向等,可以改善焊件的应力状态。

f. 焊后热处理。焊件在焊后应及时进行热处理,如高温回火可改善焊接接头的组织性能,并可使氧扩散排出,而且可以减小焊接应力。

3. 再热裂纹

对于一些重要的厚板焊接结构或某些含有沉淀强化元素的高强钢等材料(如大型柴油机机架、厚壁容器、潜艇结构、高温合金材料),由于焊后存在不同程度的残余应力,因此焊后进行消除应力热处理是不可缺少的工序。有时在焊后构件不一定出现裂纹,而在热处理过程中却出现了裂纹;即使在消除应力处理过程中不产生裂纹,但在 500 ~ 600 ℃ 高温下长期工作时,也会产生裂纹(消除应力过程和服役过程)。这两种裂纹统称为再热裂纹。

(1)再热裂纹的特点

①再热裂纹都发生在焊接热影响区的粗晶部位并呈晶间开裂。母材、焊缝和热影响区的细晶部位一般不会产生再热裂纹,裂纹沿熔合线母材侧的奥氏体粗晶界扩展。裂纹一般不连续,遇细晶就停止扩展。

②进行消除应力处理之前,焊接区存在较大的残余应力和应力集中,而且残余应力和应力集中同时存在,否则不会产生再热裂纹。

③产生再热裂纹存在一个最敏感的温度区间。例如,奥氏体钢或一些高温合金材料的再热裂纹敏感温度区间为 700 ~ 900 ℃,沉淀强化的低合金钢的再热裂纹敏感温度区间为 500 ~ 700 ℃,随材料的不同而变化。

④含有一定沉淀强化元素的金属材料才具有产生再热裂纹的敏感性,碳素钢和固溶强化的金属材料,一般都不会产生再热裂纹。

(2)再热裂纹的产生原因

由于焊后需对焊接接头进行热处理加热,焊接热影响区的粗晶部位会析出沉淀硬化相(如 Mo、V、Nb 和 Ti 等碳化物),强化了晶粒而相对减弱了晶界结合力,从而引起了再热裂纹。因为焊接接头中存在较大的残余应力并造成应力集中,在热处理加热作用下,由于应力松弛而重新发生的塑性蠕变便集中在晶界上,如果粗晶部位的晶界上粗晶向的结合力抵抗不住松弛的应力,便形成裂纹。

再热裂纹和热裂纹虽然都是沿晶界开裂,但再热裂纹的产生和热裂纹有根本的区别:再热裂纹只在一定温度区间发生,而热裂纹发生在较高温度的固相线附近。

(3)防止再热裂纹的措施

①控制预热温度。焊前预热是防止再热裂纹的有效措施之一,它能减小焊接应力和应

力集中,从而使产生再热裂纹的倾向显著减小。

②选择合适的焊接材料和控制基本金属的化学成分,适当减少基本金属中促使形成再热裂纹的合金元素。另外在满足设计要求的前提下,选择强度低而塑性好的焊接材料以适当降低焊缝强度,提高其塑性变形能力,可减轻近缝区塑性应变的集中程度,有利于降低再热裂纹的敏感性。

③减小残余应力,尽量消除应力集中源。如削平焊缝的余高,清除咬边和根部未焊透缺陷。另外,选择正确的焊接顺序和焊接工艺参数,以及合理设计结构,应用退火焊道都是减小残余应力的有效措施。

④选择适当、合理的回火温度。选择适当、合理的回火温度可析出较粗大的强化物粒子,同时适当减慢回火时的加热速度,以减小温差应力。

4. 层状撕裂

大型厚壁结构,在焊接过程中会沿钢板的厚度方向出现较大的拉伸应力,如果钢板中有较多的夹杂物,那么沿钢板轧制方向会出现一种台阶状的裂纹,一般称为层状撕裂,如图2－14所示。

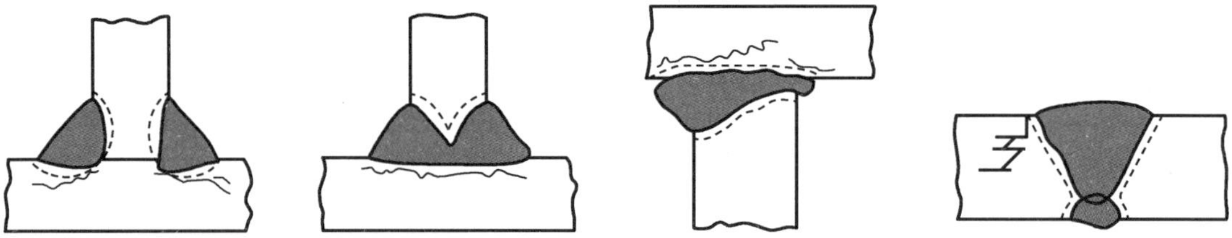

(a)T形接头　(b)T形接头(深熔)　(c)角接头　(d)对接接头

**图2－14　各种接头的层状撕裂**

(1)层状撕裂的特点

层状撕裂在钢板的表面很难发现,常出在T形、角接和十字接头中,一般在对接接头中很少发现,但在焊趾和焊根处由于冷裂纹的诱发也会出现层状撕裂。根据产生的位置可将层状撕裂分为以下三类:

①在焊接热影响区焊趾或根部处,由冷裂纹诱发而形成的层状撕裂;

②在焊接热影响区沿夹杂物开裂,这是工程中最常见的层状撕裂;

③远离热影响区的母材中沿夹杂物开裂,这种情况多出现在有较多MnS的片状夹杂的厚板结构中。

(2)产生层状撕裂的原因

层状撕裂大多发生在高强度厚板结构中,其产生原因主要是在钢板轧制过程中存在带(片)状夹杂物层,如硫化物、氧化物和硅酸盐等。由于这些夹杂物分布在平行于表面的钢板层中,从而使钢板在厚度方向上的力学性能,特别是伸长率降低。当结构设计为T形或角接接头焊接时,在刚性拘束的条件下,焊缝收缩会在钢板厚度方向(也称$Z$向)上引起很大的收缩应力和变形。当应力超过一定数值时,会使某些部位的夹杂物与钢板基体之间的较弱接合面发生裂开并扩展,造成层状撕裂。层状撕裂的产生主要取决于钢板中的夹杂物和接头上$Z$向的收缩应力。

(3)防止层状撕裂的措施

①控制夹杂物。钢板中的夹杂物(主要是硫化物)会破坏基体的连续性,因此要求钢板

夹杂物的数量越少越好。

②防止基本金属脆化。选用钢板时，应选择塑性、韧性好，淬火敏感性低的材料。焊接时采用预热、控制热循环、控制层间温度，以及保温缓冷等措施，防止热影响区的淬硬脆化。

③采用合理的焊接工艺。主要是减少 $Z$ 向拘束应力，使焊接接头的收缩应力和应变尽可能小，通过改善焊接接头形式，使接头中的钢板塑性和韧性较差的 $Z$ 向安排在与受力方向垂直的部位；采用预焊低强度高韧性焊道作为过渡焊缝来承受接头应变等；通过控制预热和层温，采用多道焊减小收缩应力和应变等一系列措施来防止层状撕裂。

## 三、夹渣

夹渣是在焊接后残留在焊缝中的焊渣（非金属夹杂物），如图2－15所示。夹渣削弱了焊缝的有效截面，从而降低了焊缝的力学性能。夹渣还会引起应力集中，使焊接结构在承载时遭受破坏。夹渣有焊道表面夹渣和焊缝内部夹渣之分。

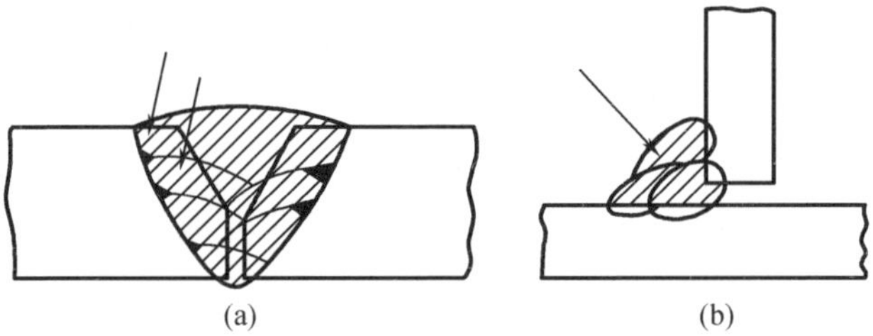


**图2－15　夹渣**

1. 夹渣产生的原因

产生夹渣的主要原因有两种。一是焊材操作工艺性的原因。例如，焊条或焊剂熔化时黏度太大，流动性不够，造成焊渣来不及浮出而残留在焊缝中；或是焊渣流动性太强，焊接时造成熔渣和液态金属分离不清或流淌到熔池前所形成的。二是操作不当。例如，由于焊接电流选择过小、焊接速度过快及运条动作不当而造成焊渣的残留，或是坡口及焊道间清理不干净，使焊渣残留在焊道内。

2. 防止夹渣的措施

①选择工艺性良好的焊材（焊条或焊剂等）。

②选择的焊条（焊丝）直径恰当，焊缝坡口的角度和深度合适。

③正确选择焊接工艺参数。

④做好焊前或焊接过程中的清理工作，防止焊缝内的氧化物或焊渣残留在焊道中。

⑤由于酸性焊条熔渣的流动性较好，因此操作过程中要随时调整焊条角度，防止焊渣流到熔池前面造成夹渣。碱性焊条由于熔渣的黏度较大，因此除了选择正确的焊接电流外，还要注意短弧操作，焊条的运条方法和操作角度要正确。

## 四、焊缝尺寸及形状不符合要求

焊缝外表形状高低不平，波形粗劣；焊缝宽窄不齐，过宽或过窄；角焊缝焊脚尺寸不均等都属于焊缝尺寸及形状不符合要求，如图2－16所示。

(a)焊缝高低不平、宽度不齐、波形粗劣　(b)余高过高　(c)焊缝低于母材

**图 2－16　焊缝尺寸及形状不符合要求**

1. 危害

焊缝宽度不一致，不仅视觉上焊缝成形不美观，还影响焊缝与母材的结合强度；焊缝余高太高，使焊缝与母材交界突变，形成应力集中，而焊缝低于母材，就不能得到足够大的结合强度；角焊缝的焊脚尺寸不均，且无圆滑过渡也易造成应力集中。

2. 产生的原因

造成焊缝尺寸及形状不符合要求的原因主要有焊缝坡口角度不当或装配间隙不均匀；焊接电流过大或过小；运条速度或手法不当；焊条角度运用不合适等。

3. 防止方法

坡口角度及装配间隙要正确；选择合理的焊接参数；熟练掌握操作手法。

## 五、咬边

咬边是沿焊趾的母材部位产生的沟槽或凹陷，如图 2－17 所示。

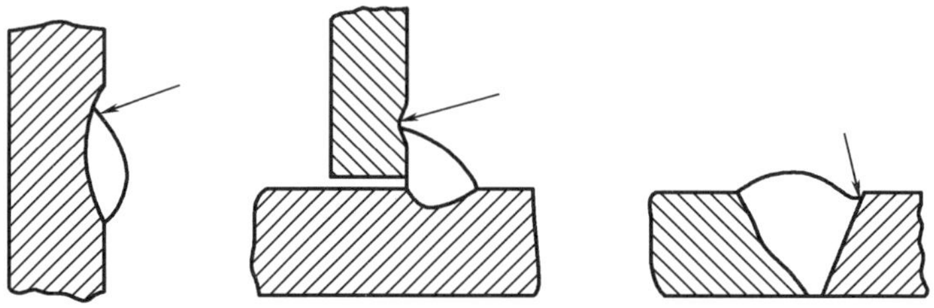

(a)　(b)　(c)

**图 2－17　咬边**

1. 危害

咬边减小了母材的有效面积，减弱了焊接接头强度，并且在咬边处形成应力集中，承载后有可能在咬边处产生裂纹。

2. 产生的原因

咬边产生的原因是焊接时选用的焊接电流太大，运条速度不合适；在角焊时，由于焊条角度或电弧长度不适当；在自动焊时，焊接速度过快等。

3. 防止方法

选择适当的焊接参数，保持均匀的运条方式；角焊时运条的角度要合适，电弧的长度要控制好；自动焊时，焊接速度要恰当。

## 六、焊瘤

焊瘤是指焊接过程中，熔化金属流淌到焊缝之外未熔化的母材上所形成的金属瘤，如

图2－18 所示。

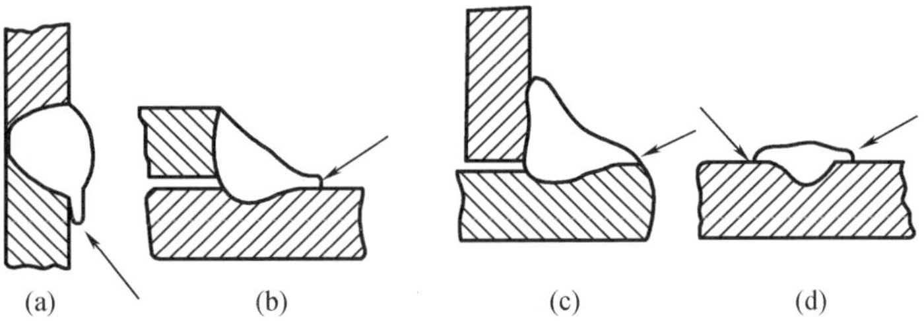


**图 2－18　焊瘤**

1. 危害

焊瘤不仅会影响焊缝的成形，而且在焊瘤的部位往往还存在夹渣和未焊透的现象。

2. 产生的原因

焊瘤产生的原因主要是由焊工操作不熟练和运条不当造成的；立焊时，若采用过大的焊接电流，则更易产生焊瘤。

3. 防止方法

焊工要熟练掌握操作技能，控制好熔池的形状。碱性焊条宜采用短弧焊接，运条速度要均匀，选择正确的焊接参数。

## 七、凹坑与弧坑

凹坑是指焊后在焊缝表面或背面形成的，低于母材表面的局部低洼部分，如图 2－19(a)所示。弧坑也是凹坑的一种，它是在焊缝收尾处产生的凹坑现象，如图 2－19(b)所示。

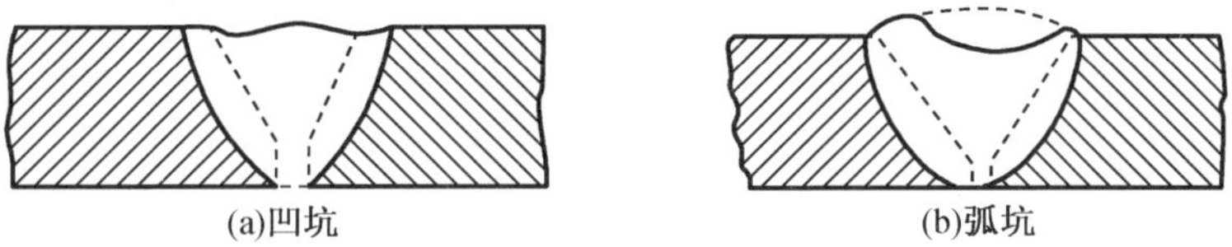


**图 2－19　凹坑与弧坑**

1. 危害

凹坑或弧坑都使焊缝的有效截面减小，削弱了焊缝的承载能力。对于弧坑来说，杂质的集中会导致产生弧坑裂纹。

2. 产生的原因

产生凹坑或弧坑的主要原因是焊工的操作技能不熟练，不能很好地控制熔池的形状；盖面焊道的电弧电压偏高或收尾时电流过大，熄弧过快；最后一层填充道打底局部太浅等。

3. 防止方法

焊工必须熟练掌握操作技能，焊缝收弧时必须填满弧坑。

## 八、未焊透和未熔合

未焊透是指焊接时接头根部未完全熔透的现象；未熔合则是指焊接时焊道与母材、焊道与焊道之间未完全熔化结合的现象，如图 2－20 所示。

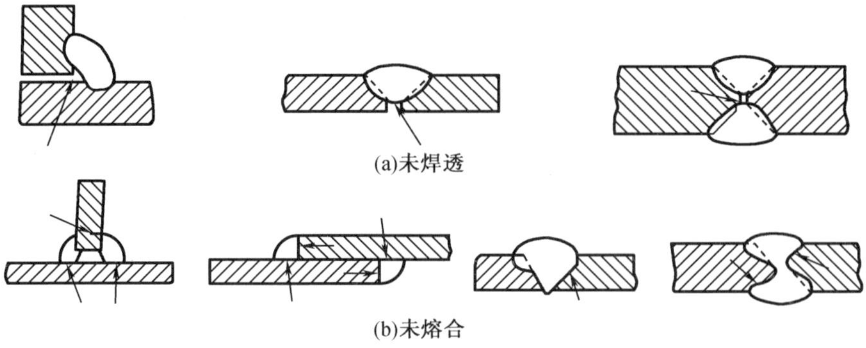


**图 2－20　未焊透和未熔合**

1. 危害

未焊透或未熔合直接降低了焊接接头的力学性能;未焊透的缺口及端部是应力集中点,承载后,易引起裂纹;焊缝表面的未熔合同样也会造成应力集中,而产生裂纹。

2. 产生的原因

①未焊透产生的主要原因是操作时选择的焊接电流过小、焊接速度过快、坡口的角度太小、钝边太大、间隙太窄;焊条直径选择不当;焊条角度不正确;电弧产生偏吹等。

②未熔合产生的原因是焊接电流选择过小,焊接速度过快;坡口边缘或前道焊缝表面存在氧化物或焊渣。另外,如果选择的焊接电流太大,导致焊条发红,药皮中的造气剂失效,使熔深不够,熔液堆积在表面形成“假焊”。

(3)防止方法

正确选择坡口形式和装配间隙;清理坡口两侧及焊道(层)间的焊渣;选择合理的焊接参数和角度,掌握正确的运条方法。

## 九、塌陷与焊穿

塌陷是指单向熔焊时,由于工艺不当,造成焊缝金属过量而透过背面,导致焊缝正面塌陷,背面凸起的现象;焊穿是指焊接过程中,熔化金属自坡口背面流出,形成穿孔缺陷,如图 2－21 所示。

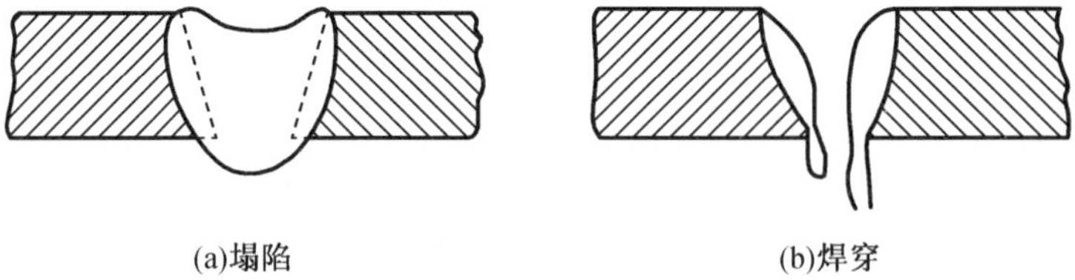


**图 2－21　塌陷与焊穿**

1. 危害

塌陷或焊穿是焊条或埋弧焊方法常见的缺陷,前者削弱了焊接接头的承载能力;后者则造成焊缝的密封性失效,甚至造成焊接接头完全失去承载能力,是一种绝对不允许存在的缺陷。

2. 产生的原因

塌陷与焊穿产生的主要原因是选择的焊接线能量过大。如电流大,速度慢,局部电弧停留时间长;间隙过大,坡口角度过大,操作工艺不当,也会造成塌陷或焊条的缺陷。

3. 防止方法

焊接工艺参数选择正确;操作方法合理;坡口角度合适;装配间隙恰当。

## 思考题

1. 熔焊的三个局部过程是什么?
2. 什么是温度场?什么是热循环?
3. 什么是熔池?熔池中的温度分布情况是怎样的?
4. 影响焊接的气体有哪些?各气体对焊缝的危害是怎样的?
5. 焊接过程中熔渣的作用是什么,可分为哪几类?如何确定熔渣的酸碱度?
6. 焊缝金属脱氧的目的是什么?脱氧方式有哪几种?
7. 硫在焊缝金属中的危害是什么?如何控制硫的含量?
8. 磷在焊缝金属中的危害是什么,如何控制磷的含量?
9. 为什么要对焊缝金属掺合金?影响合金元素过渡的主要因素是什么?
10. 什么是焊缝一次结晶?什么是二次结晶?
11. 什么是偏析?焊缝偏析有哪几种形式?
12. 冷却速度对碳钢的组织和性能有什么影响?
13. 什么是焊接接头,其组成部分有哪些?
14. 什么是焊接接头的热影响区,其对判断焊接接头的质量有什么意义?
15. 低碳钢的热影响区有哪些不同的组织区域,各区域的性能怎样?
16. 易淬火钢的热影响区可分为哪些组织区域?
17. 什么是线能量,焊接线能量对焊接接头的力学性能有何影响?
18. 焊缝中气孔的类型有哪些,它的产生原因和防止措施是什么?
19. 焊接缺陷的种类有哪些?
20. 裂纹的种类有哪些?
21. 什么是热裂纹,其产生的原因和特征是什么,防止其产生方法有哪些?
22. 什么是冷裂纹,其产生的原因和特征是什么,防止其产生方法有哪些?

# 第 3 章　船体结构钢及焊接材料基本要求

## 3.1　船体结构钢的基本要求

钢铁是钢和铁的统称。钢和铁都是以铁和碳为主要组成元素的合金。钢铁材料是工业中应用最广泛、用量最大的金属材料，一般可分为钢、生铁和铸铁三大类。

我们把金属材料中含碳量大于2%的铁碳合金称为铁；含碳量小于2%的铁碳合金称为钢。

钢材料按用途可分为结构钢、工具钢、特殊钢和专业用钢；按化学成分又可分为碳素钢和合金钢。

金属材料作为焊接结构的需求越来越多，但有些材料是可以通过焊接的方法进行制作的，如结构钢等；而有些材料是不能用焊接方法进行连接的。

### 一、钢的焊接性

焊接时，由于焊缝和热影响区金属经受了复杂的热过程，因此对金属材料的性能产生很大的影响。另外，焊接时焊缝和热影响区会产生很大的内应力，并可能导致各种形式的裂纹。所以我们有必要对金属材料的焊接性进行了解。金属的焊接性是指金属材料对焊接加工的适应性，主要是指在一定的焊接工艺条件下，获得优质焊接接头的难易程度。它包括两方面的内容：其一是接合性能，即在一定的焊接工艺条件下，一定的金属形成焊接缺陷的敏感性；其二是使用性能，即在一定的焊接工艺条件下，一定的金属焊接接头对使用要求的适应性。对于不同的材料，不同工作条件下的焊件，焊接性的主要内容是不同的。例如，低合金高强度钢，对于淬硬和冷裂纹比较敏感，因此在焊接这种材料时，如何解决淬硬和冷裂纹问题就成为低合金高强度钢焊接性的主要问题；又如焊接奥氏体不锈钢时，其主要问题是晶间腐蚀和热裂纹问题，即使对于同一金属材料，当采用不同的焊接方法、焊接材料及不同的工作条件时，其焊接性也可能有很大的差别。

1. 影响焊接性的因素

(1) 材料因素

材料因素包括母材本身和使用的焊接材料等，例如焊条、焊丝、焊剂、保护气体等。它们在焊接时都直接参与冶金过程，影响焊接质量。母材或焊材的选择不当，会造成焊接接头的力学性能和使用性能的降低，甚至出现焊接缺陷，使接合性能变差。因此，正确选用母材和焊接材料是保证焊接性良好的主要基础。

(2) 工艺因素

对于同一母材，当采用不同的工艺方法和工艺措施时，其表现的焊接性也不同。例如，钛合金对氧、氮、氢极为敏感,不能采用焊条电弧焊或气焊进行焊接,而应采用氩弧焊或真空电子束焊,可有效防止氧、氮、氢等的侵入。

工艺措施对防止焊接接头缺陷的产生,提高使用性能也有重要的作用。最常见的工艺措施有焊前预热、焊后缓冷和消氢处理等。它们对于防止热影响区淬硬倾向,降低焊接应力,避免氢致裂纹比较有效。

(3)结构因素

焊接接头和结构设计会影响应力状态,从而对焊接性产生影响,例如结构的刚度、应力集中和多向应力等。设计时应尽量考虑焊接接头处于刚度小,能自由收缩,有利于防止焊接裂纹的结构。另外,焊缝的咬边、余高过大、交叉焊缝等容易引起应力集中,应避免。

(4)使用条件

因为焊接结构的使用条件不同,有的工作于高温或低温环境,有的工作于腐蚀介质中,有的工作于静载或动载条件下。使用条件越不利,焊接性就越不容易保证。

2. 焊接性试验的目的和内容

评定母材焊接性的试验称为焊接性试验。焊接性试验是指新材料、新工艺及新的结构产品在正式制造、焊接之前,都要经过的评定过程,其目的是确定其工艺焊接性的使用,焊接性是否达到技术的要求。通过焊接性试验可以达到以下三个主要目的:一是选择适用于母材的焊接材料;二是确定合适的焊接工艺参数,包括焊接电流、焊接速度、预热温度、层间温度、焊后缓冷及热处理方法等;三是研究和开发新型材料。

焊接性试验的内容有焊接裂纹、接头力学性能和接头腐蚀试验等几类。由于焊接裂纹是焊接接头中最危险的缺陷,因此焊接性试验焊接裂纹试验是做得较多的。

(1)焊接裂纹试验

①T 形接头焊接裂纹试验。T 形接头焊接裂纹试验的目的是测试焊缝的热裂纹倾向,主要用于钢材及焊接材料对 T 形接头的抗裂纹及焊接工艺适用性试验。T 形接头焊接裂纹试验及试件形状与尺寸如图 3－1 和图 3－2 所示。试验时,将焊缝置于船型位置,如图 3－2 所示,先焊拘束焊缝,然后立即翻转焊接试验焊缝。拘束焊缝的焊脚尺寸必须大于试验焊缝,且两者的焊接方向应相反。试验通常在常温下进行,焊缝冷却后用肉眼或放大镜等检查焊缝有无裂纹。如有裂纹,按实测的累计长度和数量评估 T 形接头的焊接性。

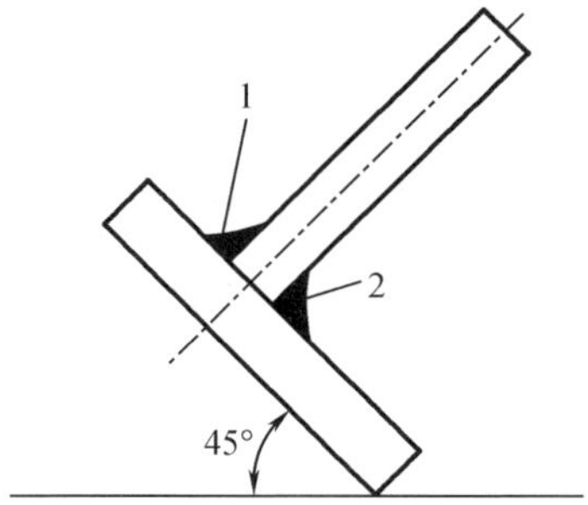


1—试验焊缝;2—拘束焊缝。

**图 3－1　T 形接头焊接裂纹试验**

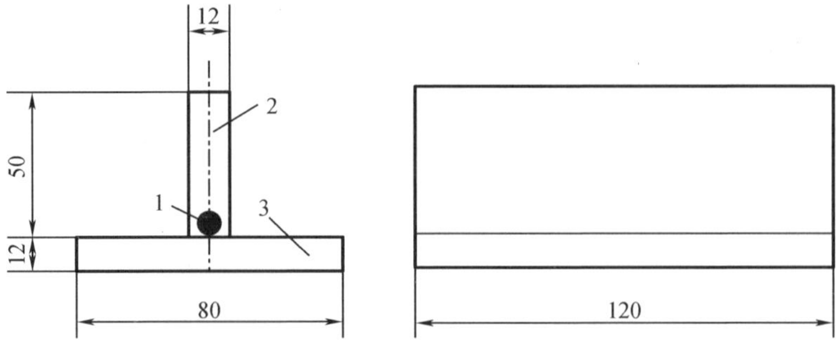


1—定位焊缝;2—复板;3—面板。

**图 3－2　T 形接头焊接裂纹试验试件形状与尺寸**(单位:mm)

②压板对接焊接裂纹试验。压板对接焊接裂纹试验主要用于评定低碳钢、低合金高强度钢和不锈钢等焊材的热裂纹敏感性,也可用于评定钢材和焊材的匹配性。试验所采用的装置及试件装配位置如图 3－3 所示。试件的尺寸及试验时焊缝的位置如图 3－4 所示。试件的坡口为 I 形,在试验装量内固定试件,并保证坡口间隙(0～6 mm)。

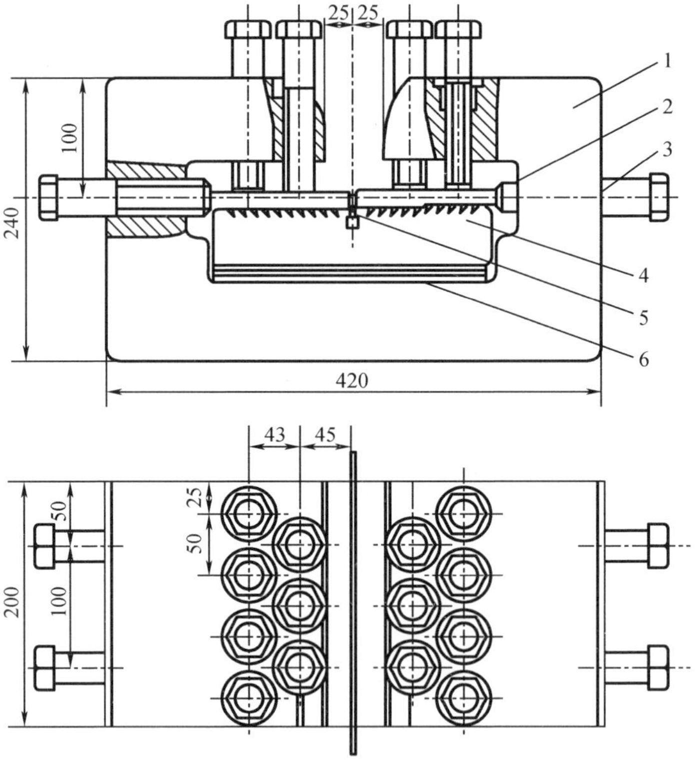


1—C 形拘束框架;2—试件;3—紧固螺栓;4—齿形底座;5—塞片;6—调整板。

**图 3－3　压板对接焊接裂纹试验装置及试件装配位置示意图**(单位:mm)

焊接结束约 10 min,取出试件,冷却后将试件沿焊缝折断,并观察和测量 4 条焊缝上的裂纹长度,计算其裂纹率,进行评估。

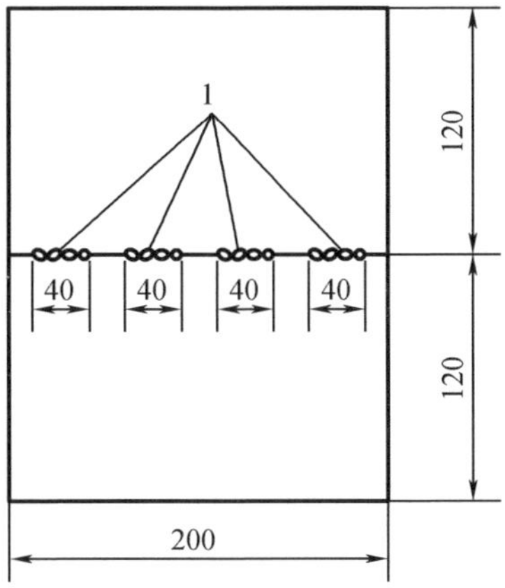


1—试验焊缝。

**图 3-4　压板对接焊接裂纹试验试件尺寸及试验焊缝位置图**(单位:mm)

③斜 Y 形坡口焊接裂纹试验(小铁研式裂纹试验)。斜 Y 形坡口焊接裂纹试验主要用于评定碳素钢和低合金钢焊接热影响对冷裂纹的敏感性,试验所用的试件形状和尺寸如图 3-5 所示,图中 $t$ 为试件板的厚度。试验前先焊好试件两端的拘束焊缝,注意保证试件不产生角变形。中间 80 mm 为试验焊缝,试件焊后经 48 h 以后才能进行裂纹的检测和解剖。检测和解剖时先观察焊缝表面裂纹,然后对试验焊缝均匀截取 6 段,检查 5 个断面的裂纹情况,并计算断面裂纹的平均值,进行评估。

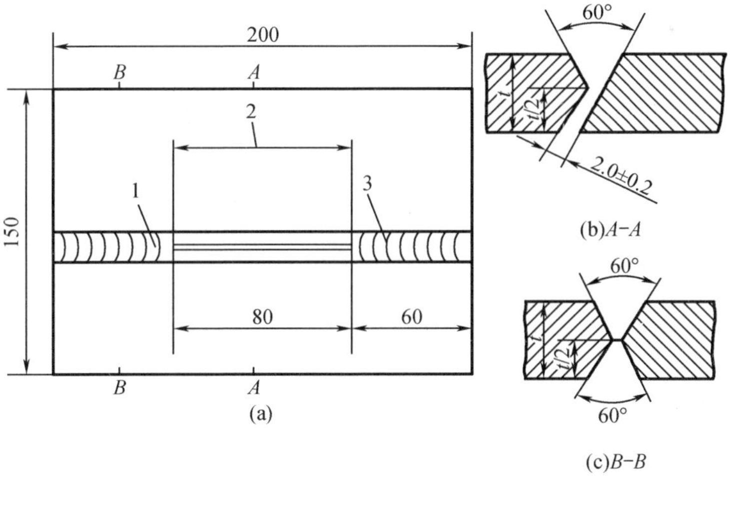


1,3—拘束焊缝;2—试验焊缝。

**图 3-5　斜 Y 形坡口焊接裂纹试验试件形状和尺寸图**(单位:mm)

由于斜 Y 形坡口焊接裂纹试验的接头刚性较大,根部呈尖角形,极易产生应力集中,因此这种焊接结构的冷裂纹敏感性是较大的。一般认为,在此试验中若裂纹率小于 20%,那么在实际结构件焊接时就不会产生冷裂纹。

④插销冷裂纹试验

插销冷裂纹试验是测定钢材焊接热影响区冷裂纹敏感性的一种定量试验方法。因为该方法钢材消耗少,试验结果稳定可靠,在国内外都广为使用。用这种方法可以研究含氢量、母材化学成分、冷却速度、预热温度等对冷裂纹的影响。

根据缺口的形式，插销冷裂纹试验可分为环形和螺形两种，其底板形状和尺寸如图 3 – 6 所示。插销冷裂纹试验示意图如图 3 – 7 所示。试验时根据试验材料的不同来决定是否进行预热，再对试件进行焊接。在无预热条件下，载荷保持 16 h，试件未断即可卸载；在有预热条件下，载荷保持至少 24 h 才可卸载。试验时通过对一组试件施以不同的拉伸载荷，经过不同的时间后产生的裂纹以致断裂，来得出一个临界应力。理论上在这个应力的作用下，无论持续多长时间，插销都不产生裂纹或断裂。临界应力的大小可以作为材料冷裂倾向的比较参考量，即临界应力小的材料冷裂倾向大。

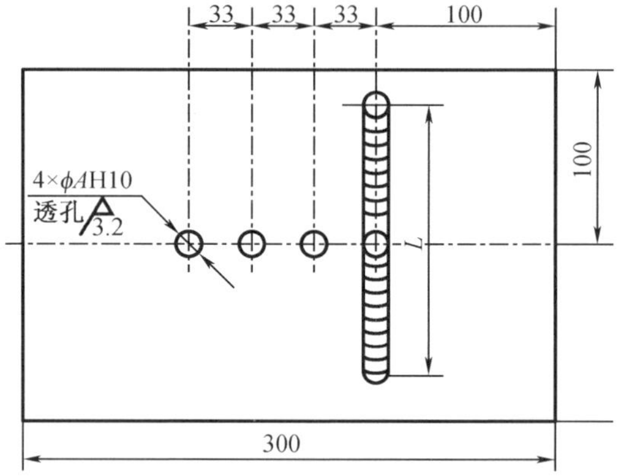


**图 3 – 6　插销冷裂纹试验底板形状与尺寸图**(单位:mm)

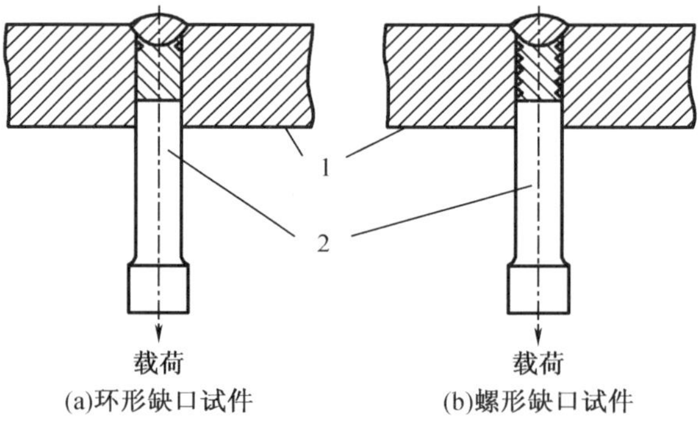


1—底板;2—插销。

**图 3 – 7　插销冷裂纹试验示意图**

⑤改进里海拘束试验

改进里海拘束试验是一种测定再热裂纹的试验方法。试件尺寸和坡口形式如图 3 – 8 所示。试验时，在试件坡口内焊一道焊缝，形成大的拘束残余应力，焊后进行消除应力热处理，热处理后采用金相法检查裂纹。为防止在焊接时产生冷裂纹而影响试验效果，焊前应按工艺要求预热。斜 Y 形坡口焊接裂纹试验方法同样也可作为再热裂纹敏感性的试验方法，不过焊接时为了防止冷裂纹的产生，焊前也应充分预热。

⑥*Z* 向窗口试验

*Z* 向窗口试验是一种模拟实际焊接结构的层状撕裂的试验方法，是应用较为广泛的试

验。试件尺寸和形状如图 3－9 所示。试验时先焊 3,6 拘束焊缝,然后焊 4,5 试验焊缝。焊后在室温下冷却 24 h 后,再切取宏观金相试片检查裂纹,进行测算层状撕裂裂纹率。另外,还可采用不同强度级别的焊材、不同的预热和层间温度,以及控制含氢量等方法将试验板的层状撕裂倾向划为若干等级。

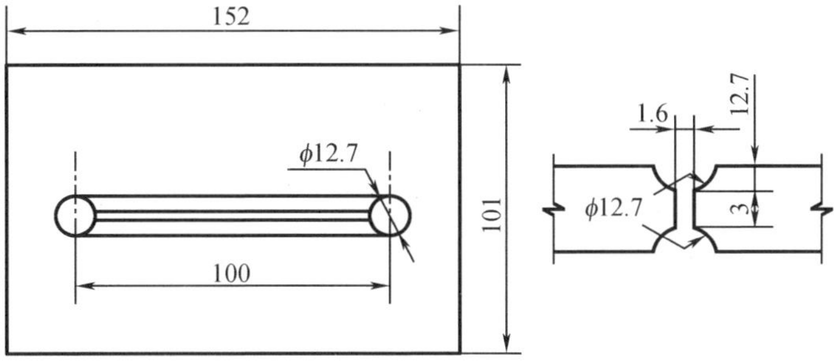


**图 3－8　改进里海拘束试验示意图**(单位:mm)

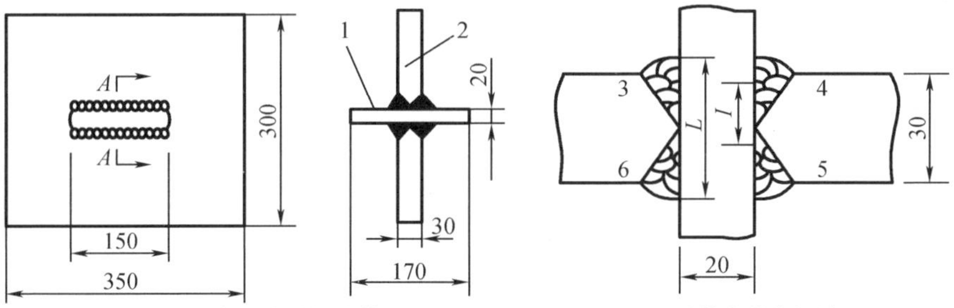


(a)Z向窗口试验的试件　　(b)试件上的角焊缝

1—试验板;2—拘束板;3,6—拘束焊缝;4,5—试验焊缝。

**图 3－9　Z 向窗口试验示意图**(单位:mm)

⑦Z 向拉伸试验

Z 向拉伸试验是一种间接的方法。由于层状撕裂敏感性与 Z 向塑性和韧性密切相关,因此 Z 向断面收缩率可以作为评价层状撕裂敏感性的指标。

Z 向拉伸试件如图 3－10 所示。先焊接试件,然后制作 Z 向拉伸试件。焊接材料的强度应大于试验材料的强度,并且焊缝中不允许有夹渣、未熔合等焊接缺陷。如果焊接结构在 Z 向拘束大时,应选用 Z 向断面收缩率较高的钢材(又称 Z 向钢)。

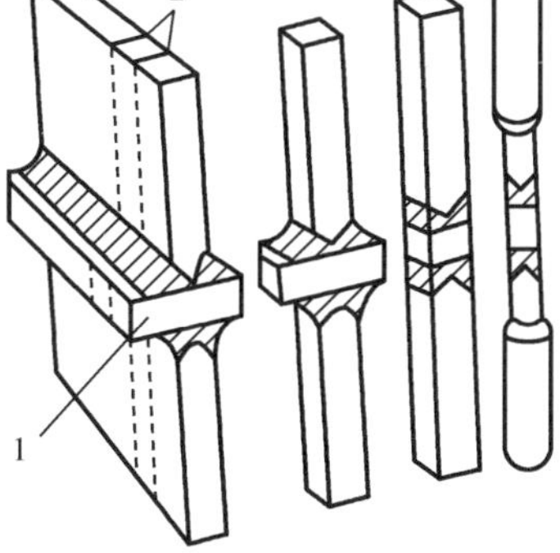


1—试板;2—锯切。

**图 3－10　Z 向拉伸试件示意图**

(2)焊接接头的力学性能试验

焊接接头力学性能试验可按 GB/T 2650—2008，GB/T 2651—2008，GB/T 2652—2008，GB/T 2653—2008，GB/T 2654—2008 或其他专业标准(如中国船级社)进行。根据产品的具体要求，一般进行拉伸、冲击、硬度、压扁和弯曲等试验，以检测焊缝金属及焊接接头的力学性能。焊接试样截取位置如图 3－11 所示。

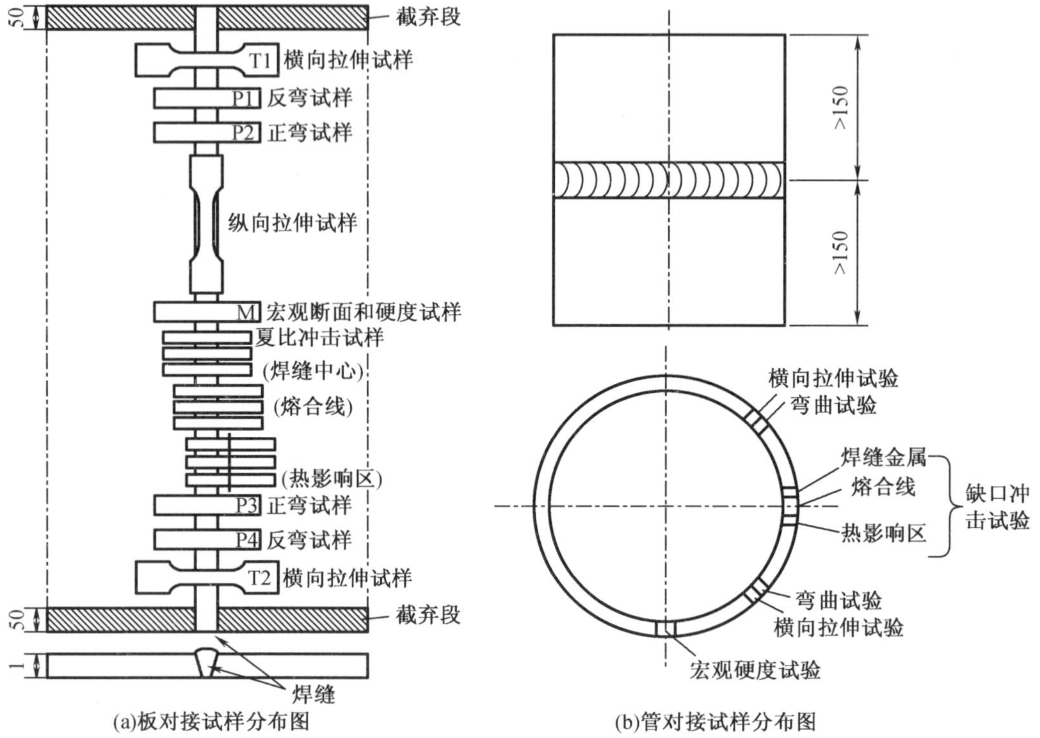


**图 3－11　焊接试样截取位置示意图**(单位：mm)

①拉伸试验。拉伸试验的目的是测定焊缝金属或焊接接头的强度(包括抗拉强度、屈服强度)和塑性(伸长率、断面收缩率)，并发现试样焊缝断口上的某些焊接缺陷。

根据试件的特征和试验的要求，焊接接头拉伸试验的试样可分为板状、整管和圆棒三种，如图 3－12 所示。

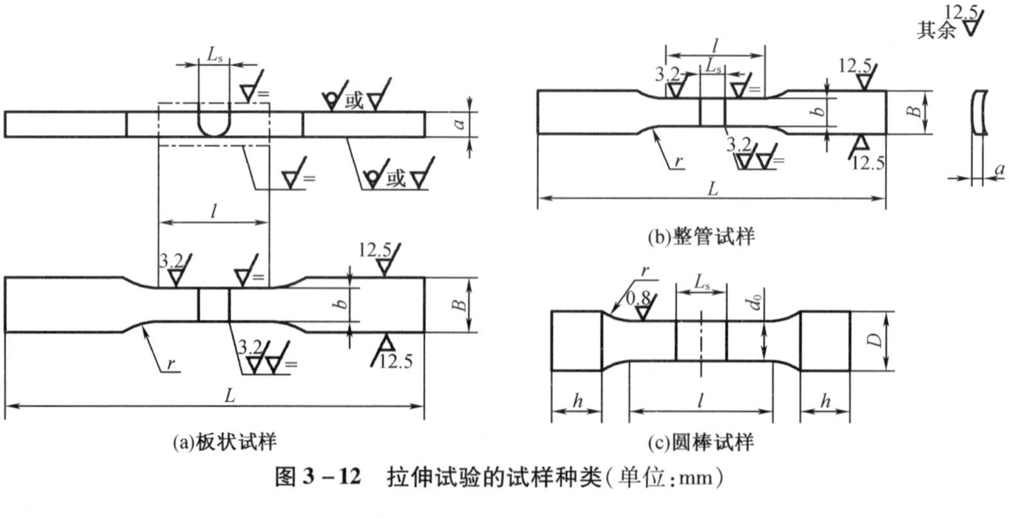


**图 3－12　拉伸试验的试样种类**(单位：mm)

②弯曲试验。弯曲试验的目的是检验焊接接头的塑性,并同时反映出各区域的塑性差别,暴露焊接缺陷和考查熔合线的焊接质量。

弯曲试验可分为横弯、纵弯和侧弯三种,如图3－13所示。横弯和纵弯又可分为正弯和背弯。弯曲试验的标准是根据不同的材料和技术条件选择不同的弯曲压头直径,再将试样弯曲至规定的角度(如50°、90°、100°或180°),然后检查有无裂纹。弯曲角度示意图如图3－14所示。

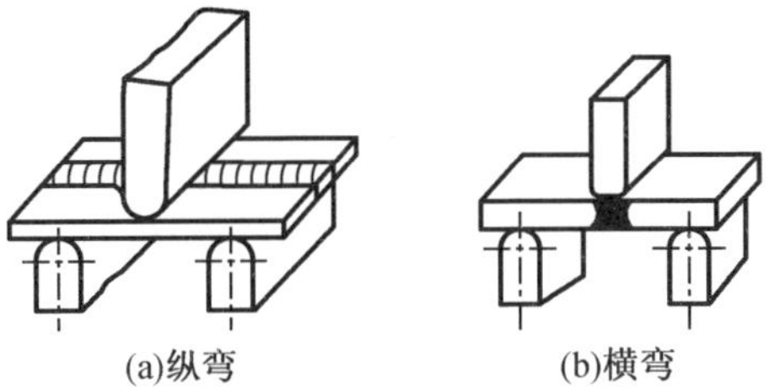


**图3－13　焊接试样弯曲示意图**

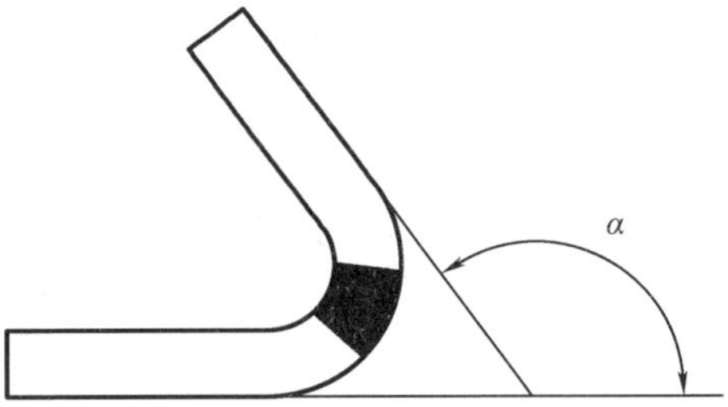


**图3－14　弯曲角度示意图**

③冲击试验。冲击试验是用来测定焊接接头的冲击韧度和缺口敏感性,是用于评定材料断裂韧度和冷作时效敏感性的一个指标。

根据GB/T 2650—2008《焊接接头冲击试验方法》和GB/T 229—2007《金属材料夏比摆锤冲击试验方法》标准的规定,冲击试验以10 mm×10 mm×55 mm带有V形缺口或U形缺口的试样为标准试样。由于U形缺口试样的缺口太钝,对缺口韧性的反应不敏感,因此其破坏特征不能充分反映到焊件上,如裂纹等尖锐缺口的破坏特征;而V形缺口试样较U形缺口试样更能体现实际结构的破坏现象。尤其在用来测定材料的脆性转变温度时,V形缺口比U形要明显得多,是目前推广应用的一种冲击试样。冲击试验试样示意图如图3－15所示。根据试验的要求,冲击试样的缺口可开在焊、熔合区或热影响区。

④硬度试验。硬度试验的目的是测量焊缝和热影响区金属材料的硬度,并可间接判断材料的焊接性。

焊接接头的硬度试验应在其横截面上进行,试验时,在横截面上画上标线反测量点位置,进行试验,如图3－16所示。

硬度试验分为布氏硬度(HB)、洛氏硬度(HRB、HRC)和维氏硬度(HV)三种,三种硬度值之间可以通过查表互相换算。

(3)焊接接头的金相试验和腐蚀试验

①焊接接头的金相试验。该试验是用来检查焊缝、热影响区及母材的金相组织,以及确定内部缺陷的。金相试验可分宏观和微观两种。

宏观金相试验时可直接用肉眼或低倍放大镜进行检查:第一种是所谓的粗晶分析,即在接头试件上截取横断面,然后将横断面的一侧研磨,侵蚀后再观察。宏观粗晶分析可以了解焊缝一次结晶组织的粗细程度和方向性、熔池的形状和尺寸、接头各区域的界限和尺寸,以及焊接缺陷存在的情况。第二种称为断口检验,即在焊缝表面沿焊波中心方向抠一条沟槽,再进行拉断,用肉眼或低倍放大镜观察断口处的缺陷种类和大小,常用于管子的对接焊的宏观金相检验。第三种是钻孔检验,即对焊缝的局部钻孔,可检查焊缝内部的气孔、裂纹、夹渣等缺陷。

微观金相试验是用2 000倍以下的显微镜观察焊接接头横截面试样上的显微组织,确定焊缝金属中是否存在显微缺陷和金相组织。微观金相试验可作为质量分析和试验研究的一种手段。

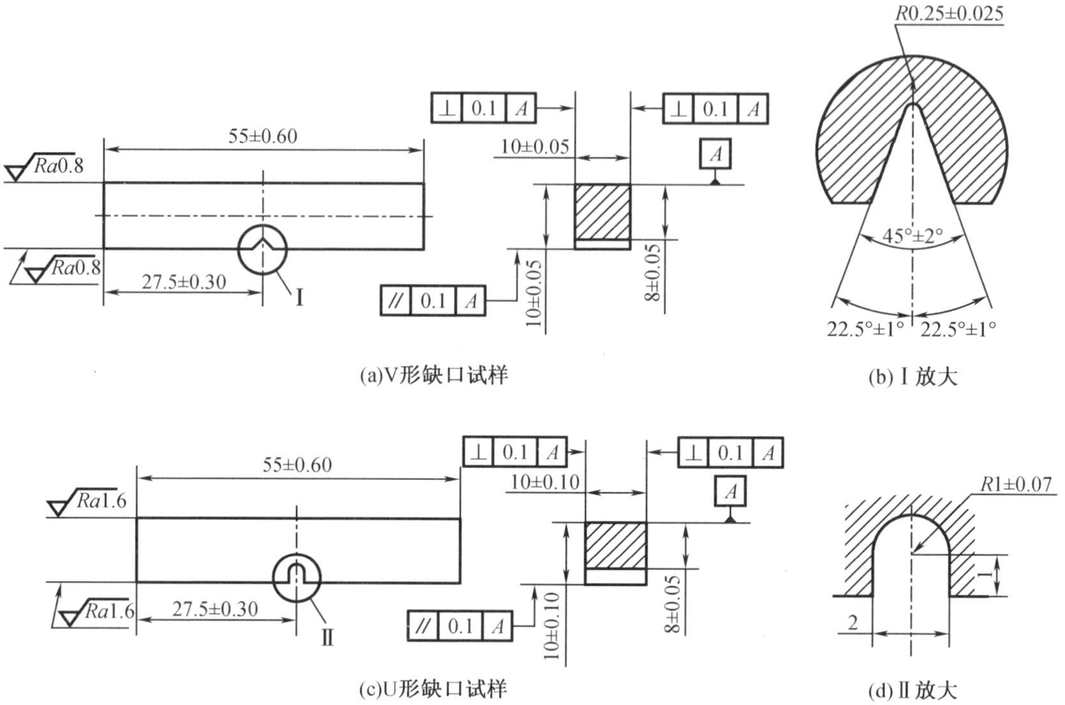


**图 3－15　冲击试验试样示意图**(单位:mm)

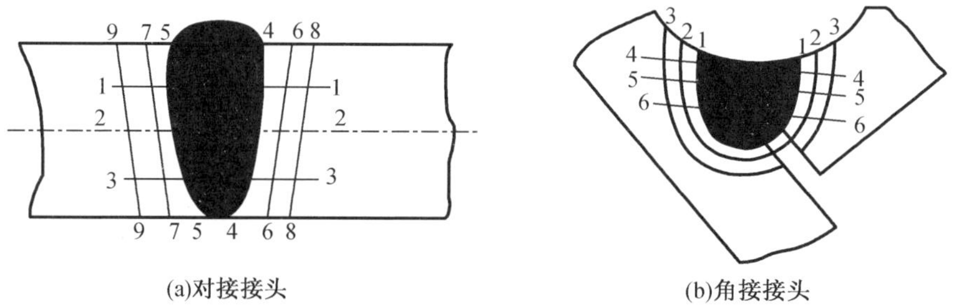


**图 3－16　硬度试验测试点示意图**

②不锈钢耐腐蚀试验。对于不锈钢焊接接头,在 450 ~ 850 ℃的危险温度区间,焊接不当等因素可导致材料敏化,发生局部的腐蚀(晶间腐蚀)造成结构的破坏。为了保证不锈钢焊接接头有良好的抗晶间腐蚀性能,母材、焊材进厂后须进行晶间腐蚀试验。不锈钢耐腐蚀试验方法有电化学腐蚀和化学腐蚀两种。

耐酸不锈钢焊缝中含有一定量的铁素体,能提高焊缝金属抗裂性能和抗晶间腐蚀性能。但如果铁素体含量过多,会导致焊缝金属在温度较高的工作条件下析出 σ 相,导致不锈钢焊接接头在非氧化性介质中的化学耐腐蚀性能降低,所以通常要求对焊缝中的铁素体含量进行检查。常用的测定铁素体含量的方法有金相法和磁性法两种。目前这两种方法也用于对双相不锈钢和铁素体含量的检查。

上述各类试验都是通过对焊接接头进行的实际、直接的试验方法。

3. 焊接性间接判断法

碳当量鉴定法是判断焊接性的最简便的间接方法，常用作焊接冷裂纹的间接评定。碳当量是指将钢中合金元素（包括碳）的含量按其作用换算成碳的相当含量，可作为评定钢材焊接性的一个参考指标。由于钢材的化学成分是决定焊接热影响区是否淬硬的基本条件，碳又是引起钢材淬硬的主要元素；其他合金元素对淬硬也有一定的影响，换算成碳当量后，则碳当量越高，焊接性越差。由于这种方法使用简便，因此目前广泛应用于低合金钢焊接性的估算。

国际焊接协会推荐的碳当量的计算公式如下：

$$C_{eq} = C + \frac{Mn}{6} + \frac{Cr + Mo + V}{5} + \frac{Cu + Ni}{15}\ (\%)$$

式中，各元素的符号表示其在钢中含量的百分数。当 $C_{eq} < 0.4\%$ 时，钢材的淬硬倾向不明显，焊接性好，焊接时不需预热；当 $0.4\% < C_{eq} < 0.6\%$ 时，钢材的淬硬倾向逐渐明显，需要采用适当预热等工艺措施；当 $C_{eq} > 0.6\%$ 时，钢材的淬硬倾向更强，属于较难焊接的材料，需要采用较高的预热温度和严格的工艺措施。

这种方法只是近似地估计碳当量，并判断钢材的焊接性，并不能完全代表材料实际的焊接性。

在实际的焊接生产中，材料的厚度造成的刚性、焊缝的含氢量等重要因素也会导致冷裂纹产生。所以前人通过大量的实际试验，得出钢材焊接冷裂纹敏感性系数 $P_c$ 如下：

$$P_c = C + \frac{Si}{30} + \frac{Mn + Cu + Cr}{20} + \frac{Ni}{60} + \frac{Mo}{15} + \frac{V}{10} + 5B + \frac{h}{600} + \frac{H}{60}\ (\%)$$

式中　$h$——板厚，mm；

H——焊缝金属中扩散氢含量，mL/100 g。

前人通过试验还得出防止裂纹所要求的钢材最低预热温度 $T_p$，其计算公式如下：

$$T_p = 1\,440 P_c - 392\ (℃)$$

了解材料的焊接性，更有利于焊工在实际焊接工作中把好质量关。

## 3.2　船体结构钢的分类和性能

按照中国船级社《材料和焊接规范》的要求，船体、海洋工程等所用钢材均应由经中国船级社认可的钢厂按认可的工艺、钢种和等级进行生产。

### 一、一般强度船体结构钢

一般强度船体结构钢分为 A、B、D、E 四个等级，其化学成分和力学性能指标分别如表 3－1和表 3－2 所示，其中 $t$ 为材料厚度，单位为 mm。

**表 3-1　一般强度船体结构钢的化学成分**

| 钢材等级 | | A | B | D | E |
|---|---|---|---|---|---|
| 脱氧方法 | | $t \leqslant 50$，除沸腾钢外的任何方法；<br>$t > 50$，镇静处理 | $t \leqslant 50$，除沸腾钢外的任何方法；<br>$t > 50$，镇静处理 | $t \leqslant 25$，镇静处理；<br>$t > 25$，镇静和细晶处理 | 镇静和细晶处理 |
| 化学成分/% | C | ≤0.21 | ≤0.21 | ≤0.21 | ≤0.18 |
| | Mn | ≥2.5 | ≥0.80 | ≥0.60 | ≥0.70 |
| | Si | ≤0.50 | ≤0.35 | ≤0.35 | ≤0.35 |
| | S | ≤0.035 | ≤0.035 | ≤0.035 | ≤0.035 |
| | P | ≤0.035 | ≤0.035 | ≤0.035 | ≤0.035 |
| | Al(酸溶) | — | — | ≥0.015 | ≥0.015 |

注：1. 凡经 CCS 和订货方同意，对于 $t \leqslant 12.5$ mm 的 A 级型钢，可采用沸腾钢，但应在材料证书上注明。

2. 所有等级的钢均应符合：C% +1/6Mn% ≤0.40%。

3. 对于型钢，最大含碳量可为 0.23%。

4. 当 B 级钢做冲击试验时，其最低含锰量可降至 0.6%。

5. 对于 $t > 25$ mm 的 D 级钢和 E 级钢，可采用总铝含量来代替酸溶铝含量的要求；此时，总铝含量应不小于 0.02%。经 CCS 同意后，也可使用其他细化晶粒元素。

6. 若采用温度－形变控制轧制（TMCP）状态交货，经 CCS 同意后，化学成分可以不同于表中规定。

7. 钢中的铜残余含量应不大于 0.35%；铬、镍的残余含量均应不大于 0.30%。

8. 在钢材的冶炼过程中添加的任何其他元素，应在材料证书中注明。

**表 3-2　一般强度船体结构钢的力学性能**

<table>
<tr><th rowspan="4">钢材等级</th><th rowspan="4">屈服强度 $\sigma_s$ 不小于 /MPa</th><th rowspan="4">抗拉强度 $\sigma_b$ /MPa</th><th rowspan="4">伸长率 $\delta$/%</th><th colspan="7">夏比 V 形缺口冲击试验材料</th></tr>
<tr><th rowspan="3">试验温度 /℃</th><th colspan="6">平均冲击功不小于/J</th></tr>
<tr><th colspan="2">$t \leqslant 50$</th><th colspan="2">$50 < t \leqslant 70$</th><th colspan="2">$70 < t \leqslant 100$</th></tr>
<tr><th>纵向</th><th>横向</th><th>纵向</th><th>横向</th><th>纵向</th><th>横向</th></tr>
<tr><td>A</td><td rowspan="4">235</td><td rowspan="4">400 ~ 520</td><td rowspan="4">22</td><td>20</td><td>—</td><td>—</td><td rowspan="4">34</td><td rowspan="4">24</td><td rowspan="4">41</td><td rowspan="4">27</td></tr>
<tr><td>B</td><td>0</td><td rowspan="3">27</td><td rowspan="3">20</td></tr>
<tr><td>D</td><td>-20</td></tr>
<tr><td>E</td><td>-40</td></tr>
</table>

注：1. 经 CCS 同意后，A 级型钢的抗拉强度的上限可以超出表中所规定的值。

2. 除订货方或 CCS 要求外，$t \leqslant 50$ mm 时，冲击试验一般仅做纵向试验，但钢厂应采取措施保证钢材的横向冲击性能。

3. 对于厚度不大于 25 mm 的 B 级钢，经 CCS 同意可不做冲击试验。

4. 厚度大于 50 mm 的 A 级钢，如经过细化晶粒处理并以正火状态交货，可以不做冲击试验；经 CCS 同意，以温度－形变控制轧制状态（TMCP）交货的 A 级钢亦可不做冲击试验。

5. 型钢一般不进行横向冲击试验。

从表 3-2 中我们可以看出，各等级钢材的力学性能指标中对屈服强度、抗拉强度、伸长率的要求基本相同,但对冲击试验温度的要求是不同的。A 级、B 级、D 级、E 级所对应的冲击试验温度依次为 20 ℃、0 ℃、-20 ℃、-40 ℃。随着材料厚度的增加,其要求的冲击功相应增加,即对各级材料的脆性转变温度有严格的要求。

## 二、高强度船体结构钢

高强度船体结构钢按其最小屈服强度划分强度级别,每一强度级别又按冲击试验温度的不同分为 A、D、E、F 四级。其化学成分和力学性能指标分别如表 3-3 和表 3-4 所示,其中 $t$ 表示材料厚度,单位为 mm。

**表 3-3　高强度船体结构钢的化学成分**

| 材料等级 | | AH32,AH36,AH40,DH32,DH36,DH40,EH32,EH36,EH40 | FH32,FH36,FH40 |
|---|---|---|---|
| 化学成分/% | C | ≤0.18 | ≤0.16 |
| | Mn | 0.90~0.16 | 0.90~0.16 |
| | Si | ≤0.50 | ≤0.50 |
| | S | ≤0.035 | ≤0.025 |
| | P | ≤0.035 | ≤0.025 |
| | Al(酸溶) | >0.015 | ≤0.015 |
| | Nb | 0.02~0.05 | 0.02~0.05 |
| | V | 0.05~0.10 | 0.05~0.10 |
| | Ti | ≤0.02 | ≤0.02 |
| | Cu | ≤0.35 | ≤0.35 |
| | Cr | ≤0.2 | ≤0.2 |
| | Ni | ≤0.40 | ≤0.80 |
| | Mo | ≤0.08 | ≤0.08 |
| | N | — | ≤0.009(如含铝时,则为≤0.012) |

注:1. 对于厚度不大于 12.5 mm 的钢材,其锰含量最低可为 0.70%。
2. 可以采用总铝含量来代替酸溶铝含量的要求,此时,总铝含量应不小于 0.02%。
3. 钢厂可以将细化晶粒元素(Al、Nb、V 等)单独或以任意组合形式加入钢中。当单独加入时,其含量应不低于表中所列值;若混合加入两种以上细化晶粒元素时,则表中对单一元素含量下限的规定不适用。
4. 铌、钒、钛的含量还应符合:Nb% + V% + Ti% ≤0.12%。
5. 若采用 TMCP 状态交货,化学成分应满足 CCS 规定的要求。
6. 在钢材的冶炼过程中添加的任何其他元素,应在材料证书中注明。

**表 3－4　高强度船体结构钢的力学性能**

| 钢材等级 | 屈服强度 $\sigma_s$ 不小于 /MPa | 抗拉强度 $\sigma_b$ /Mpa | 伸长率 $\delta$/% | 夏比 V 形缺口试验 | | | | | | |
|---|---|---|---|---|---|---|---|---|---|---|
| | | | | 试验温度 /℃ | 平均冲击功不小于/J | | | | | |
| | | | | | $t \leq 50$ | | $50 < t \leq 70$ | | $70 < t \leq 100$ | |
| | | | | | 纵向 | 横向 | 纵向 | 横向 | 纵向 | 横向 |
| AH32 | 315 | 440～570 | 22 | 0 | 31 | 22 | 38 | 26 | 46 | 31 |
| DH32 | | | | －20 | | | | | | |
| EH32 | | | | －40 | | | | | | |
| FH32 | | | | －60 | | | | | | |
| AH36 | 355 | 490～630 | 21 | 0 | 34 | 24 | 41 | 27 | 50 | 34 |
| DH36 | | | | －20 | | | | | | |
| EH36 | | | | －40 | | | | | | |
| FH36 | | | | －60 | | | | | | |
| AH40 | 390 | 510～660 | 20 | 0 | 39 | 26 | 46 | 31 | 55 | |
| DH40 | | | | －20 | | | | | | |
| EH40 | | | | －40 | | | | | | |
| FH40 | | | | －60 | | | | | | |

注：1. 除订货方或 CCS 有要求外，冲击试验一般仅做纵向试验，但钢厂应采取措施保证钢材的横向冲击性能。型钢一般仅做纵向冲击试验。

2. 如钢厂能保证冲击试验抽查合格，经 CCS 同意，AH32 和 AH36 级钢验收时冲击试验的批量可予以放宽。

从表 3－4 中我们可以了解，高强度船体结构钢 A、D、E、F 四级除分别表示各级的冲击试验温度为 0 ℃、－20 ℃、－40 ℃、－60 ℃以外，在各等级字母后面的数字表示该材料的最小屈服强度，如 AH32 表示该材料为 A 级，脆性转变温度为 0 ℃，最小屈服强度为 315 MPa。

## 3.3　焊接材料分类、型号和牌号的表示

常用焊接方法有焊条电弧焊（SMAW）、气体保护焊（GMAW、GTAW）、埋弧焊（SAW）等几类，所以通常焊接材料也分为电焊条、气体保护焊丝、埋弧焊焊丝，以及焊剂、陶质衬垫等辅助焊接材料。

### 一、电焊条

涂有药皮的供电弧焊用的熔化极称为电焊条，简称焊条。在焊接过程中，焊条不仅作为电极用来传导焊接电流，维持电弧的稳定燃烧，对熔池起到保护的作用；又可作为填充金属直接过渡到熔池，与液态母材金属熔合并进行一系列的冶金反应，冷却凝固后形成符合力学性能要求的焊缝金属。因此，焊条质量在很大程度上决定焊缝的质量。

1. 焊条的组成和作用

焊条由焊芯及药皮（涂层）组成。焊条引弧的一端，将涂药倒成一定的角度，露出焊芯端头，便于引弧，有些焊条还在端头涂有引弧剂。在焊条的另一端，有 20 ~ 30mm 的裸露焊芯，便于焊钳夹持和导电。在靠近夹持端的涂药上印有焊条的型号和牌号。根据施工的需要，焊条会制成不同的直径（焊芯直径）和长度，如表 3 – 5 所示。

**表 3 – 5　结构钢用焊条的直径和长度**　　单位：mm

| 焊芯直径 | 1.6 | 2.0 | 2.5 | 3.2 | 4.0 | 5.0 | 6.0 | 8.0 |
|---|---|---|---|---|---|---|---|---|
| 焊芯长度 | 200 ~ 250 | 250 ~ 300 | 250 ~ 300 | 350 ~ 400 | 350 ~ 400 | 400 ~ 450 | 400 ~ 450 | 450 ~ 700 |

（1）焊芯的牌号及化学成分

焊条中被药皮包覆的金属芯称为焊芯。结构钢用焊芯由专门炼制的优质焊条钢经轧制、拉拔而成，其化学成分要求含碳量小于 0.10%，含硫、磷量不超过 0.04%。

根据国家标准，焊接的专用钢可分为碳素结构钢、合金结构钢、不锈钢三类，其牌号用 H 表示，后面的数字表示含碳量。其他合金元素含量的表示方法与钢材大致相同。对高质量的钢丝，在最后标以符号 A，表示高级优质钢；E 表示特级优质钢，其含硫、磷量很少。

举例如下：

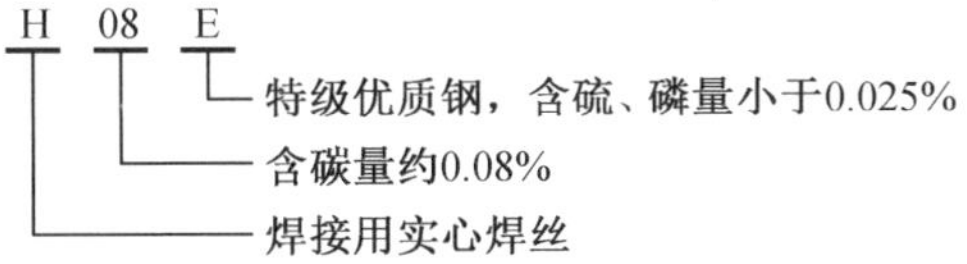


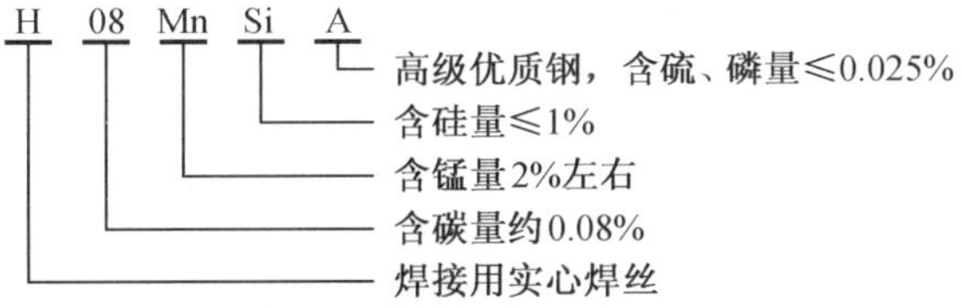


（2）碳钢焊芯中各合金元素对焊接的影响

①碳。碳是钢中的主要元素，当含碳量增加时，钢的强度、硬度明显提高，而塑性降低。在焊接过程中，碳是一种脱氧剂，在电弧高温下与氧发生化合作用，生成 $CO_2$ 和 CO 气体，将熔池与周围空气隔绝，防止空气中的氧、氮侵入熔池。但含碳量过高，焊接性差，会引起飞溅和气孔。因此，低碳钢用焊条焊芯含碳量不大于 0.10%。

②锰。锰在钢中既是合金剂又是脱氧剂。随着含锰量的增加，钢的强度和韧度不断增加。锰和硫化合生成 MnS 浮于熔渣中，从而减小了热裂纹倾向；锰也能减少焊缝中氧的含量，所以锰在焊芯中是一种有益元素，一般碳素结构钢焊芯的含锰量为 0.30% ~ 0.55%。

③硅。硅也是一种较好的合金剂和脱氧剂。在钢中加入适量的硅能够提高钢的强度，但含量过高会降低塑性和韧性。在焊接过程中，硅和氧形成 $SiO_2$，当含硅量增加时，会增加飞溅，并容易造成夹渣。所以碳素结构钢焊芯中硅的含量一般限制在 0.03% 以下。

④硫。硫是一种有害的杂质，能使焊缝金属力学性能降低；硫会使焊缝产生偏析，促使焊缝中产生热裂纹。因此，要求焊芯中含硫量不大于 0.04%；高级优质钢焊芯中含硫量不大于 0.03%；特级优质钢焊芯中含硫量不大于 0.025%。

⑤磷。磷也是一种有害杂质，会使焊缝力学性能降低，尤其是冲击韧度下降，而且会使焊缝金属产生冷脆现象。因此，要求焊芯中含磷量不大于0.04%；高级优质钢焊芯中总含磷量不大于0.03%；特级优质钢焊芯中含磷量不大于0.025%。

(3)药皮的作用

焊芯表面的涂层称为药皮，药皮是由多种矿石粉和铁合金粉等材料按一定配方均匀混合后涂在焊芯上形成的。其作用如下：

①稳弧作用。焊条药皮中会有稳弧物质，可以保证焊接时容易引弧和电弧燃烧稳定。

②保护作用。药皮熔化时产生气体和熔渣，可隔离空气，保护熔池。熔渣冷却后，在焊缝表面形成渣壳，可防止焊缝表面金属被氧化，并减缓冷却速度，有利于熔池中气体逸出，减少气孔，并改善焊缝的成形。

③冶金作用。药皮中加有脱氧剂和合金剂，通过焊渣与熔化金属的化学反应，可减少氧、硫、磷等有害杂质，保证焊缝金属的力学性能符合要求。

④渗合金。药皮中加有铁合金，这些合金元素熔化后过渡到熔池中，可以提高焊缝金属中合金元素的含量，从而改善焊缝金属的性能；通过渗合金甚至可以获得性能与母材完全不同的焊缝金属，如在碳钢上堆焊不锈钢、高速钢等。

⑤改善焊接工艺性能。通过调整药皮成分，可以改变药皮的熔点和凝固温度，使焊条末端形成套筒，产生定向气流，这有利于熔滴过渡，可适应各种焊接位置的需要。

2. 焊条的分类

(1)按焊条药皮的主要成分分类

焊条按药皮成分可分为八种类型，不同药皮类型的焊条具有不同的焊接工艺性能和适用范围，如表3-6所示。例如，常用的E4303(J422)焊条药皮为钛钙型，E5015(J507)药皮为低氢型。

**表3-6 焊条药皮类型、工艺性能、使用电源种类及适用范围**

| 焊条的药皮类型 | 工艺性能 | 电源种类及适用范围 |
|---|---|---|
| 氧化钛型 | 焊条工艺性能良好，电弧稳定，引弧容易，熔深较浅，脱渣容易，波纹美观，适用于全位置焊；但熔敷金属塑性和抗裂性能较差 | 交、直流两用。<br>用于一般低碳钢结构的焊接，特别适用于薄板的焊接 |
| 钛钙型 | 焊条工艺性能良好，电弧稳定，熔深适中，飞溅少，熔渣流动性良好，脱渣容易，波纹美观，适用于全位置焊 | 交、直流两用。<br>用于一般低碳钢结构和强度等级较低的低合金钢一般结构的焊接 |
| 钛铁矿型 | 焊条工艺性能良好，电弧稳定，电弧吹力稍强，熔深较深，脱渣容易，飞溅一般，波纹美观，适用于全位置焊 | 交、直流两用。<br>用于一般低碳钢结构和强度等级较低的低合金钢一般结构的焊接 |
| 氧化铁型 | 焊条工艺性较差，电弧较稳定，电弧吹力强，熔深较深，再引弧容易，熔化速度快，焊接生产率高，飞溅较多，焊缝成形一般；立、仰焊操作性能差 | 交流或直流正接。<br>用于一般低碳钢结构和强度等级较低的低合金钢一般结构的焊接，特别适用于中厚度板的焊接 |

表3-6(续)

| 焊条的药皮类型 | 工艺性能 | 电源种类及适用范围 |
|---|---|---|
| 纤维素型 | 焊接时产生大量气体保护熔池金属,电弧稳定,电弧吹力大,熔深较深,熔化速度快,熔渣少,脱渣容易,飞溅略大,限制采用大电流,适用于全位置焊接 | 交流或直流正接。<br>用于一般低碳钢结构的焊接,特别适用于立向下及深熔焊接 |
| 低氢型 | 焊条工艺性能一般,要求采用短弧焊,熔深适中,脱渣性较差,波纹较粗,焊缝易凸,抗裂性能好,适用全位置焊 | 低氢钠型适用于直流反接,低氢钾型适用于交、直流两用。<br>用于低碳钢或低合金钢的重要结构的焊接 |
| 石墨型 | 引弧容易,采用低碳钢焊芯的石墨型药皮的焊条,操作工艺性较差,飞溅多,烟雾大,熔渣较少,只适用于平焊 | 交、直流两用。<br>用于铸铁材料一般结构的焊接 |
| 盐基型 | 焊条的工艺性能较差,药皮易受潮,熔化速度快,要求短弧焊,熔渣具有一定的腐蚀性 | 直流反接。<br>用于铝合金材料一般结构的焊接 |

(2)按熔渣性质分类

按熔渣性质,可将焊条分为酸性焊条和碱性焊条两大类。前面章节已做介绍,即熔渣以酸性氧化物为主的焊条称为酸性焊条,熔渣以碱性氧化物和氟化钙为主的焊条称为碱性焊条。例如,J422 和 J507 分别是代表性的酸性焊条和碱性焊条。

(3)按焊条用途分类

焊条按照用途分类如表3-7所示。

表3-7　焊条按照用途分类

| 《焊接材料产品样本》统一牌号 | | | |
|---|---|---|---|
| 类别 | 名称 | 代号 | |
| | | 字母 | 含义 |
| 一 | 结构钢焊条 | J | 结 |
| 二 | 钼和铬钼耐热钢焊条 | R | 热 |
| 三 | 低温钢焊条 | W | 温 |
| 四 | 不锈钢焊条 | G | 铬 |
| | | A | 奥 |
| 五 | 堆焊焊条 | D | 堆 |
| 六 | 铸铁焊条 | Z | 铸 |
| 七 | 镍及镍合金焊条 | Ni | 镍 |
| 八 | 铜及铜合金焊条 | T | 铜 |
| 九 | 铝及铝合金焊条 | L | 铝 |
| 十 | 特殊用途焊条 | TS | 特殊 |

3. 按焊条使用性能分类

按性能分类的焊条，是根据其特殊使用性能而制造的专用焊条。如超低氢焊条、铁粉高效焊条、立向下焊条、重力焊条、水下焊条、底层焊条、低尘低毒焊条等。

4. 焊条的型号和牌号

(1)焊条的型号

①碳钢焊条。碳钢焊条型号的表示方法为

$$E\ X_1\ X_2\ X_3\ X_4$$

其中，E 表示焊条；$X_1X_2$ 表示熔敷金属抗拉强度的最小值；$X_3$ 表示焊条适用的位置，如“0”和“1”表示焊条适用于全位置焊接，“2”表示焊条适用于平焊和横角焊，“4”表示焊条适用于立向下焊接；$X_3X_4$ 的组合表示焊条药皮类型和电流种类，如表 3－8 所示。

**表 3－8　碳钢焊条型号中 $X_3X_4$ 的含义**

| 焊条型号 | 第三位数字代表的焊接位置 | 第三和第四位数字组合代表的含义 | |
|---|---|---|---|
| | | 涂层类型 | 焊接电流种类 |
| E× ×00 | 各种位置（平、横、立、仰） | 特殊性 | 交流或直流正、反接 |
| E× ×01 | | 钛铁矿型 | |
| E× ×03 | | 钛钙型 | |
| E× ×10 | | 高纤维素钠型 | 直流反接 |
| E× ×11 | | 高纤维素钾型 | 交流或直流反接 |
| E× ×12 | 各种位置（平、横、立、仰） | 高钛钠型 | 交流或直流正接 |
| E× ×13 | | 高钛钾型 | 交流或直流正、反接 |
| E× ×14 | | 铁粉钛型 | 交流或直流正、反接 |
| E× ×15 | 各种位置（平、横、立、仰） | 低氢钠型 | 直流反接 |
| E× ×16 | | 低氢钾型 | 交流或直流反接 |
| E× ×18 | | 铁粉低氢型 | |

举例如下：

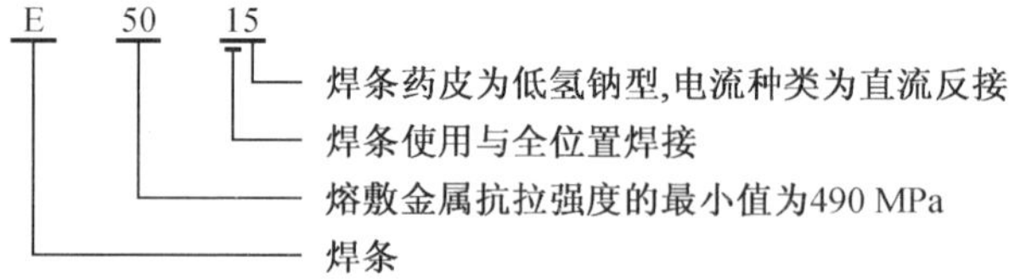


②低合金钢焊条。低合金钢焊条型号编制方法与碳钢相同，只是在四位数字后添加了后缀字母和附加化学元素符号。其型号表示方法为

$$E\ X_1\ X_2\ X_3\ X_4-X_5-X_6$$

举例如下：

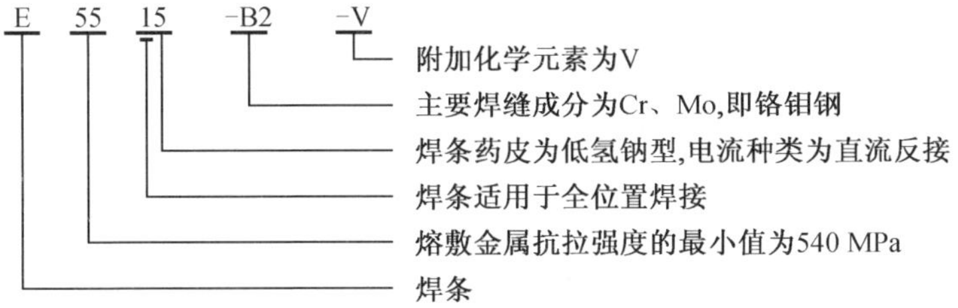


③不锈钢焊条。不锈钢焊条型号的表示方法为

$$E\ X_1\ X_2\ X_3\ X_4 - X_5\ X_6$$

其中,E 表示焊条;$X_1X_2X_3$ 表示熔敷金属化学成分分类代号;$X_4$ 表示熔敷金属中含有一种或多种具有特殊功能的化学元素,如果没有,则省略该项;$X_5X_6$ 表示电流种类、焊接位置与药皮类型,如表 3-9 所示。

**表 3-9　不锈钢焊条型号中 $X_5X_6$ 的含义**

| $X_5X_6$ 代号 | 焊接电流 | 焊接位置 | 药皮类型 |
|---|---|---|---|
| 15 | 直流反接 | 全位置 | 碱性药皮 |
| 25 | | 平焊、横焊 | |
| 16 | 交流或直流反接 | 全位置 | 碱性或其他类型药皮 |
| 17 | | | |
| 18 | | 平焊、横焊 | |

举例如下:

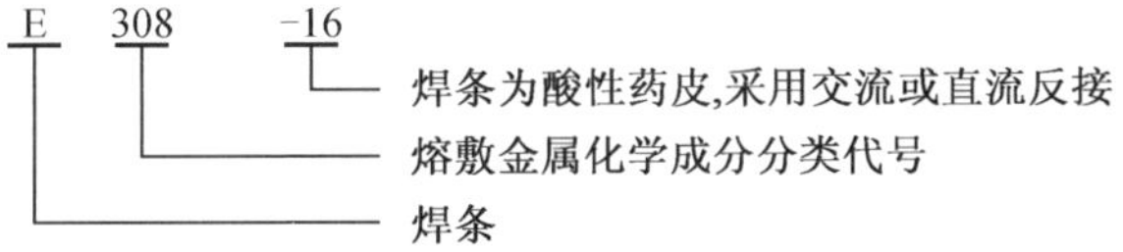


(2)焊条的牌号

①结构钢焊条。结构钢焊条不仅包括所有碳钢焊条,同时也包括低合金钢焊条中的低合金高强度钢焊条。结构钢焊条牌号采用如下方法表示:

$$J\ X_1\ X_2\ X_3$$

其中,J 表示结构钢焊条;$X_1X_2$ 表示熔敷金属抗拉强度最小值,共有九个等级,如表 3-10 所示;$X_3$ 表示药皮的类型和电流种类,如表 3-11 所示。

**表 3-10　结构钢焊条牌号中 $X_1X_2$ 的含义**

| 牌号 | 熔敷金属抗拉强度等级/MPa | 牌号 | 熔敷金属抗拉强度等级/MPa |
|---|---|---|---|
| J42 × | 420 | J75 × | 740 |
| J50 × | 490 | J80 × | 780 |
| J55 × | 540 | J85 × | 830 |
| J60 × | 590 | J90 × | 880 |
| J70 × | 690 | | |

**表 3 – 11　结构钢焊条牌号中 $X_3$ 的含义**

| 牌号 | 药皮类型 | 焊接电源种类 | 牌号 | 药皮类型 | 焊接电源种类 |
|---|---|---|---|---|---|
| × ×0 | 不属已规定类型 | 不规定 | × ×4 | 氧化铁型 | 直流或交流 |
| × ×1 | 氧化钛型 | 直流或交流 | × ×5 | 纤维素型 | 直流或交流 |
| × ×2 | 氧化钛钙型 | 直流或交流 | × ×6 | 低氢钾型 | 直流或交流 |
| × ×3 | 钛铁矿型 | 直流或交流 | × ×7 | 低氢钠型 | 直流 |

举例如下：

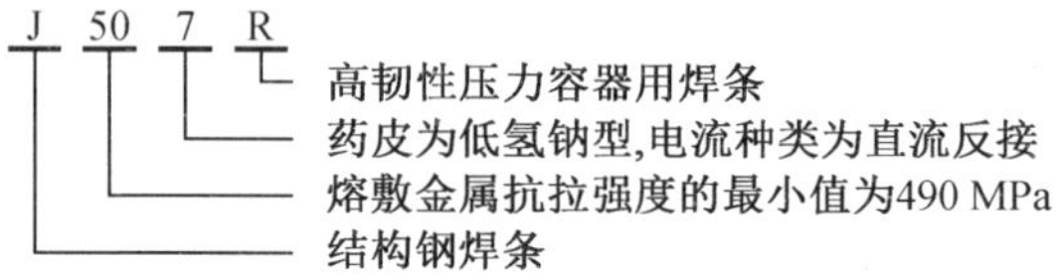


②耐热钢焊条。耐热钢焊条牌号采用如下方法表示：

$$R\ X_1\ X_2\ X_3$$

其中，R 表示耐热钢焊条；$X_1$ 表示熔敷金属化学成分组成类型，如表 3 – 12 所示；$X_2$ 表示同一化学成分组成类型中的不同编号；$X_3$ 表示药皮的类型和焊接电源的种类。

**表 3 – 12　耐热钢焊条牌号中第一位数字 $X_1$ 的含义**

| $X_1$ | Cr/% | Mo/% | $X_1$ | Cr/% | Mo/% |
|---|---|---|---|---|---|
| 1 | — | ≈0.5 | 5 | ≈5 | ≈0.5 |
| 2 | ≈0.5 | ≈0.5 | 6 | ≈7 | ≈1 |
| 3 | ≈1 | ≈0.5 | 7 | ≈9 | ≈1 |
| 4 | ≈2.5 | ≈1 | 8 | ≈11 | ≈1 |

举例如下：

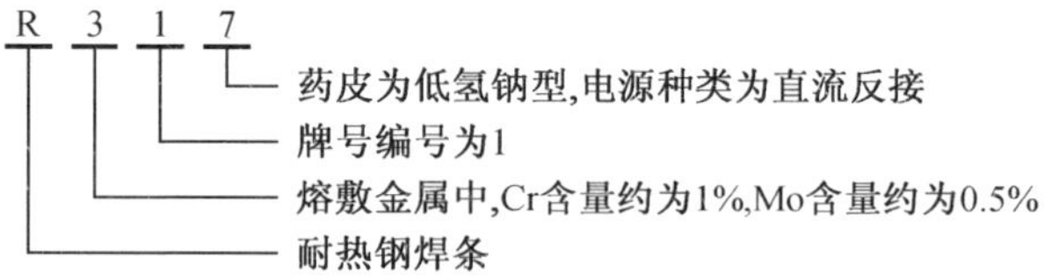


③不锈钢焊条。不锈钢焊条牌号采用如下方法表示：

$$\square\ X_1\ X_2\ X_3$$

其中，□表示不锈钢不同类型，如 G 为铬不锈钢，A 为奥氏体不锈钢；$X_1$ 表示熔敷金属主要化学成分组成等级，铬不锈钢焊条如表 3 – 13 所示，奥氏体不锈钢焊条如表 3 – 14 所示；$X_2$ 表示同一熔敷金属主要化学成分组成等级中的不同牌号，按 0，1，2，…，9 的顺序排列；$X_3$ 表示药皮的类型和焊接电源种类。

**表 3－13　铬不锈钢焊条化学成分组成等级**

| 牌号 | 熔敷金属主要化学成分/% |
| --- | --- |
| G2×× | Cr≈13 |
| G3×× | Cr≈17 |
| G4×× | Cr≈25 |

**表 3－14　奥氏体不锈钢焊条化学成分组成等级**

| 牌号 | 熔敷金属主要化学成分/% | 牌号 | 熔敷金属主要化学成分/% |
| --- | --- | --- | --- |
| A0×× | C≤0.04, Cr≈18, Ni≈8 | A5×× | Cr≈16, Ni≈25 |
| A1×× | Cr≈18, Ni≈8 | A6×× | Cr≈15, Ni≈35 |
| A2×× | Cr≈18, Ni≈12 | A7×× | Cr－Mn－N 不锈钢 |
| A3×× | Cr≈25, Ni≈13 | A8×× | Cr≈18, Ni≈8 |
| A4×× | Cr≈25, Ni≈20 | | |

举例如下：

G 2 0 7
- 7：药皮为低氢型，电源种类为直流反接
- 0：产品编号为0
- 2：熔敷金属主要化学成分Cr≈13%
- G：铬不锈钢焊条(或铁素体)

A 0 2 2
- 2：药皮为氧化钛型，电源种类为交直流两用
- 2：产品编号为2
- 0：熔敷金属主要化学成分，C≈0.04%，Cr≈18%
- A：奥氏体不锈钢焊条

5. 常用焊条牌号和型号的对照

常用焊条牌号和型号的对照如表 3－15 所示。

**表 3－15　常用焊条牌号和型号对照表**

| 碳钢焊条 | | 低合金钢焊条 | | 铬和铬钼耐热钢焊条 | | 不锈钢焊条 | |
| --- | --- | --- | --- | --- | --- | --- | --- |
| 牌号 | 型号 | 牌号 | 型号 | 牌号 | 型号 | 牌号 | 型号 |
| J421 | E4313 | J507R | E5015－G | R107 | E5015－A1 | G202 | E410－16 |
| J422 | E4303 | J557 | E5515－G | R207 | E5015－B1 | G307 | E430－15 |
| J423 | E4301 | J557Mo | E5515－D3 | R302 | E5515－B2 | A002 | E308L－16 |
| J424 | E4320 | J607RH | E6015－G | R307 | E5515－B2 | A022 | E316L－16 |
| J426 | E4316 | J607Ni | E6015－G | R317 | E5515－B2－V | A107 | E308－15 |
| J427 | E4315 | J707 | E7015－D2 | R337 | E5515－B2－VNb | A212 | E318－16 |
| J502 | E5003 | J857 | E8515－G | R407 | E6015－B3 | A302 | E309－16 |
| J507 | E5015 | J857G | E8515－G | R417 | E5515－B3－VNb | A307 | E309－15 |

## 二、埋弧焊焊接材料

1. 焊丝

埋弧自动焊用的焊丝与焊条的焊芯同属一个国家标准，埋弧自动焊常用的是 $\phi$3 mm 以上的焊丝，船厂用焊丝一般有 $\phi$3.2 mm、$\phi$ 4 mm、$\phi$ 4.8 mm、$\phi$ 6.4 mm 等规格。通常焊丝外层镀有一层铜，可起到防锈、防蚀的作用。

2. 焊剂

(1)焊剂的作用及对焊剂的要求

焊剂的作用和焊条药皮有相似之处，在焊接过程中，熔化了的焊剂与液态金属之间进行复杂的冶金反应，但这种反应的激烈程度已远远超过了焊条电弧焊中药皮熔渣与熔池金属的反应。在埋弧焊时，由于电弧高温作用，有的元素烧损或蒸发，为了减少或补偿元素的损失，保证焊接过程的稳定以及焊缝的良好成形和高质量，焊剂必须满足以下要求：

①能保证电弧稳定燃烧。

②能保证焊缝金属获得所需的化学成分和力学性能。

③能有效地脱硫、磷，对油、锈的敏感性小，不使焊缝中产生裂纹和气孔。

④焊接时无有害气体析出。

⑤有合适的熔化温度及高温时有适当的黏度，有利于焊缝的成形，凝固冷却后有良好的脱渣性。

⑥不易吸潮，颗粒有足够的强度，以保证焊剂的多次重复使用。

(2)焊剂的分类

焊剂的分类方法有多种，如按制造方法分有熔炼型焊剂、陶质型焊剂和烧结型焊剂；按用途分有低碳钢焊剂、合金钢焊剂和有色金属焊剂；按结构分有玻璃状焊剂和乳石状焊剂；按熔渣的黏度分有长渣焊剂和短渣焊剂；按化学特性分有酸性焊剂和碱性焊剂；按化学成分有高锰焊剂和中锰焊剂。

船厂使用的焊剂主要有烧结型焊剂和熔炼型焊剂。

(3)焊剂牌号的编制

焊剂牌号前加 HJ 或 SJ 表示熔炼型或烧结型焊剂，后面接三位数字，表示化学成分平均含量及不同牌号的编号。

举例如下：

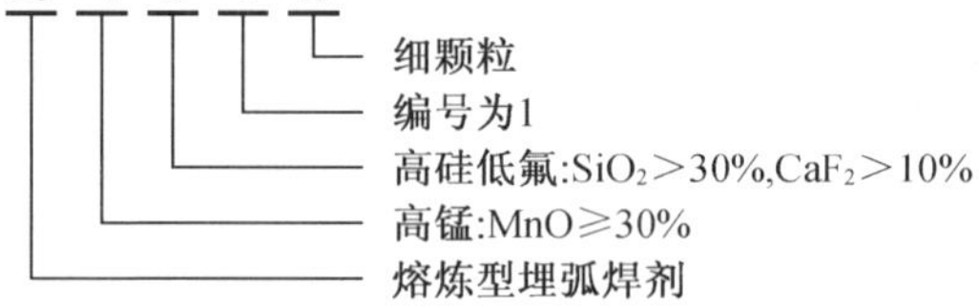


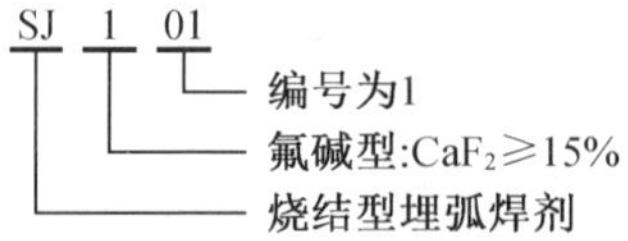


3. 焊剂与焊丝的选配

对于一种被焊金属，应选择哪一种牌号的焊丝和焊剂进行匹配，是影响焊接质量的一个重要因素。焊剂与焊丝的选配一般在《焊接手册》上均可查得。

例如用熔炼型焊剂焊接低碳钢时，选用高锰高硅低氟焊剂（HJ430、GJ431）配以低碳钢焊丝（H08A、H08MnA 等）可得到良好的焊接质量。

## 三、$CO_2$ 气体保护焊焊接材料

1. $CO_2$ 气体

（1）气体的性质

焊接用 $CO_2$ 气体，通常被压缩成液态储存在容量为 40 L 的钢瓶内（船厂一般由气站通过管路将 $CO_2$ 输送到各生产制造部门）。每瓶可装 25 kg 液态 $CO_2$，瓶内液面上为水蒸气、空气和 $CO_2$ 气三者混合物，瓶内的压力随外界温度的升高而增大，所以不能用压力表上的读数来估计瓶内液态 $CO_2$ 的储量。$CO_2$ 气瓶的标色为铝白色，并用黑色标写“液态二氧化碳”字样。液态 $CO_2$ 在大气压下的沸点为 −78 ℃，所以常温下容易蒸发。$CO_2$ 气体中水汽的含量随瓶中的压力降低而增多，所以当压力低于 1 MPa 时，$CO_2$ 气瓶中的含水量将大大增加，不能继续使用。

（2）对焊接用 $CO_2$ 纯度的要求

为保证焊接质量，一般规定 $CO_2$ 气体的纯度为 99.5% 以上，含水量、含氮量均不得超过 0.10%。如果气瓶中 $CO_2$ 气体的纯度不够，可采取下列措施：

①将气瓶倒置 1~2 h，待水沉积于瓶口时，再打开瓶阀，放出自由态的水。

②使用前，先将瓶内杂气放掉，一般 2~3 min 即可。

③使用瓶装气体时，必须在瓶口处串联预热干燥器，以减少 $CO_2$ 气体中的水分。

2. 实心焊丝

$CO_2$ 气体保护焊时，为了保证焊缝具有足够的力学性能，以及不产生气孔等缺陷，焊丝中必须比母材含有更多的硅、锰或铝、钛等脱氧元素。为了减少飞溅，焊丝中碳的含量必须限制在 0.10% 以下。

根据国家标准规定来选用 $CO_2$ 气体保护焊焊丝，并按熔敷金属的力学性能来进行分类。

焊丝型号的表示方法为

ERXX − X

其中，字母 ER 表示焊丝；ER 后面的两位数字表示熔敷金属的最低抗拉强度；− 后面的字母或数字表示焊丝化学成分的分类代号；附加其他化学成分时，可直接用元素符号表示，并以 − 与前面数字分开。

$CO_2$ 焊丝型号举例如下：

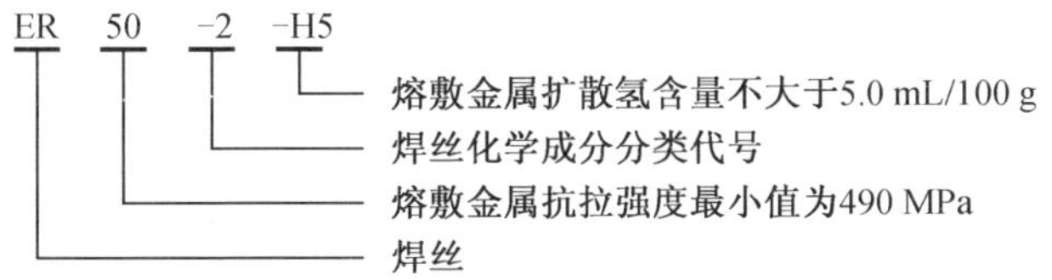


气体保护焊焊丝中，H08Mn2SiA（GB/T 8110—2008 中为 ER49-1）是用得最普遍的一种 $CO_2$ 实心焊丝，它有较好的工艺性能和较高的力学性能指标，适用于焊接低碳钢和低合金结构钢，以及某些低合金高强度钢。

$CO_2$ 气体保护焊焊丝一般有 $\phi0.8$ mm、$\phi1.0$ mm、$\phi1.2$ mm 和 $\phi1.6$ mm 等。焊丝表面有镀铜和不镀铜两种。

3. 药芯焊丝

目前船厂广泛使用的 $CO_2$ 焊丝为药芯焊丝，即由薄钢带卷成圆形或异形钢管，其内填满一定成分的药粉，并经拉制而成的一种焊丝，其横截面形状种类较多，如图 3－17 所示。常用的药芯焊丝有 $\phi1.0$ mm、$\phi1.2$ mm、$\phi1.4$ mm 和 $\phi1.6$ mm 等几种。

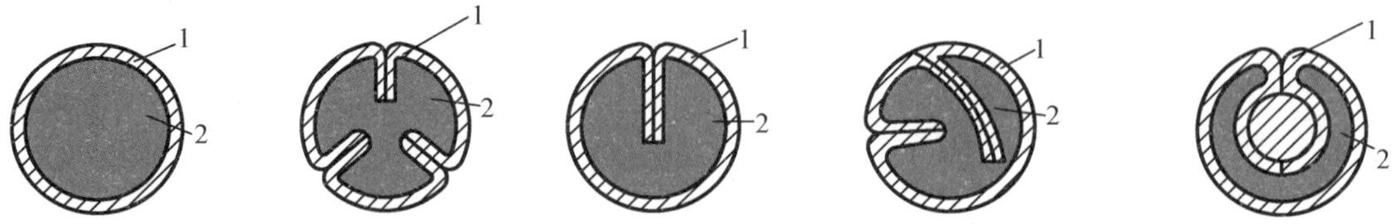


(a)O形　(b)梅花形　(c)T形　(d)E形　(e)中间填丝形

1—钢带；2—药粉。

**图 3－17　药芯焊丝的截面形状**

其结合了焊条的优良工艺性能和实心焊丝的高效率，它的优点如下：

①焊接工艺性能好。在电弧高温作用下，粉芯中各种物质发生造气、造渣等一系列反应，对熔滴过渡形态、熔渣表面张力等性能产生影响，明显改善了焊接工艺性能。细小颗粒的过渡，大大减少了飞溅，实现全位置焊接，且焊缝成形美观。

②熔敷速度快，生产效率高。药芯焊丝可进行自动或半自动焊接，由于可以采用较大的焊接电流，所以熔敷速度明显高于焊条和实心焊丝，生产效率为焊条电弧焊的 3～4 倍。

③合金成分调整方便。药芯焊丝可以通过外层包皮和药芯两种途径调整熔敷金属的化学成分。特别是通过改变药芯中的粉料组成可获得各种不同渣系和合金系的药芯焊丝，以满足不同需求。

④能耗低。在药芯焊丝焊接过程中，连续施焊使焊机的空载损耗大为减少；较大的焊接电流增加了电阻热；较高的电流密度提高了热源利用率，使药芯焊丝有效利用率提高 20%～30%。

⑤环保。在焊丝的生产制作过程中，药芯焊丝不采用酸洗、碱洗、电镀等可能造成环境污染的生产工艺。在使用过程中，药芯焊丝产生的固体废弃物焊渣明显低于电焊条。

⑥综合成本低。焊接生产的总成本应由焊接材料、辅助材料、人工费用、能源消耗、生产效率、熔敷效率等多项指标综合构成。焊接相同中厚度板时，药芯焊丝单位长度焊缝的综合成本不到焊条的一半。

碳钢药芯焊丝的型号是根据其熔敷金属的力学性能、焊接位置及焊丝类别特点（保护类型、电流类型及渣系特点等）进行划分的。

$CO_2$ 药芯焊丝型号举例如下：

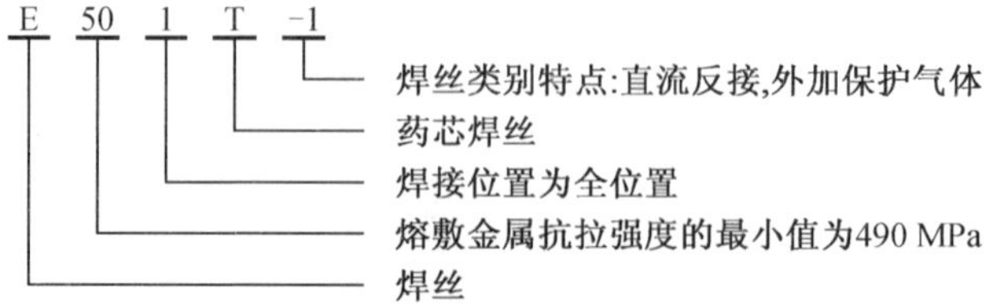


焊丝牌号通常由生产厂家自行编制，如四川大西洋焊接材料股份有限公司生产的药芯焊丝，牌号为 CHT711；昆山京群焊材科技有限公司生产的药芯焊丝，牌号为 GFL－71。

4. 陶质衬垫单面焊

船体结构焊接施工中，大量采用 $CO_2$ 陶质衬垫单面焊的工艺，实现单面焊双面成形，大大提高了焊接工作效率。

陶质衬垫是一种可挠曲的砖式衬垫，并用涂有胶水的铝箔作为黏结剂，粘贴于焊缝背面，焊接时承托焊缝金属熔池。

衬垫块采用硅和铝的氧化物作为主要原料，并加入防氧化剂、脱渣剂和助熔剂，经混合后压制并高温烧结而成。对衬垫块的技术性能要求主要有吸潮率、密度、抗弯强度及耐火度等指标。

根据用途和形状不同，陶质衬垫设计有直线形（标准型）、圆棒形、三角形等供选择。直线形陶质衬垫如图 3－18 所示。

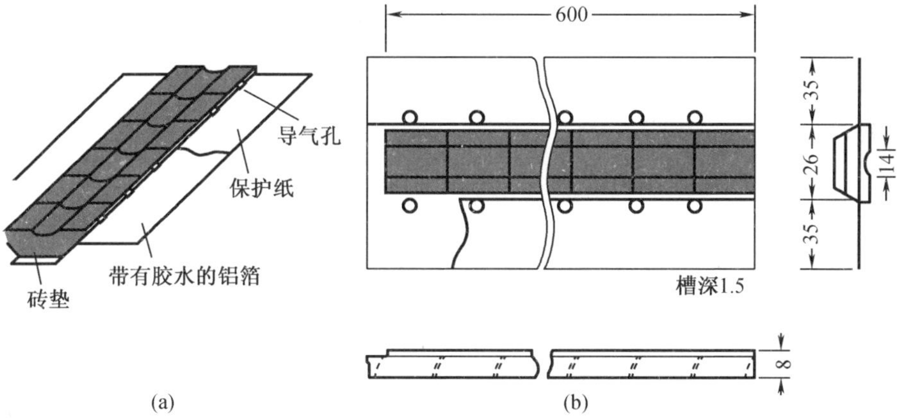


**图 3－18　直线形陶质衬垫的结构示意图**（单位：mm）

## 四、钨极氩弧焊焊接材料

1. 氩气（Ar）

（1）氩气性质

氩气是惰性气体，具有高温下不分解又不与焊缝金属起化学反应的特性，所以氩弧焊时电弧燃烧稳定。

（2）焊接用氩气的纯度要求

氩气是通过液态空气在分馏制氧时获得的，所以在制氧时氩气中会含有一定的杂质。如果杂质含量较多，会削弱氩气对焊接熔池的保护，影响焊接的质量并且造成钨极的烧损。因此，氩弧焊的气体纯度要求大于 99.95% 以上。对于焊接化学性能活泼的金属，如铝、镁、钛及其合金，氩气的纯度要求应更高些。

氩气一般装在容积为 40 L 的钢瓶内，在 20 ℃时，满瓶压力为 14.7 MPa。瓶的外表涂灰色，并标有绿色的“氩气”字样。

2. 钨极

钨极是钨极氩弧焊的电极材料，对电弧的稳定性和焊接质量有很大的影响。通常要求钨极具有电流容量大、烧损小、引弧和稳弧性能好等特性，这些特性取决于钨极的电子发射能力的大小。

(1)钨极种类

钨极有纯钨极、钍钨极、铈钨极、锆钨极等。目前常用的有以下三种。

①纯钨极。纯钨极含钨99.85%以上,熔点很高(3 390 ~3 470 ℃),沸点约为5 900 ℃,所以不易熔化和蒸发。它基本上可以满足焊接的要求,但在使用交流电源时,纯钨极电流承载能力较低,抗污染能力差,所以很少采用。

②钍钨极。在纯钨中加入1% ~2%的氧化钍($ThO_2$)的钨极为钍钨极。由于钨极中含有钍元素,使钨极的电子发射能力增强,具有电流承载能力强、使用寿命长、抗污染性能好的特点。钍钨极焊接材料具有容易引弧、所需的引弧电压小、电弧稳定性能好等优点。其缺点是成本较高,具有微量的放射性。

③铈钨。在纯钨中加入2%的氧化铈($CeO_2$)的钨极为铈钨极。与钍钨相比,在直流小电流焊接时,易建立电弧,引弧电压低,具有电弧燃烧稳定、弧束较长、热量集中、烧损率低、许用电流密度高、使用寿命长等优点。更重要的特点是其几乎没有放射性,是一种理想的电极材料。

(2)钨极的牌号和规格

①常用的钨极牌号及化学成分如表3-16所示。

**表3-16　常用的钨极牌号及化学成分**

| 牌号 | | 化学成分/% | | | | |
|---|---|---|---|---|---|---|
| | | 钨(最低) | 氧化钍 | 氧化铈 | 氧化锆 | 其他元素(最大) |
| 纯钨 | W1 | 99.92 | — | — | — | 0.08 |
| | W2 | 99.85 | — | — | — | 0.15 |
| 钍钨 | WTh-7 | 99.05 | 0.70~0.99 | — | — | 0.10 |
| | WTh-10 | 98.65 | 1.00~1.49 | — | — | 0.10 |
| | WTh-15 | 98.15 | 1.50~2.00 | — | — | 0.10 |
| 铈钨 | WCe-20 | 97.90 | — | 2.0 | — | 0.10 |
| 锆钨 | WZr-15 | 99.63 | — | | 0.15~0.40 | 0.10 |

举例如下:

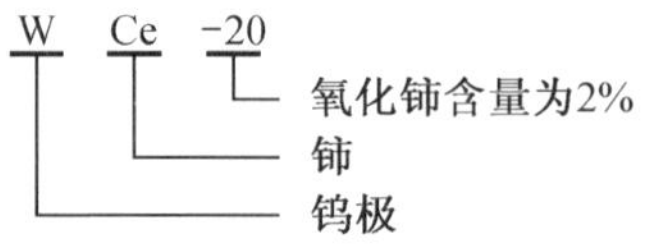


②规格。常用钨极直径有0.5 mm、1.0 mm、1.6 mm、2.0 mm、2.5 mm、3.2 mm和4.0 mm等。

3.焊丝

在焊接过程中,由于氩气只起到机械保护的作用,不具有焊条药皮或焊剂的作用,既不参与冶金反应,也无脱氧,脱硫、磷和渗合金等作用,因此对氩弧焊用焊丝的要求是其纯度和合金元素含量都不得低于母材的要求,而且对焊丝表面的清理效果要求也较高。常用焊丝牌号及用途如表3-17所示。

**表 3-17　常用焊丝牌号及用途**

| 焊丝种类 | 焊丝牌号 | 主要用途 |
|---|---|---|
| 铝焊丝 | SAl-3(丝 301) | 焊接纯铝 |
| | SAlSi-1(丝 311) | 通用形焊丝(除铝镁合金外,其他铝合金都可以使用) |
| | SAlMn(丝 321) | 焊接铝锰及其他铝合金 |
| | SAlMg-5(丝 331) | 焊接铝镁及其他铝合金 |
| 铜焊丝 | HSCu(丝 201) | 焊接紫铜 |
| | HSCuZn-1(丝 221) | 焊接黄铜 |
| | HSCuSi(丝 211) | 焊接硅青铜 |
| 不锈钢焊丝 | H0Cr19Ni9 | 焊接 0Cr13 |
| | H0Cr19NiTi | 焊接 1CrNi9Ti、0CrNi9 |
| 碳钢与低合金钢焊丝 | H08MnSi | 焊接 Q345 等 |
| | H08Mn2SiMo | 焊接 20MnMo、Q420 |
| | ER50-6 | 焊接 20、20G |
| | ER50-4 | 焊接 Q345 等 |
| | ER55-B2 | 焊接 15CrMo |
| | ER55-B2MnV | 焊接 12CrMoV |

## 3.4　焊材的存放和使用

### 一、焊材的存放

焊材保管的好坏对焊材和焊接质量有很大的影响。各种焊材的存放必须分门别类按牌号、规格存放,避免混乱。库房内须通风干燥,室温不应低于 5 ℃,相对湿度小于 60%。料架必须高于 300 mm,同时应堆放于离墙 300 mm 以上处,防止焊材受潮变质。

### 二、焊材的使用

1. 焊条

在使用前,一般应按说明书规定的温度对焊条进行烘焙。因为焊条药皮受其成分、存放空间的空气湿度、保管方法和储存时间长短等因素的影响,受潮后会使工艺性能变坏,造成电弧的不稳定、飞溅、增大,导致焊接结构出现气孔和裂纹等缺陷。

酸性焊条一般不需要烘焙,但当焊条储存时间过长或用于焊接较重要的结构时,应对酸性焊条进行烘焙,要求烘焙温度为 75 ~ 150 ℃,烘焙时间为 1 ~ 2 h。

碱性焊条的烘焙温度为 350 ~ 400 ℃,烘焙时间为 1 ~ 2 h。烘焙好的焊条最好放入 100 ~ 150 ℃的烘箱或保温筒内,随用随取,烘焙后的焊条允许在大气中放置 3 ~ 4 h,工作后剩余的焊条必须妥善保管,重新使用时则须再次烘焙,反复烘焙次数不宜超过 3 次,严重变质的焊条不允许使用。

2. 焊丝

(1)实心焊丝

实心焊丝，如埋弧焊丝、$CO_2$ 焊丝、TIG 焊丝等，一般在焊丝表面大多经过镀铜处理，起到一定的防锈作用，但储存时间太长或保管不当也会造成焊丝表面发生氧化生锈。对于表面已生锈的焊丝，焊接前必须进行除锈等处理手段，否则会影响焊接质量。

(2)药芯焊丝

大多数的药芯焊丝厂家生产的焊丝为钢带卷制的有缝焊丝，比较容易受潮，虽然有些厂家采用密封包装，但储存时间也不应过长，所以保管时，应分期存放，保证合理流转领用。

使用后剩余的焊丝最好采用密封袋封存，并及时用完。如果焊丝发生变质，绝对不能再用，否则将会造成焊接质量变差。

3. 焊剂

埋弧焊剂为颗粒状，很容易受潮，使用时影响焊接质量。因此，焊剂必须按规定要求存放。使用前按厂家说明书的要求进行烘焙。常用的烧结型焊剂烘焙温度为 300 ~ 400 ℃，烘焙时间为 1 ~ 2 h；熔炼型焊剂烘焙温度为 200 ~ 250 ℃，烘焙时间为 1 ~ 2 h。

回收利用的焊剂，灰尘、铁屑等杂质会被混入其中，另外由于焊剂粉化等原因造成的焊剂粒度细化、杂质偏高等问题会引起焊缝成形变差及力学性能的降低，因此对于回收的焊剂应过筛，随时添加新焊剂，并充分拌匀后再使用。

## 3.5　船体结构钢焊材选用要求

焊接材料的种类很多，它们各自的应用范围也不相同。如何正确选择焊接材料对焊接的质量、劳动生产率和产品的制造成本都有较大的影响。一般，焊接材料的选取原则如下：

①考虑母材的机械性能、化学成分；

②考虑结构的受力情况，如结构的主要受力部位是否为满足高韧性和抗裂性要求的结构；

③考虑结构的工作条件和使用性能；

④考虑劳动条件和劳动生产率；

⑤考虑现场的施工条件和焊接设备情况。

除以上要求外，船体结构件焊接时必须使用中国船级社认可的、与船体结构钢级别相匹配的材料。

总之，焊接材料选用要遵循以下原则：有强度要求的材料，以等强度为原则；不锈钢、耐高温、耐腐蚀等特殊要求的材料，以化学成分相等或相近为原则。

按照中国船级社标准，依据材料的屈服强度，船体结构钢焊接材料可分为九个等级，即 306 MPa、375 MPa、400 MPa、420 MPa、460 MPa、500 MPa、550 MPa、620 MPa、690 MPa，各个等级依据其缺口冲击韧性又可进一步划分为若干个级别。

冲击韧性要求，以数字(1 ~ 5)表示焊接材料冲击试验温度，分别为 20 ℃、0 ℃、-20 ℃、-40 ℃、-60 ℃；高强度焊接材料以字母 Y 表示，若焊接材料的屈服强度大于 400 MPa，则在字母后以数字 40 ~ 69 表示。如 3Y40 即表示该焊接材料屈服强度不小于 400 MPa，冲击试

验温度为 -20 ℃;4Y69 即表示该焊接材料屈服强度不小于 690 MPa,冲击试验温度为 -40 ℃。

在船舶制造生产中,焊接材料的选择应与母材相匹配。如母材为 B 级的,焊接材料可选择 2 级与之相匹配;母材为 E40 级的,焊接材料可选择 4Y40 级与之相匹配。

## 3.6　船体焊接质量检验

### 一、焊缝质量检验

1. 焊缝外观质量检验

根据中国船级社的检验要求,船体结构施焊结束后,应对所有焊缝进行外观检查。焊缝表面应满足尺寸符合要求,成形均匀,致密,平滑地向母材过渡的要求。

焊缝外观质量检验主要以肉眼直接观察为主,一般可以借助标准样板或焊缝量规来检验,如图 3-19 和图 3-20 所示,必要时利用低倍(5 倍)放大镜进行观察。外观检验的主要目的是发现焊接接头的表面缺陷,如焊缝的外气孔、咬边、焊瘤、烧穿,以及焊接裂纹、焊缝尺寸偏差等。检验前,必须将焊缝附近 10~20 mm 的焊件上的飞溅物和污物清除干净。外观检验应特别注意焊缝有无偏离,表面有无裂纹、气孔等缺陷。有时还可以采用磁粉探伤或渗透探伤的方法进行表面微小缺陷的检验。

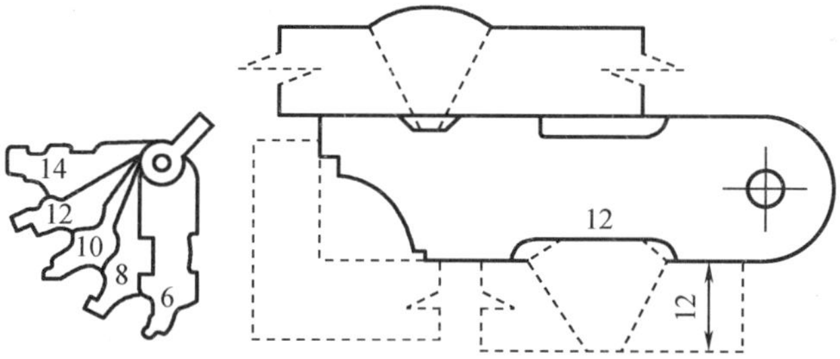


**图 3-19　标准样板测量示意图**

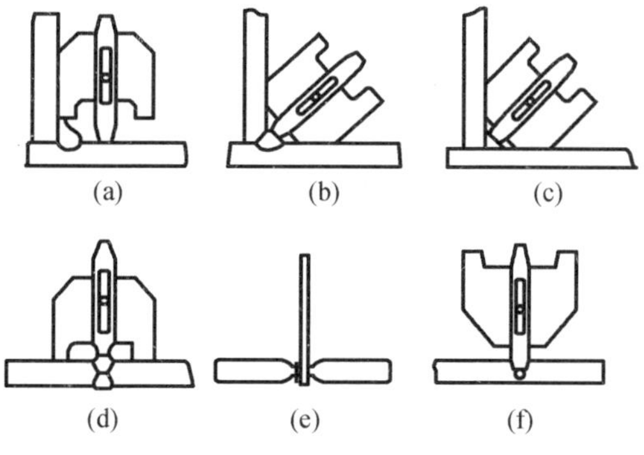


**图 3-20　焊缝量规测量示意图**

2. 焊缝内部质量检验

焊缝内部质量可采用射线、超声波或其他适当方法进行无损检验。船体焊缝无损检验的数量和位置可根据实际情况由船厂和船级社验船师商定。

①船中 0.6 $L$ 范围内强力甲板和外板的射线拍片数量 $n$ 可按以下公式计算：

$$n = 0.25(i + 0.1W_T + 0.1W_L)\text{（张）}$$

式中　$i$——船中 0.6$L$ 范围内纵、横向对接焊缝交叉处的总数；

$W_T$——船中 0.6$L$ 范围内横向对接焊缝的总长，m；

$W_L$——船中 0.6$L$ 范围内纵向对接焊缝的总长，m。

射线检验的布片密度应按钢材的材料级别从高到低递减，并且纵、横向对接焊缝交叉处的布片方向应平行于横向对接焊缝。

②船底、舷侧和甲板纵骨的对接接头，在船中 0.4$L$ 范围内每 10 个检查 1 个，0.4$L$ 范围外每 20 个检查 1 个。

3. 船体焊接结构的无损检验

无损检验是在不损坏被检验材料或产品结构的性能和完整性的条件下进行缺陷检测的方法，其包括外观检验（前已述及）、无损探伤和致密性检验等。

（1）无损探伤。

①射线探伤（RT）。射线探伤，即利用 X 射线和 γ 射线照射焊接接头来检查焊接结构内部缺陷的无损检验法。射线探伤的原理为，X 射线和 γ 射线都是电磁波，都能不同程度地透过不透明的物体，使照相胶片感光或使某些化学元素和化合物产生荧光等，如图 3－21 所示。当射线通过焊接接头后，焊接缺陷处和无缺陷处对射线的吸收程度不同，作用在胶片上，使胶片感光度也不同。通过缺陷处的射线对胶片感光较强，冲洗后颜色较深；无缺陷处则底片感光弱，冲洗后颜色较淡。通过观察底片上的影像就能发现焊缝内有无缺陷或确定缺陷的种类、大小与分布。

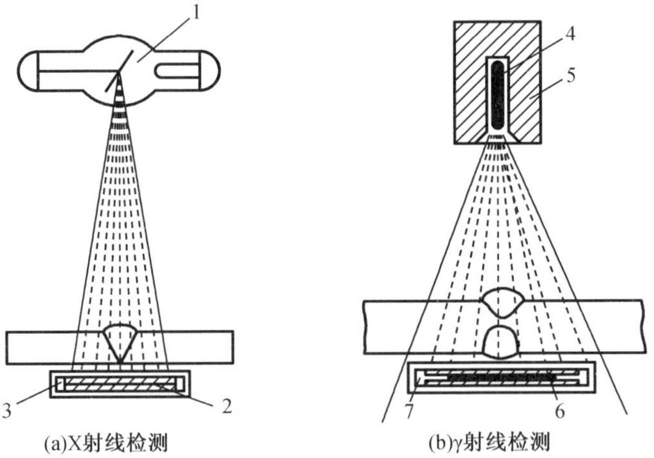


(a)X射线检测　(b)γ射线检测

1—X 射线管；2，6—底片；3，7—底片夹；4—射线源；5—铅盒。

**图 3－21　射线探伤原理图**

②超声波探伤（UT）。超声波探伤是超声波脉冲反射探伤仪的全称，它包括超声频电发生器（产生高频脉冲电压）、接收机（放大接收信号）、换能器（探头）（产生与接收超声波）、指示器（指示放大信号）四大部分。

超声波探伤的原理为，扫描发生器发出的信号作用在高频脉冲发生器上，产生一个高频电流脉冲，该高频脉冲信号同时作用在接收放大器和超声波发射探头上，如图 3－22 所示。作用在接收放大器上的高频脉冲信号经放大后,加在示波器的垂直偏向板上,在屏幕上形成第一个脉冲(始脉冲)。高频电流脉冲作用在探头上时,由于探头内装有压电晶体,能把接收的高频交变电压脉冲变成超声波,射向工件并在其中传播。在传播方向上遇到缺陷时引起反射,一部分未遇到缺陷的超声波传到工件底面也同样引起反射。接收探头接到这些反射波后,就把这两个波束转变成两个高频电流脉冲,通过接收放大器的放大作用,加到示波器的垂直偏向板上,便在屏幕上形成第二(缺陷)个脉冲和第三个脉冲(底脉冲)。检验时就可以根据屏幕上是否有缺陷脉冲和三个脉冲之间的位置来确定工件上是否有缺陷,以及缺陷在厚度方向的位置。

③磁粉探伤(MT)。磁粉探伤利用在强磁场中,铁磁性材料表面缺陷产生的漏磁场吸附磁粉的现象来进行无损检验。

磁粉探伤的原理为,检测时先将焊缝两侧局部充磁,焊缝中便有磁力线通过。对于断面尺寸相同、内部材料均匀的焊缝,磁力线分布是均匀的;而对于存在断面形状不同,或内部有气孔、夹渣、裂纹等缺陷的焊缝,则磁力线因各段磁阻不同而发生弯曲,即磁力线绕过磁阻较大的缺陷。如果缺陷位于焊缝表面或接近表面,则磁力线不但在焊缝内部弯曲,而且将穿过焊缝表面形成漏磁,如图3-23所示。这时在焊缝表面撒布细的针状铁粉,由于缺陷处漏磁的作用,铁粉就会被吸附在缺陷上,根据被吸附铁粉的形状、多少、厚薄程度来判断缺陷的大小和位置。

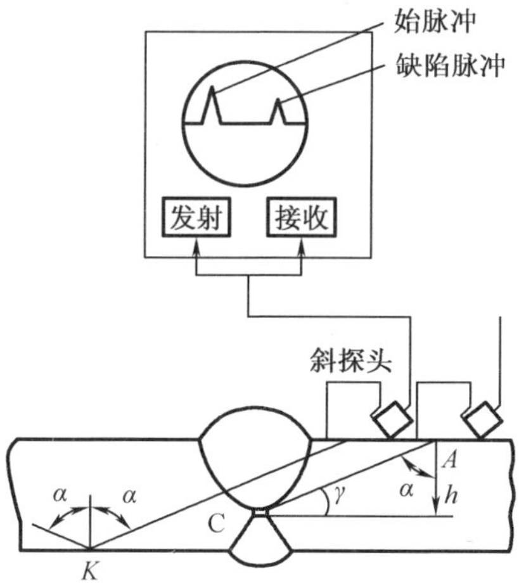


图3-22 超声波探伤示意图

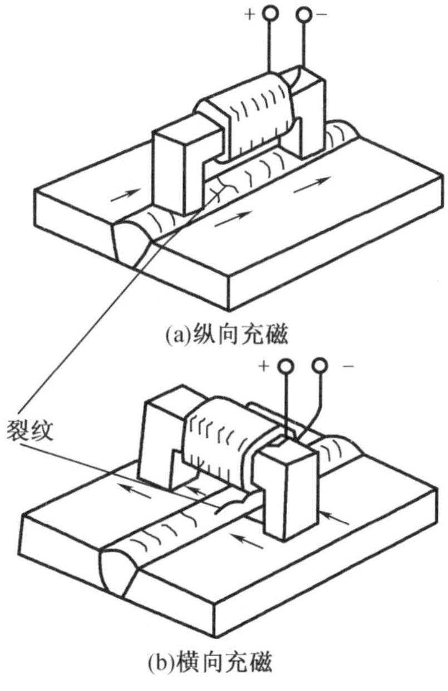


图3-23 磁粉探伤原理图

磁粉探伤适用于铁磁材料的薄壁件或焊缝表面裂纹的检验,它能很好地显露焊缝和母材表面的裂纹,也能显露出一定深度和大小的未焊透,但难于发现气孔和夹渣,以及深处的缺陷。

④渗透探伤(PT)。渗透探伤利用带有荧光染料或红色染料的渗透剂的渗透作用来显示缺陷痕迹。常用的有荧光探伤和着色探伤。

荧光探伤是用来发现焊件表面缺陷的一种方法,检查对象是不锈钢、铜、铝及合金等非磁性材料。其利用浸透矿物油的氧化镁粉在紫外线的照射下能发出黄绿色荧光的特性来进行检查，如图 3－24 所示。

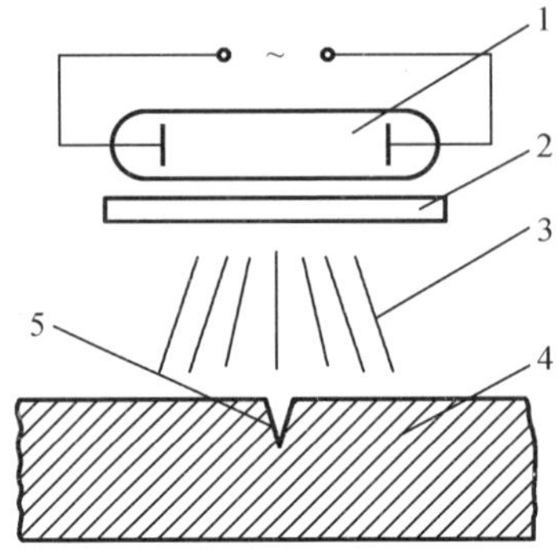


1—被检验件；2—紫外线；3—滤光板；4—紫外线光源；5—充满荧光物质的缺陷。

**图 3－24　荧光探伤原理图**

着色探伤的原理与荧光探伤相似，不同点只是着色探伤不用荧光液作为发光材料，而是用着色剂渗透于表面缺陷，再施加显示剂来显示缺陷，如图 3－25 所示。

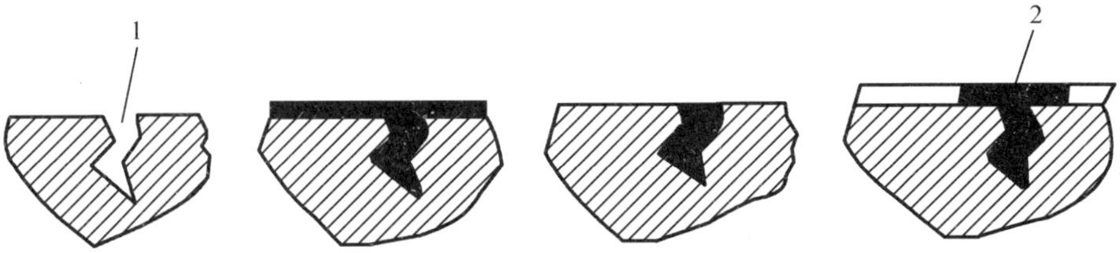


(a)清洁表面　(b)涂上渗透剂　(c)消除多余的渗透剂　(d)涂上显影剂

1—不可见裂纹；2—可见裂纹。

**图 3－25　着色探伤原理图**

(2)致密性检验

对于船体外板或密封性舱室，其焊缝的不致密性缺陷，如贯穿性裂纹、气孔、夹渣、未焊透等，可用致密性检验来发现。船体结构常用的致密性检验有煤油试验、气密性试验、冲水(或压载水)试验等。

①气密性试验是检验船体或舱室密封性的一种常用的密性试验方法，即将压缩空气压入舱室，利用内外气体的压力差对所有焊缝和连接部位进行泄漏检查。

②煤油试验常用于检验不受压的结构焊缝的致密性。试验时，在焊缝的一面涂抹白粉浆，在焊缝的另一面涂以煤油，若有贯穿性缺陷则在白粉浆一侧形成油斑，以此可确定缺陷的位置。

③冲水(或压载水)试验是利用高压水对船体外板的焊缝进行冲击，以发现焊缝是否有贯穿性缺陷的一种试验方法。压载水试验是对较小的非密封性的舱室进行压载水，然后检查相邻舱室或船体外板是否有贯穿性缺陷的一种试验方法。

## 思考题

1. 什么是铁和钢？
2. 什么是金属的焊接性，影响焊接性的因素有哪些？

3. 焊接裂纹试验的方式有哪些?
4. 焊接接头力学性能试验方法有哪些,各试验方法的目的是什么?
5. 焊接接头金相试验方法有哪些?
6. 什么是碳当量,计算碳当量的目的是什么?
7. 一般强度船体结构钢有哪几个等级,各等级之间的区别是什么?
8. 高碳度船体结构钢等级是如何区分的?
9. 什么是焊条,其作用是什么?
10. 高级优质钢和特级优质钢的区别是什么?
11. 焊条药皮的作用是什么?
12. 按药皮成分分类,焊条有哪几种类型?
13. 按熔渣的性质分类,焊条有哪几种类型?
14. 焊条型号中 E 和焊条牌号中 J 分别表示什么?
15. 按制造方法分类,埋弧焊剂有哪几种?
16. 埋弧焊剂的要求有哪些?
17. 焊接用 $CO_2$ 气体纯度要求是什么?
18. $CO_2$ 气瓶的标色是什么?
19. 焊接用氩气的纯度要求是什么?
20. 氩气瓶的标色是什么?
21. $CO_2$ 实心焊丝对含碳量有何要求?
22. $CO_2$ 药芯焊丝的优点是什么?
23. 陶质补垫的作用是什么?
24. 钨极的作用是什么,其常用种类有哪些?
25. 焊接材料存放有何要求?
26. 焊接材料的选用原则是什么?
27. 船体结构钢焊接材料依据什么等级进行分类?
28. 高强度船体结构钢焊接材料如何表示?(举例说明)
29. 船体重要结构射线拍片数量的要求是什么?
30. 常用无损探伤的方法有哪些?
31. 常用船体结构致密性检验有哪些?

# 第 4 章　常用焊接设备及工艺

弧焊电源是一种为焊接电弧提供电能的设备,它包括弧焊变压器、弧焊发电机及弧焊整流器等。

焊接工艺是指焊接过程中的一整套技术规定,包括焊接方法、焊接材料、焊接设备、焊接操作工艺参数等。

为了在焊接施工中保证焊接质量,获得优质焊接接头,对焊接电源应有一定的要求,并应采取正确的工艺措施。

## 4.1　焊条电弧焊设备

### 一、焊条电弧焊机的分类

焊条电弧焊机有弧焊发电机、弧焊变压器、弧焊整流器及弧焊逆变器。部分焊条电弧机的使用特点如表 4 – 1 所示。

**表 4 – 1　部分焊条电弧机的使用特点**

| 项目名称 | 弧焊发电机 | 弧焊变压器 | 弧焊整流器 |
| --- | --- | --- | --- |
| 焊接电流种类 | 直流 | 交流 | 直流 |
| 电弧稳定性 | 好 | 差 | 较好 |
| 极性可换性 | 有 | 无 | 有 |
| 磁偏吹影响 | 较大 | 很小 | 较大 |
| 空载电压 | 较高 | 较低 | 较低 |
| 触电危险 | 较小 | 较大 | 较小 |
| 构造与维修 | 复杂 | 简单 | 较复杂 |
| 噪声 | 大 | 较小 | 很小 |
| 功率因数 | 较高 | 较低 | 较高 |
| 空载损耗 | 较大 | 较小 | 较小 |
| 供电 | 三相 | 二相 | 一般三相 |
| 成本 | 高 | 低 | 较高 |
| 质量 | 较大 | 较小 | 较小(尤其采用逆变电源) |

注:电机类的弧焊发电机因耗电量大目前已停止生产。

## 二、焊条电流焊机型号的编制

焊机型号是技术文件中产品名称、形成及规格等所使用的一种代号。国家标准规定型号编制采用汉语拼音字母和数字编排,其含义如图 4－1 所示。

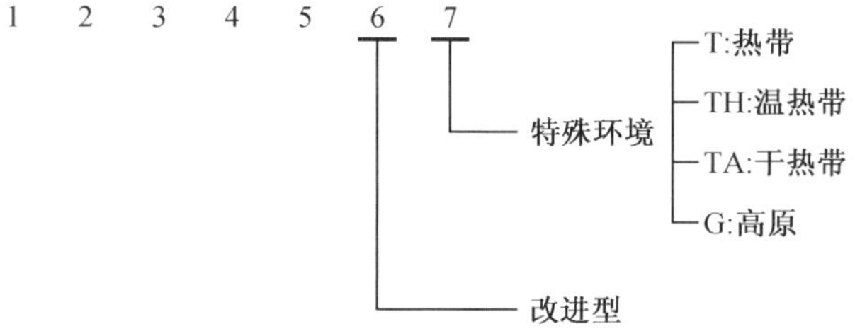


**图 4－1　焊机型号的编制**

举例如下:

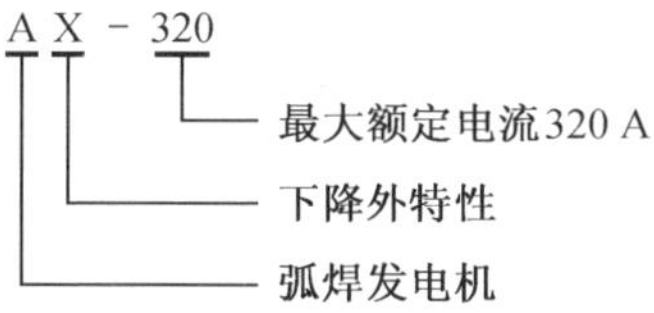


## 三、焊条电弧焊机的主要参数

每台焊机都有铭牌,在铭牌上列有该焊机的主要参数,如一次电压、输入电流、功率、相数、二次空载电压、额定电流和焊接电流调节范围、负载持续率等。

焊机能输出多大电流,主要由焊机的温升决定。如果焊机在使用过程中发热严重、温度过高会造成焊机的绝缘烧坏,甚至烧坏整机。因此,对焊机温升要有一定的限制,一般规定温升范围为 60 ~80 ℃。

焊机的温升除取决于焊接电流的大小外还与负载的状态有关,即是连续通电,还是间歇性通电。同一台焊机,在断续焊接时其输出的电流允许大些,因此对于不同的负载情况,可规定不同的输出电流,以防止焊机烧坏,并合理发挥其性能。

焊机负载的时间占选定工作时间的百分率称为负载持续率(暂载率),其公式表示为

$$\text{负载持续率} = \frac{\text{在选定的工作时间周期内焊机负载的时间}}{\text{选定的工作时间周期}} \times 100\%$$

相关国家标准规定:焊条电弧焊机选定的工作时间周期为 5 min,在 5 min 内,焊接的时间为 3 min,其他辅助时间为 2 min,则焊条电弧焊机的负载持续率为 60% 。

当焊机的焊接电流超过其额定电流运行时,必须降低负载持续率;当焊机超过其额定的负载持续率运行时,必须减小焊接电流。例如,一台焊机的额定负载持续率为 60% ,现需提高至 80% ,该焊机的实际焊接电流 $I_{\text{实际}}$需要减少,即

$$I_{\text{实际}}^2 \times 80\% = I_{\text{额定}}^2 \times 60\%$$

则

$$I_{\text{实际}} = \frac{\sqrt{3}}{2} I_{\text{额定}}$$

## 四、焊条电弧焊焊机的基本要求

①焊条电弧焊焊机应具有适当的空载电压。为了方便引弧，焊机应有较高的空载电压，但是空载电压越高，便增加了焊工的接触危险性。因此，焊机的空载电压在满足工艺要求的前提下应尽可能低一些，一般为 60 ~ 80 V。

②焊条电弧焊焊机应具有下降的外特性。焊机在其他参数不变的情况下，其端电压与输出电流之间的关系称为焊机的外特性。外特性反映了焊机的工作情况，并由其可以判断焊机的使用性能。

焊机是用来向负载供给电能的，所以其供给的能量应和负载的需要相当，否则焊接电弧会发生不稳定现象。因此，对焊机的基本要求是其外特性必须为下降特性。图 4 - 2 为焊机外特性与电弧静特性的关系。

下降外特性曲线与电弧静特性曲线的两个交点为 $A$ 和 $B$。交点 $A$ 为引弧所需的空载电压。随着电流增加，电压下降，两曲线交于 $B$ 点，此时输出电压与焊接需要的电弧电压、输出电流与焊接电流都分别相等。此时焊机供给的电压和电流与电弧燃烧时所需的电压和电流正好相等，说明 $B$ 点为保证电弧稳定的燃烧点。

由于焊条电弧焊需要依靠焊工手动保证焊条的熔化速度与焊条送给的速度保持一致，维持电弧的稳定燃烧，即保持弧长不变，但在实际的操作过程中不可能达到这个要求，因此要求焊机的焊接电流变化尽可能小，如图 4 - 3 所示。当电弧电压因弧长变化而在 $A_1 \sim A_2$ 发生波动时，陡降外特性曲线 1 中的焊接电流变化范围在 $a_1 \sim b_1$；而缓降外特性曲线 2 中的电流变化范围在 $a_2 \sim b_2$。从图中 4 - 3 可以看出，陡降外特性曲线的电流变化范围较缓降外特性的小，即焊接静态偏差小，焊接工艺参数稳定。因此，焊条电弧焊焊机宜采用陡降外特性。

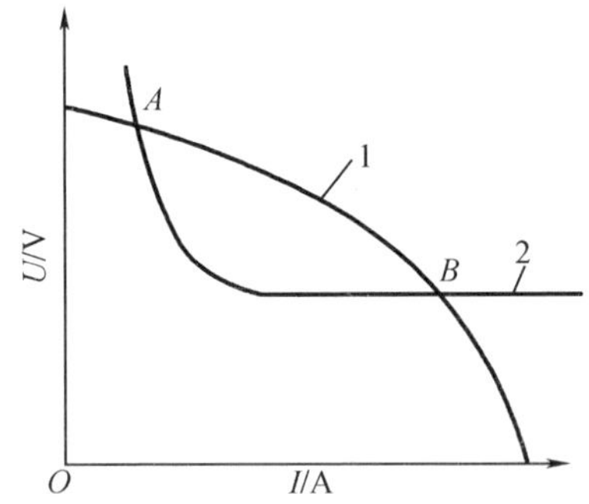


1—焊机外特性；2—电弧静特性。

**图 4 - 2　焊机外特性与电弧静特性的关系**

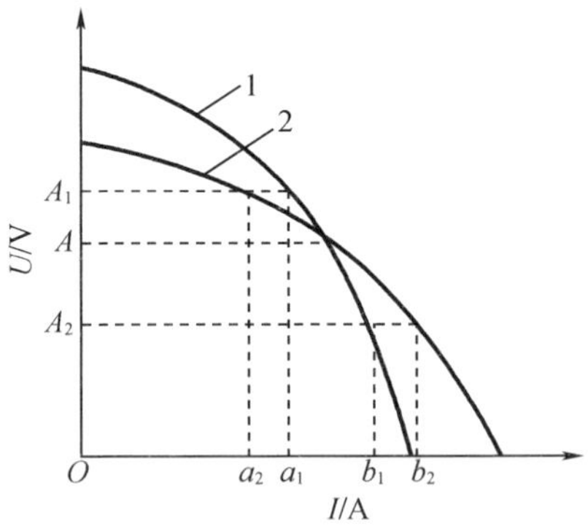


1—陡降外特性；2—缓降外特性。

**图 4 - 3　焊条电弧焊焊机的外特性曲线**

③焊条电弧焊焊机应具有良好的动特性。手工焊时，电弧总是在不断变化，焊机的输出电压和电流需经过一个过程才能稳定在外特性曲线上的某一个点，焊机的动特性就是表示在电弧变化时的反应能力。对于动特性良好的焊机，能在极短的时间内使输出的电压、电流稳定并很快恢复在外特性曲线上的某一个稳定燃烧点。通常规定电压恢复时间不大于 0.05 s。

④焊条电弧焊焊机应具有满意的调节特性。焊接时，根据母材的特性、厚度、几何形

状,焊条直径及焊接位置,需要选择不同的焊接电流。因此,要求焊机能在较大范围内均匀、灵活地选择合适的电流值。

⑤焊条电弧焊焊机应具有合适的短路电流。过大的短路电流会引起焊机的发热量剧增,破坏设备的绝缘,同时过大的短路电流会造成飞溅和金属烧损,所以必须限制焊机的短路电流。通常规定焊机的短路电流不大于工作电流的 50%。

## 五、弧焊变压器

弧焊变压器又称交流电焊机,它是一种将电网的交流电变成适合焊条电弧焊用交流电的特殊变压器。其主要特点是为了保证电弧稳定燃烧和满足焊条电弧焊的工艺要求,在二次回路中增加阻抗,从而获得下降外特性。

根据工作原理,弧焊变压器可分为串联电抗器式和增强漏磁式两大类,两种类型根据其结构特点又可分为若干形式,如表 4-2 所示。

**表 4-2　常用弧焊变压器的分类**

| 类型 | 形式 | 型号举例 |
|---|---|---|
| 串联电抗器式 | 分体动铁式(包括多站式)<br>同体动铁式 | BP-3X500<br>BX-500,BX2-1000 |
| 增强漏磁式 | 动铁芯式<br>动圈式<br>抽头式 | BX1-330,BX1-400<br>BX3-120,BX3-300-2<br>BX6-120-1 |

1. 串联电抗器式(同体式)弧焊变压器

此类弧焊变压器是由一台具有平特性的降压变压器和一个电抗器组成的。铁芯如“日”字形,并在上部装有活动铁芯。改变动铁芯与固定铁芯的间隙大小,可以调节漏磁的大小。同体式弧焊变压器结构原理图如图 4-4 所示。

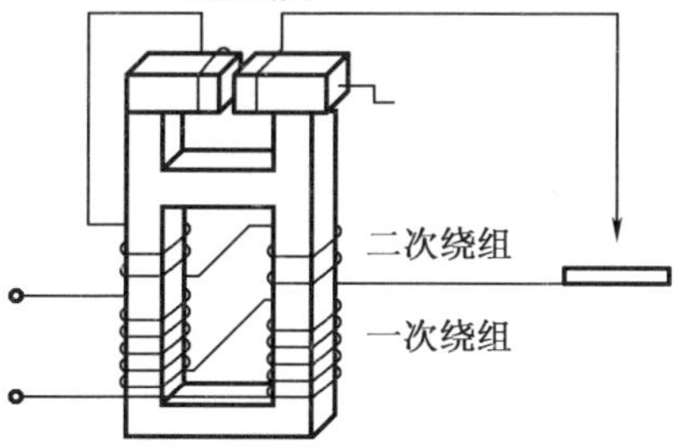


**图 4-4　同体式弧焊变压器结构原理图**

工作时,电抗器线圈通过很大的短路电流,而产生很大的电压降,使二次线圈的电压降接近于零,从而限制了短路电流,保护了焊机。其工作原理如下:

①空载时,由于没有焊接电流通过,电抗线圈不产生电压降,因此,空载电压基本上等于二次电压,此时便于引弧;

②焊机的陡降外特性是通过电抗线圈产生的电压降而获得的;

③焊接时,通过改变动铁芯和固定铁芯间隙的大小,达到调节电流的目的。

2. 增强漏磁式弧焊变压器

增强漏磁式弧焊变压器控制和调节二次回路的等效电抗是通过改变弧焊变压器自身的漏磁来完成的。其按结构不同可分为动铁芯式、动圈式和抽头式三种类型。

(1)动铁芯式弧焊变压器

动铁芯式弧焊变压器的结构原理图如图4－5所示。该变压器具有三个铁芯柱,其中两个为固定的主铁芯,中间为动铁芯。变压器的一次绕组绕在一个主铁芯上(Ⅰ),二次绕组一部分绕在一次绕组的外面(Ⅱ),另一部分兼作电抗线圈绕组,绕在另一个主铁芯上(Ⅲ)。

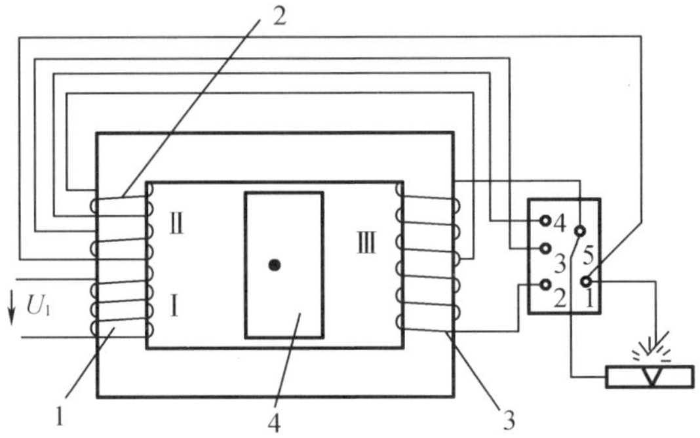


1—一次绕阻;2—二次绕阻;3—电抗线圈;4—动铁芯。

**图4－5　动铁芯式弧焊变压器的结构原理图**

动铁芯式弧焊变压器的工作原理如下:

①弧焊变压器的陡降外特性是靠动铁芯的漏磁作用来获得的;

②空载时,由于二次绕组无焊接电流通过,不出现二次漏磁通,也不产生电压降,因此有较高的空载电压,便于引弧;

③焊接时,二次绕组有焊接电流通过,同时在铁芯内产生磁通,可动铁芯中的漏磁显著增加,这样二次电压就下降,从而获得了陡降的外特性;

④短路时,由于很大的短路电流通过兼作电抗线圈的二次绕组,产生了很大的电压降,使焊机的输出电压接近零,因此限制了短路电流;

⑤调节电流有两种方法:粗调节通过绕组不同的接线方法,改变二次绕组的匝数来实现电流调节;细调节通过改变动铁芯与固定铁芯之间的相对位置,使漏磁发生变化来达到调节焊接电流大小的目的。

(2)动圈式弧焊变压器

动圈式弧焊变压器的一、二次绕组分别做成匝数相同的两个部分,绕在高而窄的“口”字形铁芯上,如图4－6所示。一次绕组固定在铁芯底部,二次绕组可在丝杆带动下移动,形成漏磁,并获得焊机的陡降外特性。

焊接电流有两种调节方式:粗调节通过改变一、二次绕组的接线方法,分为串联和并联两种,调节时先将电源切断,然后将开关转换至相应接法;细调节通过改变两组绕组间的距离来调节电流,距离越大,两者间的漏磁也越大,漏磁增加,使焊接电流减小,反之使焊接电流增大。

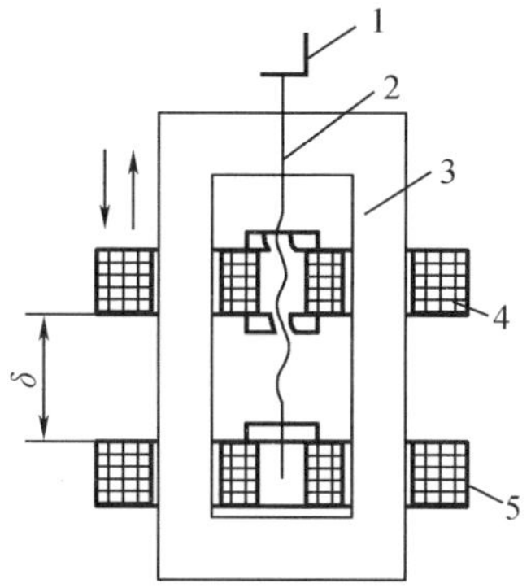


1—手柄;2—调节螺杆;3—铁芯;4—二次绕组;5——次绕阻。

**图4-6　动圈式弧焊变压器结构原理图**

## 六、弧焊整流器焊机

弧焊整流器焊机是一种将交流电经变压、整流而变为直流的弧焊机。焊机为三相供电,它由一、二次绕组相隔的主变压器,整流组,以及为获得所需外特性而配置的调节装置、指示装置等组成。

按主回路和控制元件的种类,弧焊整流器焊机可分为硅整流焊机、晶闸管焊机和晶体管焊机;按结构不同,弧焊整流器焊机可分为磁放大器式,动铁漏磁式,动圈漏磁式,交、直流两用式,抽头变压器式和多站式等焊机。常用弧焊整流器焊机的分类如表4-3所示。

**表4-3　常用弧焊整流器焊机的分类**

| 形式 | 外特性 | 型号举例 |
|---|---|---|
| 磁放大器式 | 陡降 | ZXG-300,ZXG-400,ZXG7-300 |
| 动铁漏磁式(动圈漏磁式) | 陡降 | ZXG1-160,ZXG1-250,ZXG1-400 |
| 交、直流两用式 | 陡降 | ZXE-150,ZXE-300 |
| 抽头变压器式 | 平 | ZP6-250 |
| 多站式 | 平 | ZGP6-1000,ZPG-2000 |
| 晶闸管式 | 平、陡降 | ZDK-200,ZX5-400 |
| 脉冲式 | 陡降 | ZXM-160,ZXM-250 |

弧焊整流器焊机目前已逐渐被弧焊逆变器式焊机所替代,而电动弧焊发电机式焊机已被淘汰,因此不再赘述。

## 七、弧焊逆变器

弧焊逆变器也称逆变焊机,是一种新型的焊接电源,采用先进的中频技术。它的工作过程为:工频三相380 V、50 Hz的交流电经变频整流后,经由快速可控器件组成的逆变器转变为中频交流电,再经中频变压器降压,中频整流器整流,最后经滤波器滤波后输出。电路中采用反馈控制技术确保输出稳定,并可连续、平稳调节直流电压和电流,以满足焊接的需要。弧焊逆变器的工作原理图如图4-7所示。焊机的主回路为交流→直流→交流→直流转换模式。

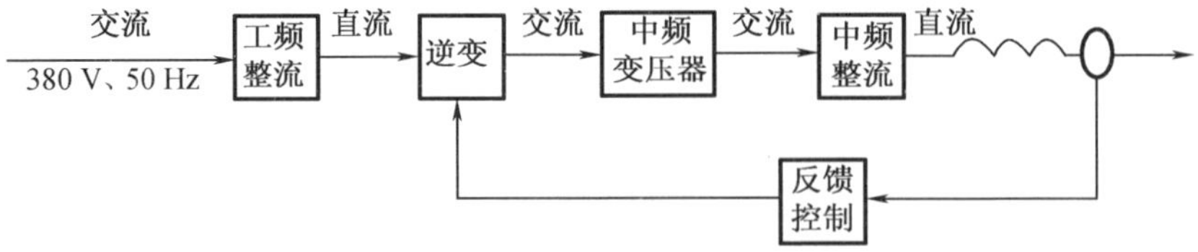


图4-7　弧焊逆变器的工作原理图

逆变式弧焊焊机按逆变器采用的开关电子元件来分类，有晶闸管式、晶体管式、场效应管式和绝缘栅双极晶体管式(IGBT式)四种类型。其常用型号有ZX7-400(图4-8)等。

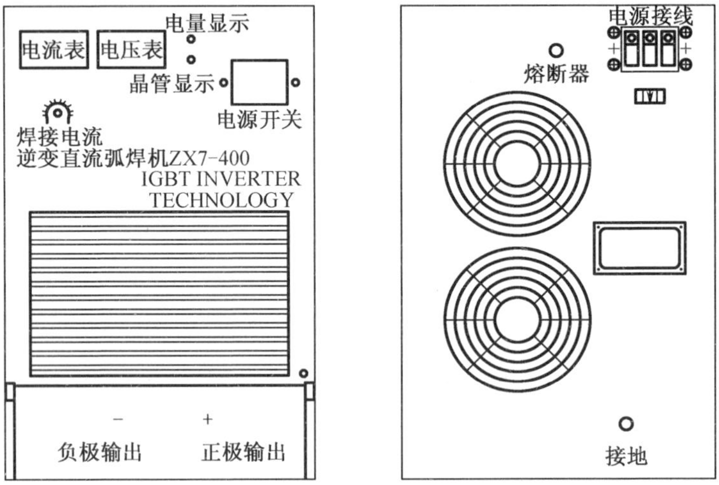


(a)前面板　(b)后面板

图4-8　ZX7-400型焊机

1. 逆变焊机的特点

①焊机主变压器体积小。变压器工作频率的提高使得主变压器的体积大大降低，为相同额定电流的整流式焊机的1/10，效率可达80%~95%，焊机轻便灵活，适应性好。

②节电效果明显。逆变焊机功率因数达95%以上，空载时耗电量只有30~50 W，比传统焊机节电50%左右。

③具有理想的电弧特性。由于逆变焊机全部采用电子控制，在焊接过程中能够提供最好的电弧指向性，电弧稳定性和动、静特性。电子控制的另一优点是容易实现遥控和计算机控制。逆变焊机适合与机械化、自动化及弧焊机器人配套使用。

④焊接电流输出稳定。逆变焊机装有数字显示的电流调节系统和很强的电网波动补偿系统，提高了焊接电流的稳定性。

⑤维修方便。逆变焊机采用模块化设计，每个模块单元均可方便地拆装更换或检修。

2. 焊机的维护、保养及使用注意事项

(1)维护和保养

在焊机的维护、保养工作中应做到：

①检查操作开关是否在所需的位置；

②检查连接电缆是否有损坏,绝缘是否完好;

③检查焊接电缆或电缆上的接头是否不正常发热;

④检查焊机是否出现不正常的振动、噪声、气味;

⑤检查冷却风机和通风措施是否正常;

⑥定期用干燥的压缩空气吹去焊机内部的积尘,尤其是金属粉尘;

⑦定期检查接地线是否完好;

⑧定期检查电路连接处,如输入端、输出端机外部连接线是否有松动或生锈,保证连接处接触良好。

(2)使用注意事项

①为了安全使用焊机,使用前应检查是否有过压、过流、失电保护,并能及时显示,即报警指示灯亮正常。

②焊接时,焊机必须可靠接地。

③输入三相 380 V 交流电,严禁缺相运行。

④焊机使用时,严禁遮挡进、出风口。

⑤当出现故障,发生自动跳闸现象时,应由专业人员及时检修,不能私自拆修。

⑥防止在潮湿、易燃、易爆处施焊,焊机在运输过程中应防止剧烈振动。在操作时,应穿戴合格的劳防用品。

## 八、常用焊接设备的验收和调试

常用焊接设备的验收和调试应包括以下内容。

1. 对焊接设备的外观检查

外观检查包括焊机的外表。仪表及其他附属装置,在运输过程中应无损坏和擦伤;焊机滚轮应灵活;手柄、吊攀应可靠;调节机构动作平稳、灵活;铭牌、技术数据应齐全;漆层应完整;零配件应齐全且保护层完好。

2. 对电气绝缘性能的检查

通常要求初级对地绝缘电阻应大于 5 MΩ;次级对地绝缘电阻应大于 2.5 MΩ;控制回路对初级绝缘电阻应大于 5 MΩ(GB 15579.1—2013)。

3. 对焊机空载运行检查

接通电源、水冷却系统、供气系统,检查焊机各部分有无异常情况,如漏气、漏水、异常响动和振动等。仪表刻度指示应正常,机构运转正常。

4. 对焊机进行负载试验及调试

①按焊机产品说明书上的范围,对焊机采用大、中、小三种不同焊接工艺参数进行试焊,要求焊接过程稳定,焊接质量优良。如果是气体保护焊设备,还应对保护气体的控制检查是否具有提前送气、滞后断气功能,以及气体流量是否正常。

②对焊机所标明的技术性能是否达到要求,仪表指示精度是否正确进行鉴定。

5. 焊机附件及备件的验收

对成套设备应按装箱清单进行清点和验收。

# 4.2 焊条电弧焊工艺

为了获得优质的焊接接头和较高的生产效率，必须选择正确的焊接工艺参数。焊接工艺参数是指为了保证焊接质量而选定的各物理量的总称，其包括焊条直径、焊接电流、焊接速度等。由于焊接结构的材质、工作条件、尺寸形状和装配质量不同，选定的工艺参数也会有所不同。即使是同样的焊件，也会因焊接设备条件与焊工操作习惯的不同而选用不同的焊接工艺参数。

## 一、焊条直径

为了提高生产效率，应尽可能选择较大的焊条直径，但还需要考虑焊件的厚度、操作的空间位置、接头的形式等条件。

1. 焊件的厚度

焊件越厚，应选用越大的焊条直径；反之，焊件越薄，应选用的焊条直径也越小。一般焊条直径与焊件厚度之间的关系如表 4 -4 所示。

**表 4 -4　焊条直径与焊件厚度之间的关系**　　单位：mm

| 焊件厚度 | 3 | 4 ~ 10 | >10 |
|---|---|---|---|
| 焊条直径 | 3.2 | 3.2 ~ 4 | ≥4 |

2. 焊缝位置

平焊焊缝的焊条直径比其他位置大。结合焊件的厚度考虑，立焊、仰焊一般焊条直径不大于 4 mm，这是为了形成较小的熔池，减少熔化金属因重力作用而下淌。

3. 焊接层数

在进行多层焊时，为了防止根部未焊透，对第一层的焊道可采用直径较小的焊条，如 2.5 mm 或 3.2 mm 的焊条；以后各层可根据焊件厚度选用焊条直径的大小。

4. 接头形式

搭接、T 形接头焊接时，焊条直径可适当选择大些，因为该类型接头一般不需要全熔透焊。

## 二、焊接电流

焊接电流是焊条电弧焊的主要工艺参数，它直接影响焊接质量和焊接生产效率。

决定焊接电流大小的因素较多，如焊条直径、焊条类型、焊件厚度、焊缝位置、焊接层道及接头形式等，但主要因素是焊条直径、焊缝位置和焊条类型。焊接电流过大易造成咬边、焊瘤及焊穿等缺陷，而且飞溅大，热影响区大，会使焊接接头的组织产生过热而使韧性降低；焊接电流过小则引弧困难，焊条易黏，并易造成夹渣、未焊透、气孔等缺陷，同时生产效率低。因此，焊接时应选择合理的焊接电流。

1. 焊接电流与焊条直径的关系

焊接电流与焊条直径的关系如表 4－5 所示。

**表 4－5　焊接电流与焊条直径的关系**

| 焊条直径/mm | 2.0 | 2.5 | 3.2 | 4.0 | 5.0 |
| --- | --- | --- | --- | --- | --- |
| 焊接电流/A | 40～65 | 50～90 | 90～130 | 150～210 | 180～270 |

实际工作中，可通过如下的经验公式来选择焊接电流：

$$I=(30\sim55)d$$

式中　$I$——焊接电流，A；

　　$d$——焊接直径，mm。

2. 焊接电流与焊缝位置的关系

平焊时选择的焊接电流可大一些，因为平焊时，运条和控制熔池中的液态金属较容易；但焊接其他位置的焊缝时，为了控制熔池液态金属，使产生的熔池小一些，并易控制焊缝成形，所以选择的焊接电流应比平焊小 10%～20%。

3. 焊接电流与焊条类型的关系

在其他焊接条件相同时，酸性焊条使用的焊接电流可以比碱性焊条使用的焊接电流大 10%左右。

总之，在保证焊缝不被烧穿和焊缝成形良好的条件下，应尽量采用较大的焊接电流，并适当提高焊接速度，以提高焊接效率。

## 三、焊接道层

中厚度板的焊接，一般需要开设坡口进行多层或多层多道的焊接，如图 4－9 所示。对于低碳钢和低合金结构钢，每层焊缝厚度不应过大，否则对焊缝金属的塑性有不利的影响。因此，对质量要求较高的焊缝，每层焊缝厚度不大于 4 mm。

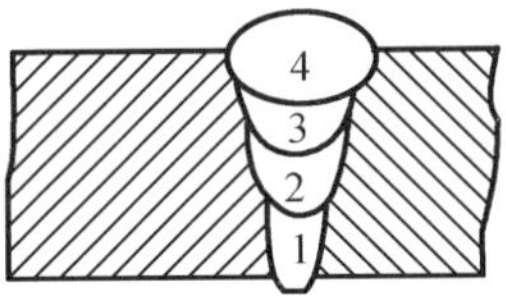


(a)多层焊

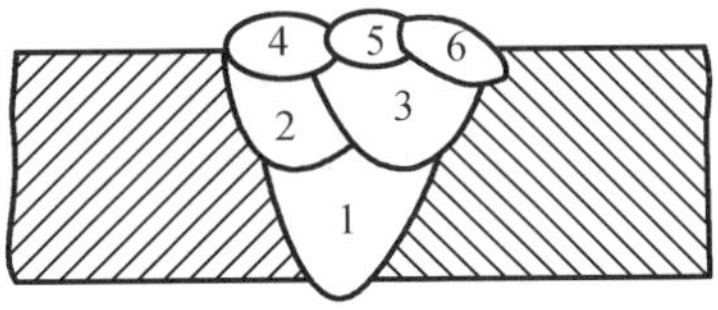


(b)多层多道焊(三层六道)

1,2,3,4,5,6—各焊道的顺序号。

**图 4－9　多层焊和多层多道焊**

焊接道层布置主要根据板的厚度、焊条直径、坡口形式及装配间隙等来确定。

## 四、电弧电压

焊条电弧焊时，电弧电压是由焊工根据具体情况灵活掌握的，其原则如下：一是保证焊缝符合尺寸和外形的要求，二是保证焊透。

电弧电压主要取决于弧长。正常焊接时，弧长应控制在 2～4 mm，相应的电弧电压为 18～26 V。通常碱性焊条要求短弧操作(所谓的短弧，可以认为是焊接时焊条直径的

0.5～1.0倍），酸性焊条可采用中、长弧操作。

## 五、焊接速度

焊接速度是指单位时间内完成的焊缝长度。焊条电弧焊时，焊接速度是由焊工根据具体情况灵活掌握的，应当均匀适当，既要保证焊透，又要保证不烧穿，同时还要使焊缝宽度和余高符合设计要求。

焊接速度慢，焊缝变宽，使高温停留时间增长，热影响区宽度增加，焊接接头的晶粒粗大，力学性能降低，同时变形量也会增大。如果焊接薄板时，易烧穿；焊接速度过快，焊缝变窄，熔池温度不够，易造成未焊透、未熔合、焊缝成形不良等缺陷。

焊接速度直接影响焊接生产效率，所以应该在保证焊缝质量的前提下采用较大的焊条直径和焊接电流，同时根据具体情况适当加快焊接速度，以保证在焊缝尺寸和形状符合设计要求的条件下，提高生产效率。

## 六、焊接工艺参数与热输入

焊接工艺参数的选择决定了焊接热输入量的大小。所谓热输入是指电弧焊时，由焊机输入给单位长度焊缝上的热能（电弧能量），其计算公式如下：

$$Q=\eta\frac{IU}{v}$$

式中　$Q$——单位长度焊缝的热输入，J/cm；

$I$——焊接电流，A；

$U$——电弧电压，V；

$v$——焊接速度，cm/s；

$\eta$——电弧热效率系数。

在一定条件下 $\eta$ 是常数，其主要取决于焊接方法、焊接工艺参数和焊接材料的种类等。各种电弧焊接方法的 $\eta$ 值如表4－6所示。

**表4－6　各种电弧焊接方法的 $\eta$ 值**

| 电弧焊接方法种类 | SMAW（DC） | SMAW（AC） | SAW | GMAW | GTAW | GIAW |
|---|---|---|---|---|---|---|
| $\eta$ 值 | 0.75～0.85 | 0.65～0.75 | 0.80～0.90 | 0.75～0.90 | 0.65～0.75 | 0.70～0.80 |

焊接工艺参数对热影响区的大小和性能有很大的影响。采用小的工艺参数，如降低焊接电流、增大焊接速度等，即采用小的热输入不仅可以减少热影响区的尺寸，还可以防止组织过热并细化晶粒，提高热影响区的塑性和韧性。但对于某些焊件，为了降低淬硬倾向，防止裂纹的产生，焊接热输入应偏大些。因此，焊材种类不同，焊接结构不同，对焊接热输入的要求也不同。

# 4.3　$CO_2$ 气体保护焊设备

$CO_2$ 气体保护焊是气体保护焊方法中的一个类别(其他的气体保护焊还有氩弧焊、氦弧焊、氮弧焊等),它是利用外加气体作为电弧介质,并保护电弧和焊接区的电弧焊。焊接过程中其直接依靠从喷嘴中送出的气流在电弧周围形成局部的气体保护层,使电极端部、熔滴和熔池与空气机械地隔离开来,从而保证了焊接过程的稳定性,并获得高质量的焊接接头。

$CO_2$ 气体保护焊设备由焊接电源、送丝系统、控制系统、供气系统及焊枪等部分组成。图 4－10 所示为半自动 $CO_2$ 气体保护焊设备示意图。

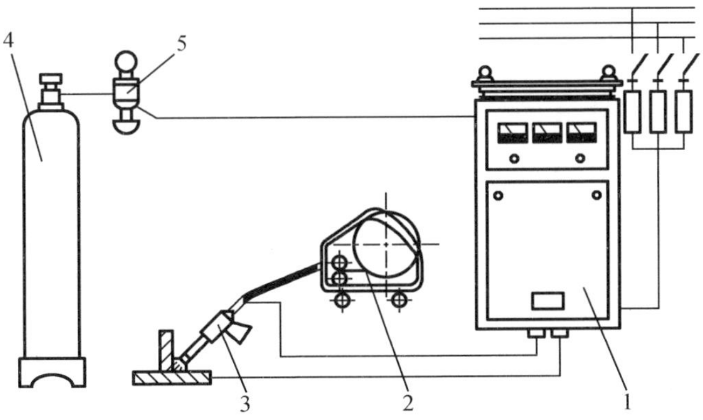


1—电源;2—送丝机;3—焊枪;4—气瓶;5—减压流量调节器。

**图 4－10　半自动 $CO_2$ 气体保护焊设备示意图**

## 一、$CO_2$ 气体保护焊电源

1. 焊接电弧的要求

$CO_2$ 气体保护焊时,电弧四周有一层冷态的 $CO_2$ 气流,带走了大量的电弧热量,为维持电弧的正常燃烧,电弧电压随之升高。因此,$CO_2$ 气体保护焊的电弧静特性曲线是一条上升的曲线,并且焊丝直径越小,上升的程度越大,如图 4－11 所示。由于 $CO_2$ 气体保护焊电源极性为直流反接,因此熔化极焊丝端处于阳极,在 $CO_2$ 气流冷却作用下,阳极的温度低于阴极。

2. 对电源外特性的要求

由于电弧静特性是一条上升的曲线,因此细丝 $CO_2$ 气体保护焊需要具有平硬外特性的电源,如图 4－12 所示。

图 4－12 中有三种外特性,当弧长从 $L_1$ 减小到 $L_2$ 时,与三种外特性曲线分别相交于 $a$、$b$、$c$ 三点。这时三种不同的外特性的电源所引起的焊接电流变化分别为 $\Delta I_a$、$\Delta I_b$、$\Delta I_c$,其中平硬外特性的电源引起的焊接电流变化量($\Delta I_c$)最大,电弧自身调节作用最强,因此应使用平硬外特性电源。另外细丝 $CO_2$ 气体保护焊时,送丝速度较快,因此不可能靠改变送丝速度来调节电弧长度,以达到焊接过程的稳定性,所以只能靠电弧自身的调节作用来完成,具

有平硬外特性的电源恰好满足了这一要求。

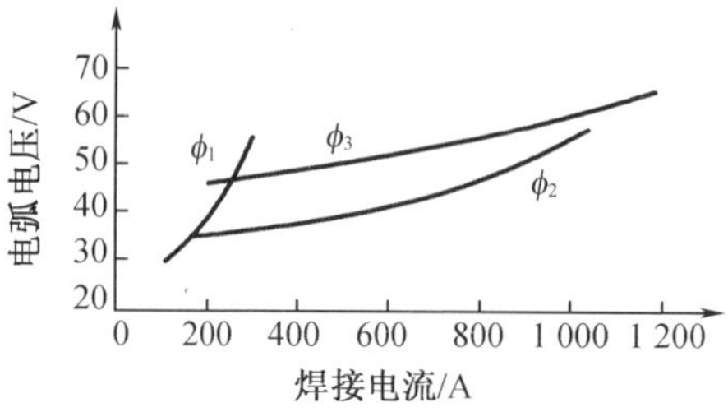


图 4-11　$CO_2$ 气体保护的电弧静特性曲线

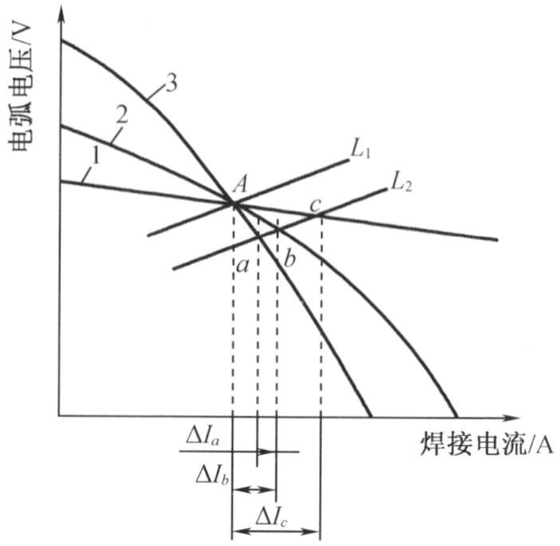


1—平硬外特性；2—缓降外特性；3—陡降外特性。

图 4-12　电源外特性对电弧自身调节作用的影响

所谓电弧自身的调节作用，是指焊接过程中，电弧突然被拉长，由平硬外特性图可知，焊接电流变小，因为此时的送丝速度不变，但焊丝熔化速度减小，电弧恢复稳定燃烧点；反之，电弧变短，焊接电流增大，焊丝熔化速度增大，使电弧恢复到稳定燃烧点上。

3. $CO_2$ 气体保护焊设备

随着 $CO_2$ 气体保护焊的技术发展，该类设备应用日益扩大，国产半自动 $CO_2$ 气体保护焊部分焊机的型号与主要技术指标如表 4-7 所示。

表 4-7　半自动 $CO_2$ 气体保护焊设备型号与主要技术指标

| 技术指标 | NBC-200 | NBC1-200 | NBC1-300 | NBC1-500 | NBC1-500-1 | NBC1-500 |
|---|---|---|---|---|---|---|
| 电源电压/V | 380 | 220/380 | 380 | 380 | 380 | 380 |
| 空载电压/V | 17~30 | 14~30 | 17~30 | 75 | 75 | 75 |
| 工作电压/V | 17~30 | 14~30 | 17~30 | 15~42 | 15~40 | 15~42 |
| 电流调节范围/A | 40~200 | — | 50~300 | — | 50~500 | — |
| 额定焊机电流/A | 200 | 200 | 300 | 500 | 500 | 500 |
| 焊丝直径/mm | 0.5~1.2 | 0.8~1.2 | 0.8~1.4 | 0.8~2.0 | 1.2~2.0 | 0.8~1.6 |
| 送丝速度/($m \cdot min^{-1}$) | 1.5~9 | 1.5~15 | 2~8 | 1.7~17 | 8 | 1.7~25 |
| 气体流量/($L \cdot min^{-1}$) | 15~20 | 15~20 | 15~25 | 15~25 | 15~25 | 15~25 |
| 额定负载持续率/% | — | 100 | 70 | 60 | 60 | 60 |
| 配用电源 | 硅整流电源 | ZPG-200 型电源 | 晶闸管整流电源 | ZPG1-500 型电源 | 硅整流电源 | ZPG1-500 型电源 |

表4-7(续)

| 技术指标 | NBC-200 | NBC1-200 | NBC1-300 | NBC1-500 | NBC1-500-1 | NBC1-500 |
|---|---|---|---|---|---|---|
| 适用范围 | 拉式半自动焊机,适用于0.6~4 mm厚低碳钢薄板的焊接 | 适用于低碳钢薄板的焊接,为推式半自动焊机 | 推式半自动焊机,适用于低碳钢的焊接 | 水冷却推式半自动焊机,适用于中、厚度低碳钢的焊接 | 推式半自动焊机,适用于中、厚度低碳钢焊接 | 推式半自动焊机,适用于点焊或缝焊 |

## 二、送丝系统

在$CO_2$气体保护焊中,送丝系统是焊机的重要组成部分,通常由送丝电动机、送丝滚轮、压紧机构、送丝软管和减速器等组成。送丝系统要能维持并保证送丝均匀和平稳,送丝机构应尽可能结构简单和轻巧,并且维修及使用方便。常用的送丝方式有三种:推丝式、拉丝式、推拉式。船舶制造行业一般较多采用推丝式。

## 三、焊枪

焊枪由导电嘴、喷嘴、弹簧软管、导电杆、开关、手把、扳手、进气管及气阀等组成。

$CO_2$气体保护焊用焊枪按操作方式分为半自动和自动焊枪;按冷却方式可分为空冷和水冷焊枪;按结构形式分为鹅颈式和手枪式焊枪等。半自动焊枪以鹅颈式应用最为广泛,它适合于细焊丝,使用灵活方便,如图4-13所示。

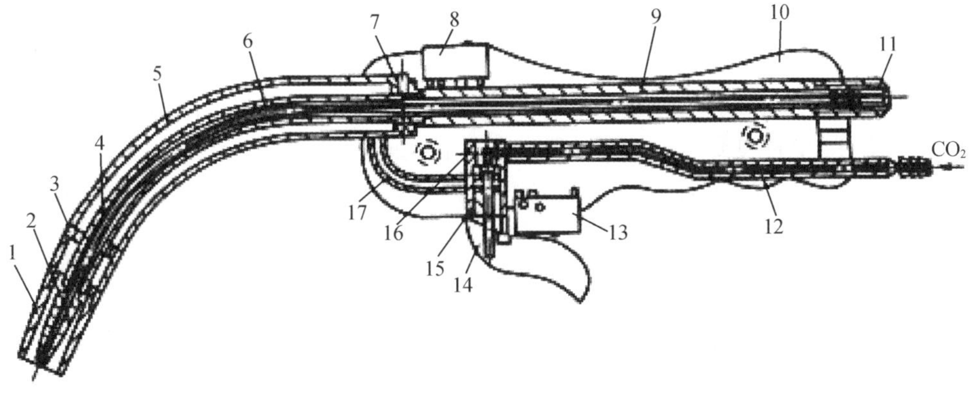


1—喷嘴;2—导电嘴;3—分流器;4—弹簧管;5—外套;6—导电管;7—绝缘套;8—开关;
9—导电杆;10—手把;11—钢套;12—进气管;13—开关;14—扳手;15—弹簧;16—气阀;17—弯管。

**图4-13 鹅颈式焊枪构造示意图**

典型的鹅颈式焊枪头部结构如图4-14所示,主要有喷嘴、导电嘴、分流器、导管电缆等。

①喷嘴。喷嘴内孔形状和直径将直接影响保护效果,要求从喷嘴中喷出的气体为截头圆锥体,均匀地覆盖在熔池表面。喷嘴内径一般为16~22 mm,不应小于12 mm。为节约保护气体,便于观察熔池,要求喷嘴的直径不宜太大。

喷嘴一般以纯铜或陶瓷为制作材料,形状为圆柱形或圆锥形,如图4-15所示。

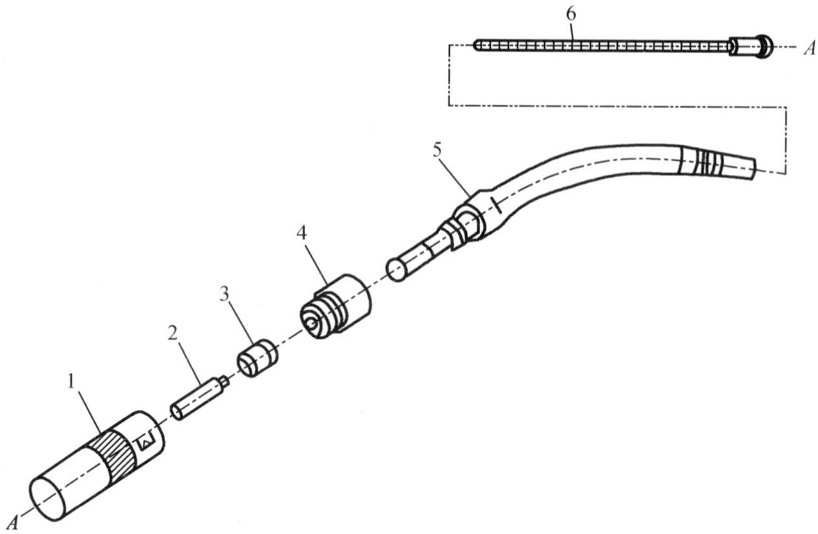


1—喷嘴;2—导电嘴;3—分流器;4—接头;5—枪体;6—弹簧软管。

**图4-14 鹅颈式焊枪头部结构**

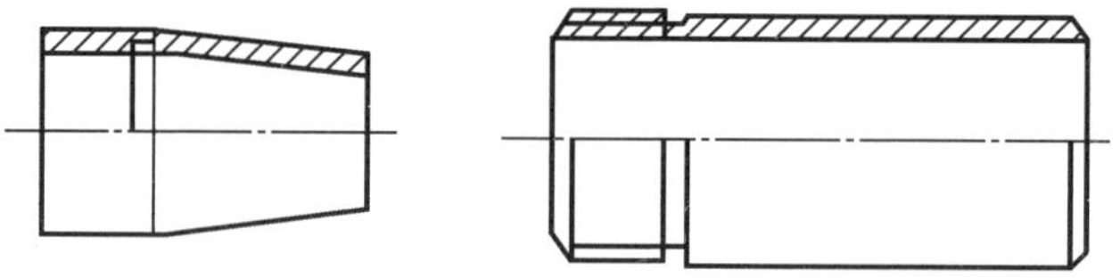

(a)圆锥形 (b)圆柱形

**图4-15 喷嘴**

②导电嘴。导电嘴又称导丝嘴,其外形如图4-16所示。导电嘴常用纯铜或铜合金材料制成。为保证导电性良好,减小送丝阻力和保证对准中心,导电嘴的内孔直径必须按焊丝直径选择。孔径太小,送丝阻力大;孔径太大,则送出的焊丝端部在焊接时摆动大,从而影响焊缝成形。通常导电嘴内孔直径比焊丝直径大0.13~0.25 mm。

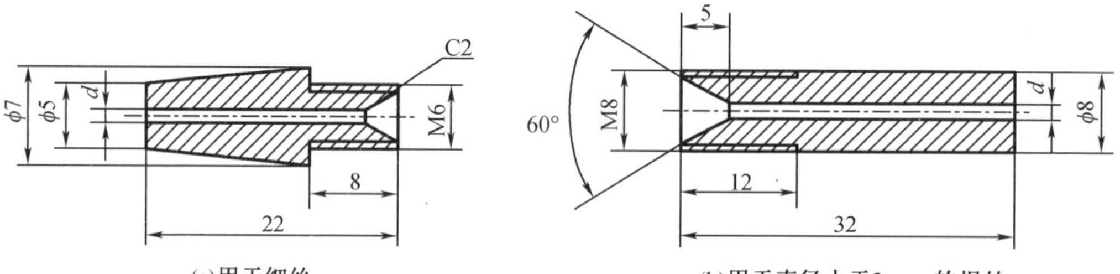


(a)用于细丝 (b)用于直径大于2 mm的焊丝

**图4-16 导电嘴示意图**(单位:mm)

③分流器。分流器是采用绝缘陶瓷制成的,上有均匀分布的小孔,从焊枪内喷出的保护气体经分流器后,从喷嘴中呈流状均匀喷出,可以改善保护效果,仰焊时可以有效防止飞溅对焊枪的损坏。分流器的结构如图4-17所示。

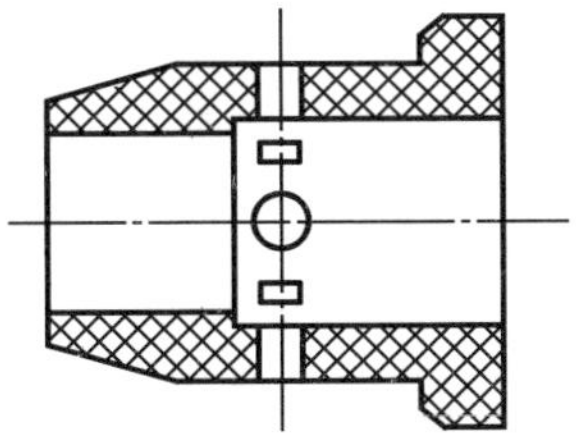

图4-17　分流器

④导管电缆。导管电缆采用橡胶包裹，内有弹簧软管、纯铜导电电缆、保护气体气管和控制线。常用焊枪电缆的标准长度为3 m，加长电缆6 m的也可选用。

## 四、供气系统

供气系统是保证将$CO_2$气体输送到焊枪，以保护焊接熔池的装置。它由气瓶、减压流量计（带预热器）、电磁气阀及皮管等组成。

①气瓶用于储存液态的$CO_2$，每瓶可装25 kg液态$CO_2$，满瓶时的压力可达5～7 MPa。液态$CO_2$通过气化、预热及减压后，以一定的流量供给焊接保护。

②减压流量计（带预热器）用于将高压$CO_2$气体进行预热、减压并调节气体的流量。由于$CO_2$由液态转为气态时要吸收大量的热，易造成局部剧烈降温。另外，当气体经过减压器后，气体体积膨胀，也会使气体温度下降，易使减压器发生冻结，造成气路阻塞，影响焊接过程的顺利进行。因此，必须将$CO_2$气体在减压前进行预热。

③电磁气阀控制是用于保护气体接通或切断的一种阀门。由于$CO_2$焊要求气体必须在电弧引燃前一定时间开始输送，在电弧熄灭后气体要继续输送，以保护还处在高温状态的金属。因此，通过电气线路控制电磁气阀可提前输送气体或延迟切断气流。

## 五、控制系统

控制系统的作用是对$CO_2$气体保护焊的供气、送丝和供电等系统实现控制。半自动$CO_2$气体保护焊焊接控制程序如图4-18所示。

图4-18　半自动$CO_2$气体保护焊焊接控制程序方框图

# 4.4　$CO_2$气体保护焊工艺

$CO_2$气体保护焊是采用$CO_2$气体作为保护气体的一种气体保护焊方法。该方法成本低，并且在焊接过程中，由于采用细焊丝、大电流的操作工艺，熔敷效率高，适用于平直焊缝及机械化、自动化焊接，因此在船舶、钢结构制造企业应用广泛。

## 一、$CO_2$气体保护焊的特点

①生产率高。由于焊接电流密度较大，电弧热量利用率较高，因此熔敷速度快，生产

率高。

②成本低。$CO_2$ 气体价格低廉，且与焊条电弧焊相比，电能消耗少，降低了焊接成本。

③焊接变形和内应力小。由于电弧加热集中，工件受热面积小，同时 $CO_2$ 气流有较强的冷却作用，因此焊接变形和内应力小，特别适于薄板焊接。

④抗锈能力强。$CO_2$ 气体保护焊对铁锈敏感性小，焊缝含氢量少，抗裂性能好。

⑤操作简便。焊接时，可以观察到电弧和熔池的情况，所以操作较容易掌握，不易焊偏，更有利于实现机械化和自动化焊接。

⑥使用范围广。$CO_2$ 气体保护焊适用于不同厚度板的焊接，并且可进行全位置的焊接操作，不仅适用于焊接结构制造，而且适用于堆焊及铸铁的修补焊接。

$CO_2$ 气体保护焊也存在一些不足，如：

①如果焊接工艺参数选择不当，则飞溅较大，且焊缝成形差；

②由于采用细焊丝、大电流焊接，因此电弧光和热辐射较强；

③焊接设备较为复杂，不能使用交流电源进行焊接；

④不能在有较大风速的地方施焊（一般要求风速小于 2 m/s）；

⑤不能焊接有色金属。

## 二、$CO_2$ 气体保护焊的冶金特点

常温下，$CO_2$ 气体化学性呈中性。在高温时，$CO_2$ 分解后具有强烈的氧化性，它会使合金元素氧化烧损，降低焊缝金属的力学性能，还可能成为产生气孔及飞溅的主要原因。因此，在焊接冶金方面，$CO_2$ 气体保护焊有它的特殊性。

1. 合金元素的氧化及脱氧方法

①合金元素的氧化。$CO_2$ 气体在电弧高温下发生分解，形成 CO 及 O，在电弧气氛中同时存在 $CO_2$、CO 和 $O_2$，在高温下 $O_2$ 进一步分解为氧分子，所以 $CO_2$ 气体在高温下具有强烈的氧化性，并使 Fe 及其合金元素氧化。氧化反应发生在熔滴过渡过程中，也发生在熔池中。氧化反应的结果是生成 FeO 大量溶于熔池，致使焊缝金属中碳被氧化而产生 CO 气孔及 Mn、Si 等合金元素减少，影响焊缝的力学性能。另外，生成的大量 CO 气体还会造成大量的飞溅。因此，必须采用有效的脱氧措施。

②脱氧方法。在 $CO_2$ 气体保护焊的冶金过程中，通常的脱氧方法是采用含有足够含量脱氧元素的焊丝。常用的脱氧元素有 Si、Mn、Al、Ti 等，依靠这些元素来降低液态金属中的 FeO 的浓度，抑制碳的氧化，从而防止 CO 气孔和减少飞溅。碳钢和低合金钢焊接时，主要采用硅、锰联合脱氧的方法，生成的 $SiO_2$ 和 MnO 使形成薄而脆的渣壳覆盖在焊缝表面。

2. 气孔

$CO_2$ 气体保护焊时，由于 $CO_2$ 气体对熔池有冷却作用，因此熔池凝固较快，容易在焊缝中产生气孔。

①CO 气孔。如果焊丝中脱氧元素不足，会使大量的 FeO 不能还原而溶于熔池金属，在焊缝凝固时产生 CO 气体，即发生如下反应：

$$FeO + C \rightleftharpoons Fe + CO$$

这样，由于 CO 气体来不及逸出而形成气孔。因此，应保证焊丝中含有足够的脱氧元素，并严格控制焊丝中的含碳量，以减少产生 CO 气孔的可能性。

②氮气孔。$CO_2$ 气体保护焊时，由于 $CO_2$ 气流保护效果不好，或者因气体纯度不高，会

使空气中的氮大量溶于熔池金属。在熔池凝固时，氮在金属中的溶解度突然降低，来不及从液态金属中逸出，便形成氮气孔，因此必须保证保护气体在焊接过程中稳定和可靠。

③氢气孔。$CO_2$ 气体保护焊时，氢的主要来源是工件和焊丝表面的锈、油污等杂物，以及 $CO_2$ 气体中含有的水分。如果熔池金属中有大量的氢存在，就可能形成氢气孔。为了防止氢气孔，应尽量减少氢的来源，并对 $CO_2$ 气体进行提纯或干燥处理等。

在实际焊接过程中，由于电弧气氛具有较强的氧化性，且选用的焊丝又含有适量的脱氧元素，所以形成 CO 气孔和氢气孔的可能性较小。而氮气孔是影响 $CO_2$ 气体保护效果的关键，因此防止氮气孔是 $CO_2$ 气体保护焊的主要问题。

## 三、$CO_2$ 气体保护焊的熔滴过渡

$CO_2$ 气体保护焊是熔化极焊接方法的一种。焊丝除作为电弧电极外，其端部还不断受热熔化，形成的熔滴脱离焊丝过渡到熔池中。$CO_2$ 气体保护焊时，熔滴过渡的形式可分为短路过渡和粗（大）滴过渡两种，如图 4 – 19 所示。

(a)短路过渡　(b)粗滴过渡

**图 4 – 19　熔滴过渡形式示意图**

①短路过渡。短路过渡是在采用细焊丝、小电流、低电弧电压焊接时出现的。因电弧很短，液态熔滴还未增大时，即与熔池接触形成短路，使电弧熄灭。在短路电流产生的电磁收缩力及熔池表面张力的共同作用下，熔滴迅速脱离焊丝末端过渡到熔池中，以后电弧又重新引燃。这样周期性的短路 —— 燃弧交替过程，就是短路过渡的过程。

$CO_2$ 气体保护焊，短路频率可达几十次到上百次每秒。由于短路频率很高，因此焊接过程稳定，飞溅小，焊缝成形好。同时由于焊接电流小，而且电弧是断续燃烧，因此电弧热量低，适合于焊接薄板及全位置焊接操作。

影响短路过渡的主要因素是焊接电源的动特性和焊接工艺参数，如图 4 – 20 所示。当熔滴与工件短路时，焊接电源应能在很短时间内提供合适的短路电流，即有一个合适的短路电流增长速度，以有利于产生颈缩并断裂，使熔滴快速平稳地过渡。在恢复重新引燃电弧时，焊接电源应很快建立一个较高的空载电压，以使电弧顺利引燃。由此，要求焊接电源具有良好的动特性，即有合适的短路电流增长速度和短路最大电流值，以及足够大的空载电压恢复速度。

另外选择合适的焊接电流、电弧电压等工艺参数，也是保证短路过渡稳定的重要条件之一。

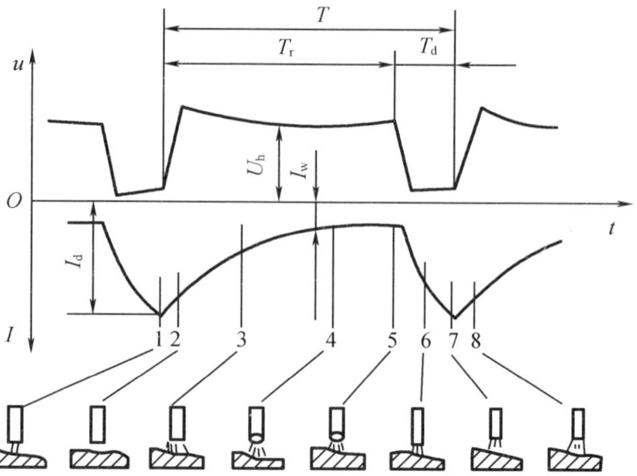


T—一个短路过渡周期的时间；$T_r$—电弧燃烧时间；$T_d$—短路时间；

$U_h$—电弧电压；$I_d$—短路最大电流；$I_w$—稳定的焊接电流；

1—形成缩颈即将破断；2—重新燃弧；3—电弧燃烧；4—弧长逐渐缩短；5—即将短路；

6—开始短路形成过桥；7—形成缩颈即将破断；8—重新燃弧。

**图4-20 短路过渡过程及焊接电流、电弧电压波形图**

②粗滴过渡。粗滴是在采用较大电流、电弧电压时发生的，此时电弧较长，熔滴呈粗滴状。

$CO_2$ 气体保护焊粗滴过渡的特点是：电弧比较集中，而且电弧总是在熔滴下方产生；熔滴较大且不规则，过渡时偏离焊丝的轴线方向（图4-21），过渡频率也较低；焊接过程的稳定性较差，焊缝成形比较粗糙，飞溅较大。

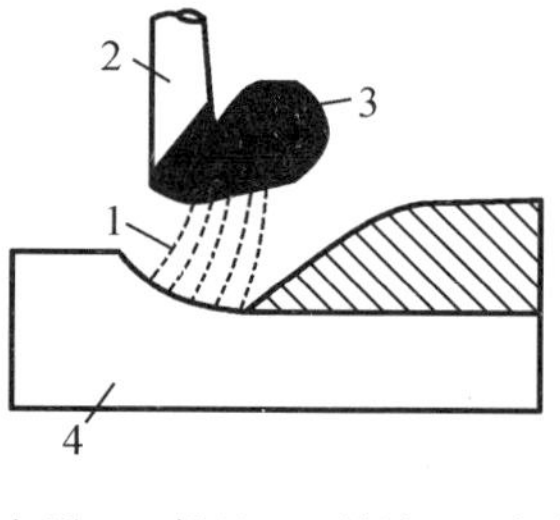


1—电弧；2—焊丝；3—熔滴；4—焊件。

**图4-21 非轴线方向**

## 四、$CO_2$ 气体保护焊的飞溅

气体保护焊时，容易产生飞溅，这是由 $CO_2$ 气体的性质所决定的。一般在粗滴过渡时，飞溅程度要比短路过渡焊接时严重得多。大量的飞溅不仅增加了焊材的损耗，而且增加了焊后工件表面清理的工作量。同时金属飞溅容易阻塞喷嘴，使气体的保护效果受到影响。另外，集聚在导电嘴上的飞溅常会成块落入熔池，导致焊缝质量的降低。因此，为了提高焊接效率和质量必须控制焊接过程中的飞溅量。

$CO_2$ 气体保护焊产生飞溅的原因及减少飞溅的措施方法：

①由冶金反应引起的飞溅。这种飞溅主要是由 CO 气体造成的。由于 $CO_2$ 气体具有强

烈的氧化性，焊接时熔滴和熔池中的碳元素被氧化而生成 CO 气体，在电弧高温作用下，其体积急剧膨胀，逐渐增大的 CO 气体压力最终突破液态熔滴和熔池的表面约束，形成爆破，从而产生大量飞溅。采用含有脱氧元素的焊丝，会使这种飞溅不显著。

②由极点压力引起的飞溅。这种飞溅主要取决于电弧的极性，当用正极性焊接时，正离子飞向焊丝末端的熔滴机械冲击力大，而造成大颗粒飞溅；当采用反极性焊接时，主要是小质量的电子撞击熔滴，极点压力大大减小，使飞溅较少。所以 $CO_2$ 气体保护焊通常采用直流反接。

③短路过渡时引起的飞溅。这种飞溅是当熔滴和熔池接触形成短路时，由于短路电流强烈加热及电磁收缩力的作用，使熔滴金属破裂，产生的较多的细颗飞溅。若在焊接回路中串入合适的电感值，就可以减少由短路电流引起的金属飞溅。

④熔滴非轴向过渡造成的飞溅。这种飞溅是在粗滴过渡焊接时，由电弧的斥力所引起的。熔滴在极点压力和弧柱中气流压力的共同作用下，被推向焊丝末端的一边，并抛到熔池外面，使熔滴形成大颗粒飞溅。

⑤焊接工艺参数选择不当引起的飞溅。这种飞溅是在焊接过程中，由焊接电流、电弧电压、电感值等参数选择不当所造成的。因此，必须正确选择焊接工艺参数，以使产生这种飞溅的可能性减小。

## 五、焊接工艺参数

$CO_2$ 气体保护焊时，主要焊接工艺参数有焊丝直径、焊接电流、电弧电压、焊接速度、气体流量、焊丝干伸长度、电源极性和焊接回路电感值等。

1. 焊丝直径

$CO_2$ 气体保护焊时，常用焊丝直径有 0.8 mm、1.0 mm、1.2 mm 及 1.6 mm 等。焊丝直径一般根据工件厚度。施焊位置及生产效率等的要求来选择。

2. 焊接电流

焊接电流是 $CO_2$ 焊的重要工艺参数，所以应根据焊件的厚度、焊丝直径、施焊位置及所需的熔滴过渡形式等来选择。不同直径焊丝的焊接电流选择范围如表 4－8 所示。

**表 4－8　不同直径焊丝的焊接电流选择范围**

| 焊丝直径/mm | 0.8 | 1.0 | 1.2 | 1.6 |
|---|---|---|---|---|
| 短路过渡电弧电流/A | 50～120 | 70～180 | 90～200 | 140～220 |
| 粗滴过渡电弧电流/A | 150～250 | 150～300 | 160～350 | 200～450 |

焊接电流对焊缝成形影响较大，当焊接电流增加时，熔深相应增加，熔宽略有增加。提高焊接电流可以增加焊丝熔化速度，提高效率。若焊接电流过大，会使飞溅增多，并容易产生烧穿及气孔等缺陷；反之，若焊接电流过小，电弧不稳定，容易产生未焊透、焊缝成形差等缺陷。

3. 电弧电压

电弧电压也是 $CO_2$ 焊的重要工艺参数，选择时必须与焊接电流恰当匹配。它是影响熔滴过渡、飞溅大小、短路频率和焊缝成形的重要因素。在一般情况下，当电弧电压增加时，焊缝宽度相应增加，而焊缝的熔深和余高则减小。所以 $CO_2$ 气体保护焊时，要获得稳定的焊接过程和良好的焊缝形成，理论上电弧电压 $U$ 和焊接电流 $I$ 之间的匹配可按下列公式计算：

$$U=0.04I+16$$

4. 焊接速度

焊接速度对焊缝成形也有一定的影响。在一定的焊丝直径、焊接电流和电弧电压条件下，熔宽和熔深随焊接速度的增加而减小。而且，如果焊接速度过快，容易产生咬边和未熔合等缺陷，同时由于气体保护效果变差，可能出现气孔；焊接速度过慢时，生产效率降低，焊接变形增大，且容易烧穿，使接头晶粒粗大，成形变差。一般 $CO_2$ 气体保护焊的焊接速度应控制为 250 ~ 650 mm/min。

5. 焊丝干伸长度

通常焊丝干伸长度取决于焊丝直径，为焊丝直径的 12 ~ 15 倍。如果干伸长度过大，焊丝容易因为过热而成段熔断，飞溅变大，气体保护效果变差，焊接过程不稳定；如果干伸长度过小，会造成金属飞溅堵塞喷嘴，影响气体保护效果，还会影响焊工的视线。

6. $CO_2$ 气体流量

$CO_2$ 气体流量应根据焊接电流、焊接速度、焊丝干伸长度及喷嘴直径等来选择。在正常环境中焊接时，$CO_2$ 气体流量为 10 ~ 15 L/min；在一定风速的环境中焊接时，$CO_2$ 气体流量可选择为 20 ~ 25 L/min；在风速大于 2 m/s 的环境中焊接时，应选用防风罩或停止焊接。

7. 电源极性

为了减少飞溅，保持电弧的稳定，电源极性一般采用直流反接。

8. 焊接回路电感值

在焊接回路中串入适当的电感值可用来调节短路电流和电弧燃烧的时间，以控制熔深和减少飞溅。

## 4.5　钨极氩弧焊设备

钨极氩弧焊采用高熔点的钨棒作为电极，并使用氩气作为保护气体。其利用钨棒与焊件之间的电弧热量来熔化填充金属和母材，冷却凝固后形成焊缝，而电极本身不熔化，只起到发射电子产生电弧的作用。钨极氩弧焊是一种非熔化极气体保护焊方法，简称 TIG 焊，如图 4 - 22(a)所示。

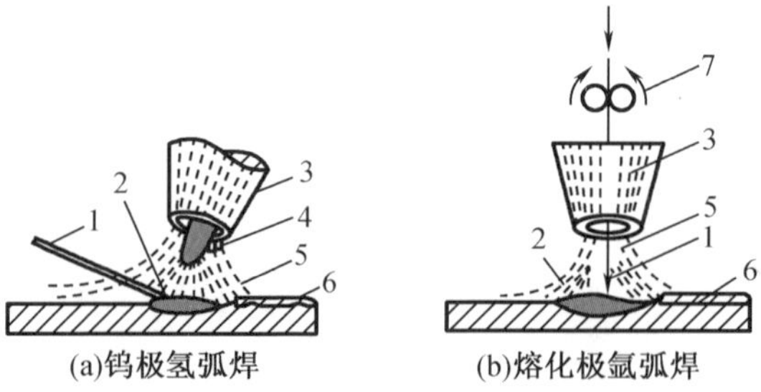


1—焊丝；2—熔池；3—喷嘴；4—钨极；5—气体；6—焊缝；7—送丝滚轮。

**图 4 - 22　氩弧焊示意图**

钨极氩弧焊设备主要包括电源、供气系统、水冷系统、控制系统和焊枪等部分。手工钨极氩弧焊设备示意图如图 4－23 所示。

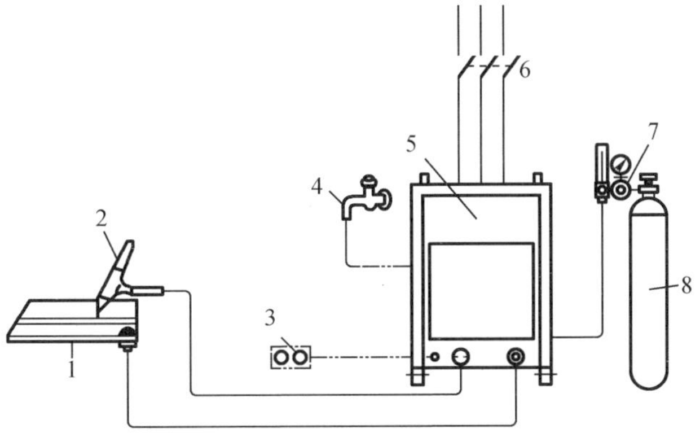


1—焊件；2—焊枪；3—遥控器；4—冷却水；5—电源与控制系统；6—电源开关；7—流量调节器；8—气瓶。

**图 4－23　手工钨极氩弧焊设备示意图**

## 一、主电源

钨极氩弧焊电源是根据焊接金属材料而进行选择的。一般具有陡降特性的焊接电源均可作为氩弧焊电源。

1. 直流氩弧焊电源

直流氩弧焊电源采用不同的极性，在工艺上将会有明显的差异。当采用正接时，电子从钨极向焊件高速冲击，使焊件温度升高，而钨极温度则较低。因此，当采用正接时，不仅可以使熔深增加，而且钨极允许通过的焊接电流也可以增大，常用于打底焊和焊接铜、不锈钢等；当采用反接时，由于电子从焊件向钨极冲击，使钨极温度升高，损耗增大，电弧不稳定，而且焊件温度较低，熔深较浅。但是，氩气电离后产生的大量正离子以高速向熔池表面冲击，可将某些金属表面熔点较高且又致密的氧化膜撞碎，使焊接过程能顺利进行，这种现象称为“阴极破碎”或“阴极雾化”作用。这种作用对焊接铝、镁及其合金非常有效，可以不用焊剂，靠阴极破碎作用去除氧化膜，得到成形良好的焊缝。但实际生产中，因为直流反接时钨棒消耗量大，电弧又不稳定，所以一般不采用此方法焊接铝、镁及其合金，而是采用交流电源，其也能达到阴极破碎的目的。

直流钨极氩弧焊时，因为无极性的变化，所以电弧稳定，其主电路系统较为简单，采用一般的弧焊发电机或弧焊整流器，附加高频振荡器用于引弧即可进行焊接。

2. 交流氩弧焊电源

交流氩弧焊电源的极性是不断变化的，在正接的半波里（钨极为阴极），由于钨棒的熔点高（3 370 ℃），钨棒端部能加热到很高的温度，同时钨棒的导热系数低，钨棒尺寸小，因而损失的热量小。此时钨极的阴极斑点容易维持高温，热电子发射能力强，所以电弧的导电性能很好，电弧电流很大，而电弧电压较低，钨棒的烧损小。反之，在反接的半波里（钨极为阳极），有阴极破碎的作用，熔池表面氧化膜可得以清除。但是此时由于焊件的导热率大，尺寸大，散热能力较强，导致熔池表面的阴极斑点加热温度低，热电子发射能力弱，因此电弧导电困难，电弧电流小，电弧电压较高，这就使负半波时电弧引燃困难，焊接过程中电弧的稳定性就很差。因此,交流钨极氩弧焊电源为了保证引弧和稳弧,通常采用脉冲稳弧器和高频振荡器等。

## 二、焊枪

钨极氩弧焊焊枪的作用是夹持钨极,传导电流和输送氩气,如图 4－24 所示。钨极氩弧焊焊枪主要由枪体、喷嘴、电极夹持装置、电缆、氩气输入管、冷却水套、按钮开关等组成。焊枪要求结构简单轻巧,气体保护性能良好,方便使用。

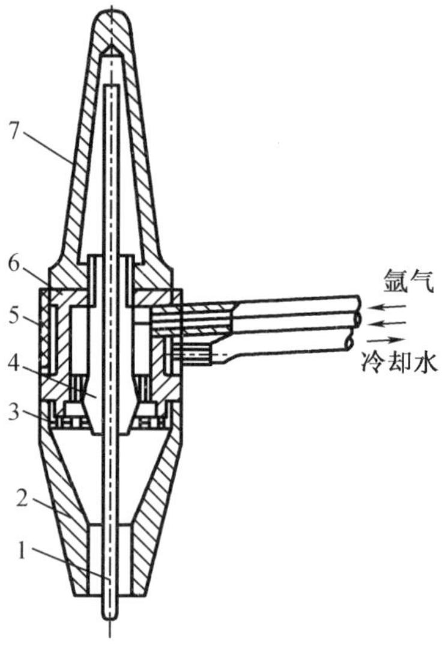


1—钨极;2—喷嘴;3—铜丝网;4—钨极夹头;5—冷却水套;6—焊枪体;7—帽罩。

**图 4－24　钨极氩弧焊焊枪**

## 三、供气系统

氩弧焊供气系统由气瓶、减压器、电磁气阀、气体流量计等组成。其作用是使气瓶中的氩气按一定的流量从焊枪的喷嘴输送到焊接区域。

## 四、水路系统

当焊接电流大于 200 A 时,焊枪和钨极必须采用水冷却,保护焊枪不至于烧坏,有利于焊工握持。

## 五、控制系统

钨极氩弧焊时,通过控制线路可实现对供电、供气、引弧与稳弧等部分的控制,保证焊接过程的正常进行。手工钨极氩弧焊控制程序如图 4－25 所示。

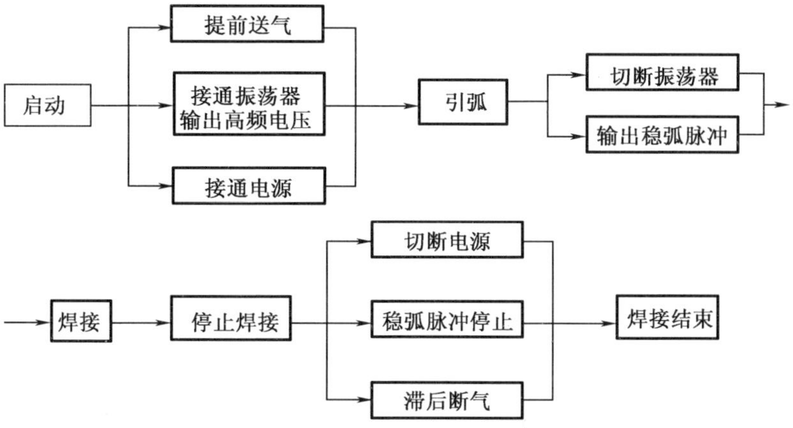


图 4－25　手工钨极氩弧焊控制程序框图

# 4.6　钨极氩弧焊工艺

氩气是一种惰性气体，既不与金属发生化学反应，也不溶解于液体金属。在焊接过程中，母材中的合金元素不会烧损，焊缝不易产生气孔。

## 一、氩弧焊的特点

1. 可焊接的材料范围广

几乎所有的金属材料都可以进行氩弧焊。氩弧焊特别适宜焊接化学性质活泼的金属，常用于不锈钢和铝、镁、钛、铜及其合金的焊接。

2. 氩气的保护性能优良

氩气是惰性气体，不溶解于液态金属也不与金属起化学反应。氩弧焊时，基本是金属熔化与结晶的简单过程，所以能得到纯净的质量良好的焊缝。

3. 电弧稳定

氩弧焊采用难熔的钨棒作为电极，易于维持弧长和电弧的稳定。

4. 电弧控制容易

由于明弧易观察，而且热源和填充焊丝可分别控制，因此氩弧焊热输入易调节，适于各种位置的焊接。另外，电弧因受氩气的压缩和冷却作用，电弧集中，热影响区小，并且适合单面焊、双面成形的操作。

5. 成本高，效率低

氩气成本较高，加上钨极承受电流能力低，熔敷系数小，使氩弧焊生产效率低。

## 二、气体保护效果

氩气的保护作用是在电弧周围形成惰性气体层，机械地将空气与熔池、填充焊丝隔离，如图 4－26 所示。为了测定氩气保护效果，可采用铝板作为焊件，选择一定的焊接工艺参数，引燃电弧，垂直固定焊枪，5～10 s 后熄弧。观察铝板上的焊点，如果保护良好，则圆圈内光亮清晰，即为“有效保护区”；如果保护不好，不会出现光亮的圆圈。氩气的有效保护区如

图 4 – 27 所示。有效保护区直径可作为衡量保护效果的尺度，也可用不锈钢材料进行测定试验。

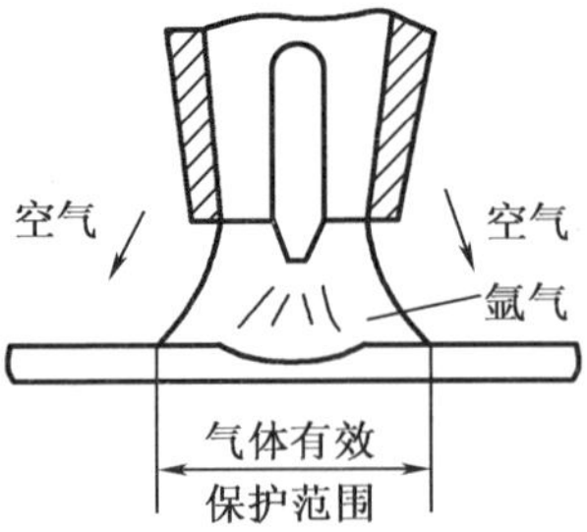


**图 4 – 26　气体保护示意图**

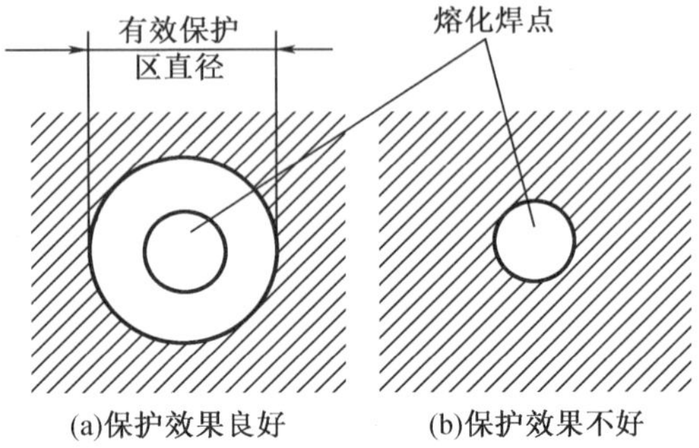


**图 4 – 27　氩气的有效保护区**

在实际生产中，对于不锈钢材料的焊接，可以通过焊缝表面的颜色来判断气体保护的效果，如表 4 – 9 所示。

**表 4 – 9　不锈钢的焊缝颜色与保护效果**

| 焊缝颜色 | 银白、金黄色 | 蓝色 | 红灰色 | 灰色 | 黑色 |
|---|---|---|---|---|---|
| 保护效果 | 最好 | 良好 | 尚可 | 不良 | 最坏 |

氩弧焊气体保护的效果还与下列因素有关。

1. 氩气的纯度

氩气的纯度对焊接质量影响很大，不纯的氩气易使焊缝氧化，影响焊接质量。不同的母材材质对氩气的纯度有不同的要求，焊接碳钢、不锈钢等材料时，氩气的纯度应大于或等于 99.95%；焊接铝、镁、铜及其合金时，氩气的纯度应大于或等于 99.99%。

2. 气体流量

气体流量越大，保护效果越好；但流量过大，会造成保护层气体产生不规则流动，易使空气侵入，反而降低了保护效果，并且造成浪费。因此，气体流量要选择恰当，一般直径为 8 ~ 12 mm的喷嘴，配以合适的氩气流量可以按如下经验公式进行计算：

$$Q = (0.8 \sim 1.2)D$$

式中　$Q$——氩气流量，L/min；

　　$D$——喷嘴直径，mm。

常用喷嘴直径为 8 ~ 12 mm，所以配以合适的气体流量一般为 7 ~ 10 L/min。

3. 喷嘴直径

喷嘴直径与气体流量同时增大、保护区增大；但喷嘴直径过大时，某些焊缝部位不易焊到且影响操作视线，从而影响焊接质量。一般的喷嘴直径主要根据钨棒直径来选择，以 5 ~ 16 mm 为宜。

4. 喷嘴至焊件的距离

喷嘴距离焊件越远，保护效果越差；距离过近会影响操作视线。一般焊接时，喷嘴至焊件的距离以 5 ~ 15 mm 较为适宜。

5. 焊接速度与外界气流

焊接速度过快，由于空气阻力对保护气层的影响，或者焊接时遇到侧向气流的侵袭，保护层可能偏离钨极和熔池，从而使保护效果变差，因此应选用合适的焊接速度，同时注意外界气流的影响。

6. 焊接接头形式

不同的接头形式会使气体产生不同的保护效果，如图 4－28 所示。焊接对接接头和 T 形接头时，由于氩气被挡住反射回来，因此保护效果较好；而对于搭接和角接接头，因空气容易侵入电弧区，所以保护效果较差，此时，若要改善保护条件，可安放临时性的挡板，如图 4－29 所示。

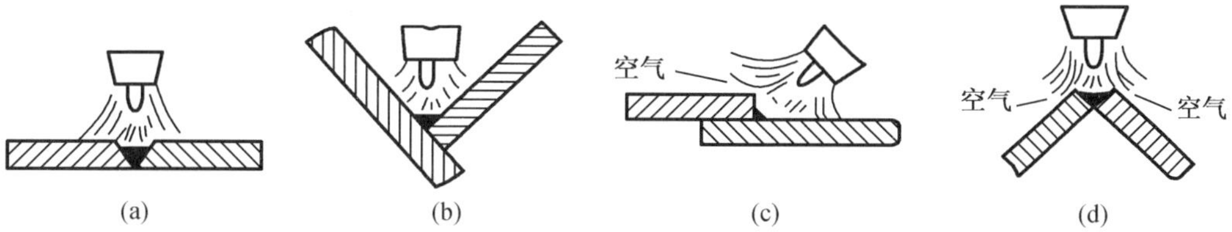


**图 4－28　不同接头形式的氩气保护效果**

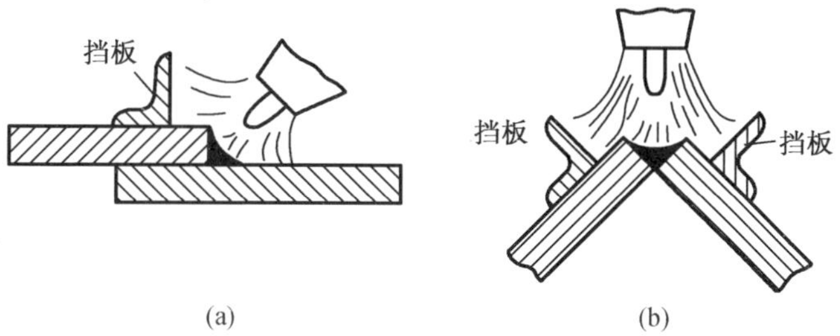


**图 4－29　氩弧焊时临时挡板的安放**

7. 被焊金属材料

对于氧化与氮化非常敏感的金属及其合金（如钛和钛合金等），氩弧焊时要求有更好的保护效果，具体措施有：加大喷嘴直径，必要时可采用拖罩以增大保护区域，以及采用特殊装置对焊缝正反面进行保护。

此外，焊接电流、电弧电压、焊枪倾斜角度、填充焊丝送入情况等对保护效果均有一定影响。总之，为了获得质量满意的焊缝，在焊接时应综合考虑上述各因素。

## 三、焊前清理

氩弧焊时，必须对被焊工件的焊缝附近及填充焊丝进行焊前清理，去除金属表面的氧化膜、油脂和水分等杂物，以确保焊接质量。清理方法随被焊工件的材质不同而不同。常用的清理方法有如下三种。

1. 机械清理

机械清理较简单，而且效果好。通常对不锈钢焊件可用纱布打磨；铝及其合金焊件可用不锈钢丝刷或电动不锈钢丝轮或采用刮刀清理。机械清理主要是清除焊件表面的氧化膜，机械清理后，可用丙酮去除油垢。

2. 化学清理

对于铝、镁、钛及其合金在焊前可进行化学清理。如采用硝酸或氢氧化钠等配成一定比例的溶液进行化学清理。

3. 化学加机械清理

大型焊件仅用化学清理往往不能够实现彻底清理，因而在焊前还需要用钢丝轮或刮刀再清理焊缝的边缘。

此外，清理后的焊件和焊丝必须保持清洁，严禁再次污染，清理后应立即进行焊接。

## 四、焊接电流与钨棒直径

焊接电流是钨极氩弧焊中最主要的工艺参数，主要根据焊件厚度和钨棒直径大小来选择，因为钨棒的直径决定了焊枪的结构尺寸、质量和冷却形式，直接影响焊工的劳动条件和焊接质量。因此，焊接电流和钨棒直径匹配要合适。如果钨棒较粗，焊接电流很小，由于电流密度低，钨极端部温度不够，电弧会在钨极端部不规则地漂移，电弧很不稳定，破坏了保护区，熔池易被氧化；当焊接电流超过了钨棒直径的许用电流时，由于电流密度太高，钨极端部温度达到或超过钨极的熔点，造成钨极端部熔化。如果电流继续增大时，不仅钨极烧损严重，并且造成电弧不稳定，不仅破坏了氩气保护区，使熔池被氧化，影响焊缝成形，而且熔化的钨极落入熔池后将会形成夹钨缺陷。

不同直径和材质的许用电流值如表 4－10 所示。

**表 4－10　不同直径和材质钨棒的许用电流值**

| 直径/mm | 1.0 | 1.6 | 2.0 | 2.4 | 3.0 | 4.0 | 5.0 |
|---|---|---|---|---|---|---|---|
| 纯钨极许用电流值/A | 20～60 | 40～100 | 60～150 | 130～230 | 160～310 | 275～450 | 400～625 |
| 钍钨极许用电流值/A | 15～75 | 70～150 | 100～200 | 170～250 | 225～330 | 350～480 | 500～675 |
| 铈钨极许用电流值/A | 20～75 | 50～160 | 100～200 | 170～250 | 225～330 | 350～480 | 500～675 |

当电流种类和大小变化时，为了保持电弧稳定应将钨棒端部磨成不同形状，如图 4－30 所示。

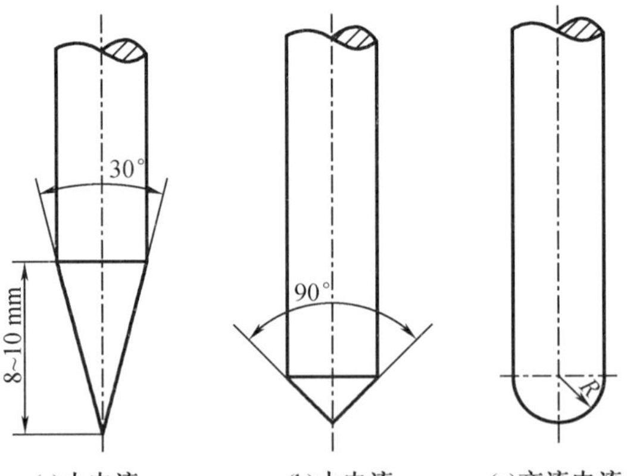


(a)小电流　(b)大电流　(c)交流电流

**图 4－30　常用钨极端头的几何形状**

一般在焊接薄板和焊接电流较小时，可用小直径的钨极并将其末端磨成尖锥角，这样电弧易引燃和稳定。但在焊接电流较大时，仍用尖锥形会因电流密度太大而使钨极末端过热，熔化烧损，电弧斑点会扩展到钨极末端的锥面上，使弧柱明显地扩散、飘荡不稳定而影响焊缝成形。因此，在大电流焊接时要求钨极末端磨成钝锥角或带有平顶的锥形，这样可以使电弧斑点稳定，弧柱扩散减小，对焊件的加热集中，焊缝成形良好。

钨极末端呈平顶锥形，钨极直径与锥形平顶直径之间的关系如下：

$$L=(2\sim4)d$$

$$d=\left(\frac{1}{4}\sim\frac{1}{3}\right)D$$

式中　$L$——锥形长度，mm；

　　$D$——钨极直径，mm；

　　$d$——锥形平顶最小直径，mm。

当采用交流电源时，因钨极受热较快，其端部在焊接过程中会变成球形，可以采用这种球状钨极。球状钨极使用时不必先磨好，只需将斩断的钨棒稍加修磨后装入焊枪进行焊接，焊接时自然被电弧烧成球状即可。

### 五、电弧电压

电弧电压的大小取决于电弧长度，随着电弧长度增加，电弧电压增大，焊缝宽度增大，熔深变浅。在保证电弧不短路的情况下，应尽量减小弧长，采用短弧焊接（3～4 mm的电弧长度），一般电弧电压在13～16 V。当电弧太长时，造成熔深浅，产生未焊透和气体保护不良现象。但电弧太短会引起填充焊丝进入熔池困难，若焊丝碰到钨极，会加快钨极烧损；同时电弧太短会使从喷嘴出来的保护气流冲击熔池，产生强烈反射，反而使空气混入熔池，破坏气体的保护效果。

### 六、焊接工艺参数的选择

钨极氩弧焊的焊接参数主要有焊接电流、电弧电压、氩气流量、喷嘴直径、钨极伸出长度、焊丝直径、钨极直径、坡口形式、焊接层数、焊缝道数及预热温度等。选择焊接参数时，应根据不同的被焊金属材质、焊件厚度和结构形式等因素加以综合考虑。

## 4.7　埋弧自动焊设备

埋弧焊是利用焊丝和焊件之间在焊剂层下燃烧的电弧产生热量，熔化焊丝、焊剂和母材金属而形成焊缝，以达到焊件间连接的目的。埋弧焊焊缝的形成过程如图4－31所示。

焊丝末端和焊件之间产生电弧后，电弧热使焊丝末端周围的焊剂熔化，形成一个封闭的空间，造成电弧与外界空气隔绝，电弧在空间内继续燃烧，焊丝便不断熔化，并与焊件被熔化的液态金属混合形成熔池。随着焊接过程的进行，电弧向前移动，焊接熔池也随之冷却而凝固，形成焊缝。密度较小的熔渣浮在熔池的表面，冷却后形成渣壳。因此，埋弧焊是形成熔渣保护的一种焊接方法。

### 一、埋弧焊接设备类型

埋弧焊接设备的类型按用途可分为通用焊机和专用焊机。通用焊机广泛用于各种结构的对接、角接、环缝和纵缝等焊接；专用焊机用于焊接某些特定的焊接结构，如埋弧角焊机、T 形梁焊机和埋弧堆焊机等。

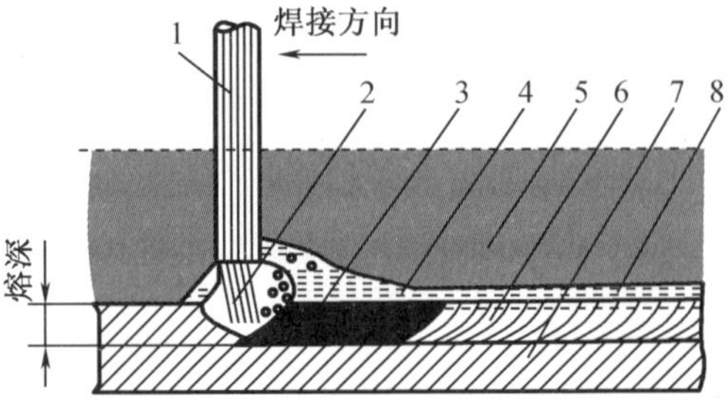


1—焊丝；2—电弧；3—熔池金属；4—熔渣；5—焊剂；6—焊缝；7—焊件；8—渣壳。

**图 4-31　埋弧焊焊缝的形成过程**

埋弧焊接设备类型按电弧自动调节方式可分为电弧自身调节式（等速送丝式）和电弧电压调节式（变速送丝式）焊机。等速送丝式焊机适用于细丝或高电流密度的情况，电弧电压调节式焊机适用于粗丝或低电流密度的情况。

埋弧焊接设备类型按行走机构可分为小车式、门架式、伸缩臂式等。目前常用的是小车式。常见的埋弧焊机和行走机构如图 4-32 所示。

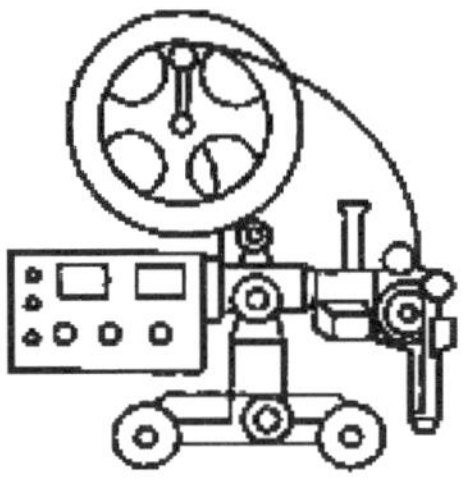

(a)焊车式

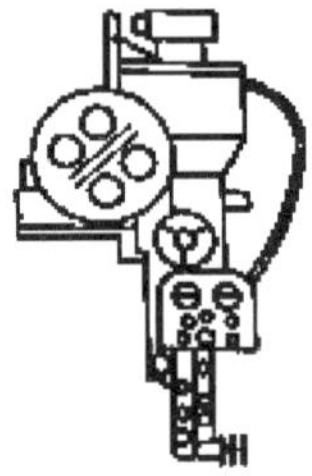

(b)悬挂式

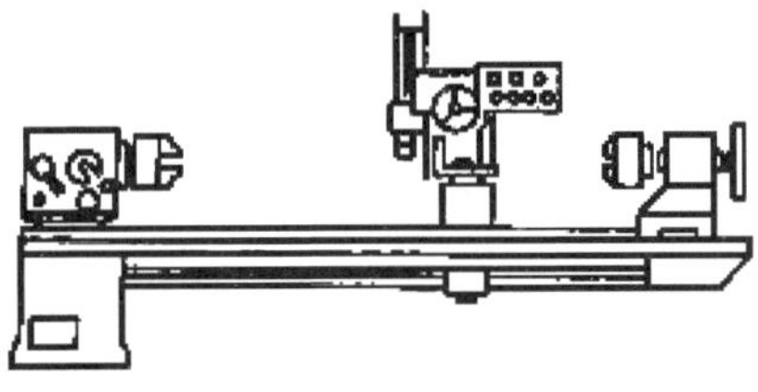

(c)车床式

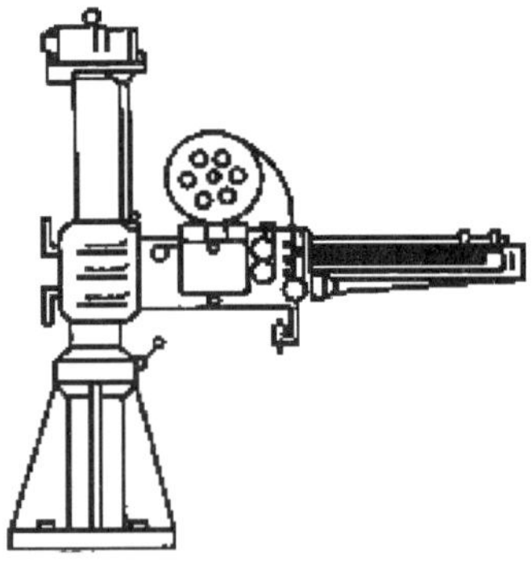

(d)悬臂式

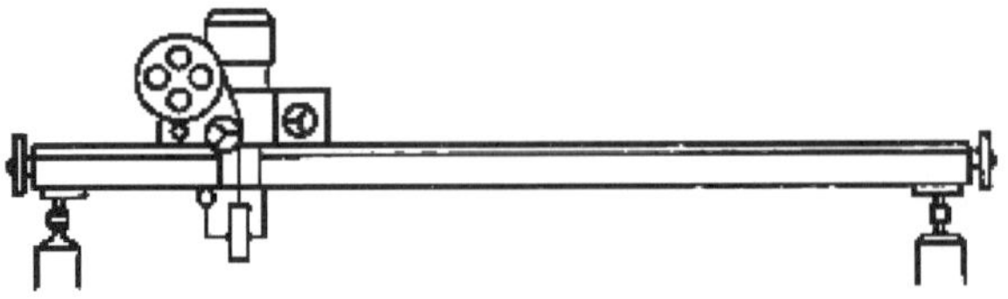

(d)门架式

**图 4-32　常见的埋弧焊机和行走机构**

埋弧焊接设备类型按焊丝极数可分为单丝、双丝和多丝极焊机。常用的一般为单丝极焊机。

## 二、电弧焊接过程的自动调节

电弧焊的焊接过程包括引燃电弧、焊接、收尾三个阶段。如果借助机械和电气的方法使上述的三个阶段实现自动化,即称焊接过程自动化,这种焊接就称为自动焊。

由于焊接过程中经常会受到外界的干扰,导致焊接电流和电弧电压偏离预定值。干扰的因素很多,但其中最主要的就是焊接过程中的弧长变化及网络电压的变化两种。在一般情况下,弧长干扰对焊接过程稳定性的影响最为严重,因此,通常自动电弧焊机对焊接工艺参数的调节都是以消除弧长干扰为主要目标。目前自动电弧焊机主要是根据电弧自身调节和电弧电压自动(强制)调节原理进行设计和制造的,即等速送丝式和电弧电压调节式自动焊机。

1. 电弧自身调节式(等速送丝式)自动焊机的工作原理

在焊接过程中,依靠电弧的自身调节作用,可以使变动的弧长很快地恢复正常,直到焊接过程稳定,等速送丝式自动焊机就是根据这个原理制成的。

(1)电弧自身调节系统的静特性曲线

电弧自身调节系统的静特性曲线实际上就是焊接过程中的稳定工作曲线,或称为等熔化速度曲线。即电弧在这一曲线上的任何一点燃烧时,其熔化速度是不变的,并且永远等于焊丝的送进速度。

对于一定的弧焊电源外特性曲线,在无外界干扰和一定的焊接条件下,必定有一个电弧的稳定工作(燃烧)点,在该点上,焊丝的熔化速度 $v_r$ 等于送丝速度 $v_s$,即 $v_r=v_s$,此时弧长不变,焊接过程稳定。根据这个原理,可以得出电弧自身调节系统的静特性曲线,即图 4-33 中的曲线 $C$。

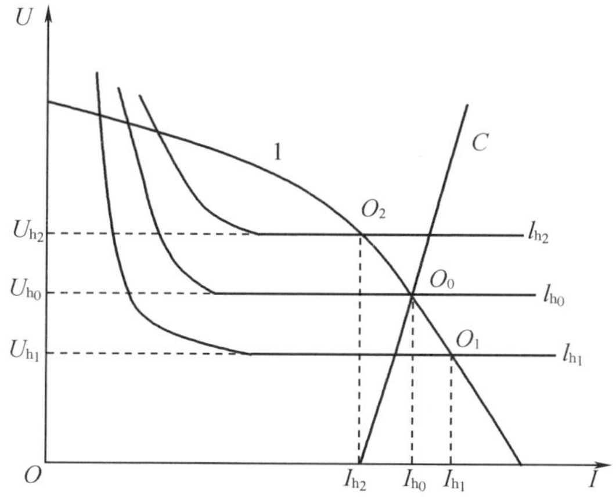


**图 4-33　电弧自身调节系统静特性曲线示意图**

对于电弧自身调节系统的静特性曲线来说,若电弧在曲线以外的某一点燃烧,则电弧就不稳定,即 $v_r \neq v_s$。曲线右侧 $v_r > v_s$,即电流增大,使 $v_r$ 增加;在曲线左侧 $v_r < v_s$,即电流减小,使 $v_r$ 减小。

(2)弧长变化时电弧的自身调节过程

在焊接过程中,依靠电弧的自身调节弧长,如图 4－33 所示。起初电弧在 $O_0$ 点燃烧(弧长为 $l_{h_0}$,电弧电压为 $U_{h_0}$,焊接电流为 $I_{h_0}$),$O_0$ 点是电弧静特性曲线 $l_{h_0}$、焊接电源外特性曲线 1 和电弧自身调节系统静特性曲线 $C$ 三者的交点。电弧在这一点燃烧,焊丝的熔化速度 $v_r$ 等于送丝速度 $v_s$,焊接过程稳定。

如果受到外界干扰,弧长由起初的 $l_{h_0}$ 缩短到 $l_{h_1}$,这时电弧静特性曲线 $l_{h_0}$ 变为 $l_{h_1}$,与电源外特性曲线的交点由 $O_0$ 变为 $O_1$,电弧开始在 $O_1$ 点燃烧,因 $O_1$ 点位于曲线 $C$ 的右侧,此时焊接电流变大,即 $v_r > v_s$,所以电弧不断被拉长。这样电弧燃烧点随着电弧的逐渐增长,沿着外特性曲线 1 不断上升,一直到恢复至弧长 $l_{h_0}$ 为止,使电弧回到 $O_0$ 点燃烧,焊接过程重新又恢复稳定。反之,若电弧突然拉长,燃烧点沿外特性曲线上升至某点。此时,燃烧点在曲线 $C$ 左侧,此时焊接电流变小,即 $v_r < v_s$,所以电弧不断缩短,并沿着外特性曲线 1 下降,一直到恢复至原弧长 $l_{h_0}$ 为止,电弧回到 $O_0$ 点燃烧,焊接过程恢复稳定。

2. 电弧电压调节式(变速送丝式)自动焊机的工作原理

电弧电压调节式自动焊机是根据电弧电压自动(强制)调节的原理设计制造的,它的基本原理是通过送丝电机使送丝速度随弧长的波动而变化,即电弧被拉长,电弧电压增加,反馈至送丝电机使送丝速度相应提高,从而使弧长恢复。

如图 4－34 所示,通过测定可以得到一条电弧稳定燃烧时电弧电压与焊接电流之间关系的曲线 $A$,即电弧电压自动调节系统的静特性曲线。它是一条在垂直轴上有一截距而略为向上倾斜的直线。如果调节控制系统的电位器改变 $U_{gd}$(焊机焊前预制设定电弧电压),静特性曲线将平行移动(如图4－34中 $U_{gd_2} > U_{gd_1}$)($U_{gd_1}$,$U_{gd_2}$ 指焊机焊接过程中因某因素使电弧从 1 升至 2 或由 2 降至 1 对应的电弧电压),即意味着电弧电压的升高或降低。如果改变控制电路中的某一系数 $K$,曲线的倾角会发生变化,$K$ 越大,倾角越小,越接近水平。如果在控制电路将调节器串入电弧电压反馈回路,控制系数 $K$ 减小,曲线的倾角就增大。$K$ 越小,使电弧电压自动调节系统的静特性曲线就越接近电弧自身调节系统静特性曲线,由此即实现变速送丝式功能和等速送丝式功能之间的切换。

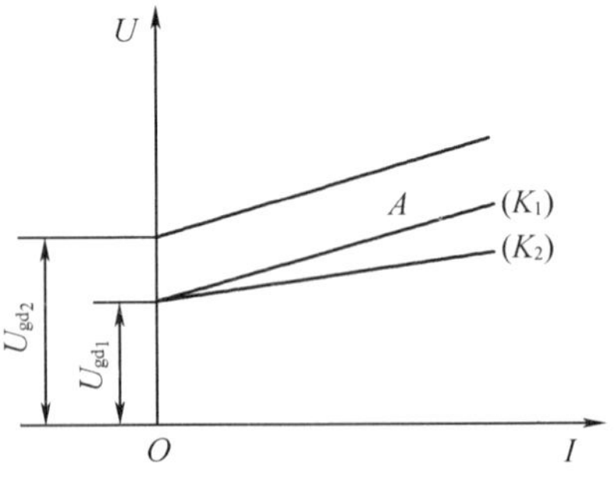


**图 4－34　电弧电压自身调节系统**

综上所述,电弧电压自动调节系统的静特性曲线是通过电弧电压自动调节焊机在一定的焊接条件下,建立的电弧电压和焊接电流关系的曲线,也即焊接过程的稳定工作曲线。电弧在该曲线上任一点燃烧时,焊丝的熔化速度 $v_r$ 等于送丝速度 $v_s$,即 $v_r = v_s$。而当电弧不在这一曲线上燃烧时,即 $v_r \neq v_s$,焊接过程不稳定,如果电弧在曲线左上侧燃烧时,$v_r < v_s$;在曲线右下侧燃烧时,$v_r > v_s$。

弧长变化时电弧电压自动调节过程如图 4 - 35 所示。

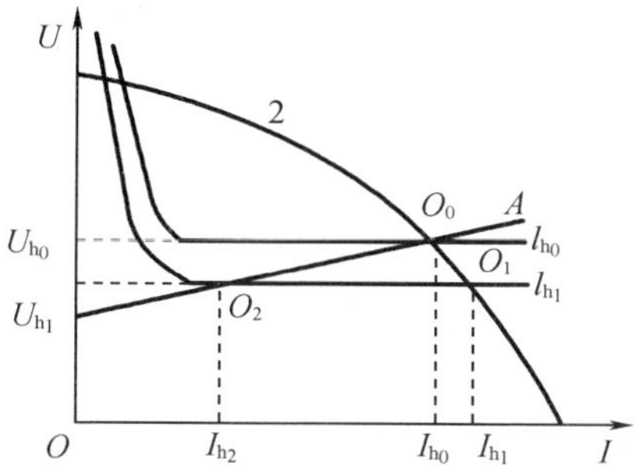


**图 4 - 35　弧长变化时电弧电压自动(强制)调节过程**

$l_{h_0}$为电弧初始稳定燃烧时的静特性曲线,2 为焊接电源外特性曲线,$A$ 为电弧电压自动调节系统静特性曲线,$O_0$ 为以上三条曲线的交点。电弧在 $O_0$ 点燃烧时,焊丝的熔化速度 $v_r$ 等于送丝速度 $v_s$,焊接过程稳定。当弧长突然变短后,电弧静特性曲线由 $l_{h_0}$变到 $l_{h_1}$,此时电弧电压也由 $U_{h_0}$降到 $U_{h_1}$,电弧的静特性曲线和电弧电压自动调节系统曲线 $A$ 的交点便由原来的 $O_0$ 变到 $O_2$。此时由于电弧电压的突然下降反馈到送丝电机,送丝速度 $v_s$ 急剧减小,电弧实际燃烧点由 $O_0$ 变到了 $O_1$,电弧的实际电流 $I_{h_1}$要比同样弧长为 $l_{h_1}$时电弧稳定燃烧的电流 $I_{h_2}$大得多,这就使焊丝熔化速度加快。在上述两种因素的作用下,弧长便逐渐增加,直到恢复到原弧长。在恢复过程中,随着电弧电压的升高,送丝速度也开始回升。当弧长恢复到预定值时,即 $v_r = v_s$,电弧重新在 $O_0$ 点稳定燃烧。从整个调整过程可知,除存在电弧电压自动调节作用外,也存在电弧自身调节的作用。但因自动调节部分的系数 $K$ 一般都设计得很大,所以,电弧电压变化而使送丝速度变化的强制作用比自身调节作用大得多。同时,由弧长变化而造成电弧自身调节的结果不产生静态误差。

3. 网络电压的变动对焊机工作的影响

无论是电弧自身调节式自动焊机还是电弧电压调节式自动焊机,当网络电压变化较大时,静态误差都会增加。整个调节过程,造成电弧从原来稳定工作燃烧点,变到新的稳定工作燃烧点。因此,为了防止由于网络电压的波动对焊接过程的影响,电弧自身调节式自动焊机最好使用具有缓降外特性曲线的弧焊电源;电弧电压调节式自动焊机最好使用具有陡降外特性曲线的弧焊电源。

## 三、常用埋弧焊机

常用国产埋弧焊机主要技术数据如表 4 - 11 所示。

**表 4 - 11　常用国产埋弧焊机主要技术数据**

| 型号 | MZ - 400 | MZ - 400 - 1 | MZ - 1000 | MZ - 1000 - 1 | MZ - 1250 | MZ1 - 1000 |
|---|---|---|---|---|---|---|
| 结构特点 | 焊车式 | 焊车式 | 焊车式 | 焊车式 | 焊车式 | 焊车式 |
| 送丝方式 | 等速 | 变速 | 等速 | 变速 | 等速、变速 | 等速 |
| 焊接电流类型 | 直流 | 直流 | 直流 | 直流 | 直流 | 交、直流两用 |
| 送丝速度调节方法 | 晶闸管调速 | — | — | 晶闸管<br>无级调速 | — | 换齿轮 |

表 4-11(续)

| 型号 | MZ-400 | MZ-400-1 | MZ-1000 | MZ-1000-1 | MZ-1250 | MZ1-1000 |
|---|---|---|---|---|---|---|
| 送丝速度/(m·h$^{-1}$) | 100~450 | 100~450 | 30~120 | 30~120 | 27.5~225 | 52~403 |
| 焊接电流/A | 80~480 | — | 400~1 000 | 200~1 000 | 250~125 | 直流<br>200~1 000<br>交流<br>400~1 000 |
| 焊丝直径/mm | 1.6,2.0 | — | 3~6 | 3~6 | 3~6 | 1.6~5 |
| 焊接速度/(m·h$^{-1}$) | 15~75 | 15~75 | 15~70 | 15~70 | 15~90 | 16~126 |
| 常用电源 | ZX-400 | — | ZX-1000 | ZX-1000 | ZD5-1250 | BX2-1000<br>ZX-1000 |
| 额定电流/A | 400 | 400 | 1 000 | 1 000 | 1 250 | 1 000 |
| 额定负载持续率/% | 60 | 60 | 60 | 60 | 60 | — |
| 空载电压/V | 80 | — | 80 | 9 080 | 55 | — |
| 工作电压/V | 20~40 | — | 40 | 24~44 | 44 | 44 |
| 用途 | 薄板,对接、搭接、角接焊缝、筒体环缝和纵缝 | — | 对接焊缝、角焊缝 | 各种坡口的对接焊缝、搭接焊缝和角焊缝 | 对接、搭接、T形接头,碳钢、低合金钢、不锈钢和耐热钢 | 对接、搭接、船形焊缝,容器环缝和直缝 |

目前,国内使用最普通的埋弧焊机是 MZ-1000 型,它是一种变速送丝电弧电压强制调节式埋弧焊机。这种埋弧焊机适合水平位置或与水平面倾斜不大于 15°的各种坡口的对接、角接和搭接接头的焊接,也可借助焊接滚轮架焊接圆筒形焊件的内外环缝。

MZ-1000 型埋弧焊机使用交流电源时,主要由自动焊接小车、控制系统和焊接电源等部分组成。相互之间由焊接电缆和控制电缆连接在一起;当使用直流电源时,控制箱和焊接小车上控制盒成为一体装在焊车上。由于船舶、锅炉、压力容器等行业对产品焊缝低氢的要求,因此 MZ-1000 型埋弧焊机主要采用直流电源。

1. 自动焊接小车

MZ-1000 型埋弧焊机小车由送丝机构、焊接行走小车、焊接机头调整机构、控制盒(箱)、导电嘴、焊丝盘和焊剂漏斗等部分组成。MZ-1000 型埋弧焊机焊接小车的外形结构如图 4-36 所示。

(1)送丝机构

送丝机构包括送丝电动机及传动系统、送丝滚轮和矫直滚轮等,它应能可靠地送进焊丝并且具有较宽的调速范围,以保证电弧稳定。

送丝滚轮一般有三种结构形式如图 4-37 所示。

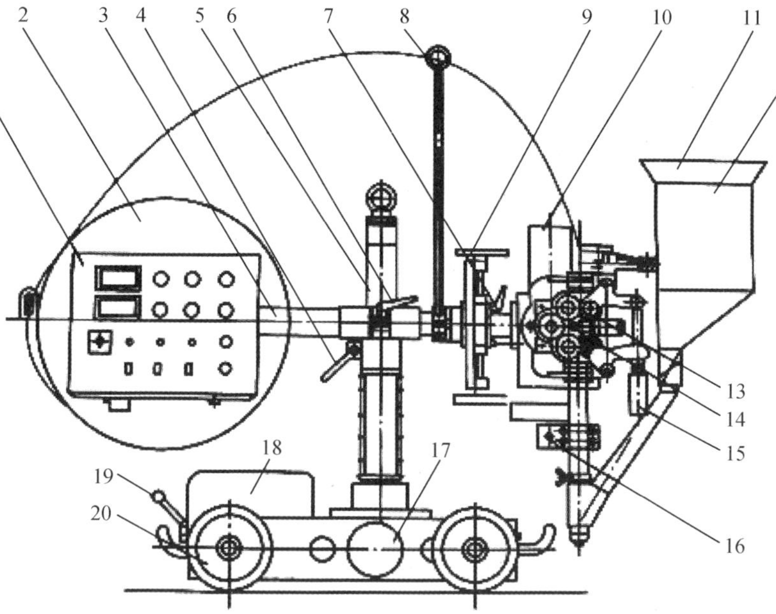


1—控制箱;2—焊丝盘;3—横梁;4—可调位紧固手柄(A);5—立柱;6—可调位紧固手柄(B);7—可调位紧固手柄(C);8—导丝架;9—升降拖动手轮;10—送丝电动机;11—焊剂斗滤网;12—焊剂斗;13—送丝轮;14—矫直轮;15—压力调节手柄;16—导电板;17—横向位移动手轮;18—行车电动机;19—离合器;20—行车轮。

**图 4－36　MZ－1000 型埋弧焊机焊接小车外形结构**

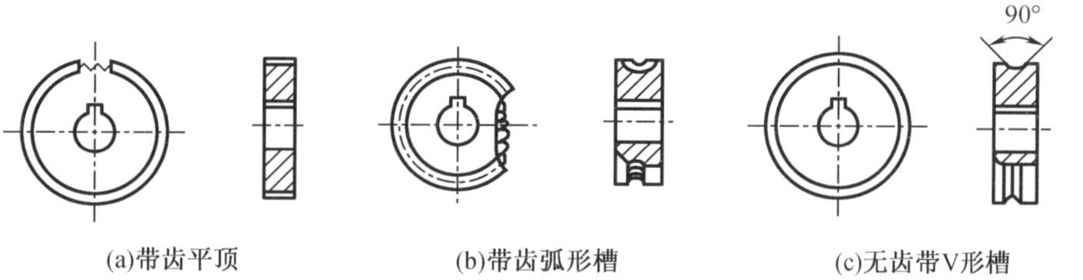


**图 4－37　送丝滚轮常见的结构形式**

带齿平顶和带齿弧形槽的两种结构用于双主动滚轮驱动方式的送丝机构,适用于焊丝直径 3 mm 以上的粗丝焊。无齿带 V 形槽的送丝轮由于单主动滚轮驱动方式的送丝机构,适用于焊丝直径为 3 mm 以下的细丝焊。

焊丝矫直过程如图 4－38 所示。焊丝矫直通过调节送丝压力,以适应不同直径焊丝的需求。送丝压力的调整应适中,过松容易打滑,导致焊丝无法送进或送丝不连贯,造成焊接过程中电弧电压不稳定;过紧,易使焊丝送进不畅,同时加大送丝轮、导电嘴等损耗,另外还可能对电动机造成损伤,影响送丝电机的使用寿命。所以送丝压力调整应以焊丝能够正常送进而不打滑为宜。

(2)焊接行走小车

焊接行走小车包括行走电动机及传动系统、行走轮及离合器等。其中行走轮一般采用橡胶绝缘轮,以免焊接电流经小车轮而短路;离合器合上时焊接小车由电动机拖动,脱离时可以手推动。

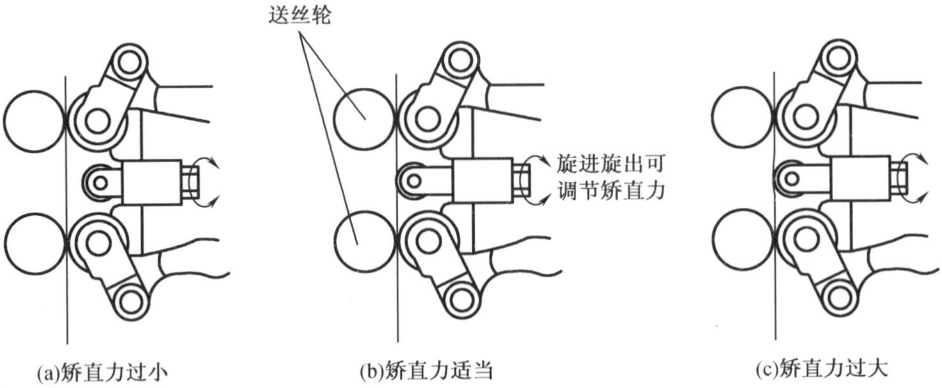


图 4 - 38 焊丝矫直示意图

(3)机头调整机构

机头调整机构包括机头上下、前后倾角、侧向倾角、焊丝矫直、焊丝干伸长度调节、焊剂下药的流畅性、跟踪等。通过调整,可以使埋弧焊焊接小车轻松地适于横角焊、船形焊、上坡焊、下坡焊等多种焊接位置的作业。

(4)导电嘴

埋弧焊常用导电嘴类型有滚轮式、夹瓦式和管式(偏心式),如图 4 - 39 所示。其中管式导电嘴适用于细焊丝,滚轮式、夹瓦式导电嘴适用于 3 mm 以上的粗焊丝。

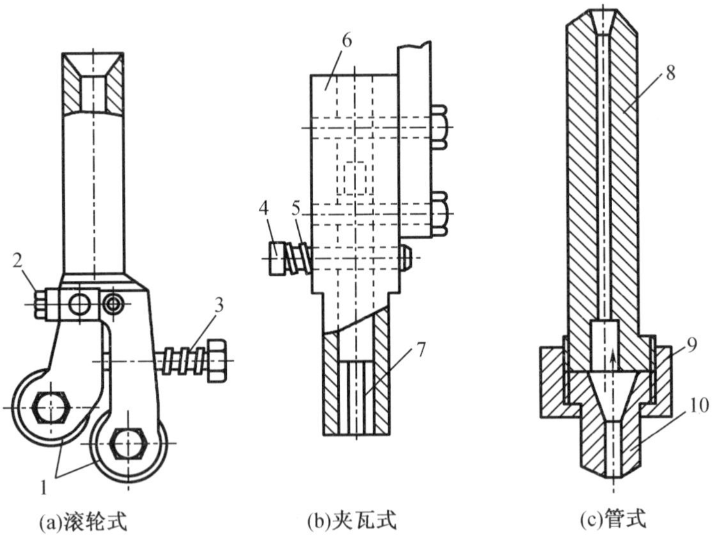


1—导电滚轮;2,4—旋转螺钉;3,5—弹簧;6—接触夹瓦;7—可换衬瓦;8—导电杆;9—螺母;10—导电嘴。

图 4 - 39 导电嘴结构示意图

2. 控制系统

小车式埋弧焊机的控制系统由送丝与行走驱动控制、引弧和熄弧程序控制、电源输出特性控制等部分组成。专用焊机的控制系统还包括配套的辅助电路和相关装置等。

埋弧焊时,电弧(电压)长度、焊接电流及焊接速度是三项重要的焊接参数,控制系统的任务是保证这些参数稳定,并且通过控制系统在焊接过程中,能精确反映焊接电流、电弧电压和焊接速度,保证焊缝的熔深、熔宽均匀,确保焊接质量。

3. 焊接电源

MZ－1000 型埋弧焊机可配备交流或直流电源。配备交流电源时，一般采用 BX2－1000 型同体式弧焊变压器；配备直流电源时，一般采用 ZX－1000R 型或 Z75－1250 型硅整流弧焊电源。

(1) 直流电源

目前直流电源主要采用的有硅整流弧焊机。晶闸管整流弧焊机和逆变式弧焊机等，可提供平特性、陡降特性、垂降特性、多特性的输出。通常埋弧焊的焊接电流在 300～1 000 A。常采用 $\phi$2.4～6 mm 的焊丝。

(2) 交流电源

交流电源通常是弧焊变压器类型，一般提供陡降外特性的输出。电源外特性的选用视具体应用而定(前节电弧调节系统的介绍)，在细焊丝薄板焊接时，电弧具有上升电弧的静特性，应采用平特性的焊接电源；而对于粗焊丝埋弧焊，电弧具有水平电弧静特性，应采用下降外特性电源。

埋弧焊经常是高负载持续率、大电流的焊接过程，所以一般埋弧焊电源都具有 80%～100% 的负载持续率的输出能力。

## 四、埋弧焊机的维护及故障排除

为了保证焊接过程正常进行，提高效率和焊接质量，延长焊机的使用寿命，减少事故的发生及维修工作量，应正常使用焊机并对焊机进行经常性的保养维护，建立和实行必要的保养制度，使设备处于良好的工作状态。

对于自动焊设备的使用者，应熟悉设备的构造和性能，以便针对焊接过程中出现的一些故障进行及时自行检查和排除。

1. 埋弧焊机安装维护要求

①外接网络电压应与设备的要求电压一致，外部电气线路的安装要符合规定(线路接通以后，检查接线是否正确，然后通电检查各部分的动作是否正常，以免造成故障，影响生产)。

②外接电缆要有足够的容量(即按 5～7 A/mm$^2$ 计算)，电缆要有良好的绝缘，连接部分的螺母要拧紧，带电部件的绝缘要经常检查。

③焊接电源、控制箱、焊接机构的接地要可靠。

④使用之前，注意电动机的转向是否正确。若采用直流电源，要注意电表和电极的极性不要接反。

⑤经常保持焊机的清洁，特别是机头部分的清洁，避免焊剂、渣壳等污物阻塞活动部件，保证焊机在使用过程中动作自如。

2. 埋弧焊机常见故障和排除方法

埋弧焊机常见故障及处理方法如表 4－12 所示。

**表 4-12 埋弧焊机常见故障及处理方法**

| 故障现象 | 可能产生的原因 | 处理方法 |
|---|---|---|
| 电源开关接通后指示灯不亮 | ①电源开关损坏;<br>②熔丝烧断或松开;<br>③电源未接通或断线;<br>④指示灯坏 | ①修复或更换;<br>②更换新熔丝管;<br>③接通电源;<br>④更换指示灯 |
| 通电后,送丝电机行走,熔丝易烧断 | 焊接电源 ZD5-1000 型中变压器低压端有接地线 | 拆除该接地线 |
| 电源接触良好,按焊丝向上或向下按钮时送丝不动作,或电机只上不下或只下不上 | ①送丝电机电枢电源不通或熔丝烧断;<br>②触发线路中元件损坏或虚焊;<br>③送丝线路中晶闸管损坏;<br>④送丝电机电刷接触不良;<br>⑤送丝电机励磁供电不正常;<br>⑥送丝按钮开关或继电器触点接触不良;<br>⑦电枢或磁场绝缘损坏,电压串入控制系统,击穿元件,尤其是送丝电机积碳过多使刷架与端盖绝缘关系 | ①接通电枢电压或更换熔丝;<br>②检查线路板元件;<br>③更换元件;<br>④修复或调换;<br>⑤修复电机绝缘及损坏元件;<br>⑥检查更换;<br>⑦检查修复 |
| 点动焊丝上、下有动作,按启动按钮后行走,无送丝,不能引弧 | ①送丝速度不正常,送丝电机有故障;<br>②送丝晶闸管有损坏或送丝回路触发部分不正常 | ①检查并修复;<br>②更换新元件 |
| 线路工作正常,但送丝不均匀,电弧不稳定 | ①焊接参数不正确;<br>②送丝压轮松动、打滑;<br>③送丝轮磨损过多;<br>④导电嘴与焊丝接触不良;<br>⑤焊丝未清理,有锈等污物;<br>⑥焊接电流回路有连接点接触不良;<br>⑦焊丝盘内焊丝拉出时阻力大;<br>⑧电源网络波动大,或三相输出不平衡;<br>⑨焊丝输送机构有故障,如压紧轮卡住不动 | ①调整焊接参数;<br>②调整压紧滚轮;<br>③调换新滚轮;<br>④清理导电嘴或调换;<br>⑤清理焊丝;<br>⑥紧固各点螺母以及改善焊接件接触;<br>⑦重盘焊丝;<br>⑧检查原因并改善;<br>⑨检查并排除故障 |
| 焊丝不动作或行走不正常 | ①送丝电机电枢电流不同或熔丝烧断,碳刷接触不良;<br>②电路板元件损坏或有虚焊;<br>③行走部分线路晶闸管损坏;<br>④行走电机磁场供电不正常;<br>⑤行走开关损坏或置于“停”机位置 | ①检查并修复;<br>②调换并修复;<br>③调换元件;<br>④检查并修复;<br>⑤检查并修复 |
| 焊接过程中有时会突然中断 | ①电源进线中三相缺相;<br>②电缆接头接触不良;<br>③控制变压器电压不正常;<br>④线路板有故障 | 检查、修复或更换 |

表 4-12(续)

| 故障现象 | 可能产生的原因 | 处理方法 |
|---|---|---|
| 焊接过程中无法启动,风扇声音异常 | ①电源进线中三相缺相;<br>②电源中继电器损坏;<br>③电源主接触器损坏;<br>④控制箱中的继电器损坏;<br>⑤控制变压器供电不正常 | ①检查、修复;<br>②更换元器件 |
| 停止焊接后电源不能关闭,导电嘴与焊件有电压 | ①电源中触点粘连;<br>②控制箱中触点粘连 | ①检查并修复;<br>②更换元件 |

# 4.8　埋弧自动焊工艺

埋弧焊时,焊剂是区别于其他工艺方法的根本特点。在机械力的作用下连续送进的焊丝在焊剂覆盖下引弧燃烧,在电弧区由金属和焊剂蒸气构成一个空腔。空腔底部是焊丝和母材熔化形成的金属熔池,顶部则是焊剂熔化形成的熔渣。熔池受熔渣的保护不与空气接触,熔渣凝固成渣壳覆盖在焊缝表面,对焊缝金属起到了机械保护作用,并且熔渣还与熔化的金属发生冶金反应(如脱氧、去杂质、渗合金等),从而影响焊缝金属的化学成分和力学性能。

## 一、埋弧焊的主要特点

1. 埋弧焊的主要优点

(1)生产效率高

因为埋弧焊可采用较大的焊丝直径,大的电流密度,以较高的速度对焊丝进行自动输送,从而可达到相当高的熔敷率。其效率是焊条电弧焊的 4~5 倍,若采用双丝或多丝焊,效率还可以提高 1 倍以上。

(2)焊缝质量好

埋弧焊时,熔池受到焊剂和焊渣的保护,大大减少了空气中氧、氮气的影响;焊剂与焊渣的覆盖,又能使焊缝金属缓冷,冶金反应比较充分;由于焊接速度快,使得焊接热影响区尺寸减小,焊接参数稳定,焊缝成分均匀和成形良好。

(3)节省焊接材料和电能

由于焊接热输入量较大,焊接时常采用 I 形坡口(板厚 16 mm 以下),节省了坡口加工量,减少了焊缝中焊丝的填充量;同时,由于焊剂的保护,金属的烧损和飞溅明显减少;完全免除了焊条电弧焊中的焊条头的损耗等。

(4)焊件变形小

由于埋弧焊热能集中,焊接速度快,因此焊缝热影响区小,焊件的变形量也随之减小。

(5)改善了劳动条件

焊接过程因无弧光刺激,易于实现焊接过程的机械化、自动化,改善了焊工的劳动环境,降低了劳动强度。

2. 埋弧焊的缺点

(1)焊接位置受到限制

埋弧焊由于采用颗粒状焊剂进行保护，一般只能在平焊或横焊位置进行焊接，对焊件的倾斜度也有严格的限制，否则焊剂和焊接熔池难以保持。

(2)不便于观察

埋弧焊焊接时因不能直接观察熔池和坡口的相对位置，所以对于要求高的焊件，需要采用焊缝自动跟踪装置来保证焊接机头的准确行走轨迹。

(3)不适合薄件的焊接

由于埋弧焊使用较大的焊接电流，因此焊接薄件时容易焊穿，而且小于 100 A 的焊接电流电弧稳定性较差。所以，埋弧焊不适宜薄件的焊接。

(4)设备和辅助装置繁多

埋弧焊的设备和辅助装置较多，如焊剂的输送和回收、引熄弧板的准备和安装、焊丝的盘绕等，造成了焊接准备工作的复杂性。

## 二、埋弧焊的焊缝形状和尺寸

1. 焊接参数对焊缝形状和尺寸的影响

(1)焊缝形状与焊接参数

焊缝形状是相对焊缝金属的横截面而言的。如图 4－40 所示，$c$ 为焊缝宽度(熔宽)，$s$ 为焊缝有效厚度，$h$ 为余高。熔焊时，在单道焊缝截面上，焊缝宽度($c$)与焊缝有效厚度($s$)的比值($\varphi = c/s$)称为焊缝成形系数；熔焊时，被熔化的母材金属在焊道金属中所占的百分比称为熔合比($\gamma = S_B/S_A + S_B$，$S_B$ 为母材熔化横截面积，$S_A$ 为填充金属横截面积)。

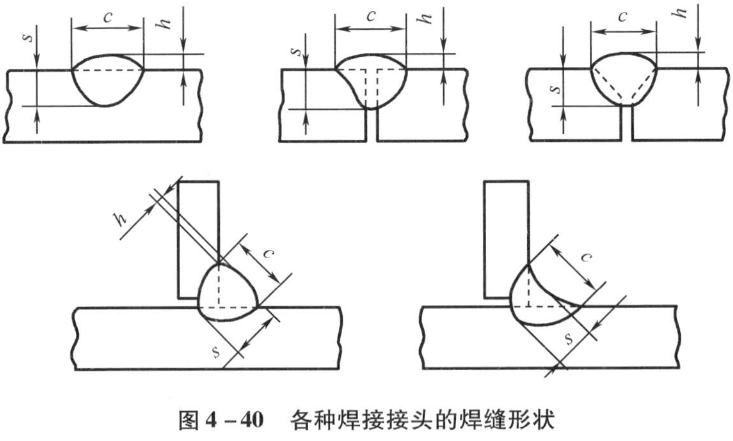


**图 4－40　各种焊接接头的焊缝形状**

焊缝的成形系数 $\gamma$，对焊缝内部质量的影响非常大，当 $\gamma$ 选择不当时，会使焊缝内部生成气孔、夹渣、裂纹等缺陷。$\gamma$ 值可变动于 0.5 ~ 10。一般情况下，控制 $\gamma$ 值为 1.3 ~ 2 较为合适，这时，对熔池中气体的逸出，以及防止夹渣或裂纹等缺陷都是有利的。

熔合比主要影响焊缝的化学成分、金相组织和力学性能。由于 $\gamma$ 的变化反映了填充金属在整个焊缝金属中所占比例发生了变化，这就导致了焊缝成分、组织与力学性能的变化。$\gamma$ 的数值变化范围较大，一般可在 10% ~ 85% 变化。埋弧焊 $\gamma$ 的变化范围一般在 60% ~ 70%(熔合比 $\gamma$ 值的控制，尤其在异种材料焊接时就更加重要)。

焊缝成形系数 $\varphi$ 和熔合比 $\gamma$ 数值的大小，主要取决于焊接工艺参数。

焊接工艺参数就是指焊接时为保证焊接质量而选定的诸物理量的总称。对于埋弧焊来说，其主要参数有焊接电流、电弧电压、焊接速度等。另外，如焊丝直径、焊件预热温度等都是焊接参数。

(2)焊接电流对焊缝形状的影响

当其他参数不变，焊接电流发生变化时，对焊缝宽度 $c$、焊缝有效厚度 $s$ 和余高 $h$ 的影响规律如下：当焊接电流增大时，电弧压力增加，并使电弧深入，造成熔深增加，使焊缝的有效厚度增加；此时，焊接电流的增加，焊接热输入相应增大，但由于电弧的深入熔池，带走大部分的热输入，因此焊缝熔宽略有增加；另外，焊接电流的增大，使焊丝的熔化量增加，因此余高增加。

从焊缝的成形系数来看，单纯地增加焊缝有效厚度 $s$ 而熔宽 $c$ 不增加，成形系数 $\varphi$ 值小，不利于熔池中气体和夹杂物的逸出，且对焊缝金属结晶方向也不利，如图4－41所示。所以焊接时，焊缝的有效厚度 $s$ 增大的同时，熔宽 $c$ 必须增大，以保证得到合理的焊缝形状。

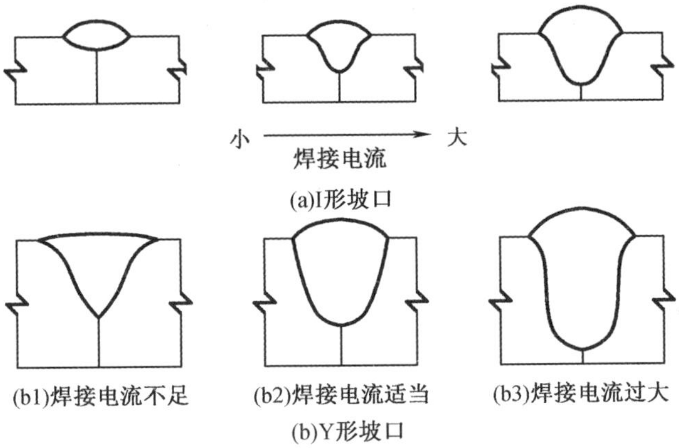


**图4－41　焊接电流对焊缝形状的影响**

(3)电弧电压对焊缝形状的影响

当其他参数不变时，电弧电压的变化对焊缝宽度 $c$、焊缝有效厚度 $s$ 和余高 $h$ 的影响规律如下：随着电弧电压的增加，焊缝的熔宽 $c$ 有明显的增加，而焊缝的有效厚度 $s$ 和余高 $h$ 则有所下降。由于电弧电压的增加，实际上是电弧长度的增加，这使电弧对熔池的压力降低，造成熔深变浅，即有效厚度 $s$ 减小；由于电弧拉长，对焊件加热面积的增加，使焊缝熔宽 $c$ 增加，并且较多的电弧热量用来熔化焊剂，因此焊丝的熔化量变化不大，且熔化的焊丝被分配在较大的熔池面积上，所以焊缝的余高也相应地较小。电弧电压对焊缝形状的影响如图4－42所示。

因此，在增加焊接电流的同时，适当增加电弧电压，对提高焊缝质量是有利的。但单纯增加电弧电压会使焊缝的有效厚度变小，造成未焊透，而且焊剂熔化量大，耗费多；焊缝表面焊波粗糙，脱渣困难，严重时会造成咬边。

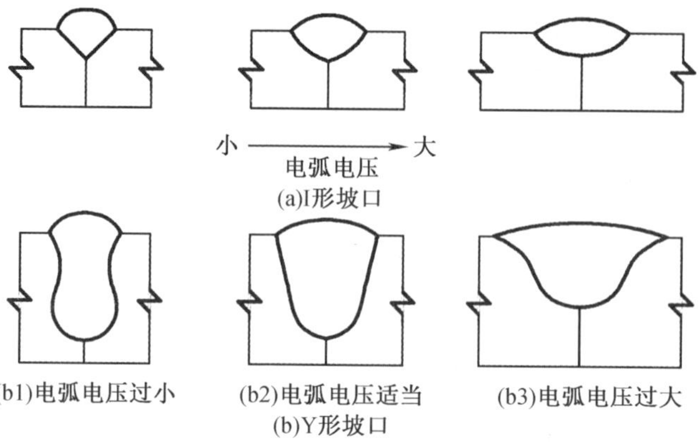


**图 4－42　电弧电压对焊缝形状的影响**

（4）焊接速度对焊缝形状的影响

焊接速度的变化，将直接影响电弧热量分配情况，即影响热输入数值的大小，并影响弧柱的倾斜程度，这对于焊缝形状的影响是非常显著的。当其他条件不变时，随着焊接速度的增加，焊缝的热输入减小，熔宽 $c$ 明显变窄。当焊接速度略有增加时，虽然热输入已减少，但由于电弧对焊道熔池前有一定的预热作用，熔深略有增加，因此焊缝的有效厚度 $s$ 反而会有所增加。当焊接速度继续增大至大于 66 cm/min 时，由于热输入显著减少，有效焊厚 $s$ 即逐渐减小。过分地增加焊接速度会造成未焊透和焊缝边缘的未熔合现象。在这种情况下，将焊丝向焊接方向倾斜（前倾）适当的角度，对改进焊缝未熔合的情况是有利的。焊接速度变化对焊缝形状的影响如图 4－43 所示。

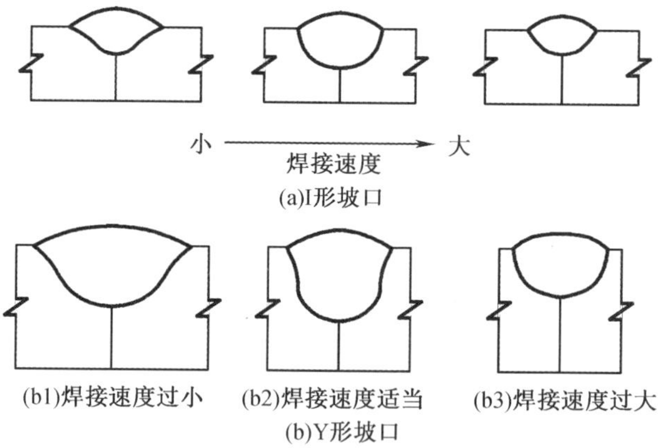


**图 4－43　焊接速度变化对焊缝形状的影响**

（5）焊丝直径对焊缝形状的影响

焊丝直径大，电弧的端部面积大，焊缝的熔宽 $c$ 增加，而有效厚度会略有下降；当焊接电流不变时，若焊丝的直径减小，焊接电流密度则增加，电弧压力（吹力）增加，熔深增加，焊缝有效厚度 $s$ 也相应增加。所以对于同样大小的焊接电流，小直径焊丝可以得到较大的熔深。

2. 焊丝和焊件倾斜对焊缝形状的影响

（1）焊丝倾斜对焊缝形状的影响

埋弧焊时由于焊丝前倾，即电弧指向焊接方向对熔池前面焊件的预热作用较强，则熔

宽 $c$ 增大，但因电弧对熔池压力作用相应减弱，则使有效厚度 $s$ 有所减小；焊丝后倾一定角度时，电弧对熔池金属压力较强，有效厚度 $s$ 和余高 $h$ 均有所增加，而熔池表面受电弧辐射减小，使熔宽 $c$ 明显减小，如图 4－44 所示，使焊缝的成形系数减小，且易造成焊缝边缘未熔合或咬边，并使成形变差。

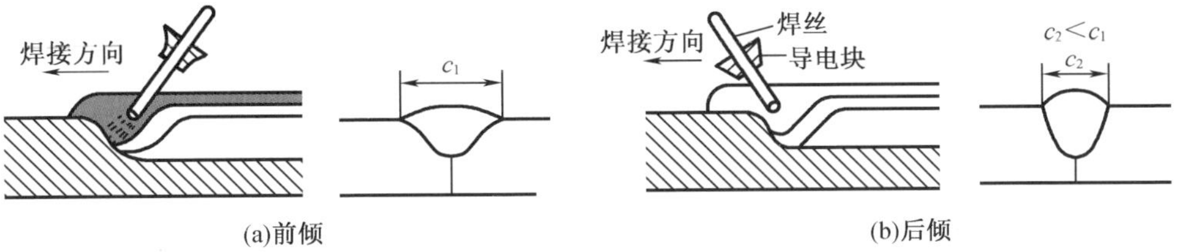


**图 4－44　焊丝倾斜对焊缝形状的影响**

(2) 焊件倾斜对焊缝形状的影响

图 4－45 为焊件倾斜时形成上坡焊和下坡焊的情况。上坡焊时与焊丝后倾相似，用于熔池金属向下流动，有助于有效厚度 $s$ 和余高 $h$ 增加，但熔宽 $c$ 减小，形成窄而高的焊缝，严重时会出现咬边；下坡焊则与焊丝前倾相似，熔宽 $c$ 增大，而有效厚度 $s$ 和余高变小，这时易造成未焊透和边缘未熔合等缺陷。无论上坡焊还是下坡焊，焊件的倾斜角度不宜超过 6°～8°，否则会造成焊缝成形变差，产生焊接缺陷。

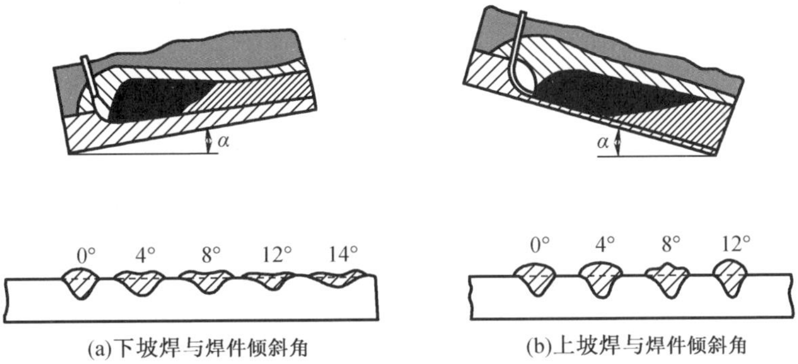


**图 4－45　焊件倾斜情况对焊缝形状的影响**

3. 其他工艺因素对焊缝形状的影响

(1) 焊丝伸出长度的影响

当焊丝伸出长度增加时，电阻也增加，这就增加了电阻热，使焊丝的熔化速度加快，结果使焊缝有效厚度 $s$ 会略减小，熔合比也有所减小，尤其是直径小于 3 mm 的焊丝，影响更加明显，所以一般规定焊丝伸出长度为 5～10 mm。

(2) 电流种类和极性的影响

在一般情况下，电弧阳极区的温度大于阴极区。但在使用高锰高硅含氟的焊剂进行埋弧焊时，电弧空间气体的电离势增加，这样，气体电离后正离子释放导致阴极的能量也增加了，就使得阴极的温度提高，并大于阳极温度。因而，在采用含有高电离电位的焊剂焊接时，若采用直流正接，则焊丝的熔化速度大于母材的熔化速度，使得焊缝有效厚度 $s$ 减小，余高 $h$ 增大；反之，用直流反接，则可使有效厚度 $s$ 增加。使用交流电源时，则对焊缝形状的影响介于直流正、反接之间。

(3)装配间隙与坡口的影响

焊件的装配间隙或坡口越大,就使焊缝熔合比 $\gamma$ 的数值越小。对厚板焊接来说,开坡口和留间隙是为了获得较大的成形系数 $\varphi$,同时可降低余高 $h$。

(4)焊剂的影响

在其他条件相同时,用高硅含锰的酸性焊剂焊接比用低硅碱性焊剂能得到比较光滑平整的焊缝,因为酸性焊剂在金属凝固时的黏度比碱性焊剂小,所以焊缝成形较好。另外,使用电离电位较高的焊剂,则弧长短、有效厚度 $s$ 较大;再者,由于颗粒度小的焊剂堆积密度大,所以用细颗粒焊剂焊接能获得较大的有效厚度 $s$ 和较小的熔宽 $c$。

## 三、焊接工艺参数的选择原则及选择方法

1. 选择原则

正确的焊接参数能保证电弧稳定,焊缝形状尺寸合适,表面成形美观,内部无气孔、夹渣、裂纹、未焊透等缺陷。在保证质量的前提下,还要有高的生产效率及消耗较低的电能和焊材。

2. 选择方法

埋弧焊工艺参数的选择应根据产品的技术要求,按照产品的焊接工艺规程(WPS),以及焊工个人经验等进行确定,并在实际生产中加以修正,制定切合实际的焊接参数。

# 4.9 碳弧气刨设备

碳弧气刨是一种主要用于金属材料的加工坡口、清除焊接缺陷的工艺方法。其原理是利用碳棒与工件间产生的电弧热将金属熔化,并用压缩空气将被熔化的金属吹掉,从而实现工件的表面上进行刨削、扣槽的一种热加工工艺。碳弧气刨工作示意图如图 4-46 所示。

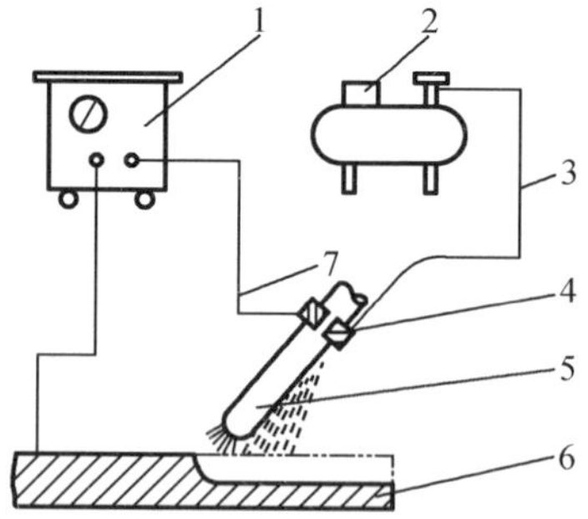


1—电源;2—空压机;3—压缩空气管;4—碳弧气刨枪;5—碳棒;6—工件;7—电缆。

**图 4-46 碳弧气刨工作示意图**

## 一、碳弧气刨的特点

①碳弧气刨比风铲的生产效率高约 4 倍,并可进行全位置的作业。

②碳弧气刨比风铲作业时噪声低,减轻了操作人员的劳动强度。

③碳弧气刨操作方便灵活,可克服风铲由于位置狭小而无法使用的缺点。

④碳弧气刨作业时，会产生较大的烟雾，所以工作时必须做好通风等安全措施，加强施工人员的防护。

## 二、碳弧气刨设备

1. 电源

与焊条电弧焊一样，碳弧气刨的电源要求电源的外特性具有陡降特性，所以一般具有陡降外特性的大功率直流弧焊设备均可作为碳弧气刨的电源，如 ZXG－630 电焊设备。

2. 碳弧气刨枪

碳弧气刨枪一般有侧面送风式和圆周送风式两种结构，如图 4－47 所示。对它们要求是导电性能好；压缩空气吹出准确有力；碳棒夹持牢固，更换方便；绝缘良好；质量小，使用方便。

3. 附属器件

①电缆。由于碳弧气刨工作时需要较大的工作电流，所以一般配以 50～75 $mm^2$ 的电缆线，并通过碳弧气刨枪上的风电合一接头连接。

②送风软管。碳弧气刨所需的压缩空气是采用耐压橡胶软管进行输送的，一般要求 10 mm 孔径，满足 1.5 MPa 的工作压力，并具有耐磨、耐高温的特性。

③压缩空气。压缩空气可由气站或小型压缩空气机来提供，一般碳弧气刨用压缩空气的工作压力在 0.4～1 MPa。

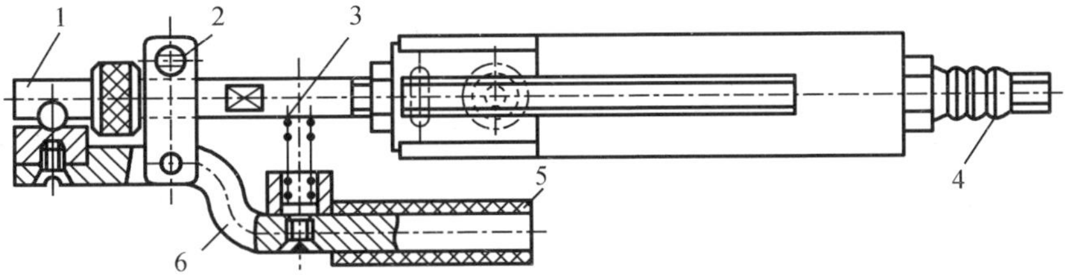


(a)侧面送风式

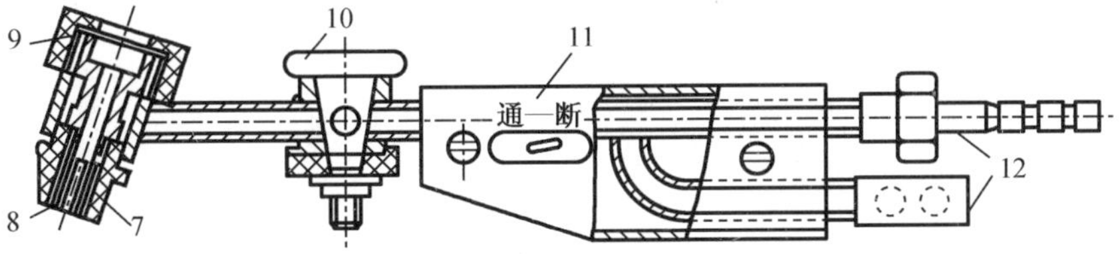


(b)圆周送风式

1—钳口；2—夹箍；3—弹簧；4—电缆、气管接头；5—橡胶管；6—杠杆；7—喷嘴；
8—分瓣弹簧夹；9—绝缘帽；10—开关；11—手柄；12—电缆、气管接头。

**图 4－47　碳弧气刨枪结构示意图**

# 4.10　碳弧气刨工艺

碳弧气刨工作的参数主要有工作电流与碳棒直径、电源极性、刨削速度、压缩空气压力、电弧长度、碳棒与工件的倾角及碳棒的干伸长度等。

1. 工作电流与碳棒直径

(1)碳棒直径

碳棒直径的选择主要根据被刨削金属材料的厚度和刨槽宽度来决定,被刨金属越厚,碳棒直径越大,则刨槽越宽。

(2)工作电流

工作电流值根据碳棒的直径进行选择,碳棒直径越大,电流值越大;刨削速度增加则工作电流值也应相应增加。碳棒直径与工作电流值的关系,可参照如下的经验公式:

$$I = (30 \sim 50)D$$

式中　$I$——工作电流,A;

$D$——碳棒直径,mm。

2. 电源极性

碳弧气刨一般采用直流电源,电源极性的接法主要根据被刨金属的性质进行选择,如碳钢、低合金钢、不锈钢应选择直流反接;铸铁、铜及其合金宜采用直流正接。

3. 刨削速度

刨削速度对槽宽尺寸、表面质量都会产生影响,刨削速度太快,易造成“夹碳”缺陷。所以操作时要求刨削速度与电流值及刨槽深度相匹配,一般刨削速度在0.5～1.2 m/min为宜。

4. 压缩空气压力

压缩空气的作用是吹去熔化的金属。压缩空气的压力大,能迅速吹走液态金属,刨削有力,刨削顺畅;压力小,则易造成粘渣。所以适当提高压缩空气压力,能够提高刨削速度。常用压缩空气压力为0.4～0.6 MPa。

压缩空气的压力主要取决于电流值的大小,电流值大,则压缩空气的压力相应提高。工作电流值与压缩空气压力的关系如表4-13所示。

**表4-13　工作电流值与压缩空气压力的关系**

| 工作电流值/A | 压缩空气压力/MPa | 工作电流值/A | 压缩空气压力/MPa |
|---|---|---|---|
| 140～190 | 0.35～0.4 | 340～470 | 0.5～0.55 |
| 190～270 | 0.4～0.5 | 470～550 | 0.5～0.6 |
| 270～340 | 0.5～0.55 | | |

5. 电弧长度

碳弧气刨工作时,电弧长度一般控制在1～2 mm,弧长过长,则电弧不稳定,易造成熄电;电弧过短,则易造成“夹碳”缺陷。因此,在刨削过程中应尽量保持弧长不变,以保证刨槽尺寸的均匀一致。

6. 碳棒与工件倾角

碳棒与工件间的夹角称为碳棒的倾角，如图4－48所示。倾角的大小主要影响刨槽的深度和宽度，倾角大，则深度大、宽度小；反之，倾角小，则深度小、宽度大。一般倾角为30°～45°。

另外，碳棒的中心线要与刨槽的中心线吻合，否则会造成刨槽的形状不对称，影响焊接质量，如图4－49所示。

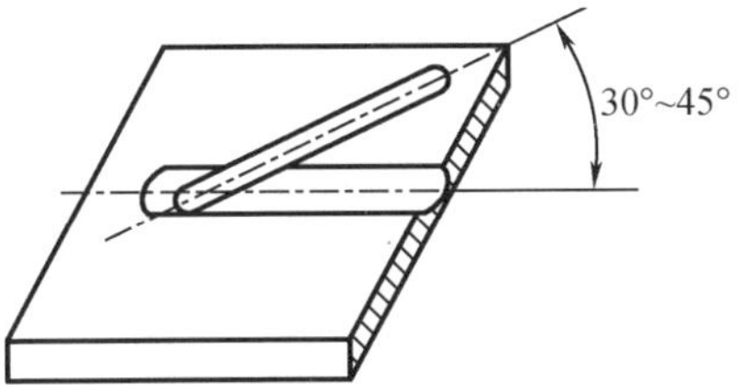


**图4－48　碳棒与工件的夹角**

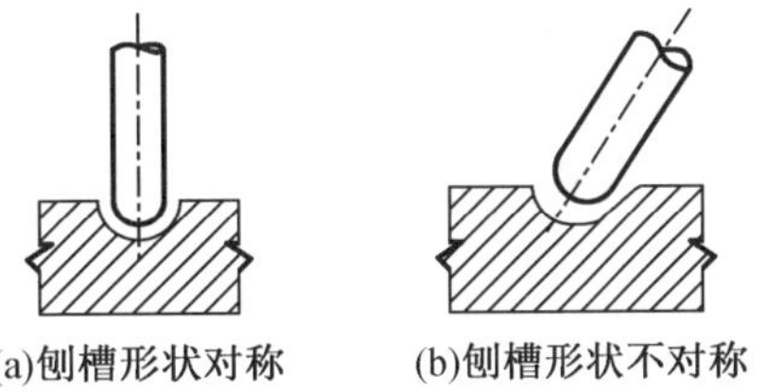


**图4－49　刨槽形状示意图**

7. 碳棒的干伸长度

碳棒从导电嘴到电弧端的长度为碳棒的干伸长度。干伸长度越长，则压缩空气吹力不足，影响熔化金属吹走的速度，同时碳棒的电阻增大，碳棒的烧损变快。如果碳棒干伸长度太短，则会影响操作，且易损坏喷嘴（钳口）。一般干伸长度在80～100 mm较为合适。当碳棒干伸长度烧剩至20～30 mm时，应进行调整。

## 思考题

1. 对焊条电弧焊焊机有哪些基本要求？
2. 弧焊逆变器的基本组成部分和变流过程是怎样的？
3. 焊接设备的维护和保养有哪些要点？
4. 简述焊接电流与焊条直径的关系。
5. 什么是焊接工艺参数？
6. 什么是焊接热输入，其对焊接接头有何影响？
7. 常用气体保护焊有哪几种形式？
8. $CO_2$ 和 Ar 都是保护气体，它们的性质有何不同？
9. 焊接用 $CO_2$ 气体对纯度有何要求？
10. $CO_2$ 气体保护焊对焊接电源有什么要求？
11. $CO_2$ 气体保护焊设备一般由哪几个部分组成？
12. $CO_2$ 气体保护焊的特点是什么？
13. $CO_2$ 气体保护焊熔滴过渡形式有几种？
14. $CO_2$ 气体保护焊产生飞溅的原因及防止措施有哪些？
15. $CO_2$ 气体保护焊的焊接工艺参数有哪些？
16. 钨极氩弧焊的电极材料有哪些？
17. 钨极氩弧焊对气体的纯度有什么要求？
18. 钨极氩弧焊选择直流电源时，对极性有何要求？
19. 什么是“阴极破碎”，作用是什么？
20. 钨极氩弧焊设备一般由哪几部分组成？

21. 钨极氩弧焊时,常用的引弧和稳弧方法有哪些?
22. 钨极氩弧焊的特点是什么?
23. 钨极氩弧焊时,如何根据颜色鉴别不锈钢焊接的气体保护效果?
24. 钨极氩弧焊时的焊接工艺参数有哪些?
25. 埋弧焊与焊条焊的优点和缺点有哪些?
26. 埋弧焊等速送丝和变速送丝的原理是什么? 在实际工作中如何选用?
27. MZ－1000 型埋弧焊接小车由哪几部分组成?
28. 埋弧自动焊的特点是什么?
29. 为什么埋弧焊时对焊件的倾斜角度有限制?
30. 埋弧焊时焊丝或焊件倾斜对焊缝形状有什么影响?
31. 埋弧焊的焊接工艺参数有哪些? 选择原则和方法有哪些?
32. 什么是碳弧气刨,其特点是什么?
33. 碳弧气刨的参数有哪些,各参数对气刨的质量有何影响?

# 第 5 章　焊接应力和变形

焊接时,由于焊接热在源焊接过程中,使焊件受到不均匀的加热,导致焊件受热膨胀及冷却收缩的程度都不相同,并在焊件内部产生了应力和变形。焊接应力往往是导致裂纹的直接原因,大大降低了焊接结构的承载能力和使用寿命;变形造成尺寸、形状的变化,使焊件在焊后要进行大量复杂的矫正工作,甚至使焊件报废。

## 5.1　焊接应力和变形的种类

### 一、焊接应力和变形的基本形式

1. 概念

在物体受到外力作用发生变形的同时,其内部会出现一种抵抗变形的力,这种力就称为内力。物体由于受到外力的作用,在单位截面上出现的内力就称为应力。

但外力并不都是由外加机械力引起的,如物体在加热膨胀或冷却收缩过程中受到阻碍,就会在其内部出现应力,这种情况在不均匀加热或冷却过程中就会出现。当没有外力存在时,物体内所存在的应力称为内应力。

焊接应力是指在焊接过程中焊件内产生的应力。焊接应力按作用的时间,可分为焊接瞬时应力和焊接残留(余)应力。焊接瞬时应力是指焊接过程中,某一瞬时的焊接应力,它随着时间而变化;而焊后,即焊接过程结束后仍残留在焊件内的焊接应力,则称为焊接残留(余)应力。

物体在受到外力的作用时,会出现形状、尺寸的变化,这就是变形。如果在外力去除后,物体能恢复到原来的形状和尺寸,这种变形就称为单性变形,反之就称为塑性变形。

焊接变形就是指在焊接过程中,焊件产生的变形;焊后,焊件残留(余)的变形,则称为焊件残留(余)变形。

2. 焊接应力和变形的分类

按照焊接应力和焊接变形存在的时间,有两种情况:在焊接过程中,焊件受到热源的不均匀加热,由此产生的内应力及变形是暂时的;当焊件完全冷却后,仍然残留在焊件中的内应力和变形,为焊接残留应力和焊接残留变形。通常所说的焊接应力和焊接变形,主要是指焊接残留应力和焊接残留变形。

(1)焊接应力的分类

①按照焊接应力形成的原因可将焊接应力划分为以下五类。

a. 温度应力。在焊接时,由于加热不均匀,使各部分热膨胀不同所引起的应力,称为温度应力,也称热应力。

b. 组织应力。在焊接时,不同的焊接热循环的作用会引起局部金属的金相组织发生转变。随着金相组织发生变化而出现体积变化,当这种体积变化受到阻碍时便产生了应力,这种由于组织转变而引起的内应力称为组织应力。

c. 凝缩应力。在焊接时,由金属熔池从液态冷凝成固体,其体积发生收缩受到限制而形成的应力,称为凝缩应力。

d. 拘束应力。在焊接过程中,由结构的刚度或受到外界的约束而引起的应力,一般称为拘束应力。

e. 氢致应力。焊接过程中,由扩散氢聚集在显微缺陷处而引起的集中应力,称为氢致应力。

②按照焊接应力在焊接结构中的作用方向可将焊接应力划分为以下三类。

a. 线应力。应力在焊件中只沿某一个方向发生,如焊接薄板的对接焊缝及在焊件表面上堆焊时,焊件存在的应力是单方向的,也称单向应力,如图 5 - 1(a)所示。

b. 平面应力。应力存在于焊件中的一个平面的不同方向上,如在焊接较厚板的对接缝时,焊件存在的应力虽不同向,但均在一个平面内。这种应力也称双向应力,如图 5 - 1(b)所示。

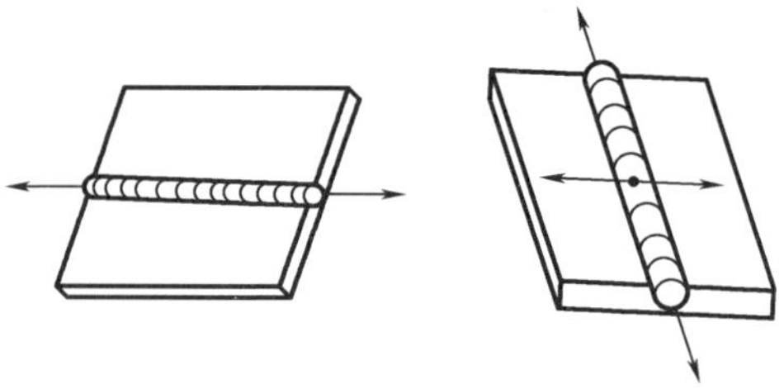

(a)焊接线应力　　(b)平面应力

**图 5 - 1　应力状态类型**

c. 体积应力。焊接应力在焊件中沿空间三个方向发生,如焊接大厚度焊件的对接缝或三个方向焊缝的交叉处,都存在体积应力。这种应力也称为三向应力,如图 5 - 2 所示。

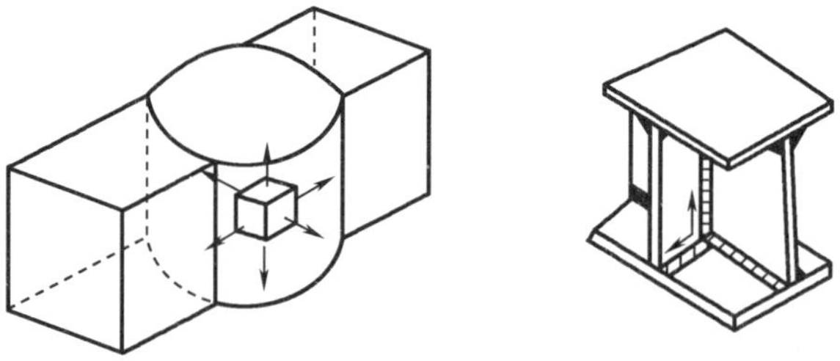

(a)厚金属焊接　　(b)三向交叉焊缝焊接

**图 5 - 2　焊接体积应力**

③按照焊接应力相对于焊缝的方向可将焊接应力划分为以下两类。

a. 纵向应力。方向平行于焊缝轴线的应力,称为纵向应力。

b. 横向应力。方向垂直于焊缝轴线的应力,称为横向应力。

(2)焊接变形的分类

焊接变形因焊接接头的形式、钢板的厚薄、焊缝的长短、焊件的形状、焊缝位置等原因,会出现各种不同形式的变形。

①按基本变形的形式可分为纵向变形、横向变形、弯曲变形、角变形、波浪变形和扭曲变形等。

②按焊接结构的残留变形可分为局部变形和整体变形。

a. 局部变形。这是指结构的某部分发生变形。它主要包括角变形和波浪变形两种。这种变形对结构影响较小，同时也较易矫正。焊接结构的残留局部变形如图5－3所示。

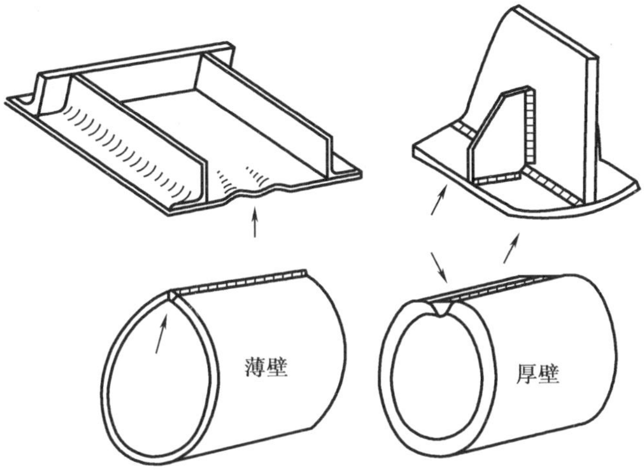


图5－3 焊接结构的残留局部变形

b. 整体变形。这是指整个结构的形状或尺寸发生变化。它是由焊缝在各个方向收缩所引起的，包括直线变形、弯曲变形、扭曲变形等。直线变形，即由焊缝的纵向和横向变形造成整个结构的长、宽、高尺寸的改变。焊接结构的残留整体变形如图5－4所示。

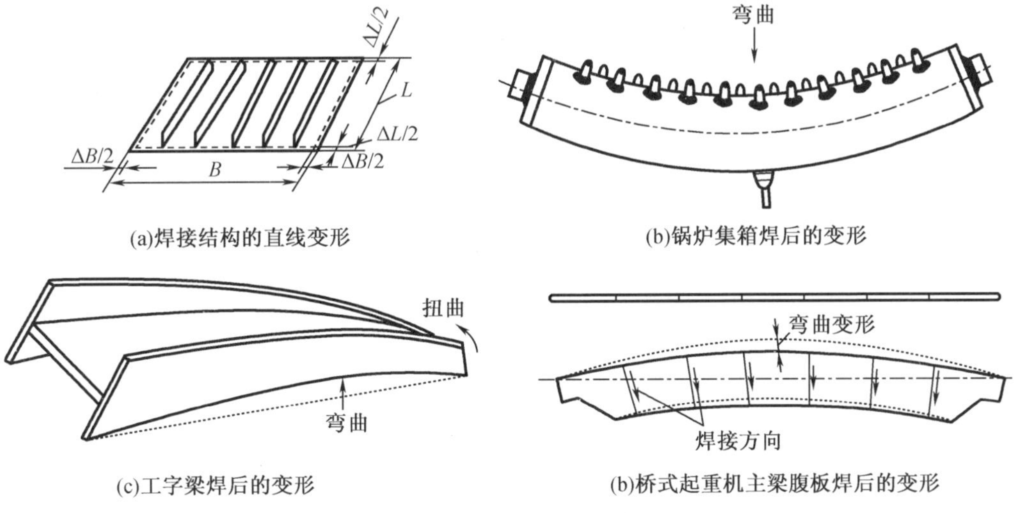


图5－4 焊接结构的残留整体变形

## 二、焊接残留应力对焊接结构的影响

1. 焊接残留应力对结构强度的影响

一般情况下，焊接结构所使用的材料如果塑性较好（如低碳钢、低合金钢），焊接残留应力对其静载荷强度没有不良影响；而对于材料处于脆性状态时，随着外力的增加，残留应力与外力叠加在一起，就会从局部破坏开始，最终导致整个结构断裂。

2. 焊接残留应力对结构疲劳强度的影响

在静载荷或低周疲劳载荷作用下，当焊接接头区存在拉伸残留应力时，如果该区域处于结构应力集中部位，或结构刚性、拘束度较大的部位，或焊接缺陷较多的部位，则拉伸残留应力的存在是十分危险的，它不仅会使结构的使用寿命下降，还会导致低应力脆断事故的发生。

3. 焊接残留应力对机械加工精度的影响

焊件中如果存在残留应力，则在机械加工中随着材料的切除，原来存在于这部分材料中的内应力也一起消失，这破坏了焊件中内应力的原有平衡关系，当加工好的焊件卸去夹具后，不平衡的内应力就会造成焊件产生新的变形，导致焊件的最终加工精度受到影响。

要保证焊件的加工精度最有效的办法有两种：一是消除残留应力（去应力退火）后再进行加工，但这种方法生产周期长、成本高；二是采用分层加工法，即对所要加工的材料表面分层切割，逐步释放应力，分层加工量逐渐减少，最终的加工精度就会越高，这种方法也能满足一般结构的精度要求。

4. 焊接残留应力对受压构件稳定性的影响

当焊后构件存在残留压应力区，则在与外加压应力叠加后，使压应力迅速增加到失稳的临界应力状态，可导致薄板结构产生波浪变形，这对于受焊接残留应力作用已产生局部失稳的构件来说，更容易出现失稳现象。

5. 焊接残留应力对构件应力腐蚀开裂的影响

应力腐蚀开裂是拉应力和腐蚀共同作用下产生裂纹的一种现象。应力腐蚀开裂过程大致可分为三个阶段：第一阶段，局部腐蚀逐渐发展成微小裂纹；第二阶段，微小裂纹在拉应力和腐蚀应力的共同作用下形成裂纹新界面，新界面又被腐蚀，这样裂纹不断扩展；第三阶段，当扩展到临界值时，裂纹就会在拉应力的作用下以极快的速度迅速扩展而造成脆性断裂。如果是容器，当裂纹扩展到一定程度时就会泄漏，此时应力可能不再增加，裂纹也可能停止扩展。

焊接残留应力降低了构件抗应力腐蚀的能力，所以某些工作在应力腐蚀介质中的结构要采取消除残留应力的措施。

## 三、焊接残留变形对焊接结构的影响

1. 焊接残留变形给装配带来了困难

部件的焊接变形造成结构的尺寸和形状不符合要求，给后续的装配工作带来困难，严重时还会造成产品报废。

2. 增加制作成本，降低接头性能

焊件焊后一旦产生焊接残留变形，常须矫正后才能组装，使成本增加、生产率下降。矫正有时还会造成材料的性能发生变化，导致接头的性能下降。

3. 降低结构承载能力

焊接残留变形不但影响结构的外形美观，而且有可能降低结构的承载能力，引发事故。

# 5.2　焊接残留应力和焊接残留变形产生的原因

焊接应力和变形产生的根本原因，是由于焊件在焊接过程中经受了不均匀的加热和冷却，致使焊接热过程对焊件的作用在焊接构件中产生了应力状态及尺寸、形状的变化。

## 一、纵向焊接应力和变形

焊件沿平行于焊缝轴线方向上的焊接应力和变形称为纵向焊接应力和变形。

1. 焊缝在焊件单边的纵向焊接应力和变形

假设钢板是由无数条小钢板组成的，如图 5－5 所示。如果钢板边缘受热源影响（焊接或切割），按金属热胀冷缩原理，加热时材料膨胀，温度越高，伸长越大，然而由于受到相邻板条的互相牵引，使温度高的板条的伸长受相邻温度低的压缩，温度低的板条受温度高的拉伸。钢板单边受热时的实际伸长情况如图 5－5(a)所示，即焊件受热时的应力情况是，温度高的部分产生压应力，温度低的部分产生拉应力；反之，当冷却时原来的伸出量大的收缩也越大，如图 5－4(b)所示。焊件冷却时应力情况是，原来温度高的部分产生拉应力，温度低的部分产生压应力，最终，单边受热的焊件，除了纵向边缘缩短之外还会产生弯曲变形（钢板较窄时，易产生）。

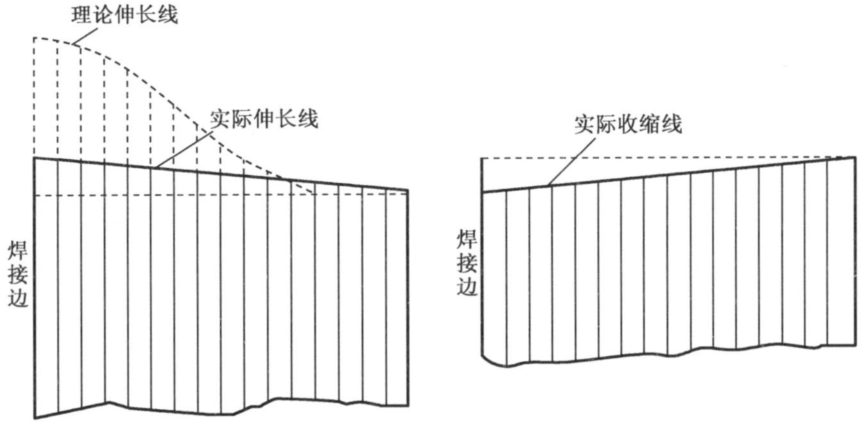


(a)焊件受热时理论及实际伸长情况　　　　(b)焊件冷却后的实际变形

**图 5－5　焊缝在焊件单边的纵向焊接应力与变形**

2. 钢板平面焊缝上的纵向焊接应力及变形

在对接或在钢板上堆焊缝时，可以假设为两块对接的钢板单边缘受热和冷却时的应力和变形情况。受热时焊缝的两侧出现拉应力，中间焊缝区域被“压缩”，如图 5－6(a)所示。由此可见，钢板中间焊缝区，不仅产生了压应力，而且还产生了压缩塑性变形。冷却时中间焊缝区出现拉应力，焊缝两侧出现压应力。由于焊缝区在加热时产生压缩塑性变形的缘故，所以最后实际长度缩短，如图 5－6(b)所示。

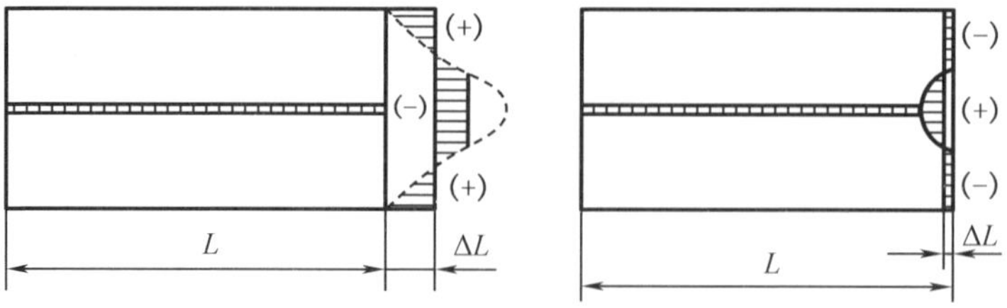


(a)加热时　　(b)冷却时

(+)—拉应力;(-)—压应力。

**图5-6　钢板中间堆焊时应力及变形**

## 二、横向焊接应力和变形

横向焊接应力和变形是指焊件垂直于焊缝轴线方向上的焊接应力和变形。

焊接结构的横向焊接应力和变形是比较复杂的,它往往总是由几种收缩情况合成的,如下列情况分析。

1. 由纵向变形引起的横向应力和变形

如前所述,钢板单边受热后出现的纵向焊接应力和变形的情况如图5-7(a)所示。焊缝中心位于焊件中心时,就如同两块对称的钢板单边受热。但是实际两块钢板是相连并互相牵制的,因此在焊缝的中部出现了横向的拉应力,在焊缝的两端则出现了横向压应力,如图5-7(b)所示。这就是由纵向变形而引起的横向应力和变形的情况。

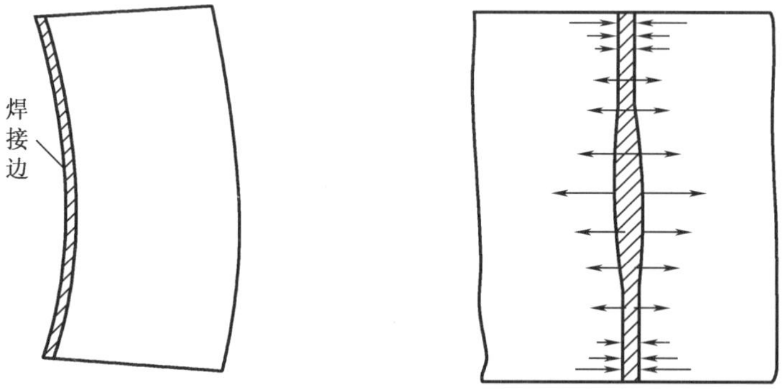


(a)钢板单边施焊后的变形　　(b)焊缝位于钢板中心的横向应力及变形

**图5-7　由纵向变形引起的横向应力及变形**

2. 由焊缝冷却先后不同形成的横向应力和变形

在实际生产中,同样焊接一条直缝,如果焊接次序和方向不同,会出现不同的横向焊接应力和变形的情况,这主要是由焊缝冷却次序不同而造成的。为了说明这个问题,我们以在对接缝试板上焊接三个点加以分析。如图5-8所示,在两块留有一些间隙的试板的焊缝一端焊接一个焊点$A$,当$A$焊点冷却后,钢板的间隙变化不大,这是因为焊接$A$点时,钢板是可以自由收缩的,如图5-8(a)所示;焊接第二个点$B$时,试件仍可以$A$点为支点转动,所以还是可以认为钢板可自由收缩,其受热时膨胀,上部分试件间隙被撑大,在$B$点附近的金属没有受到明显的压缩变形,所以冷却后,间隙也没有明显的缩小,如图5-8(b)所示;焊接第三点$C$,此时焊点$C$附近的金属受热膨胀已不能像焊前两点那样较自由地收缩了,它受到

$A$、$B$ 两点的阻碍，因此，$C$ 点受到压应力，$B$ 点受到压应力，同时因为 $B$ 点起到了杠杆的支点作用，所以 $A$ 点也受到压应力，如图5－8(c)所示；第三焊点 $C$ 在冷却过程中发生收缩，由于 $C$ 点在焊接时被压缩产生塑性变形，所以 $C$ 点冷却后间隙要缩小，但它又受 $A$、$B$ 两点的阻碍，结果造成在 $C$ 点出现拉应力，$B$ 点出现压应力，$A$ 点也出现拉应力，如图5－8(d)所示。通过上述试验可以说明，焊缝由于冷却次序不同，确实对焊件的横向应力和变形起着较大作用。

总之，焊缝的总的横向应力，即是由纵向变形而引起的横向应力和由焊缝冷却先后不同形成的横向应力合成的结果。

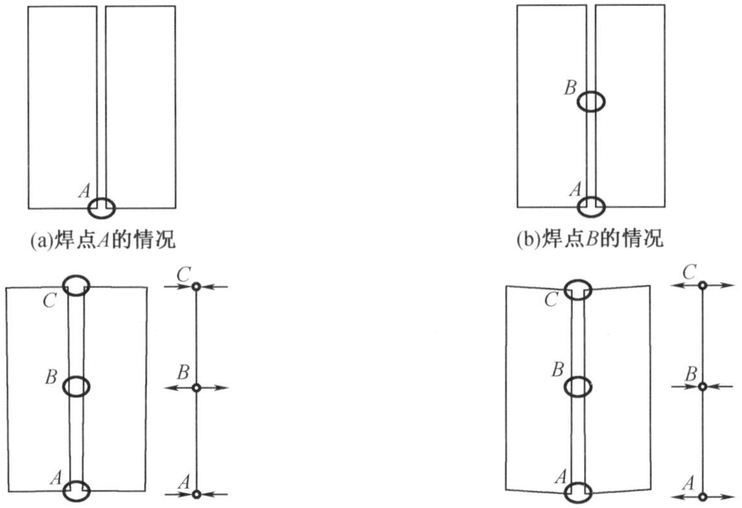


(a)焊点A的情况　(b)焊点B的情况

(c)焊点C在焊接时焊件的横向应力及变形　(d)焊点C在冷却后焊件的横向应力及变形

**图5－8　三焊点先后冷却对焊件横向应力及变形的影响**

3. 焊缝的纵向收缩量和横向收缩量

(1)焊缝的纵向收缩量

焊缝的纵向收缩量一般随着焊缝长度的增加而增加，并且由于材料的性质(线膨胀系数)、材料的厚度、焊接接头的形式等因素不同，焊缝的收缩量是不同的。

(2)焊缝的横向收缩量

焊缝的横向收缩量同焊缝的纵向收缩量的影响因素大致相似。但是角焊缝的横向收缩比对接焊缝的横向收缩要小，而且单面角焊缝的横向收缩量并不因钢板厚度的增加而增加。对接焊缝的横向收缩与板厚及坡口形式有关，即随着板厚的增加，横向收缩量也增加；另外，对于同样的板厚，坡口角度越大，横向收缩量也越大。

当两板为自由对接，且焊缝不长，横向如果没有约束时，焊缝横向收缩量要比纵向收缩量大得多。

## 三、弯曲变形

在实际生产中，焊件的变形往往是由许多变形综合作用的结果。如钢板边缘受热变形，不仅钢板边缘产生纵向收缩，同时也造成弯曲变形。

弯曲变形是焊接变形中经常出现的基本变形形式，在焊接梁、柱、管道等焊件时尤为常见。

弯曲变形及其产生的原因，焊件弯曲变形是以挠度$f$数值的大小来度量的，挠度是指焊后焊件的中心轴偏离原焊件中心轴的最大距离，如图5－9所示。$f$越大，说明焊件弯曲变形越大，弯曲程度越严重；反之，$f$越小，说明焊件弯曲变形越小，弯曲程度越轻。对同一种焊接方向和同一种焊接顺序生产的焊件来说，其挠度的大小和焊件的长度成正比。

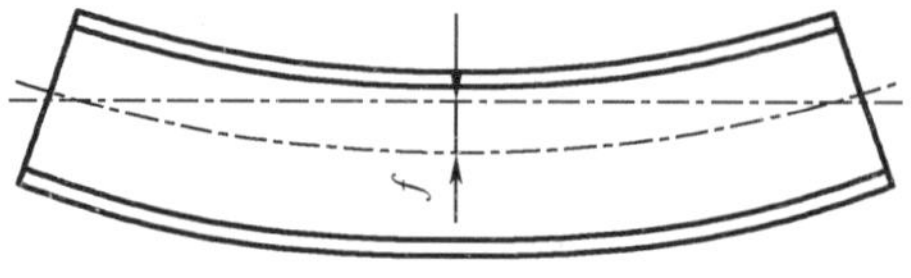


**图5－9　弯曲变形的度量**

1. 由纵向收缩变形引起的弯曲变形

图5－10(a)为理想情况下的弯曲变形试件，在一边开一长腰形孔，使试件留下一条较窄的边缘。如果在边缘条内进行均匀的加热，如图5－10(b)所示(有斜线的区域)，这种情况就如同钢杆在两端固定的状态下受热。加热时金属杆在膨胀力的作用下伸长，因两端受阻而产生弯曲，并且由于膨胀受阻，产生压缩塑性变形；冷却后，由于加热区金属收缩到比原来短的长度，但因为受到拉应力作用，它的反作用力也就使试件上部产生向上的弯曲，如图5－10(c)所示。

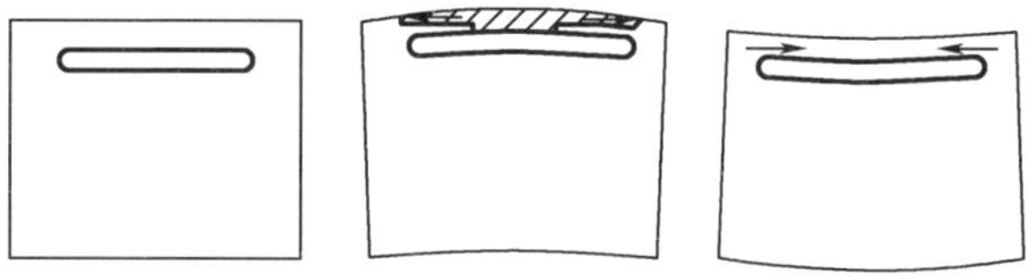

(a)焊接前　　(b)焊接时　　(c)冷却后

**图5－10　理想情况下的弯曲变形**

(图中箭头表示膨胀或收缩的方向)

实际上，产品结构在焊接时，焊缝偏离结构中心受热的基本原理与上述试件是相近的。

2. 由横向收缩变形引起的弯曲变形

除纵向收缩外，在有些情况下，横向收缩变形也可造成弯曲变形。如图5－11所示，工字梁下部焊肋板的构件，由肋板角焊缝造成的横向收缩，就造成了构件发生向下弯曲变形。

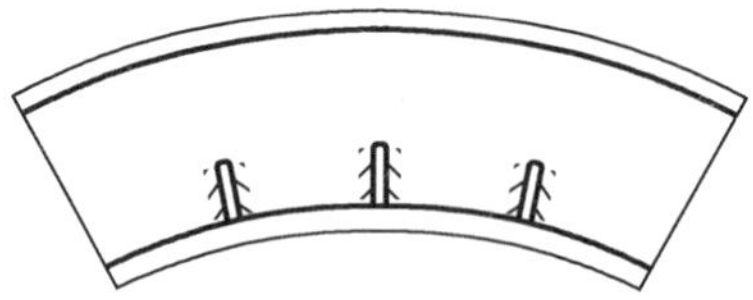

**图5－11　焊缝横向收缩所造成的弯曲变形**

## 四、角变形、波浪变形和扭曲变形

1. 角变形

上述焊缝的纵向、横向和弯曲变形的情况，都是假设焊接时从焊缝表面到钢板底部的温度是均匀的，这样，在钢板的厚度方向上的受热区的膨胀和收缩也可看作是一样的，即在厚度方向上的纵向和横向的变形也可看作是均匀的。但是这种假设对于较薄钢板是适用的，对于较厚的钢板的单面焊时，就不适用了。当厚板焊接时，焊接的一面温度高，另一面温度低。因此温度高的一面受热膨胀较大，另一面膨胀小甚至不膨胀，如图 5－12(a)所示。由于焊接面膨胀受阻，出现压应力，并使它产生较大的横向压缩塑性变形。这样，在冷却时就产生了在钢板厚度方向上收缩不均匀现象，焊件的一面收缩大，另一面收缩小，出现了如图 5－12(b)所示的变形情况，并在焊接面内部产生横向应力。这种在焊后由于焊缝的横向收缩使两连接件间相对角度发生变化的变形就称为角变形。

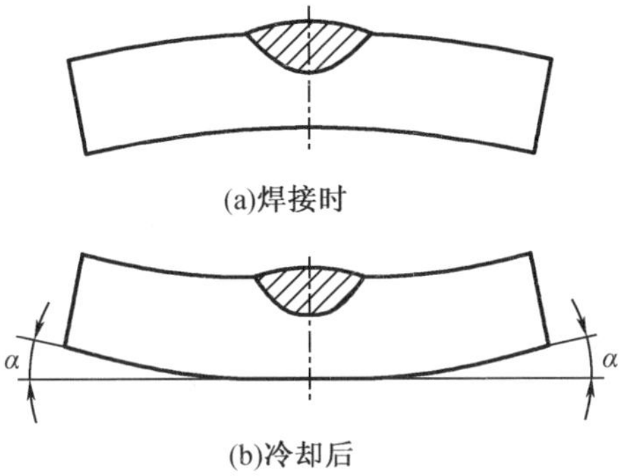


**图 5－12　焊件在厚度方向上的温度分布不均匀造成的焊后角变形**

2. 波浪变形

波浪变形容易发生在薄板焊接结构中，它是由于纵向和横向的压应力使薄板失去稳定而造成的，又称为失稳变形。大面积的平板拼接，如船体甲板、大型油罐底板等，极易产生波浪变形。图 5－13 为焊缝纵向应力所引起的薄板波浪形变形。另外，结构因众多的角焊缝横向收缩变形形成角变形，这些角变形连贯起来就形成了波浪变形。图 5－14 为船体横隔仓板焊后由角变形引起的波浪变形。

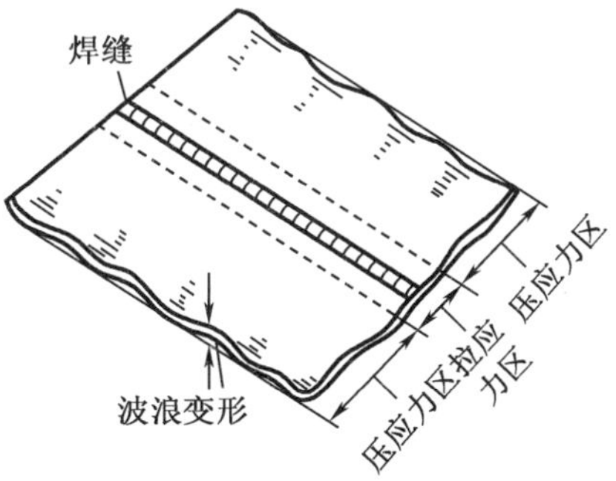


**图 5－13　焊接纵向应力引起薄板的波浪变形**

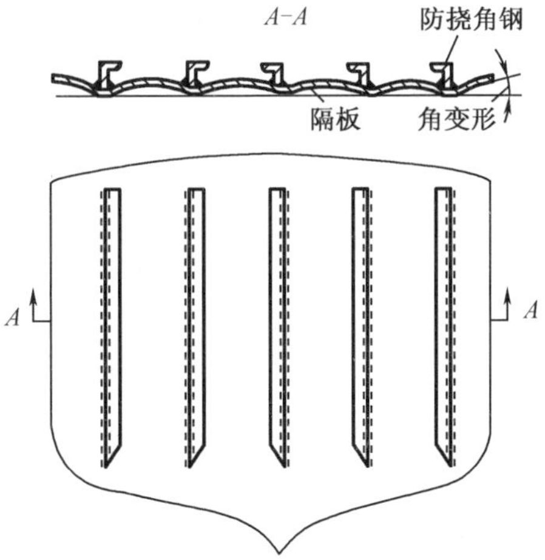


**图 5－14　船体隔仓板焊后由角变形引起的波浪变形**

3. 扭曲变形

产生扭曲变形的原因很多，主要是由装配质量不好，焊接时焊件搁置不当，以及焊接顺序和焊接方向不合理等原因造成的。图 5－15 为构件扭曲变形实例。

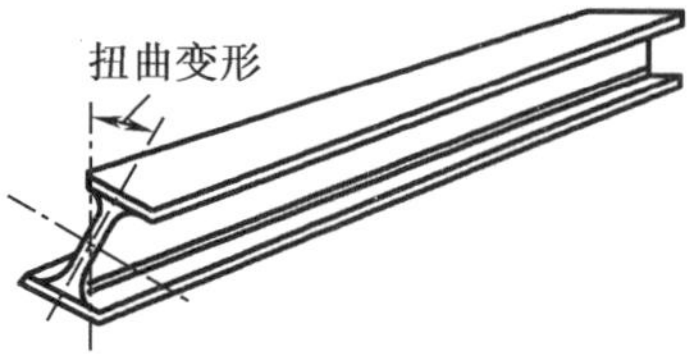


(a)工字梁的扭曲变形

(b)薄板门板的扭曲变形

**图 5 – 15　扭曲变形实例**

结构件在组装时由于零部件形状尺寸不符等因素造成的装配质量问题，焊后必定会增加扭曲变形的可能性；另外，焊件在焊接时，由于搁置位置不当，即焊接时焊件就处于扭曲状态，也是增加扭曲变形的因素；焊接顺序和焊接方向的不合理也会导致扭曲变形的产生。图 5 – 16 为工字梁的扭曲变形。

所以可以认为，焊接构件的各种变形，其根本的原因是由构件焊后焊缝的纵向及横向应力和变形引起的。

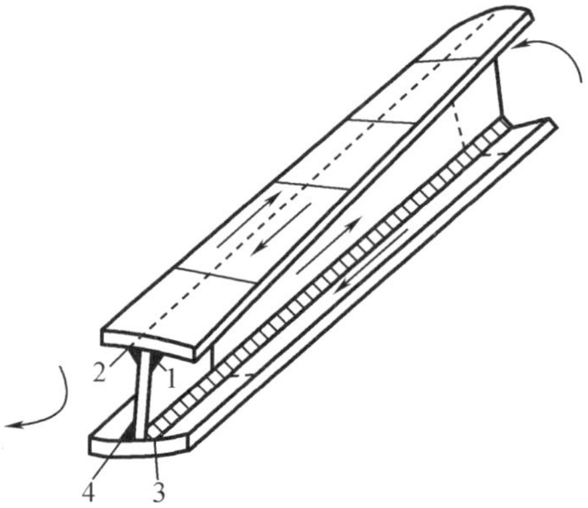


**图 5 – 16　工字梁的扭曲变形**

# 5.3　影响焊接结构残留变形的因素

我们在上节焊接应力和变形的基本形式及产生的原因基础上，再对影响焊接结构残留变形的设计和工艺方面的因素做进一步的介绍。

## 一、焊缝在结构中的位置对焊接变形的影响

焊接结构的整体弯曲变形，绝大多数的原因是由于焊缝在结构上布置不对称造成的。如图 5 – 17 所示，当焊缝处在焊件断面中性轴的一侧时，焊后，焊件将向焊缝一侧弯曲，即如果焊缝在 $x-x$ 轴上侧，则焊后焊件向下弯曲，如图 5 – 17(a)所示；若焊缝在下侧，则焊后焊件向上弯，如图 5 – 17(b)所示。同理，焊缝在 $y-y$ 轴的左侧，则焊后向右弯；若焊缝在右侧，则焊后焊件向左弯。另外，焊缝距焊件的断面中性轴的距离也是影响弯曲的重要因素。如图 5 – 18 所示，焊缝距焊件的断面中性轴越远，则焊件就越容易产生弯曲变形。

对于大型焊接构件来说,往往整个焊接结构的中性轴两侧都有许多焊缝,但是由于两侧焊缝的数目各不相同,而且焊缝距中性轴的距离也各不相同,因此也会使焊接构件发生整体的弯曲变形。

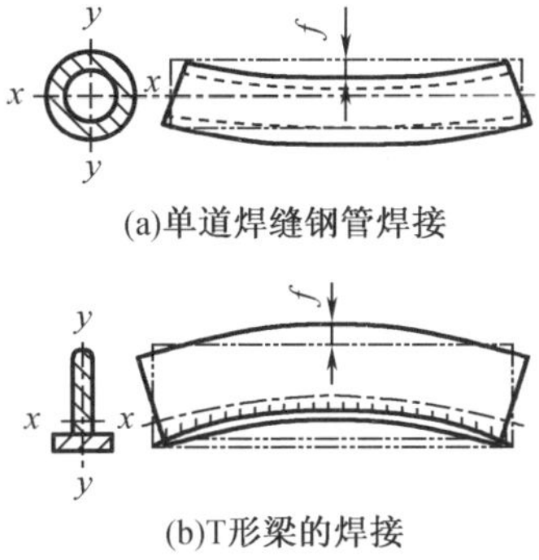


图 5-17　焊缝布置不对称造成的弯曲变形

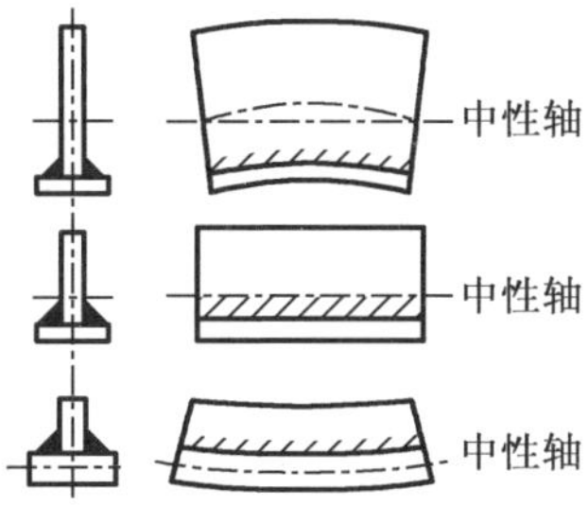


图 5-18　焊缝与焊件中性轴相对位置对弯曲变形的影响

## 二、结构的刚度对焊接变形的影响

对于同样大小的力的作用,刚度大的结构变形小,刚度小的结构变形大。金属结构的刚度主要取决于结构的横截面形状及其尺寸的大小。

①结构抵抗拉伸的刚度,主要取决于结构横截面积的大小。横截面积越大,结构抵抗拉伸的刚度就越大,变形就越小。

②结构抵抗弯曲变形的刚度,主要取决于结构的横截面形状和尺寸大小。各种结构抗弯刚度的比较如表 5-1 所示。

表 5-1　焊接结构抗弯刚度大小的比较

| 图例 | | 说明 |
|---|---|---|
| 刚性大、弯曲挠度小 | 刚性小、弯曲挠度大 | |
| 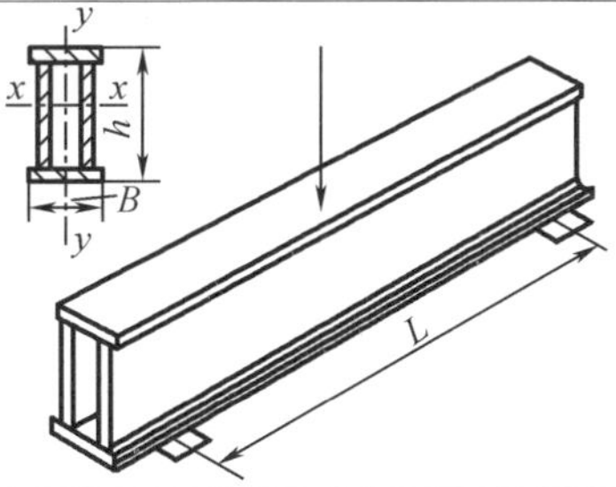 | 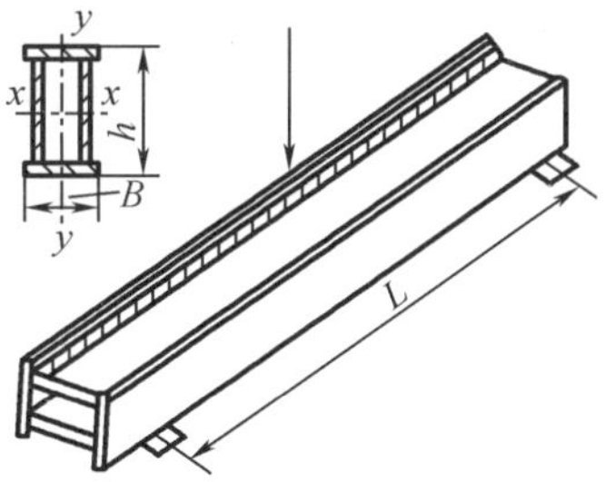 | 尺寸完全相同的长方形截面箱形梁,立着受力弯曲变形小,躺着受相同的力变形大,这是因为两个方向的抗弯刚度不同<br>$h > B$ |
| 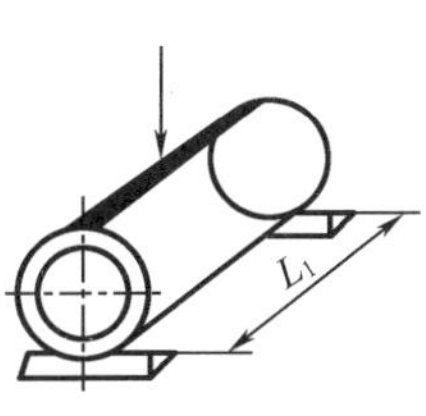 | 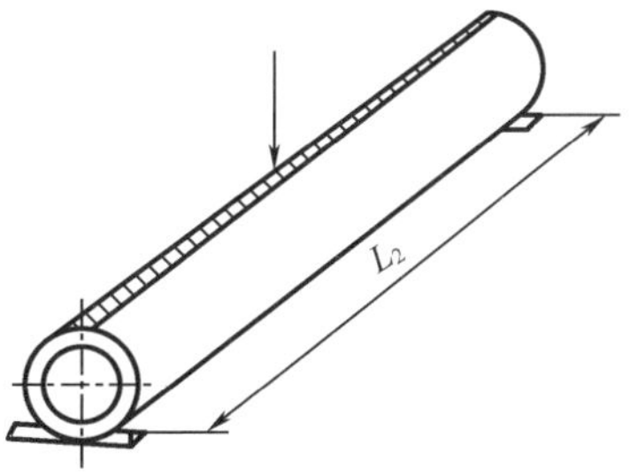 | 横截面完全相同的管子和其他结构,只是长度不同,长度越大时,抗弯曲变形能力越小<br>$L_1 < L_2$ |

**表 5 - 1**(续)

| 图例 | | 说明 |
|---|---|---|
| 刚性大、弯曲挠度小 | 刚性小、弯曲挠度大 | |
| 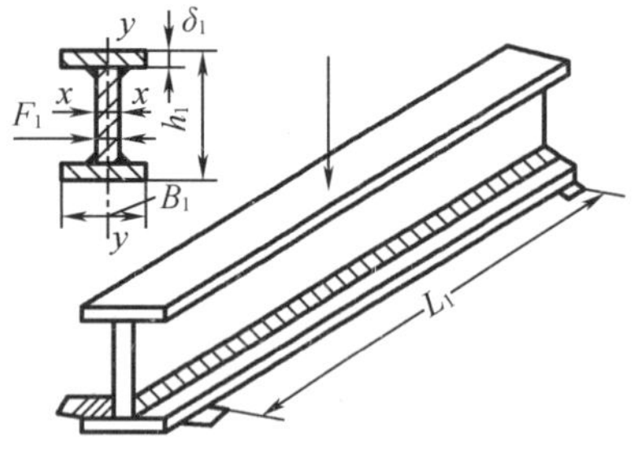 | 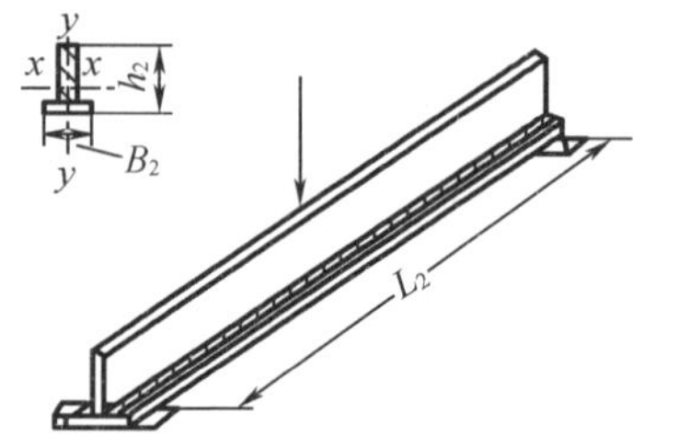 | 板厚相同的 T 形梁(或工字梁箱形梁),腹板高度大时,抗弯曲变形能力强<br>$B_1 = B_2 \quad h_1 > h_2$<br>$L_1 = L_2$ |
| 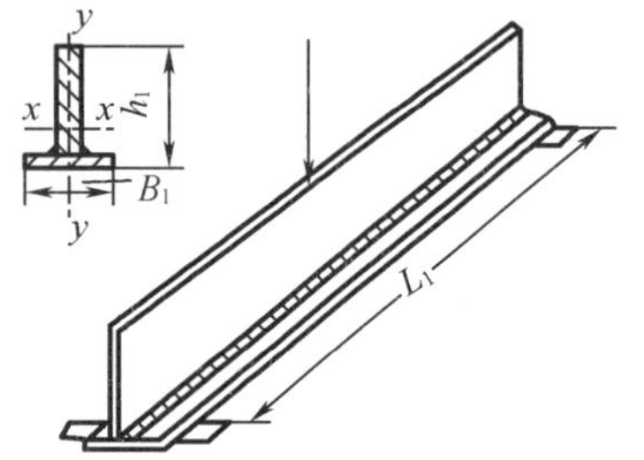 | 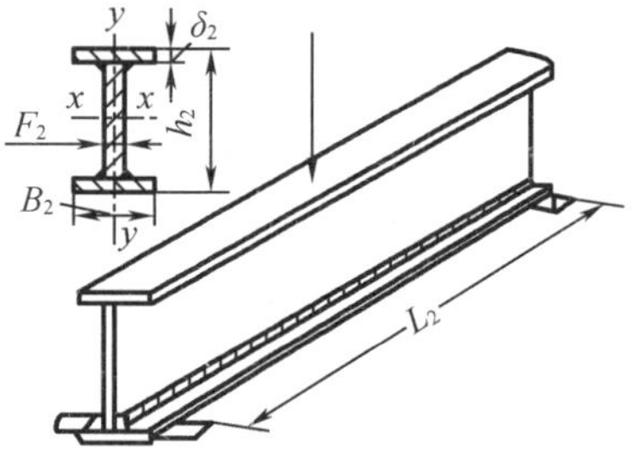 | 高度、宽度和长度相同的工字梁或其他外部轮廓尺寸相同的结构,板厚越大,则刚度越大<br>$h_1 = h_2 \quad B_1 = B_2$<br>$\delta_1 > \delta_2 \quad F_1 > F_2$<br>$L_1 = L_2$ |

③结构抵抗扭曲的刚度除取决于结构尺寸大小外,最主要还是结构的横截面形状。如结构横截面是封闭形式的,则抗扭曲变形的能力就越强,不封闭的,则抗扭曲能力弱。图 5 - 19 是几种梁的横截面形状。

(a)　(b)　(c)　(d)　(e)

**图 5 - 19　几种梁的横截面形状**

图 5 - 19(a)、(b)是封闭的横截面,抗扭曲能力就比图 5 - 19(c)、(d)、(e)强。

因此焊接结构,形状短而粗的刚度较大,细而长的则抗弯曲刚度就小,焊后容易产生弯曲变形。

## 三、装配及焊件顺序对结构变形的影响

焊接结构的刚度是在装配、焊接过程中逐渐增大的,结构的整体刚度总是比零部件的刚度大。所以对于横截面对称,焊缝布置也对称的简单结构,采用先装配成整体,然后再焊接的顺序进行生产,就可以减少变形。图 5 - 20 为工字梁的两种装焊顺序图,如果按图 5 - 20(b)所示的边装边焊的顺序进行,焊后就会产生较大的弯曲变形。如果采用图5 - 20(c)所示整体装配后再焊接的顺序,焊后的弯曲变形就可能较小。

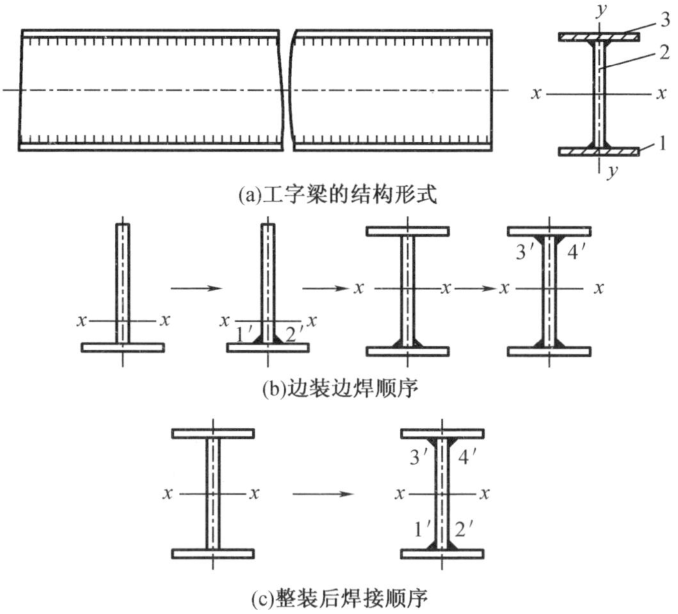


1—下盖板;2—腹板;3—上盖板。

**图 5 -20　工字梁的装配顺序与焊接顺序**

但是,并不是所有焊接结构都可以采用先装配后焊接的顺序,而是视具体情况决定。

焊接结构件,有了合理的装配顺序还需要有合理的焊接顺序相配合。因为即使是焊缝布置对称的结构,在相同的焊接条件下,每道焊缝所引起的变形并非相互抵消,而是先焊的焊缝引起的变形最大,最后焊的焊缝引起的变形方向总是和最先焊的焊缝引起的变形方向一致。例如,当工字梁整体装配好以后[如图 5 -20(c)所示],先焊 1′和 2′,然后焊板 3′和 4′,焊后同样还会发生弯曲变形。而如果采用先焊 1′和 4′再焊 2′和 3′的顺序,焊后的弯曲变形将会减小。又如图 5 -21 中的对接接头,尽管是采用对称双 V 形坡口,但是焊接顺序不合理时同样产生变形。

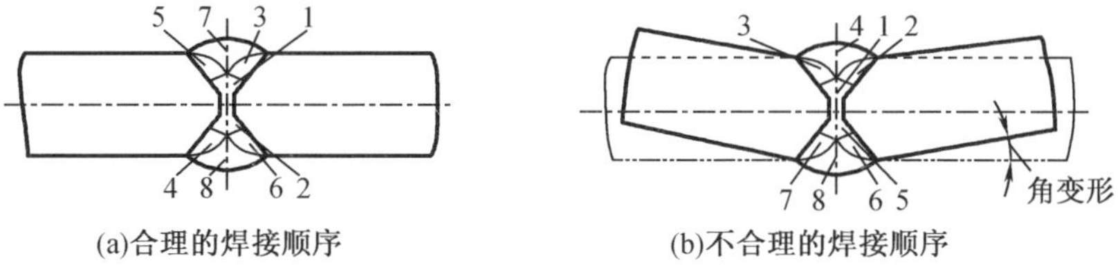


**图 5 -21　双 V 形坡口对接接头的角变形**(图中各数字表示焊接顺序)

对焊缝布置不对称的焊接结构,也有可能利用调整焊接顺序来控制变形。如船体制造时,甲板等大面积拼缝焊接时,由于焊接不当,往往会引起波浪变形。图 5 -22,为大面积拼接时的两种焊接顺序图,如果按图 5 -22(a)所示的焊接顺序先焊所有纵向焊缝,那么所有的横向焊缝的装配间隙、位置被刚性所固定,这样,在焊接横向焊缝的时候,横向焊缝就没有自由收缩的可能性,就会产生较大的内应力,引起波浪变形,在较大的内应力作用下,可能会产生裂纹,而且横缝与纵缝的接头处裸露在外,影响美观。相反,如果按图5 -22(b)所示的顺序焊接,先焊所有横向焊缝,后焊纵向焊缝,这样使得在焊每条焊缝的时候甲板都能较自由地伸缩,就可使结构的总体变形大大减小。这说明焊接顺序对焊接结构的总体残留变形的影响是较大的。

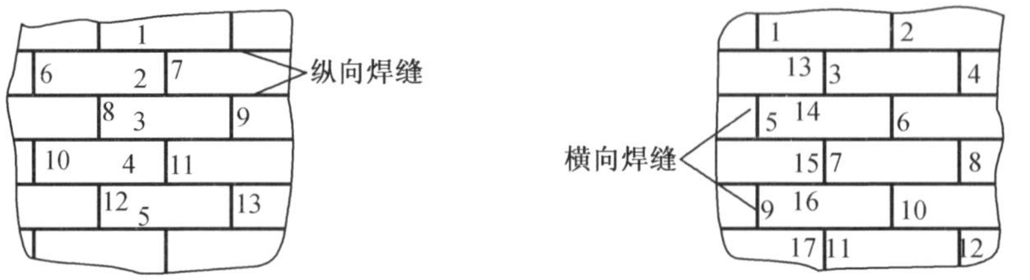


(a)先焊所有纵向焊缝，后焊横向焊缝　(b)先焊所有横向焊缝，后焊纵向焊缝

**图 5－22　大面积平板拼接时的焊接顺序**

## 四、影响焊接变形的其他因素

1. 焊接热输入

焊接热输入越大,焊接变形也越大。由于埋弧焊比焊条电弧焊的热输入大,因此,在焊件尺寸、形式及刚度相同的条件下,埋弧焊产生的变形比焊条电弧焊大。焊接同样厚度的材料时,单道焊比多层多道焊产生的变形大,因为单道焊采用大电流、慢焊速,熔池停留时间长,所以热输入大,产生的变形就大;而多层多道焊是采用小电流、快焊速,熔池停留时间短,所以热输入小,焊后变形也小。

2. 焊缝坡口形式

坡口形状和坡口角度对角变形的影响很大。从坡口形状来说,双 V 形坡口或双 Y 形坡口比 V 形坡口或 Y 形坡口的角变形小,因为双 Y 形坡口或双 V 形坡口是两面进行焊接,只要选择合理的焊接顺序,便能控制好变形量。在同样的厚度和焊接条件下,V 形坡口角度大,焊缝上下部分熔敷金属体积相差较大,收缩量的差别也大,角变形量也就越大。另外对于单面 V 形坡口来说,采用不同的焊接方法,其最终的角变形也不一样。采用多层焊要比单层焊的角变形大,这主要是因为单层焊在焊件厚板方向上的温度分布比多层焊时的均匀。

在对接焊缝的多层焊时,角变形的角度 $\alpha$ 随着焊接层数的增加而增加。U 形坡口较 V 形坡口的角变形小,但比双 V 形坡口大。

3. 焊缝长度

焊缝越长,则焊接变形越大。

4. 焊接方向

对于直通焊(即一条对接缝,按同一方向从头至尾的焊接方法),不管焊缝有多长,其横向受力分布都是在焊缝末端产生大的拉应力,中段受到压应力,而且焊缝越大,直通焊末端的拉应力和中段的压应力就越大,由此而产生的变形也就越大。

5. 金属材料的线膨胀系数

线膨胀系数大,则金属材料焊后的收缩变形也大,如铝、不锈钢、碳钢的线膨胀系数依次减小,则铝的收缩变形最大,其次为不锈钢,碳钢变形最小。

6. 焊接方法

在焊接过程中,焊件受热越多,焊件变形的程度也就越严重。实际工作中,采用气焊的变形大于电弧焊，这是因为尽管电弧焊的热能大，但其焊接速度也快，所以受热面较气焊小。

另外焊件的自重、装配间隙大小等都会影响焊后的变形量。

总之，各种影响焊接变形的因素并不是孤立地起作用，而是相互作用的。这就要求在分析焊接结构的应力和变形时，要考虑各种影响因素，以便能制定出较合理的防止变形的措施。

## 5.4　控制和矫正焊接残留变形的方法

在焊接结构中，焊接应力和焊接变形并不是孤立的两个现象，它们往往既是同时存在，又是相互制约的。如在焊接过程中，常采用焊接夹具等刚性固定法来控制变形，这样焊接变形虽然减小了，但焊件中的应力却增加了；反之，为使焊接应力减小，就要允许焊件有一定程度的焊接变形。但在实际生产中，我们往往要求焊接结构既不存在大的焊接残留变形，又不允许存在较大的焊接应力。

为了减小焊接残留变形和焊接残留应力，一般可以从设计和工艺两个方面进行控制。

### 一、控制焊接残留变形的措施

1. 设计措施

焊接残留变形的控制，首先要从设计上进行考虑，正确的设计方案是控制焊接残留变形的根本措施。

(1)选用合理的焊缝尺寸

焊缝尺寸增加，焊接残留变形也随之加大，但过小的焊缝尺寸，将降低结构的承载能力，并使接头的冷却速度加快，容易产生裂纹、热影响区硬度增高等缺陷。因此，应该在满足结构的承载能力和保证质量的前提下，依据材料的厚度来选取工艺上可能采用的最小焊缝尺寸。

(2)尽可能地减少焊缝的数量

适当选取板壁的厚度，可减少肋板的数量，从而减少焊缝和焊后的整体变形矫正量。对自重要求不严格的焊缝，这样做即使质量较大，但仍是比较经济的。对于薄板结构，可以用压形结构来代替肋板结构，以减少焊缝数量，防止变形，如图 5－23 所示。

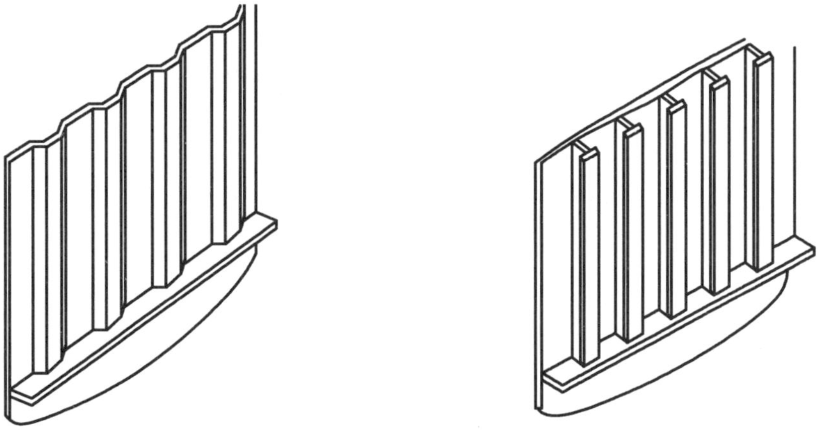

(a)压型板　(b)拼焊型板

**图 5－23　减少焊缝数量**

(3)合理安排焊缝位置

焊接时,使焊缝对称构件中横截面的中性轴,或使焊缝接近中性轴,可减少弯曲变形。图 5－24(a)弯曲最大,图 5－24(b)、(c)均可减少弯曲变形。

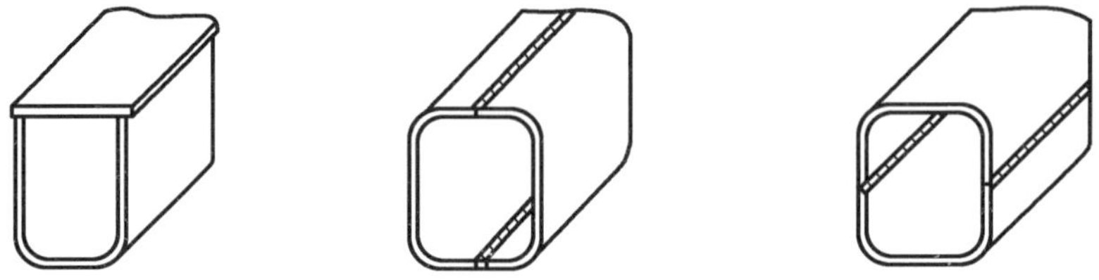


**图 5－24　合理安排焊缝位置**

(4)预留收缩余量

焊件在焊后产生的纵向和横向收缩变形,可以通过对焊缝收缩量的估算,在设计时预留出收缩余量来进行控制。

(5)留出装焊卡具的位置

在结构上可留有装焊卡具的位置,在焊接过程中,可以利用夹具来控制减少变形。

2. 工艺措施

正确的设计并不能完全控制焊接残留变形,采用正确的工艺方法是控制焊接残留变形的重要措施。

(1)选择合理的装焊顺序

装焊顺序对焊接结构变形的影响是很大的,若装焊顺序不当,往往会影响到整个工序的顺利进行,并使整个焊接结构产生较大的变形。

如图 5－25 所示,在焊件内部有大小肋板的封闭箱形梁时,不能先总装后焊接,必须先制成Π形梁后,再制成箱形梁。

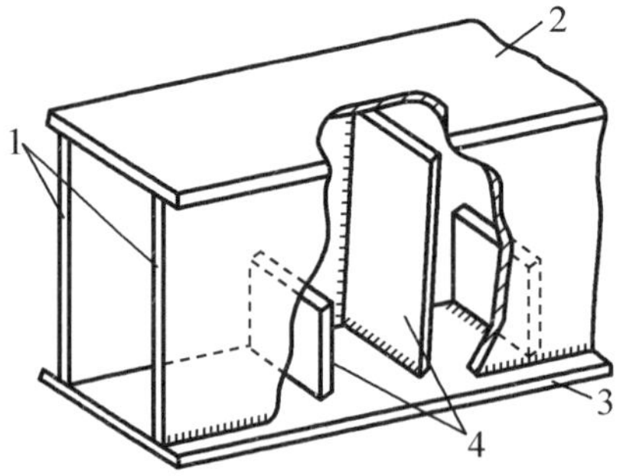


1—腹板;2—上盖板;3—下盖板;4—大小肋板。

**图 5－25　封闭的箱形梁结构**

图 5－26 是Π形梁的两种装焊方案。图 5－26(a)属于边装边焊顺序,先是箱形梁上盖板与大小肋板装配,焊接缝 1,然后同时装配两块腹板,焊接缝 2 和缝 3;图 5－26(b)属于整装后焊的装焊顺序,先把Π形梁全部装配好,然后焊接缝 1,再焊接缝 2 和缝 3。比较的结果是图 5－26(a)所示的边装边焊的装焊方案焊后产生的弯曲变形小。这是因为按这个方案焊接时,焊缝的位置几乎与上盖板截面重心重合。焊接缝 1 时对Π形梁的弯曲变形没有影

响。此后再焊接 2、3 焊缝时，一方面结构刚度大了，另一方面焊缝 2、3 距离整个结构断面重心较为对称。而按图 5－26(b)的方案装焊，焊缝 1 的位置距结构断面重心较远，即在∏形梁截面上偏心较大，因而焊后整个梁易向焊缝 1 方向弯曲。这个实例说明，对于结构不对称的焊缝更应注意合理安排装焊顺序。

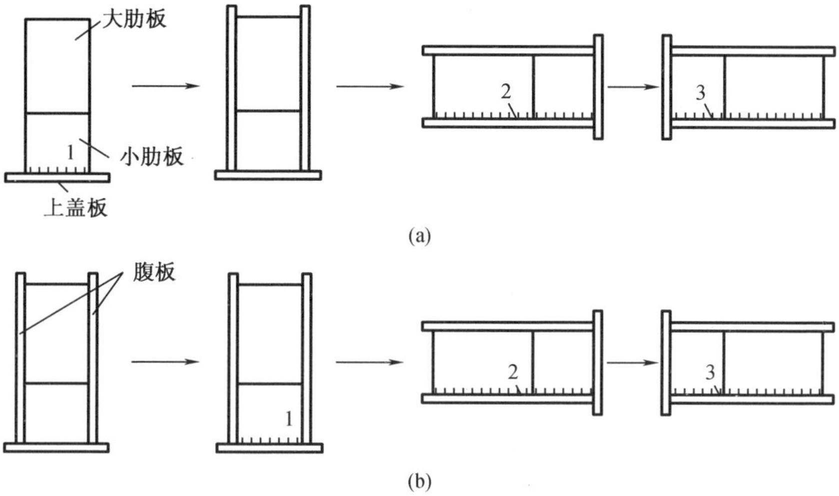


**图 5－26 ∏形梁的两种装焊方案**

(2)选择合理的焊接顺序

有了合理的装焊顺序，如果没有合理的焊接顺序，变形同样会产生。在实际工作中，为了减少结构变形，合理安排焊接顺序的原则有以下三个方面。

①采用对称焊接。在生产中会遇到很多结构设计对称的焊件，它具有对称布置的焊缝。但是因为各条焊缝的焊接总是有先后的，在焊接过程中焊件所出现的刚度也不同。一般先焊的焊缝容易使焊件产生变形，后焊的焊缝变形小些。所以对于具有对称焊缝的构件，最好由双数焊工对称施焊，这样可以使由各条焊缝所引起的变形相互抵消。当构件不能完全对称地同时进行焊接时，可允许焊缝有先后焊接，但在焊接顺序上尽量做到对称，这样能最大限度地控制结构变形。

为了便于对称施焊，可采用简单的工装辅助焊接。图 5－27，为大厚度试件焊接实例，它采用一个可随时翻转的装置，既可防止变形，又方便施工，提高工作效率。

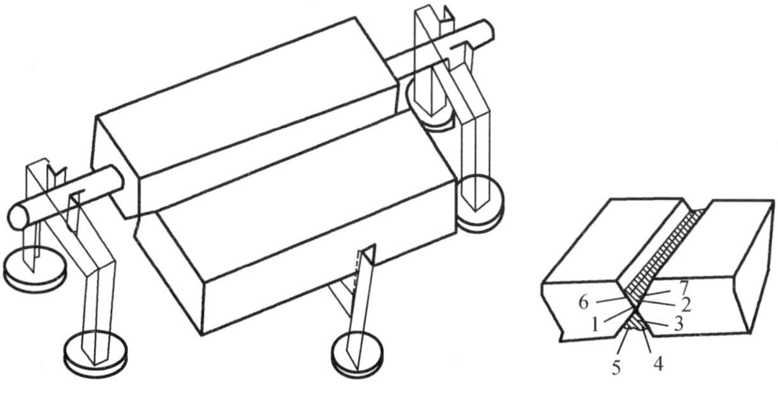


**图 5－27 大厚度试件焊接装置及焊接顺序**(图中数字为焊接顺序)

②结构焊缝不对称时可焊焊缝少的一侧。在实际生产中，常会遇到焊缝不对称的结构。图5－28(a)为一箱形构件，由于焊缝不对称，即断面重心线以上的焊缝多于断面重心以下的焊缝，所以焊后往往产生弯曲变形，即焊件向着焊缝多的一侧发生弯曲。解决的方法就是采用两人对称地先焊只有两条焊缝的一侧，即先焊焊缝少的一侧(图5－28(c)中焊缝1和1′)。这样，焊后就造成图5－28(b)中的上拱变形。由于这两条焊缝焊后增加了焊件的刚度，当焊接另一侧的四条焊缝时(图5－28(d)所示先焊2和2′，再焊3和3′)，焊缝的收缩变形受到了较大的阻碍，所以四条焊缝收缩引起的变形也就较小，同时，断面重心上、下所引起的弯曲变形方向相反，基本上互相抵消，控制了箱型构件的焊后变形量。

如果采用一台埋弧焊机进行焊接时，则焊接顺序如图5－28(e)所示进行，总的规律则是焊缝少的一侧先焊，这样焊后变形易控制。

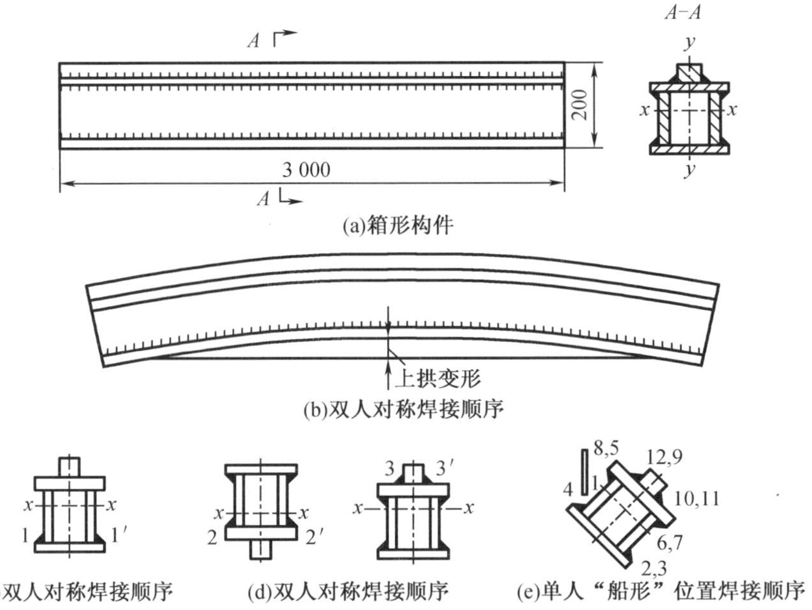


**图5－28　箱形构件的焊接顺序**

③采用不同的焊接顺序。对于焊件上的长焊缝，如采用连续的直通焊法，将会使焊件产生较大的变形，这是由于连续焊对焊接结构长时间加热的结果。在可能的情况下，将连续焊缝改成断续焊缝，则可减少焊缝和焊件由于受热而产生的塑性变形；或者采用不同的焊接方向和顺序，可使局部焊缝变形适当减小或相互抵消，从而达到减小总体变形的目的。

一般当焊缝长度大于1 m时，可采用分段退焊法、分中分段退焊法、跳焊法，交替焊法；对于中等长度(0.5～1 m)的焊缝，可采用分中对称焊法，如图5－29所示。

退焊法和跳焊法，一般每一段焊缝长度约为100～350 mm较适宜。

采用上述方法焊接，虽然可以有效减小变形量，但是在焊接过程中增加了焊缝接头，即增加了产生焊接缺陷的可能性。所以在焊接重要焊缝时，若采用不同的焊接顺序的焊接方法，将使焊缝接头增多，必须认真操作，必要时采用机械处理干净，保证焊接质量。

(3)反变形法

为了抵消焊接变形，在进行焊前装配时，先将焊件向与焊接变形相反的方向进行人为的变形，这种方法叫反变形法。图5－30(a)为V形坡口单面对接焊的变形情况；当采用反变形法后，如图 5 - 30(b)所示，基本上消除了变形。

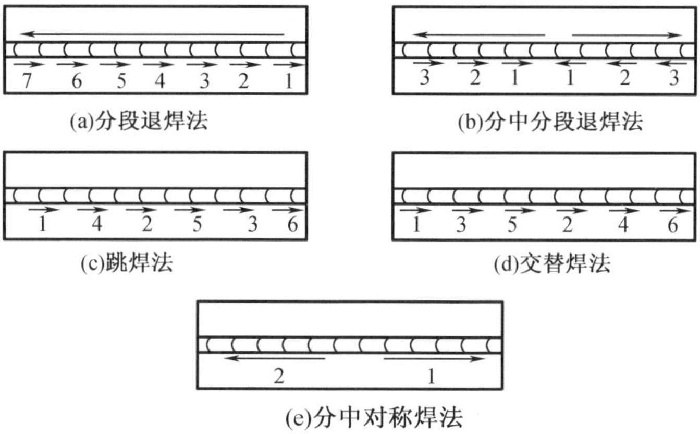


**图 5 - 29　采用不同焊接顺序的对接焊缝**

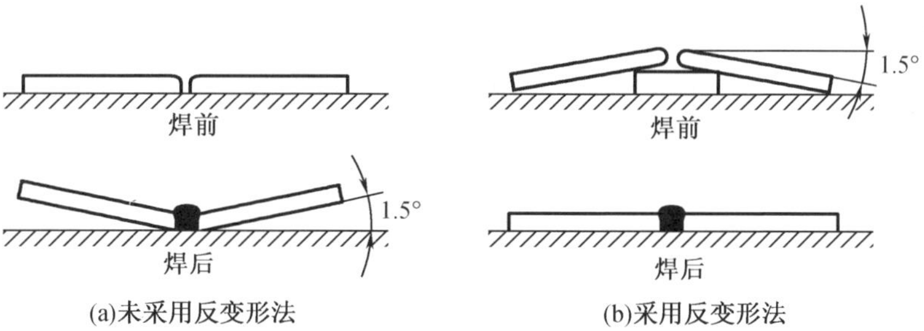


**图 5 - 30　V 形坡口单面对接焊的反变形示意图**

下面为几种常见预制反变形法的实例：

①塑性反变形法。工字梁焊后由于焊缝的横向收缩引起的角变形如图 5 - 31(a)所示。如果采取在焊前预先把上下两面板压制出如图 5 - 31(c)所示的反变形，然后装配如图 5 - 31(b)所示的形状再进行焊接，即可抵消面板的焊后变形。面板的反变形量的大小主要与面板的厚度及宽度有关，此外还与腹板的厚度及热输入有关。

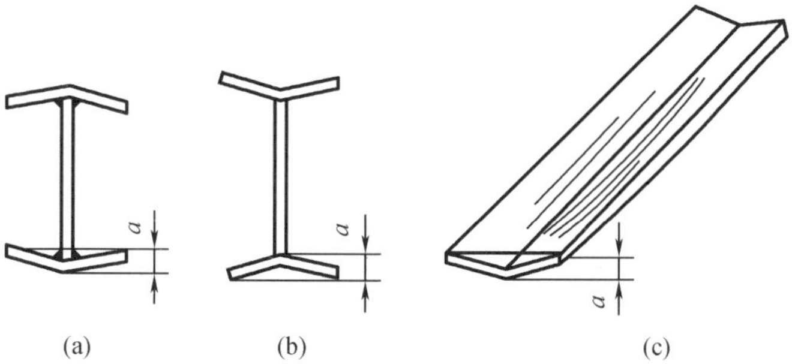


**图 5 - 31　焊接工字梁的反变形法**

②下料预制反变形法。桥式起重机的主梁是由左右腹板和上下两块盖板组成的箱形结构。如图 5 - 32(a)所示，为了提高刚度，梁内设有大小隔板，其中 $L_k$ 为梁的基准长度。由于焊缝大部分集中在梁的上部，焊后易引起下挠的弯曲变形。为解决焊后弯曲变形，可

采用腹板预制上拱的方法，即在备料时，预先使两块腹板在下料时具有一定的上挠值$f_{预}$，以抵消焊后弯曲变形量，如图5－32(b)所示。

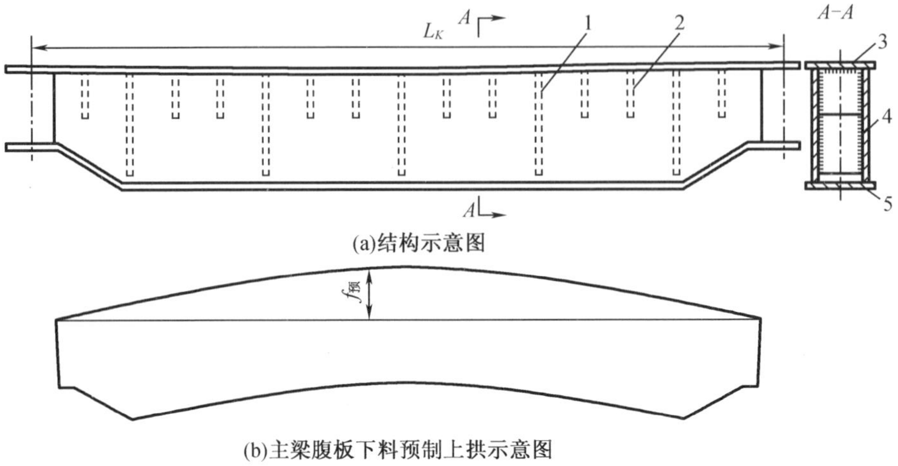


1—大肋板；2—小肋板；3—上盖板；4—腹板；5—下盖板。

**图5－32　桥式起重机主梁防止下挠焊接变形的反变形法**

③对甲板分段采用胎架反变形，可以避免和减小甲板分段的梁拱拉直的倾向，如图5－33(a)所示。对双层底分段，根据在胎架上制造的变形规律，为减少分段的横向收缩变形，可在胎架上给予一定的横向反变形，如图5－33(b)所示。

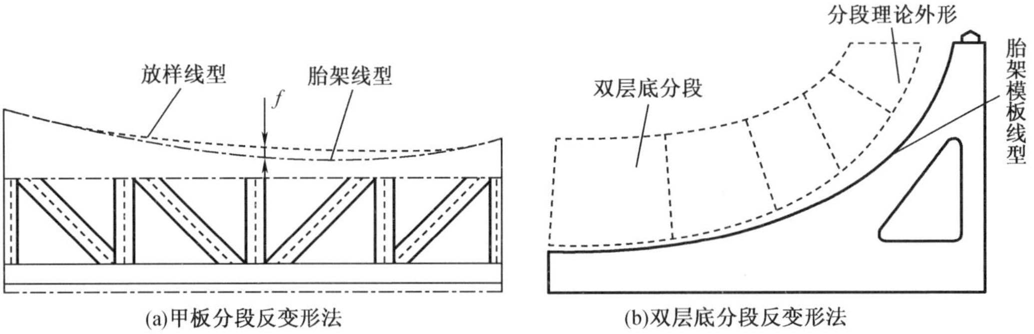


**图5－33　船体结构反变形法示意图**

(4)刚性固定法

刚性固定法采用强制手段来减小焊后的变形。如在薄板上焊接时，可将板的四周用定位焊与平台焊住，在焊接时易出现波浪变形的区域用压铁压住，这样在焊后可减小形变。定位焊等均应在焊缝全部冷却后拆除，否则会影响刚性固定的效果。

在钢板对接焊时，也可采用加"马"的方法来控制变形，如图5－34所示。这种方法在实际生产中应用较广。

刚性固定法对减小变形有效，在焊接时不必过多考虑焊接顺序，但在应用刚性固定法的同时，必须考虑到材料的性能。因刚性固定阻碍了焊件自由收缩，将会在构件中出现较大的应力，对于脆性较大的铸铁件等材料，则可能导致裂纹。另外有些大件不易固定，在焊后撤销固定夹具后，焊件还有少许变形存在，如果将刚性固定法和反变形法等其他方法配合使用,将会获得更好的防止变形的效果。

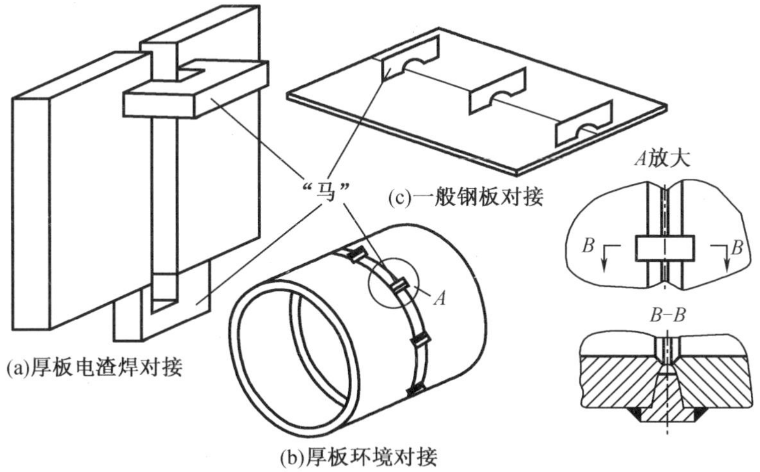


图 5－34　钢板对接焊时加“马”刚性固定

(5)散热法

散热发又称强迫冷却法,就是把焊件的焊接处的热量迅速散去,使焊缝附近的金属受热区大大减小,达到减小焊接变形的目的。图 5－35(a)是水浸法的示意图,该方法常用于堆焊和补焊;图 5－35(b)是散热垫法示意图;图 5－35(c)是采用直接水冷却防止薄板变形的示意图。散热法对具有淬火倾向的材料是不适宜的,否则易产生裂纹。

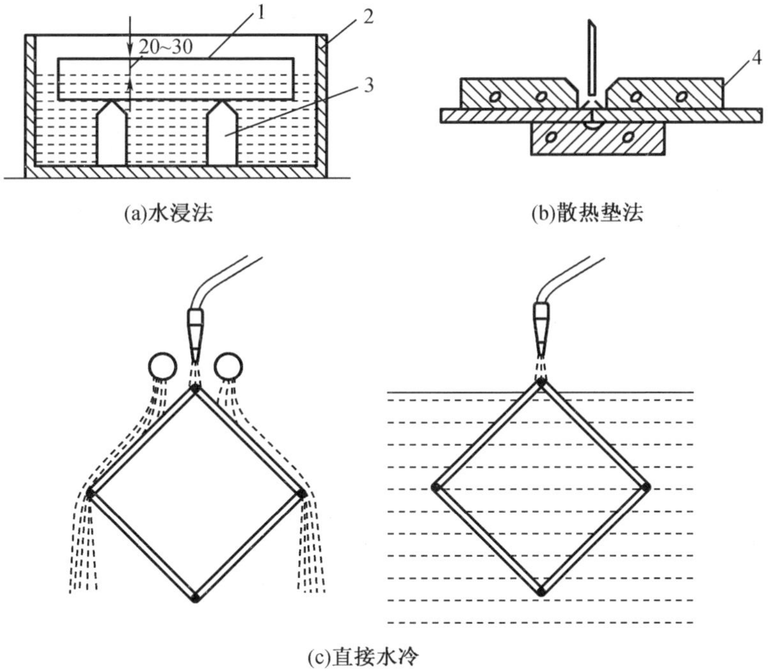


1—焊件;2—水槽;3—支承架;4—纯钢板。

图 5－35　散热法示意图(单位:mm)

## 二、焊接残留变形的矫正

焊接残留变形，大部分是可以矫正的。常用的矫正方法有机械矫正法和火焰矫正法两种。

1. 机械矫正法

机械矫正法就是利用机械力的作用来矫正变形，如用千斤顶及压力机等。图 5-36 是工字梁机械矫正变形的示意图。

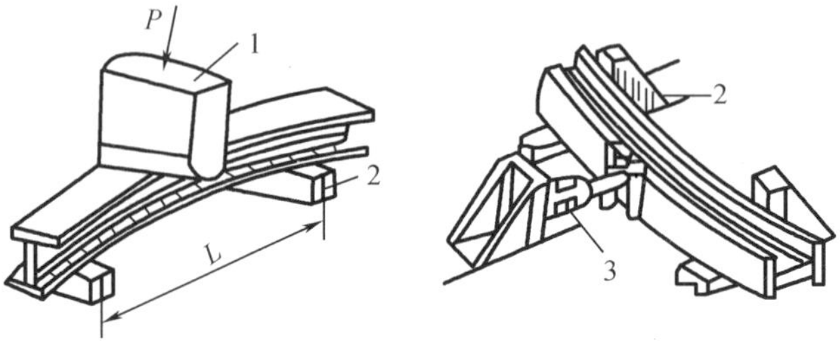


(a)用压头压　　(b)用千斤顶顶

1—压头；2—支承；3—千斤顶。

**图 5-36　工字梁机械矫正变形示意图**

对于低碳钢结构，可在焊后用此方法矫正，但对于一般合金钢的结构，焊后必须先进行消除应力热处理后才能机械矫正，否则不但矫正困难，而且容易产生断裂。

对于薄板的波浪变形，可采用锤打焊缝区的拉伸应力段的机械矫正法，因为如果拉伸应力段延伸了，就减小了对薄板边缘的压缩力，从而矫正了波浪变形。图 5-37(a)为波浪变形原始情况，矫正的方法是沿着钢板原始变形的半径方向由里向外锤击，如图 5-37(b)所示；或者沿着钢板突起部分四周逐渐向里锤击，如图 5-37(c)所示。

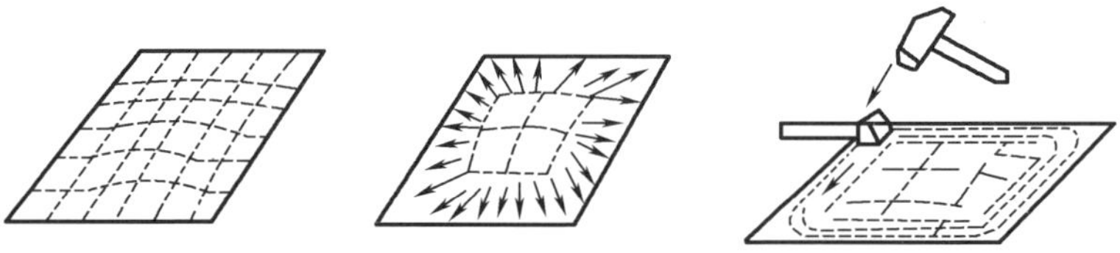

(a)　　(b)　　(c)

**图 5-37　手工矫正薄板波浪变形示意图**

对于薄板拼板焊后变形，如果有条件，可以采用碾压法来消除焊接残留变形，即三星轧辊或七星轧辊碾压，这种方法具有效率高、质量好的优点。

2. 火焰矫正法

火焰矫正法，即通过氧乙炔火焰或其他气体火焰，以不均匀加热的方式引起结构变形来矫正原来的残留变形。这种矫正法的关键是掌握火焰局部加热引起变形的规律，以便定出正确的加热位置，然后将变形构件的局部加热到 600 ~ 800 ℃，再经加热后自然冷却或强制冷却(水火)，使这些局部产生变形来抵消原有的变形。火焰矫正法不仅适用于低碳钢，而且还适用于部分强度级别较低的低合金钢结构。火焰矫正根据加热方式的不同可分为点状加热矫正、线状加热矫正和三角形加热矫正。

(1)点状加热矫正

薄板结构适宜采用点状加热法。一般加热点直径 $d$ 不小于 15 mm。加热时，点与点的间距应随变形量的大小而定，残余变形越大，间距越小，间距控制在 50 ~ 100 mm。图 5 - 38 为梅花式点状加热。为提高矫正速度和避免在加热处产生小泡突起，往往在加热完成一点后，即用锤击打加热点及其周围，然后浇水冷却。

(2) 线状加热矫正

火焰沿着直线方向移动，或者同时在宽度方向做横向摆动，形成带状加热，如图 5 - 39 所示。加热线的横向收缩大于纵向收缩，应尽可能发挥加热线横向收缩的作用。加热线的宽度越大，横向收缩也越大，加热线宽度一般取钢板厚度的 0.5 ~ 2 倍。线状加热多用于变形较大或刚度较大的结构，也可矫平钢板。线状加热矫正还可同时用水冷却，称为水火矫正，如图 5 - 40 所示。

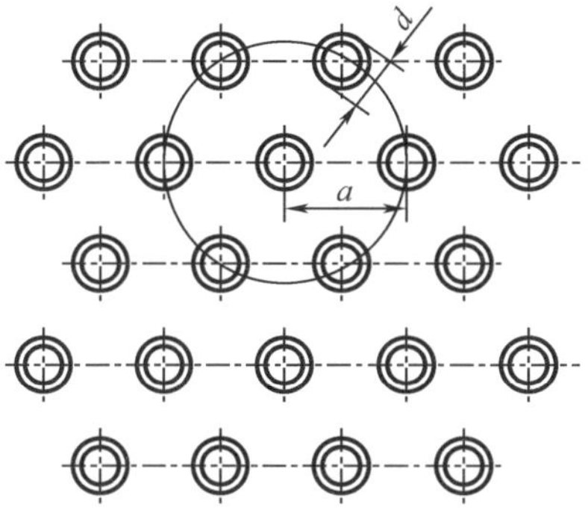


图 5 - 38　梅花式点状加热

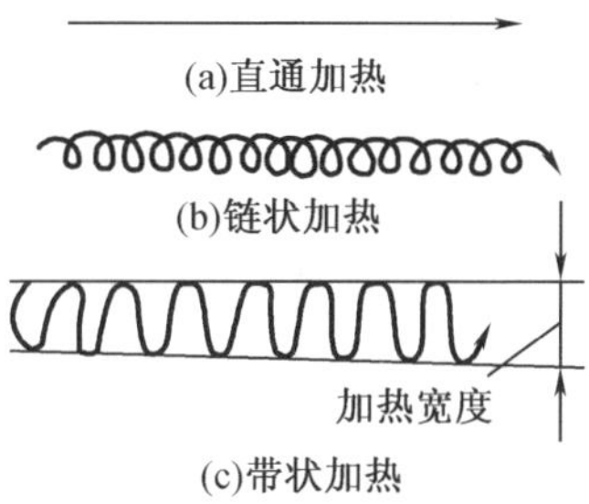


图 5 - 39　线状加热

(3) 三角形加热矫正

三角形加热，即加热区域是三角形状，多用于矫正弯曲变形。由于三角形加热面积较大，收缩量也较大，所以这种方法适用于矫正厚度较大、刚度较强的构件弯曲变形。矫正时可以用两个或更多焊炬同时加热，在加热过程中可视结构具体情况加外力或用水冷却。图 5 - 41，为 T 形梁的三角形加热矫正。

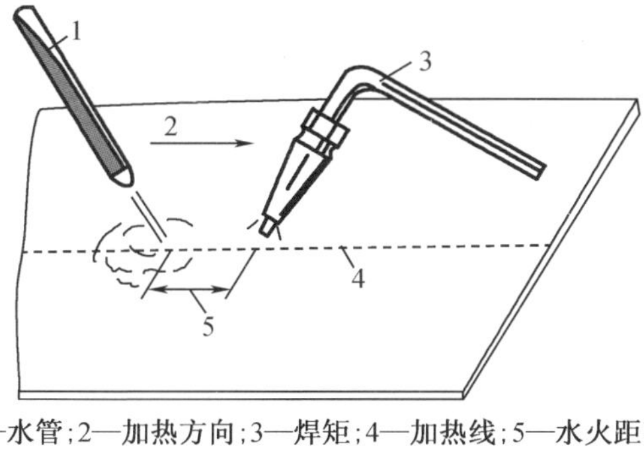


1—水管；2—加热方向；3—焊矩；4—加热线；5—水火距离。

图 5 - 40　水火矫正

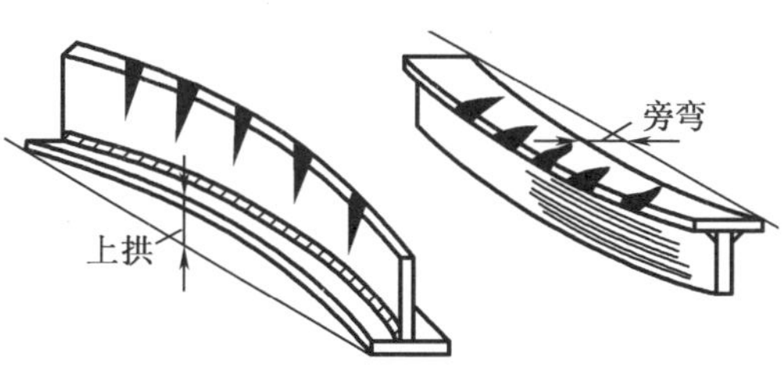


图 5 - 41　T 形梁的三角形加热矫正

火焰加热矫正的应注意以下事项。

①首先应了解被矫正结构的材料，矫正后性能有显著下降的，不宜采用火焰矫正。一般情况下，焊接性较好的材料，如低碳钢、强度级别较低的低合金钢等均可采用火焰矫正；而且当板厚不大时，还可用水火矫正。

②加热用火焰一般采用中性焰，如果要求加热深度小，可采用氧化焰。

③薄板变形的火焰矫正过程中需要锤击时，应使用木槌击打。

## 5.5　减少或消除焊接残留应力的方法

焊接残留应力会直接影响到焊接结构焊后的承载能力或抵抗破坏的能力，所以减少或消除焊接残留应力也是极为重要的，焊接残留应力也可以从设计和工艺两个方向加以控制。

### 一、减少焊接残留应力的措施

1. 设计措施

焊接残留应力的控制首先要从设计上加以考虑，正确的设计方案是控制应力的根本措施。

(1)减少焊缝数量及尺寸

设计时应尽量减少焊缝的数量和尺寸。

(2)避免焊缝过于集中

焊缝过于集中将使应力叠加，因此设计时应尽量使焊缝分开。如压力容器标准规定，相邻的两筒体间纵缝和纵缝应错开，错开的间距应大筒体壁厚的 3 倍，且要求不小于 100 mm，更不允许采用十字焊缝，因为十字焊缝交叉处会产生应力，降低结构的力学性能。

(3)采用刚度较小的接头形式

结构刚度增加时，焊接应力也随之增大。因此，为减小焊接应力，应尽量采用刚度较小的接头形式。

(4)避免应力集中

在焊缝四周应尽量保持几何形状的连续性，避免突然的转度以免引起应力集中。如厚薄板的拼缝，对于不同厚度的板材对接，如果厚度差($\delta-\delta_1$)不超过如表 5-2 中所示的规定时，则焊缝坡口的基本形式与尺寸按较厚板的尺寸数据来选取；否则，应在较厚板上进行单面或双面削斜处理，如图 5-42 所示，其削斜长度 $l\geq3(\delta-\delta_1)$。

**表 5-2　厚度差范围**　　单位：mm

| 较薄板的厚度 $\delta_1$ | ≥2~5 | >5~9 | >9~12 | >12 |
|---|---|---|---|---|
| 允许厚度差($\delta-\delta_1$) | 1 | 2 | 3 | 4 |

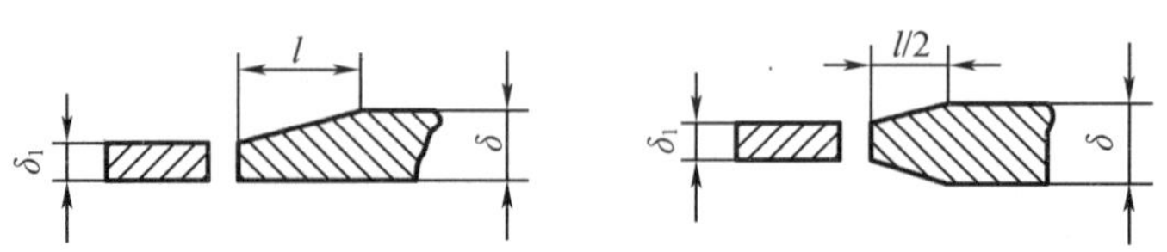


(a)单面削薄　(b)双面削薄

**图 5-42　不同厚度钢板的对接**

2. 工艺措施

正确的设计并不能完全控制焊接残留应力，利用正确的工艺方法是控制焊接残留应力的重要措施。

(1)选择合理的焊接顺序

为减少或消除焊接结构的残留应力，在合理安排焊接顺序时有以下三个原则。

①尽可能考虑焊缝能自由收缩。对于大型的焊接结构来说，焊接应从中间向四周进行，如图 5－43 中的序号所示。因为只有这样才能使焊缝由中间向外依次收缩，减少焊接残留应力。

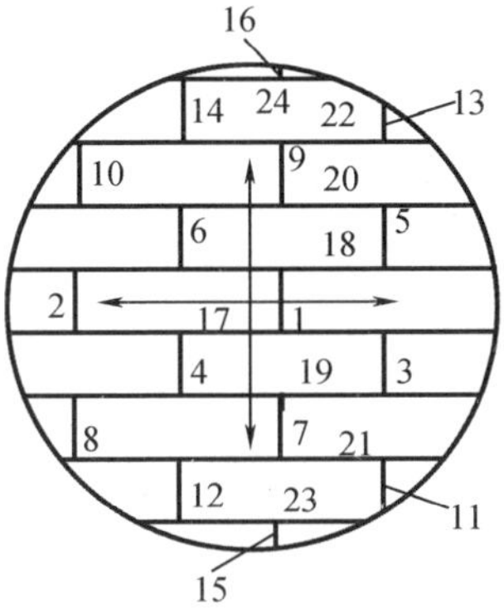


图 5－43　大型容器底部拼板焊接顺序

②收缩量大的焊缝应当先焊。一般来说，先焊的焊缝受阻小，所以焊后产生的残留应力较小。而收缩量大的焊缝，容易产生较大的残留应力，因此构件上收缩量大的焊缝先焊就可以减小焊接残留应力。

③在焊接平面上带有交叉焊缝的接头，焊接时必须采用保证交叉点部位不易产生缺陷的焊接顺序，如 T 形焊缝和十字焊缝，应按如图 5－44 所示的顺序进行焊接，才能使横向收缩比较自由，有助于避免在焊缝交叉点处产生裂纹。同时焊缝的起弧和收弧也可避开交叉点或虽在交点上，但在焊接相交的另一条焊缝时，起弧或收弧处事先应被处理掉。

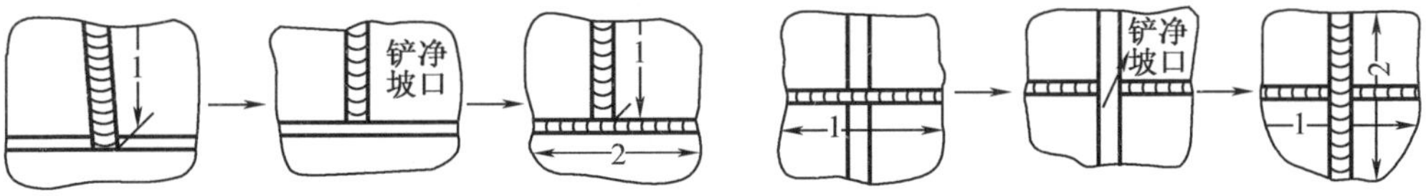


(a)T形焊缝的焊接顺序　　(b)十字交叉焊缝的焊接顺序

图 5－44　交叉焊缝的焊接顺序

(2)事先留出保证焊缝自由收缩的余量

船体结构中常有工艺孔需要焊接。如图 5－45(a)所示，这种环形焊缝沿着纵向和横向均不能自由收缩，因此在焊接过程中，由于应力的作用会产生热应力裂纹，焊后会产生很大的焊接残留应力。防止方法之一，是将补板压出球面状或在补板边缘压出一定的凹鼓形，如图 5－45(b)所示。焊后补板由于焊缝收缩而被拉成平直形，起到减小焊接残留应力，避免产生裂纹的作用。

(3)开缓和槽(应力槽)减小应力

大厚板的焊件刚性强，焊接时容易产生裂纹。在不影响结构强度性能的前提下，可以通过在焊缝附近开缓和槽的方法。这种方法的实质是减少结构刚性，尽量使焊缝有自由收缩的可能。如图 5－46(a)所示，因钢板较厚，而且是封闭环缝，焊接易发生开裂。在这种情况下，可采取在靠近焊缝的地方开缓和槽的方法，以减小该处的刚性，焊接时可避免产生裂纹，如图 5－46(b)所示。

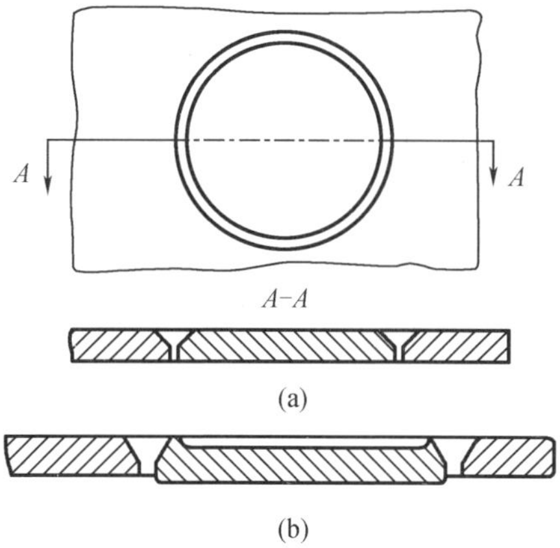

**图 5－45　降低局部刚度法**

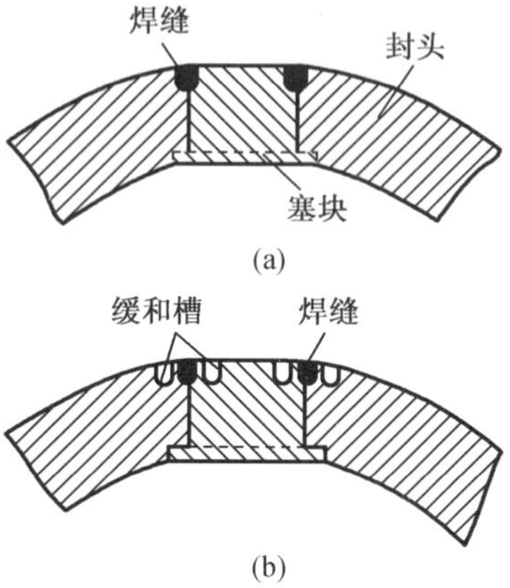

**图 5－46　圆形封头焊补**

(4)采用“冷焊”法

这种方法的原则是使整个结构上的温度分布尽可能均匀，即要求焊接部位的“局部”温度应尽量控制得低些，同时，这个“局部”在结构的“整体”中所占的面积范围尽量小些。具体措施是：

①采用小直径、小电流焊接，焊材的塑性和韧性较好(如补焊铸铁采用镍基焊条)。

②每次只焊很短的一道焊缝，例如铸铁补焊时只焊 10～40 mm，然后使焊缝区域的温度降到 50 ℃左右(不烫手时)再焊下一段。

(5)预热法

预热是指在焊前对焊件的全部(或局部)进行加热的工艺措施，一般根据材质加热到 150～350 ℃。其目的是减小焊接区和结构整体的温度差，尽可能使结构整体均匀地冷却，从而减小应力。

(6)加热“减应区”法

选择构件的适当部位进行加热，使之膨胀伸长。加热这些部位以后再去焊接或焊补原来刚性很大的焊缝时，焊接应力可大大减小。这种加热可位就叫“减应区”。这种方法可减少焊接区和构件上阻碍焊接区自由收缩的部位之间的温度差，使它们尽量均匀冷却和收缩，以减小内应力，如图 5－47 所示，图中网格代表减应区，箭头代表热膨胀方向。

(7)敲击法(锤击法)

焊缝区金属由于在冷却收缩时受阻而产生应力。在焊后冷却过程中用锤子敲击焊缝金属，促使焊缝金属产生塑性变形，可抵消一些焊缝的收缩，起到减小焊接残留应力的作用，这就是敲击法的原理。

## 二、焊接结构焊接残留应力的消除

1. 整体高温回火法

关于残留在焊接结构中的应力的最终消除方法，目前常用的是消除应力热处理，即将焊件整体加热到 600 ~ 650 ℃，此时，金属未发生相变，并在缓慢冷却，从而使应力得到消除。整体焊后热处理，一般可将 80% ~ 90% 以上的残留应力消除掉，并可改善焊缝热影响区的组织性能。

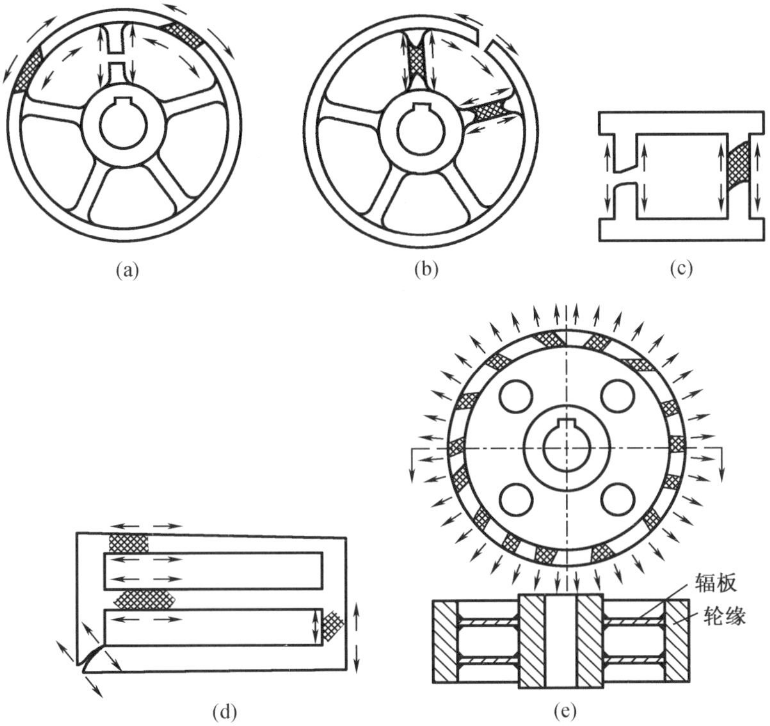


**图 5－47　几种简单结构加热“减应区”法示意图**

2. 局部高温回火法

这种处理方法是把焊缝周围的局部区域进行加热，然而缓慢冷却。加热的方法有红外线、火焰和感应加热等。局部高温回火法消除应力的效果不如整体高温回火法，但它可以降低应力峰值，改善焊接接头的力学性能。

3. 机械拉伸法

对焊接结构进行加载，使焊接塑性变形区得到拉伸，以减小由焊接引起的局部压缩塑性变形量，使内应力降低。消除掉的焊接残留应力值与加载时产生的应力值大小有关。加载应力越高，压缩塑性变形就抵消得越多，内应力也就消除得越彻底，例如容器的水压试验，就起到机械拉伸的作用。

4. 温差拉伸法

温差拉伸法是将焊缝两侧各加热到 150 ~ 200 ℃，然后用水冷却，使焊缝区域受到拉伸塑性变形，从而消除焊缝纵向的残留应力，具体方法是在焊缝两侧各用一个适当宽度的火焰加热，并在一定的距离处喷水冷却，可以取得较好的消除应力效果。

5. 振动法

振动法是对焊缝区施加振动载荷，使振源与结构发生稳定的共振，利用稳定共振产生的变载应力，使焊缝区域产生塑性变形，达到消除焊接残留应力的目的。

## 5.6　焊接接头的工作应力和强度校核

焊接接头由高温热源的局部加热形成，其成分、组织和性能并不均匀，而且焊接接头因焊缝的布置和形状的不同，会产生不同程度的应力集中，所以不均匀性和应力集中是焊接接头的两个基本属性。

### 一、应力集中概念

由于焊缝的形状和焊缝布置的不同，焊接接头工作应力的分布是不均匀的，其最大应力值（$\sigma_{max}$）比平均应力值（$\sigma_m$）高，这种情况称为应力集中。应力集中的大小，常以应力集中系数 $K_r$ 表示：

$$K_r = \frac{\sigma_{max}}{\sigma_m}$$

式中　$\sigma_{max}$——截面中最大应力值；

$\sigma_m$——截面中平均应力值。

在焊接接头中产生应力集中的原因有三方面。

(1)焊缝中的工艺缺陷

焊缝中经常产生的缺陷，如气孔、夹渣、裂纹和未焊透等，都会在其周围引起应力集中，其中尤以裂纹和未焊透引起的应力集中最严重。

(2)不合理的焊缝外形

对于接缝的余高过大、角焊缝太凸等不合理的焊缝外形，在焊缝的焊趾处都会形成较大的应力集中。

(3)设计不合理的焊接接头

接头截面的突变，加盖板的对接接头等不合理的焊接接头，均会造成严重的应力集中。焊缝布置不合理，如只有单侧焊缝的丁字接头，也可能引起应力集中。

### 二、焊接接头的工作应力分布和工作性能

不同的焊接接头在外力作用下，其工作应力分布和工作性能是不同的。

(1)对接接头

焊接生产中，对接接头的焊缝均应高出母材表面，高出的部分称为余高。由于余高造成构件表面不平滑，在焊缝与母材的过渡处会引起应力集中，如图 5－48 所示。

在焊缝余高与母材过渡的焊趾处，应力集中系数 $K_r$ 为 1.6，在焊缝背面与母材的过渡处，应力集中系数 $K_r$ 为 1.5。$K_r$ 的大小与余高 $c$ 和焊缝间母材过渡的半径 $r$ 有关。减小 $r$ 和增大 $c$，均使 $K_r$ 增加，所以余高太大，虽然使焊缝截面增厚，但却使应力集中也增加，因此生产中应适当控制余高值，不应当采用增加余高的方法来增加焊缝的承载能力。国标规定，余高应控制在 0～3 mm，并且构件在承受动载荷情况下，焊接接头的焊缝余高值应趋于零。因此对重要的动载结构，可采用削平余高或增大过渡圆弧的措施来降低应力集中，以提高接头的疲劳强度。

(2)T 形接头(十字接头)

由于 T 形接头(十字接头)焊缝向母材过渡较急剧，造成应力分布极不均匀，在角焊缝

的根部和过渡处,会产生很大的应力集中,如图 5 - 49 所示。

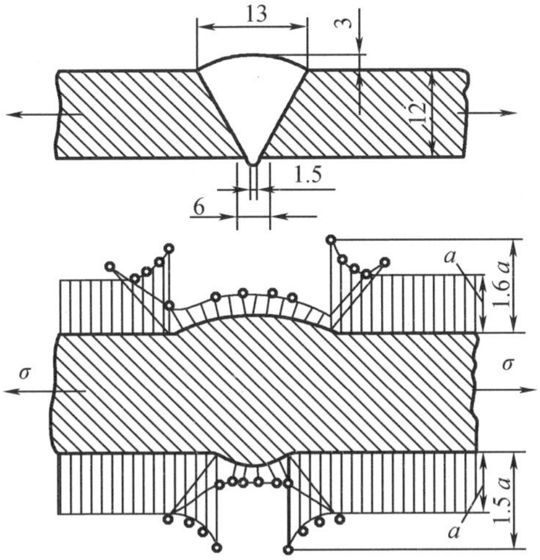


图 5 - 48　对接接头的应力分布(单位:mm)

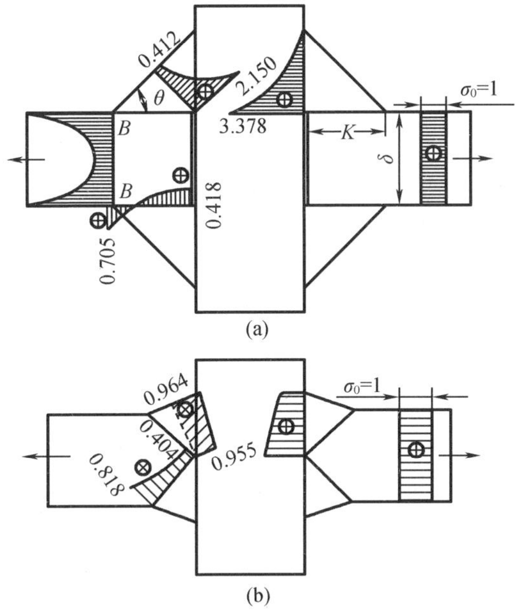


图 5 - 49　T 形(十字)接头的应力分布(单位:mm)

图 5 - 49(a)中是未开坡口 T 形(十字)接头中正面焊缝的应力分布状况。由于整个厚度没有焊透,焊缝根部应力集中很大。在焊趾截面 $B-B$ 上应力分布也不均匀,$B$ 点的应力集中系数 $K_r$ 值随角焊缝的形状而变,应力集中随 $\theta$ 减小而减小,也随焊脚尺寸增大而减小。图 5 - 49(b)是开坡口并焊透的 T 形(十字)接头,这种接头使应力集中大大降低。因此,保证焊透是降低 T 形(十字)接头应力集中的重要措施之一。因此,在生产中,对重要的 T 形(十字)接头必须开坡口或采用深熔焊法进行焊接。

(3)搭接接头

搭接接头使构件形状发生较大的变化,所以应力集中比对接接头的情况要复杂很多。在搭接接头中,根据搭接角焊缝受力的方向,可以将搭接角焊缝分为正面角焊缝、侧面角焊缝和斜向角焊缝三种。如图 5 - 50 所示搭接接头角焊缝。

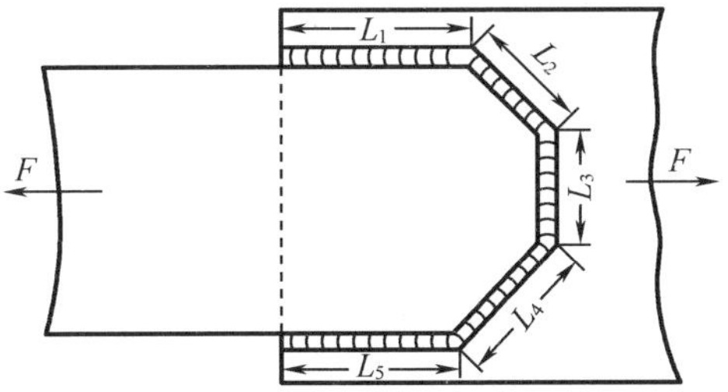


图 5 - 50　搭接接头角焊缝

焊缝与力的作用方向相垂直的角焊缝为正面角焊缝($L_3$ 段);相平行的称为侧面角焊缝($L_1$、$L_5$ 段);介于两者之间的称为斜向角焊缝($L_2$、$L_4$ 段)。

①正面角焊缝的工作应力分布。在正面角焊缝的搭接接头中,应力分布很不均匀,如图 5 - 51 所示。在角焊缝的根部 $A$ 点和焊趾 $B$ 点,都有较大的应力集中。焊趾 $B$ 点的应力

集中系数随角焊缝的斜边与水平边的夹角 $\theta$ 而改变，减小 $\theta$ 可增大熔深焊透根部，可以降低应力集中系数。

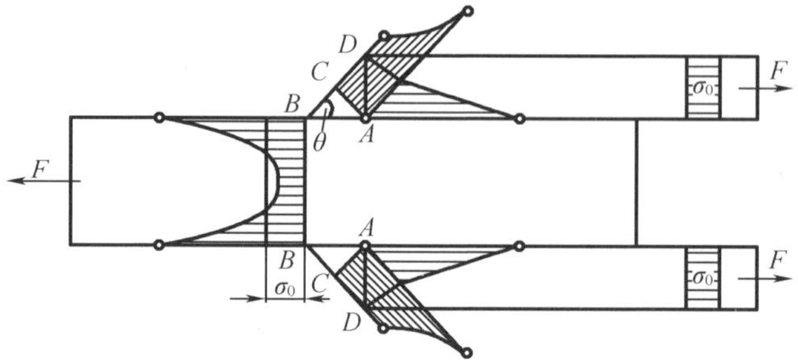


图 5 - 51　正面搭接角焊缝的应力分布

②侧面角焊缝的工作应力分布。侧面角焊缝的工作应力，如图 5 - 51 所示。其特点是最大应力在两端，中部应力最小，而且焊缝较短时应力分布较均匀；焊缝较长时，应力分布不均匀程度就增加。因此，采用过长的侧面角焊缝是不合理的，通常规定侧面角焊缝的长度不得大于 50 倍的焊脚尺寸（$K$）。

③联合角焊缝的工作应力分布。既有侧面角焊缝又有正面角焊缝的搭接接头称为联合角焊缝搭接接头。在只有用侧面角焊缝焊成的搭接接头中，母材断面上的应力分布不均匀，如图 5 - 52 中所示，横截面 $A-A$ 的焊缝附近有最大的正应力 $\sigma_{max}$，其应力集中非常严重。增加正面角焊缝后的应力分布，如图 5 - 53 所示，在 $A-A$ 截面上的正应力分布较为均匀，最大切应力 $\tau_{max}$ 降低，使在 $A-A$ 截面两端点上的应力集中得到改善。由于正面角焊缝承受一部分外力，以及正面角焊缝比侧面角焊缝刚性大、变形小，所以侧面角焊缝的切应力也得到改善。为此在设计搭接接头时，如增添正面角焊缝，不但可以改善应力分布，还可以缩短搭接长度。

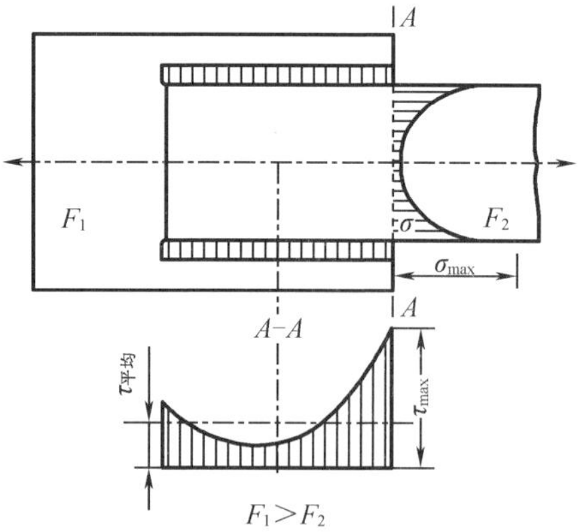


图 5 - 52　侧面角焊缝应力分布情况

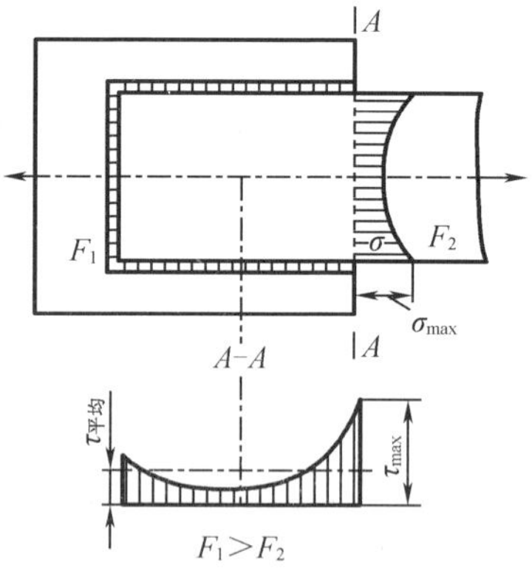


图 5 - 53　联合角焊缝应力分布情况

④盖板接头中的工作应力分布。加盖板接头，有双盖板搭接和单盖板两种。仅用侧面角焊缝连接的盖板接头，如图 5 - 54(a) 所示，在盖板范围内各横截面正应力 $\sigma$ 的分布非常不均匀，靠近侧面焊缝部位的应力最大，远离焊缝并在构件的轴线位置上的应力最小。增加正面角焊缝连接的盖板接头，如图 5 - 54(b) 所示，其各横截面正应力的分布得到明显的改善，应力集中大大降低，但这种接头在承受动载荷的结构中疲劳强度极低，因而盖板接头

还是不宜推广采用。

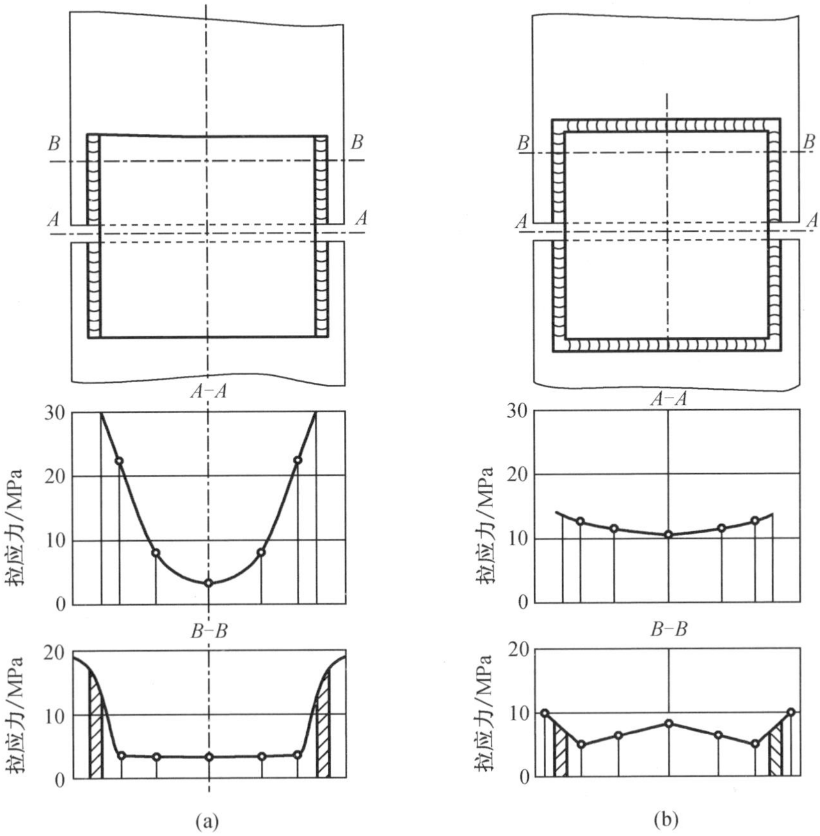


**图 5－54　加盖板接头的应力分布**

## 三、应力集中对结构静载强度的影响

各种焊接接头,都有不同程度的应力集中。当材料具有足够的塑性时,结构在静载破坏之前就有显著的塑性变形,应力集中对其强度无影响。例如,侧面搭接接头在加载时,如果母材和焊缝金属都有较好的塑性,其切应力的分布是不均匀的,如图 5－55 所示。继续加载,焊缝的两端点达到屈服强度($\sigma_s$),则该处应力停止上升,而焊缝中段各点的应力因尚未达到 $\sigma_s$,应力随加载继续上升,达到屈服极限的区域逐渐扩大,应力分布曲线变平,最后各点都达到 $\sigma_s$。如再加载直至使焊缝全长同时达到强度极限,最后导致破坏。

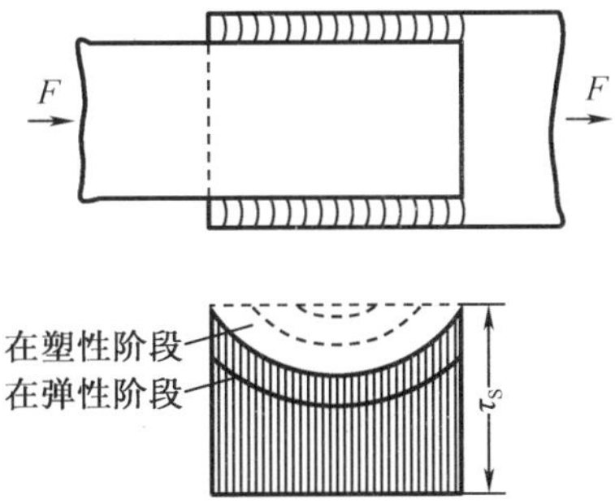


**图 5－55　侧面搭接接头的工作应力均匀化**

## 四、工作焊缝和联系焊缝

焊接结构中的焊缝，根据其载荷的传递情况，可分为两种：一种焊缝与被连接的元件是串联的，它承担着传递全部载荷的作用，一旦断裂，结构就立即失效，这种焊缝称为工作焊缝。如图 5－56（a）、（b）所示，其应力称为工作应力；另一种焊缝与被连接的元件是并联的，它仅传递很小的载荷，主要起到元件之间相互联系的作用，焊缝一旦断裂，结构不会立即失效，这种焊缝称为联系焊缝，如图 5－56（c）、（d）所示，其应力称为联系应力。在设计时不需计算联系焊缝的强度，只计算工作焊缝的强度。对于具有双重性的焊缝，它既有工作应力又有联系应力，则只计算工作应力，而不考虑联系应力。

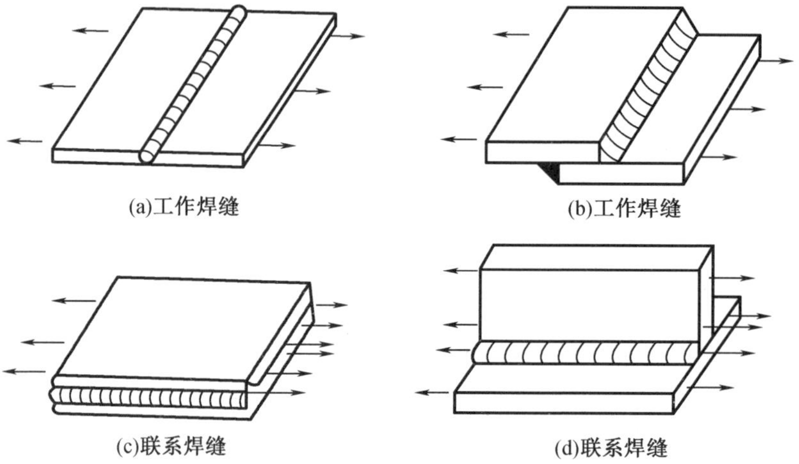


图 5－56　工作焊缝和联系焊缝

## 五、焊接接头静载强度校核

1. 焊接接头强度计算的假设

焊接接头的应力分布非常复杂，精确计算接头静载强度是困难的。为了简化计算，常用的计算方法都是在一些假设的前提下进行的，如：

①残留应力对接头强度没有影响；

②焊趾处和余高处的应力集中，对接头强度没有影响；

③接头的工作应力是均匀分布的，以平均应力计算；

④正面角焊缝与侧面角焊缝的强度没有差别；

⑤焊脚尺寸的大小对角焊缝的强度没有影响；

⑥角焊缝都是在切应力作用下被破坏的，按切应力计算强度；

⑦角焊缝的破断面（计算断面）在角焊缝截面的最小高度上，其值等于内接三角形的高（$a$），如图 5－57 所示。

直角等腰角焊缝的计算高度：

$$a = \frac{K}{\sqrt{2}} = 0.7K$$

式中　$a$——计算高度；

$K$——焊脚尺寸。

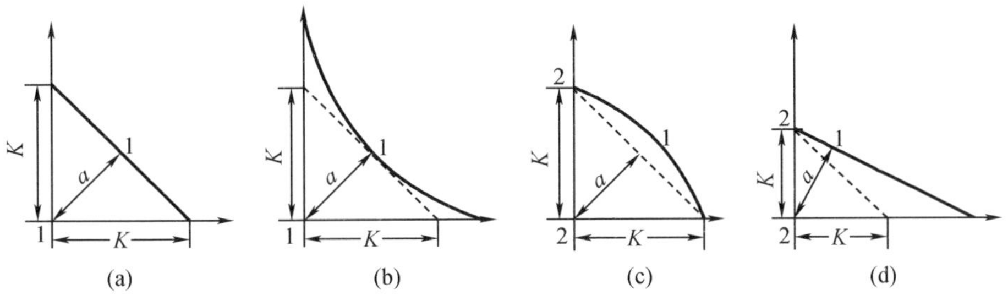


图 5 - 57 角焊缝截面形状及其计算断面

⑧余高和少量的熔深对接头强度没有影响,但埋弧焊和 $CO_2$ 气体保护焊的熔深较大,应予以考虑。如图 5 - 58 所示,其焊缝计算断面厚度 $\delta$ 为

$$\delta = (K + P)\cos 45°$$

其中,$k$ 为 T 形角接焊缝的设计焊脚尺寸;$P$ 为熔深。当 $K \leqslant 8$ mm 时,$\delta$ 可取等于 $K$;当 $K > 8$ mm时,可取 $P = 3$ mm。

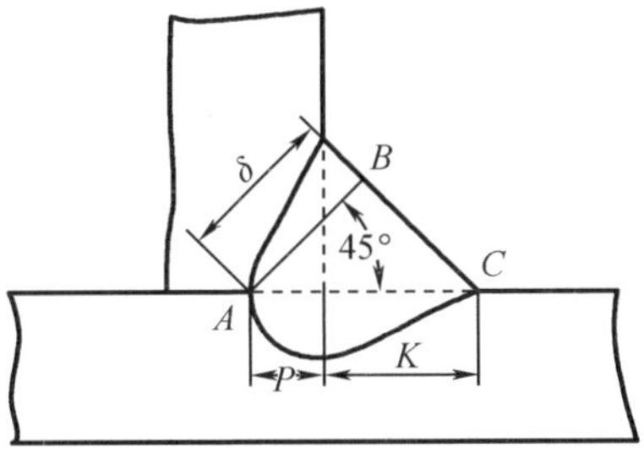


图 5 - 58 深熔焊的角焊缝

2. 对接接头的静载强度计算

计算对接接头的静载强度时,可不考虑焊缝的余高,所以计算基本金属强度的公式完全适用于计算这种接头。焊缝计算长度取实际长度,计算厚度取两板中较薄者。如果焊缝金属的许用应力与基本金属相等,则可不必进行强度计算,全部熔透的对接接头各种受力情况,如图 5 - 59 所示。图中 $F$ 为接头所受拉(压)力,$Q$ 为剪切力,$M_1$ 为平面内弯矩,$M_2$ 为垂直平面弯矩。

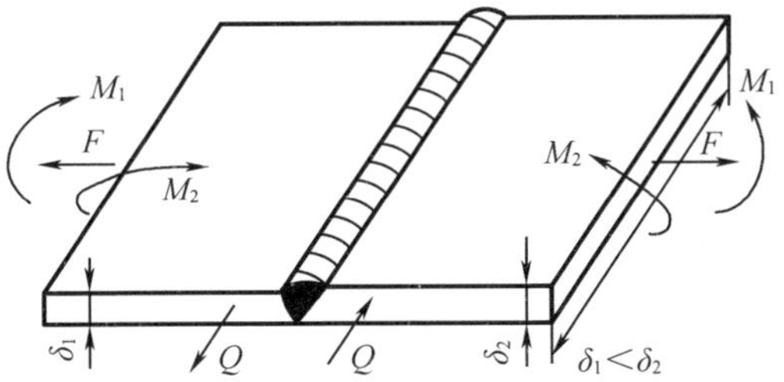


图 5 - 59 对接接头受力情况示意图

各种受力情况强度计算公式如下。

(1)受拉或受压

受拉时

$$\sigma_t = \frac{F}{L\delta_1} \leqslant [\sigma_t']$$

受压时

$$\sigma_a = \frac{F}{L\delta_1} \leqslant [\sigma_a']$$

式中 $F$——接头所受的拉力或压力,N;

$L$——焊缝长度,cm;

$\delta_1$——接头中较薄板的厚度,cm;

$\sigma$——接头受拉或受压时焊缝中所承受的应力,$N/cm^2$;

$[\sigma_t']$——焊缝受拉或受弯时的许用应力,$N/cm^2$;

$[\sigma_a']$——焊缝受压时的许用应力,$N/cm^2$。

**【例】** 根据图 5-60 工件受力状况,厚薄板对接接头承受拉力 120 000 N,板厚 $\delta_1$ = 14 mm,$\delta_2$ = 10 mm,板宽 100 mm,许用应力 $[\sigma_t']$ = 14 200 $N/cm^2$。试校核其焊缝强度。

**解**

$$\sigma_t = \frac{F}{L\delta_1} \leqslant [\sigma_t']$$

$$\sigma_t = 120\ 000/10 \times 1 = 12\ 000(N/cm^2)$$

即

$$\sigma_t < [\sigma_t']$$

所以对接接头焊缝强度满足要求。

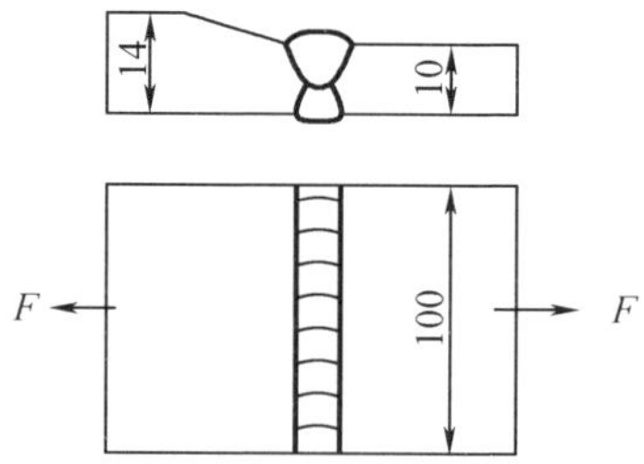


**图 5-60 工件受力情况**(单位:mm)

(2)受剪切

$$\tau = \frac{Q}{L\delta_1} \leqslant [\tau']$$

式中 $Q$——接头所受的剪切力,N;

$L$——焊缝长度,cm;

$\delta_1$——接头中较薄板的厚度,cm;

$\tau$——接头焊缝中所承受的剪切力,$N/cm^2$;

$[\tau']$——焊缝的许用剪切应力,$N/cm^2$。

**【例】** 两块板厚为 10 mm 的钢板对接,焊缝受到 29 300 N 的剪切力,材料为 Q235 钢,由材料手册查得 $[\tau']$ = 9 800 $N/cm^2$。试计算焊缝的长度。

**解**

$$\tau = \frac{Q}{L\delta_1} \leqslant [\tau']$$

$$L = 29\ 300/9\ 800 \times 1 \approx 2.99(cm)$$

所以当焊缝长度为 30 mm 时,该对接接头焊缝强度能满足要求。

## 思考题

1. 什么是内力、应力、内应力和焊接应力?
2. 什么是变形、弹性变形、塑性变形和焊接变形?
3. 焊接应力按其产生的原因可分为哪几类?
4. 焊接变形的种类有哪些?

5. 焊接应力对焊接结构有什么影响?
6. 焊接变形对焊件有什么影响?
7. 板对接接缝在焊接时和冷却后的纵向焊接应力及变形是如何产生的,为什么?
8. 纵向变形的收缩量是随哪些参数变化的?
9. 横向焊接变形及焊接应力是如何产生的,为什么?
10. 弯曲变形、角变形、波浪变形及扭曲变形是如何产生的?
11. 影响焊接结构变形的因素有哪些?
12. 如何根据焊缝的位置来判断焊后变形的方向?
13. 焊接结构的刚性(度)对焊接变形有什么影响?
14. 焊接方向、焊接参数、焊接坡口对焊接变形有什么影响?
15. 防止和减小焊接结构变形的方法有哪些?
16. 为防止和减少焊接结构变形,合理安排焊接顺序的原则有哪些?
17. 矫正焊接变形的方法有哪几种,它们的原理是什么?
18. 火焰矫正法有哪几种形式,要注意哪些事项?
19. 防止和减少焊接结构残留应力的方法有哪些?
20. 为防止和减少焊接结构残留应力,合理安排焊接顺序的原则有哪些?
21. 消除焊接残留应力的方法有哪些,原理是什么?
22. 什么叫应力集中? 焊缝外形上什么地方容易产生应力集中?
23. 为什么不能过多地增加对接焊缝的余高值?
24. 什么是工作焊缝和联系焊缝?
25. 为什么说搭接接头不是理想的接头形式?

# 第二部分　船舶焊接工艺要求

船舶生产制造，从原材料（钢板与型钢）入厂到整个船体结构的完成，需要经过许多道工序，其中船体结构的焊接生产过程主要流程如下：

部件加工（成形）→部件装焊→分段装焊（平面、曲面）→分段总组（立体、半立体）→船台（船坞）搭载

这一部分主要介绍在船舶焊接工艺基本原则的前提下，进行船舶制造过程中各环节的焊接工艺技术。

# 第 6 章　船舶焊接基础知识

## 6.1　船体图线的形式与应用

船体图样是由图线、数字和一些文字说明组成的。船体图样中的图线除用来绘制船体设备、构件的形状外，还用不同的图线表示各种船体的投影及其安装位置。因此，熟悉图线的形式，正确地掌握它在图样中所表示的意义，对船舶焊装工人在实际生产工作中有重要的意义，如图 6 – 1 所示。

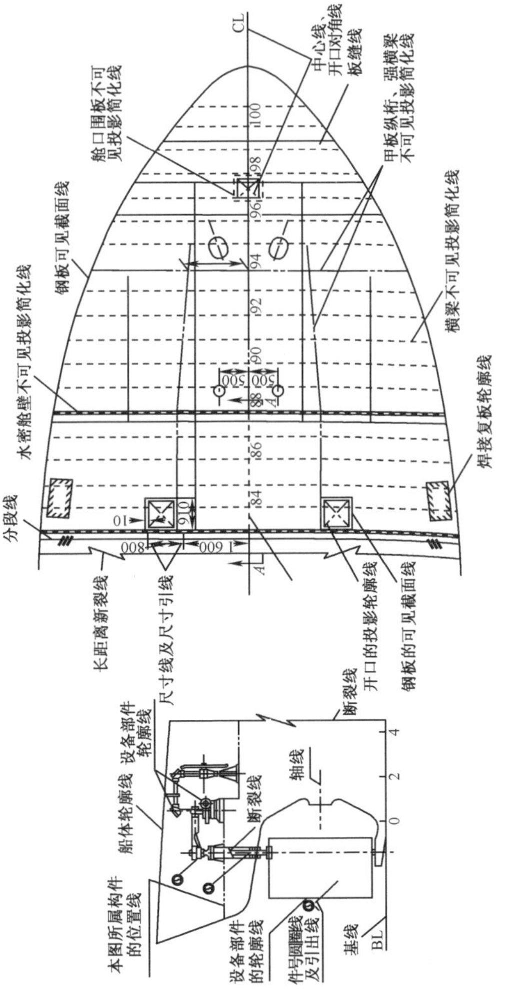


**图 6 – 1 结构、设备布置图中的图线应用**

船体图样中所采用的图线形式、规格及其应用,如表6-1所示。

**表6-1 船体图样中常用的图线形式**

| 序号 | 名称 | 形式 | 应用 |
| --- | --- | --- | --- |
| 1 | 粗实线 | <br>[$b=(0.4\sim1.2)$ mm] | (1)小比例时板材,型材的剖面简化线;<br>(2)设备部件的可见轮廓线(总不在图除外);<br>(3)名称线 |
| 2 | 细实线 |  <br>($\leqslant b/3$) | (1)可见轮廓线;<br>(2)尺寸线,尺寸界线,规格线;<br>(3)基线,中线,格子线,型线;<br>(4)接缝线,剖面线;<br>(5)引出线,指引线 |
| 3 | 粗虚线 |  <br>($b$) | 不可见板材简化线(不包括规定采用轨道线表示的水密板件) |
| 4 | 轨道线 |  <br>($b$) | 主船体结构图内不可见水密板材简化线(肋骨型线图、分段划分图等除外) |
| 5 | 细虚线 |  <br>($\leqslant b/3$) | (1)不可见轮廓图;<br>(2)不可见次要构件简化线(普通肋骨、横梁、纵骨、扶强材等) |
| 6 | 粗点划线 |  <br>($b$) | (1)可见主要构件(纵桁、强肋骨、强横梁、舱壁桁材等)的简化线;<br>(2)钢索、绳索、链索等的简化线 |
| 7 | 细点划线 |  <br>($\leqslant b/3$) | (1)中心线、轴线、开口对角线、转角线;<br>(2)转圆线;<br>(3)可见次要构件的简化线 |
| 8 | 粗双点划线 |  <br>($b$) | 不可见主要构件的简化线(纵桁、强肋骨、强横梁等) |
| 9 | 细双点划线 |  <br>($\leqslant b/3$) | (1)非本图构件可见轮廓线;<br>(2)假想构件可见轮廓线;<br>(3)肋板、舭肘板顶线;<br>(4)工艺开孔线 |
| 10 | 波浪线<br>折断线 | 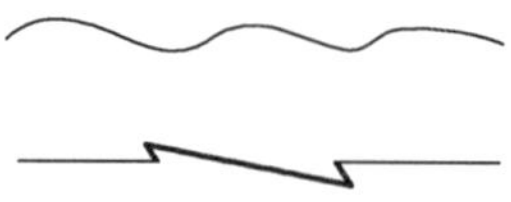<br>($\leqslant b/3$) | 构件断裂边界线(长距离断裂折断线) |
| 11 | 斜栅线 | <br>($\leqslant b/3$) | 分段界线(分段划分图除外) |

# 6.2　船体焊接工艺基本原则及工艺守则

## 一、焊接顺序的基本原则

在船体建造中,为了减小船体结构的变形和应力,正确选择和严格遵守焊接顺序,是保证船体焊接质量的重要措施。由于船体结构复杂,各种类型的船体结构也不一样,因此焊接顺序也有所不同。所谓焊接顺序就是减小结构变形,降低焊接残留应力并使其分布合理的、按一定秩序进行焊接的过程。船体结构焊接顺序的基本原则如下。

①船体外板、甲板的拼缝(前部分"控制应力变形"章节已对原理进行了介绍),一般应先焊横向焊缝(短焊缝),后焊纵向焊缝(长焊缝),如图 6 - 2 所示。对具有中心线且左右对称的构件,应该左右焊工对称进行焊接,最好是双数焊工同时进行,避免构件中心线产生移位。埋弧自动焊一般为先纵缝后横缝。

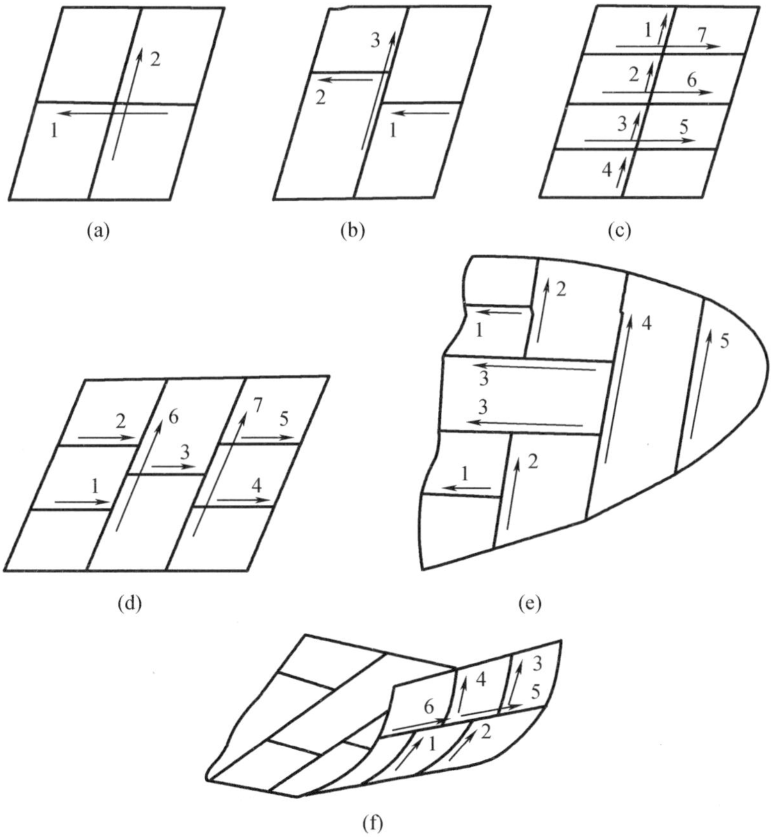


**图 6 - 2　拼板接缝焊接顺序**

②构件中如同时存在对接缝和角接缝,则应先焊对接缝,后焊角接缝;如同时存在立焊缝和平焊缝,则应先焊立焊缝,后焊平焊缝。所有焊缝应采取由中向左右,由中向艏艉,由下往上的焊接次序。

③凡靠近总段和分段合龙处的板缝和角焊缝应留出 200 ~ 300 mm 暂不焊接,以利船台

(坞)装配对接,待分段、总段合龙后再进行焊接。

④直通焊缝长度的焊接,如果焊缝长度 $L \leqslant 1\ 000$ mm 可采用连续直通焊;$L \geqslant 1\ 000$ mm 时,应采用分中逐步退焊法或分段逐步退焊法等方法,参照前面章节控制焊接变形图例。

⑤在结构中同时存在厚板与薄板构件时,先焊收缩量大的厚板,采用多层焊,后焊薄板,采用单层焊。多层焊时,各层的焊接方向最好要相反,各层焊缝的接头应互相错开。这种情况也可以采用分段退焊法,如图 6-3 所示,焊缝的接头不应处在纵横焊缝的交叉点。

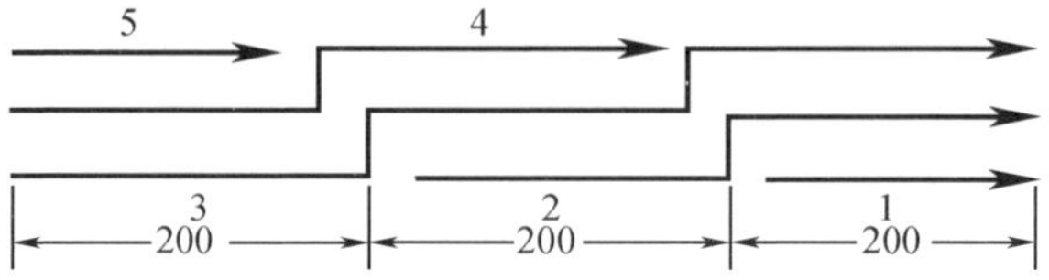


**图 6-3　多层焊的分段退焊法**(单位:mm)

⑥刚性较大的接缝,如立体分段的对接接缝(大接头),焊接过程不应间断,应力求迅速连续完成。

⑦分段接头 T 形、十字形交叉对接焊缝,T 字形对接焊缝可采用直接先焊好横焊缝(立焊),后焊纵焊缝(横焊),如图 6-4(a)所示。也可以采用如图 6-4(b)所示的顺序,在交叉处两边各留出 200~300 mm,待以后最后焊接,这可防止在交叉部位由于应力过大而产生裂缝。同时横缝叉开的 T 字形交叉对接焊缝的焊接顺序,如图 6-4(c)所示。十字形对接焊缝的焊接顺序,如图 6-4(d)所示。

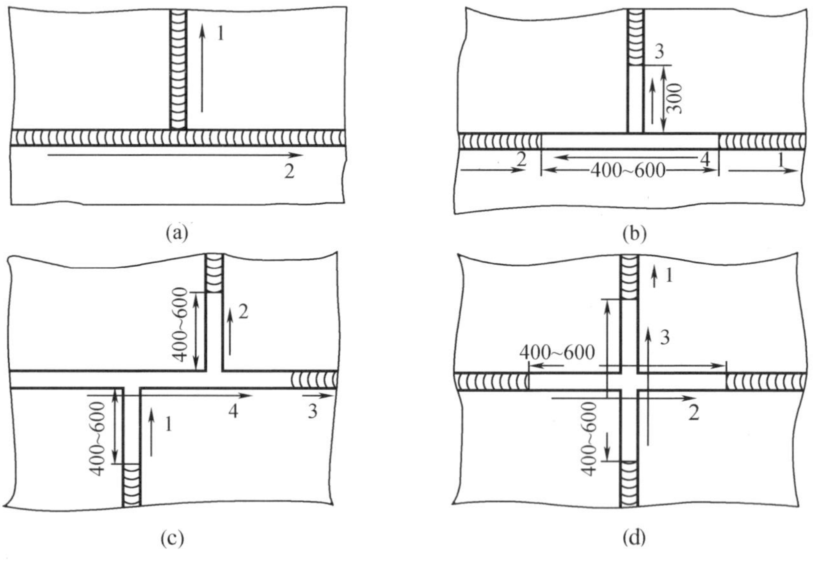


**图 6-4　十字形、T 字形交叉对接焊缝的焊接顺序示意图**

⑧船台(坞)大合龙焊接,先焊接总段中未焊接的外板、内底板、舷侧板和甲板等的纵向焊缝;同时焊接靠近大接头处的纵横构架的对接焊缝;再焊接大接头环形对接焊缝;最后焊接构架与船体外板和甲板的连接角焊缝。

## 二、工艺守则

在船体焊接中,焊工应遵守以下几项工艺守则。

①船体结构焊接的焊工必须按中国船级社《钢质海船入级与建造规范》(CCS 规范),以及相对应的国外船级社(如 LR、DNV、GL、ABS、BV 等)规则进行考试(包括定位焊工),并取得考试合格证。

②为了保证焊透和避免产生弧坑等缺陷,在焊缝两端应安装引弧和熄弧板。引弧与熄弧板的尺寸,埋弧自动焊最小为 100 mm×100 mm,手工电弧焊和 $CO_2$ 气体保护焊最小为 60 mm×60 mm,厚度应与焊件相同。

③当环境温度低于 5 ℃施焊一般强度钢或当环境温度低于 0 ℃施焊高强度钢的船体主要结构(船体外板和甲板的接缝、艏柱、挂舵臂等)时,均须进行预热,预热温度一般为 100 ℃左右。

④对接焊缝(包括 T 形构件的面板、腹板),当采用双面焊时,正面焊好后反面必须碳弧气刨清根(或陶质衬垫单面焊),未经清根的焊缝不得焊接。

⑤分段建造产生的焊接缺陷和焊接变形应修补和矫正完毕后,再进行吊装。

⑥焊条、焊剂等材料的烘焙发放应按有关技术要求严格执行,一次使用不得超过 4 h,而且回收烘焙允许重复两次。

⑦起弧和收弧的要求,不允许在焊缝的转角处或焊缝交叉处起弧或收弧,焊缝的接头应避开焊缝交叉处。引弧应在坡口中进行,严禁在焊件上引弧。

⑧装配定位焊的要求,装配使用的定位焊条必须与母材等级相同或化学成分相近。在施焊过程中,遇到接头定位焊开裂,造成错边量超过标准要求,须修正后再焊接。如果坡口间隙过大,可采用堆焊坡口方法,以及采用临时垫板工艺,严禁采用嵌焊条或用切割余料等作为填充嵌补金属材料。

⑨当构件连续角焊缝与已完工的拼板接缝相交时,可采取如下工艺措施。

a. 可将相交部分焊缝磨平,但不允许该处焊缝呈突变的缺口。

b. 允许在构件腹板上开 *R*30 mm 半圆孔或长形孔 60 mm×4 mm,使平焊缝增强量高出部分通过;进行角焊时将开孔处填满。

c. 构件要求水密时,其腹板上开长 60 mm,高 3 mm,剖面削斜 45°的长形孔,既使平焊缝增高部分通过,又能保证施焊角焊缝焊透。

d. 当构件穿越液舱时,应采取隔水孔或其他等效措施,距水密边界两侧各 100 mm 处构件开 *R*40 mm 的半圆孔,保证半圆孔处有良好的包角,孔与水密边界之间加大角焊缝焊脚尺寸 10%。

⑩按 CCS 规范的规定,一般船体结构中对下列部位在包角焊缝的规定长度内应采用双面连续角焊缝。

a. 肋板趾端的包角焊缝长度应不小于连接骨材的高度,且不小于 75 mm。

b. 型钢端部,特别是短型钢的端部削斜时,其包角焊缝的长度应为型钢的高度或不小于削斜长度。

c. 各种构件的切口、切角和开孔的端部处和所有相互垂直连接构件的垂直交叉处的板厚大于 12 mm 时,包角焊缝的长度应不小于 75 mm;板厚小于或等于 12 mm 时,其包角焊缝长度应不小于 50 mm。

包角焊操作时,包角焊缝应有和顺的过渡,焊脚尺寸不能小于设计尺寸(1.2 倍的焊脚尺寸),在构件的端部更不能以点焊代替。

⑪焊接时,对以下船体结构和构件,按“CCS 船规”规定,应采用抗裂性好的焊材(如低

氢型焊条)。

a. 船体大合龙时的环形对接焊缝和纵桁材对接焊缝。

b. 具有冰区加强级的船舶,其外板的端接缝和边接焊缝。

c. 桅杆、吊货杆、吊艇架、拖钩架和系缆桩等承受强大载荷的舾装件及其所有承受高应力的零部件。

d. 要求具有较大刚度的构件,如艏框架、艉框架和艉轴架等,及其与外板和船体骨架的接缝。

e. 主机基座,以及与其相连接的构件。

f. 用低合金钢材建造的所有船体焊缝。

g. 船长大于 90 m 的舷顶列板与强力甲板边板在舯 0.5$L$ 区域内的角焊缝

h. 蒸汽锅炉及一、二类受压容器。

⑫当焊接高强度船体结构用钢时,严格按照高强度船体结构用钢焊接的操作要求执行。

⑬按 CCS 规范的规定,船体主要结构中的平行焊缝应保持一定距离,对接焊缝之间的平行距离应不小于 100 mm,且避免尖角相交;对接焊缝与角焊缝之间的平行距离应不小于 50 mm,如图 6－5 所示。

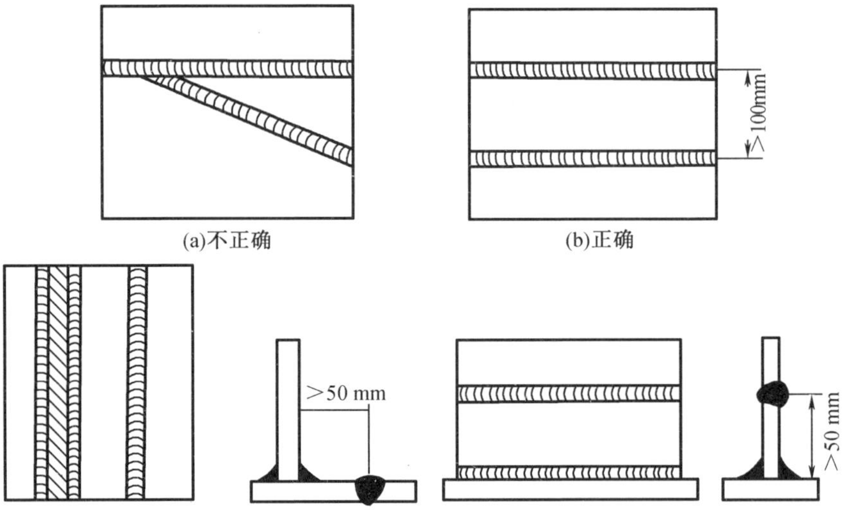


**图 6－5　焊缝之间的平行距离**

# 6.3　船舶企业安全生产及用电基本要求

焊工在工作时要涉及高压电源、可燃气源和易燃、易爆的气体及液体,以及压力容器等。在焊接过程中还会产生一些有害气体,金属蒸气和烟尘,电弧光的辐射,焊接热源(电弧、气体火焰)的高温等。如果焊工不遵守安全操作规程,就可能引起触电、灼伤、火灾、爆炸、中毒等事故,这不仅给国家财产造成经济损失,而且直接影响焊工及其他工作人员的人身安全。因此,国家规定“凡是从事特殊作业的人员,必须进行专门的安全操作技术训练,经过考试合格后，才能允许现场操作。”并且焊工要在规定周期内进行安全技术教育和培训，从思想上重视安全生产。明确安全生产的重要性，增强责任感，了解安全生产的规章制度，熟悉并掌握安全生产的有效措施，避免和杜绝事故的发生是十分必要又具有重要意义的。

## 一、明火作业安全基本要求

①操作人员应持证上岗。

②有三级动火申请审批单，并且填写规范。

③设备的电源线无损坏、过热、严重老化现象。

④焊接龙头、电缆线绝缘必须完好无损。

⑤氧、乙炔皮管应符合标准并有检查合格标志。

⑥氧、乙炔皮管、割炬无泄漏状况。

⑦作业区域可燃物确定被清除。

⑧消防器材无过期并放置到位。

⑨舱室作业双人监护制，监护人必须到位。

⑩盛放有毒、有害物质及可燃气体或液体的容器（包括钢瓶、油柜、储罐、管道等）未经清洗和测爆，不得进行焊接、切割和打磨作业。

⑪作业后（下班）电源、气源的管线应切断并随作业人员带出舱室。

## 二、明火作业“十不烧”

①无焊工操作证，又没有正式焊工在场指导，不能焊割。

②凡属一、二、三级动火范围的作业（重要部门或场地），未经三级（消防、安全部门）审批，不得擅自焊割。

③不了解作业现场及周围的情况，不能盲目焊割。

④不了解焊、割内部有易燃、易爆的危险品时，不能焊割。

⑤盛放过易燃、易爆气体或液态的容器，未经彻底清洗不能焊割。

⑥用可燃物做保护层，隔音、隔热的部位未采取安全措施的不能焊割。

⑦有压力或密封的导管、容器，不能焊割。

⑧附近有易燃易爆物品，在未彻底清理或采取有效的安全措施前，不能焊割。

⑨作用部位与外部有联系接触的，在未弄清楚外部的情况前，不能焊割。

⑩作业场所附近有明火作业相抵触的工种作业时，不能焊割。

## 三、高空作业安全基本要求

①高处作业时安全带要抛锚，安全帽帽带扣牢。

②扶梯完好（无损坏、缺档）。

③通道扶梯上面进行固定防止倾倒。

④临时扶梯放置要安全规范（固定或有人扶挡）。

⑤上、下直梯时，须面向扶梯，禁止手持物件。

⑥工作区域必须做到有边必有栏，有洞必有盖（栏）。

⑦机舱甲板等临边防坠落踢脚完好。

⑧货舱甲板等临时无法装踢脚的，临边 1 m 内无零星易落物件。
⑨无高处向下抛物件情况。
⑩切割余量下落区域设置警戒并有专人监护。
⑪吊篮与高空作业车操作人员持证上岗。
⑫在高空作业时，无翻越高空液压车、栏杆、吊篮等情况。

## 四、密闭空间（舱室）作业安全基本要求

①列出本区域密闭空间舱室目录。
②填写当天的“密闭空间进入申请许可表”。
③氧、乙炔等气管接头扎紧，并且无泄漏情况。
④电焊钳（龙头）、电缆绝缘须完好无损。
⑤测氧、测爆合格。
⑥保持通风、照明良好。
⑦入口应挂牌正确。
⑧进入作业人员须插卡。
⑨作业时必须双人监护。
⑩结束作业（包括中午休息）关闭能源，气管、焊接电缆随人拉出舱室。

## 五、用电安全基本要求

①非电工不得进行 110 V 及以上电压的电气操作。
②临时用电申请并批准后方可使用。
③220 V、380 V 临时用电的电源线须拉设警示旗。
④220 V 及以上电源线不得中间有接头。
⑤电箱、焊机及其开关完好。
⑥220 V 移动电器（包括临时照明灯）须安装漏电保护器。
⑦电源线（电缆线）绝缘完好无破损。
⑧电气设备金属外壳有可靠接地或接零线。
⑨手持电动工具、电焊钳、电缆绝缘必须完好。

## 思考题

1. 试述船体图样的作用和图线形式。
2. 试述焊工安全生产的重要性。
3. 焊工在工作时，防止触电的措施有哪些？
4. 焊接的分类有哪些？
5. 焊接技术对造船生产的重要性如何？
6. 焊接顺序的基本原则有哪些？
7. 按照 CCS 规范，一般船体结构中对包角焊缝有哪些规定？

# 第7章 舾装件的焊接

## 7.1 主机座的焊接

主机座是专为安装主机而设置的船体的一个重要构件，由于不同的船舶采用不同类型的主机，所以主机座的结构形式是随机型而变的。机座一般可分为两种结构形式，较小型船舶的主机座直接装焊在船底板上；而较大型的船舶（船长超过 50 m）设有双层底，主机座就安装在内底板上。

一般主机座是由左右两列机座纵桁和数行横向隔板及横肘板等组成，如图 7－1 所示。主机座的纵桁、横隔板和横肘板都是 T 形部件，一般焊后都会产生变形，但对主机座纵桁上端的面板要求装焊后保持水平，若面板产生焊接变形会影响到主机的安装质量。由于主机座是立体结构，焊缝又比较集中，所以它的结构刚性较大。另外，主机座承受着主机的质量和运转时传递来的动载荷，因此，对主机座的焊接质量要求较高，焊接时要严格控制焊接变形和防止焊缝缺陷。

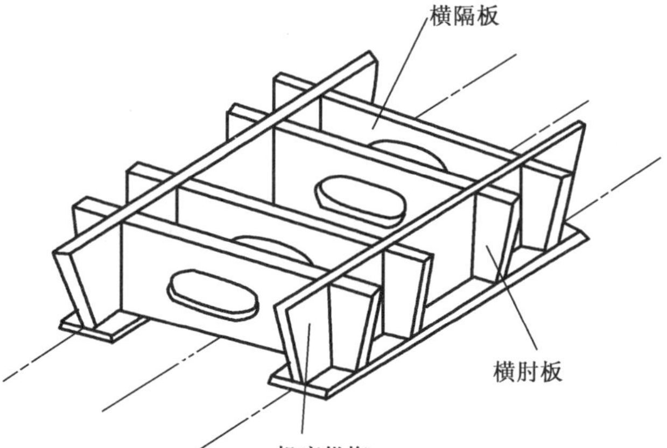


**图 7－1　主机基座结构图**

主机座的装焊工艺如下。

①在平台上划出主机座中心线以及机座纵桁，横隔板和横肘板的安装线，按线铺装已经装成部件的 T 形机座纵桁、横隔板和横肘板并用定位焊固定于平台上，如图 7－1 所示。

②机座纵桁腹板厚度大于或等于 14 mm 时，水平面板及内底板与纵桁腹板的角接处，焊前应在腹板边缘开不留根的坡口，坡口形式按板厚和施工情况而定。

③焊接前清理焊缝坡口边缘，做好必需的清洁工作。

④按 CCS 船规要求，采用与机座母材强度相等的碱性焊材焊接机座纵桁与横隔板及横肘板的角接缝，其焊接顺序一般从中间向两端逐格间跳进行。每条焊缝采用自上而下的逐步退焊法，如图 7－2 所示，然后焊接机座纵桁水平面板与横隔板及横肘板间的平角焊。

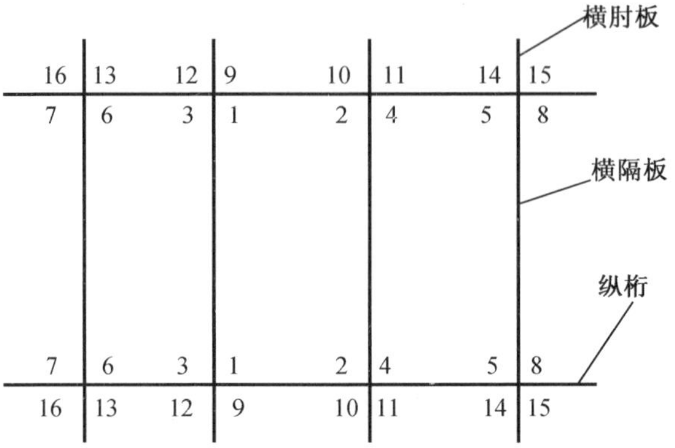


图 7－2　主机基座纵桁与横隔板的焊接顺序

⑤焊接时，应随时测量机座的变形情况，及时调节焊接顺序，以控制焊接变形。

⑥主机基座焊后拆除与平台的定位焊，翻身矫正变形，然后上船安装并与内底板焊接。它与内底板的连接采用双面连续焊条电弧焊或 $CO_2$ 气体保护焊，由双数焊工从中间向两端进行对称焊接，其焊接顺序和方向如图 7－3 所示。

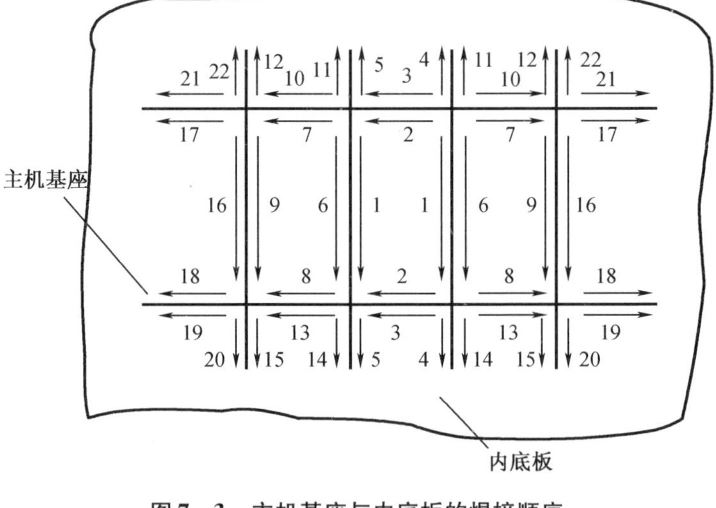


图 7－3　主机基座与内底板的焊接顺序

⑦目前批量生产的中、小型机座，一般在专用的回转胎架上进行总装和焊接，这样有利于选择合适的焊接顺序和焊接位置，能更好地控制焊接变形。

## 7.2　舵的焊接

舵是保证船舶操纵性能装置中重要的部件之一。舵按其截面形状分有平板舵和流线型舵两种。平板舵目前较少采用，它由舵板和舵臂等构件组成。流线型舵较大，中型船舶广泛采用，它由舵杆和舵叶两部分组成。舵杆是舵的转轴，舵叶由舵板、水平隔板和垂直隔板等零件组成，如图 7－4 所示。流线型舵受到的水压力和刚度大，对舵的焊接要求水密和变形小，所以一般都在胎架上进行装焊。

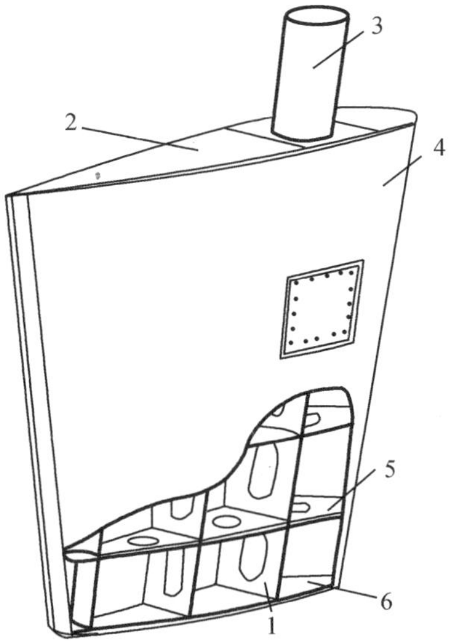


1—垂直隔板；2—舵顶板；3—舵杆；4—舵板；5—水平隔板；6—舵底板。

**图 7－4　流线型舵的结构示意图**

下面介绍流线型舵的焊接工艺。

①在胎架上装配下舵板，下舵板与胎架板用定位焊固定，定位焊缝长度为 30～50 mm。板缝的焊接可待构架装配后进行，或在板缝反面加“马”后再进行焊接。焊接时，采用分段退焊法，如图 7－5 所示。

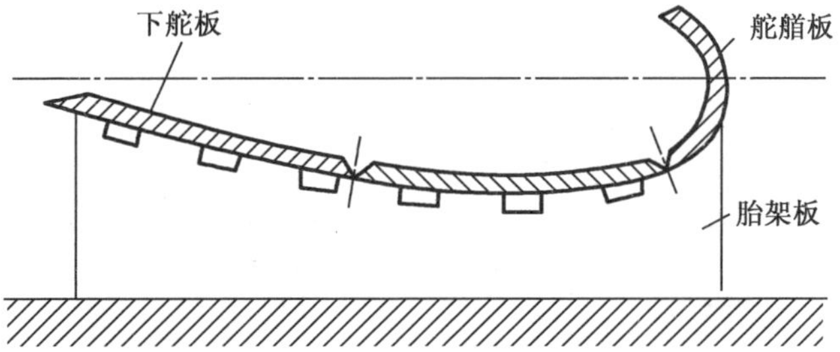


**图 7－5　下舵板的胎架上装焊**

②在下舵板上安装水平隔板、垂直隔板及舵杆套筒（铸钢），并用定位焊固定，如图 7－6 所示。先焊接隔板之间的角焊缝（立角焊），其顺序如图 7－7 所示；然后焊接隔板与舵板的角接缝（平角焊），其顺序如图 7－8 所示，焊接时可由两人按图的顺序同时进行。舵杆套筒与周围的水平、垂直隔板连接焊缝要求水密。

③装配上舵板，如图 7－9 所示。其对接缝背面装有永久垫板。首先焊上舵板与舵艏材的对接缝，以及上舵板本身的拼接焊缝，然后焊接上舵板与纵横隔板间的塞焊缝。焊接塞焊时，应先焊内圈四周，然后逐层堆焊，焊接顺序同样是从中间向左右逐格把水平隔板间的塞焊缝焊好，然后焊垂直隔板间的塞焊缝。再焊上舵板与舵艉材的角接缝，最后焊接上舵

板与舵顶板、舵底板的角焊缝。

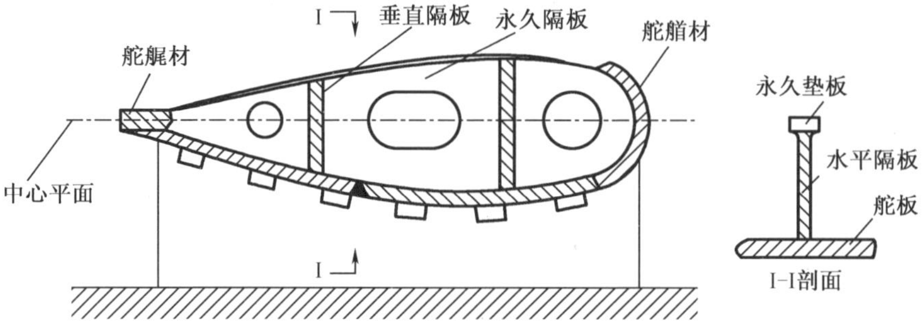


**图 7-6　下舵板上安装水平、垂直隔板**

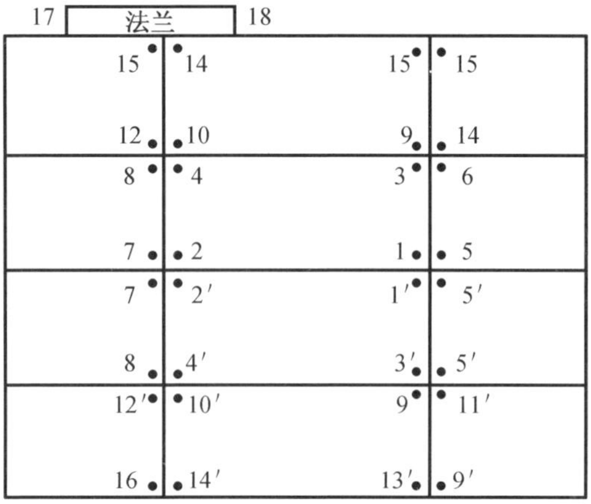


**图 7-7　舵板上的水平、垂直隔板的角焊缝焊接顺序**

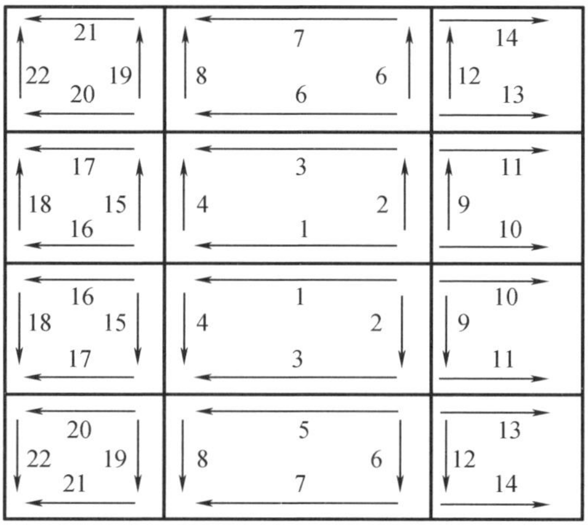

**图 7-8　舵板上的水平、垂直隔板与下舵板的焊接顺序**

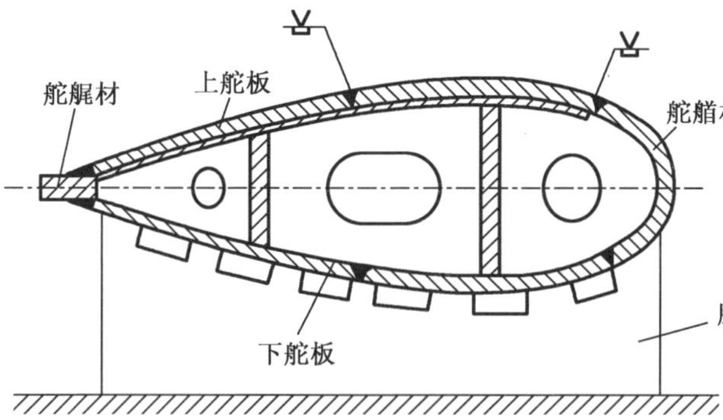


**图 7-9　上舵板的装配**

④将舵割离胎架翻身垫妥后，将下舵板的对接缝和下舵板与舵艏材的对接缝用碳弧气刨开槽清根（$CO_2$ 陶质衬垫单面焊成形修补），并进行封底焊。最后焊接下舵板与舵顶板、舵底板、舵艉材的连接角焊缝。

# 7.3　护舷材的焊接

护舷材(护舷铁)一般有两种,一种是沿整个船长方向布置的结构,另一种是局部加强的结构,如图 7-10 所示。

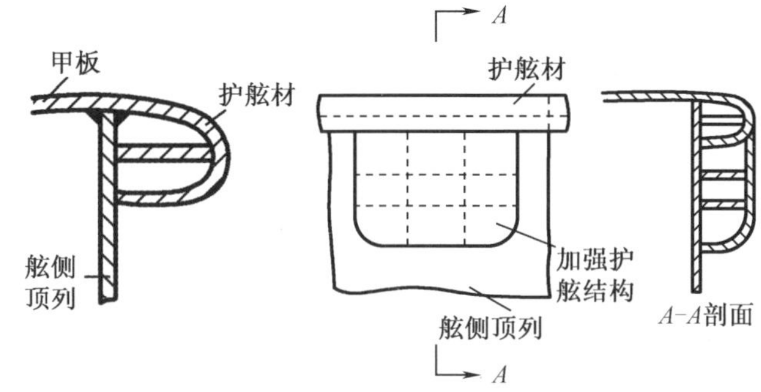


(a)全船护舷材　(b)局部加强护舷材

**图 7-10　船舶护舷材结构**

护舷材一般是分段预制的,然后上船总装连接。因此,护舷材的焊接是护舷材之间的对接焊缝,以及护舷材与舷侧顶列板的角接焊缝。如船甲板是向两侧外伸的,则还有护舷材与甲板间的对接焊缝。

焊接顺序是先焊护舷材之间的对接焊缝,然后焊护舷材与舷侧顶列板的仰角焊缝,最后焊护舷材与甲板的平对接焊缝或与舷侧顶板间的平角焊缝。

焊接护舷材间的对接焊缝时,应采用较小直径的焊条进行底层焊缝焊接,要求打底焊缝焊透,有足够的熔深,不能有夹渣等缺陷。对接焊缝的焊接接头应避开角焊缝的接头,如图 7-11 所示,以确保护舷材的所有焊缝都不漏水,达到全部水密的要求。局部加强护舷材的焊接方法与上述相似。

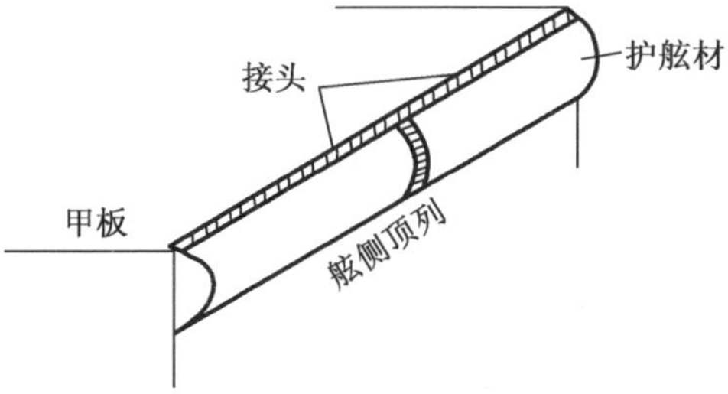


**图 7-11　焊护舷材与甲板的对接缝**

# 7.4　舭龙骨的焊接

舭龙骨是装在船体舭部,主要起减少船舶横摇的作用,一般由加强板和舭龙骨两部分组成,如图 7-12 所示。

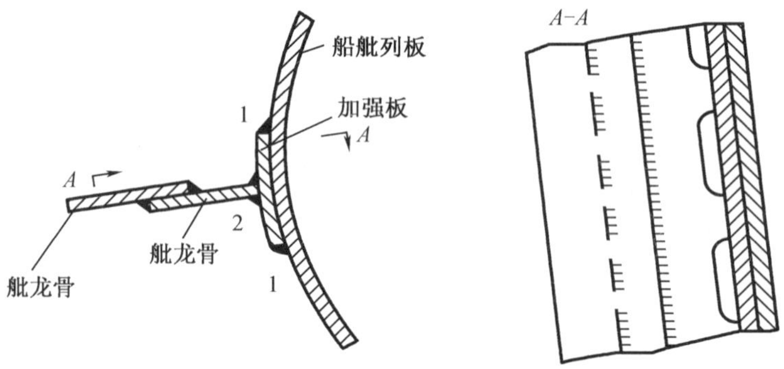


图 7－12　舭龙骨结构与焊接顺序

舭龙骨一般分段预先装配焊接好，然后总装焊接在船体舭部，装配时除了先进行定位焊外，还要在每隔一定距离装一块“门形马”，以便定位及防止焊接变形。焊接工作后，“马”板才拆除。舭龙骨的焊接顺序如下。

①先焊接加强板和舭龙骨的对接焊缝。焊前接缝应开 V 形坡口，有坡口一面的焊缝焊完后，反面用碳弧气刨清根进行封底焊。

②焊接加强板与船舭列板的角接焊缝，先焊仰角焊，后焊平角焊。焊接时注意选择合适的焊接电流和运条方法，要求焊缝表面饱满无缺陷，特别是不允许有严重咬边现象。

③焊接舭龙骨与加强板之间的角焊缝（挖孔焊缝），先焊仰角焊，后焊平角焊，其两端应有良好的包角焊缝，要求封闭不漏水，如图 7－13 所示。

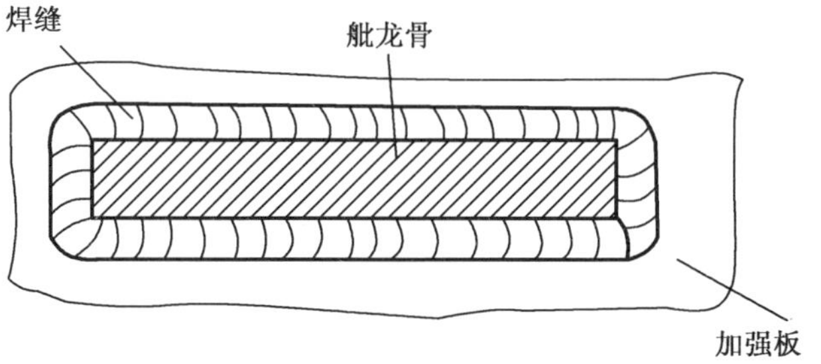


图 7－13　挖孔焊缝外形

④最后焊接舭龙骨与舭龙骨之间的搭接角焊，也是先仰角焊，后平角焊。焊接过程中应从中间向两端进行对称焊，尽量不采用下坡焊。所用焊材应尽量采用低氢型，以提高焊缝抗裂性能。

## 7.5　带缆桩的焊接

带缆桩是系船用的桩柱，固定在甲板上。安装带缆桩于甲板时，主要有两部分焊缝：一部分是带缆桩下部的加强板与甲板的塞焊缝和角焊缝；另一部分是带缆桩与加强板之间的角焊缝。带缆桩焊接在甲板上的示意图如图 7－14 所示。

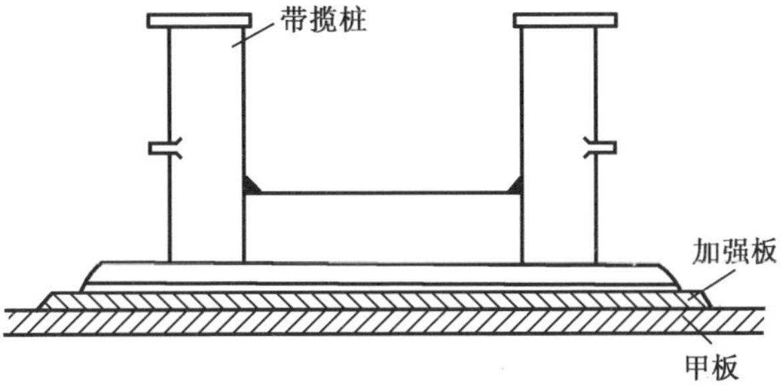


图 7－14　带缆桩焊接在甲板上的示意图

带缆桩的焊接顺序是先焊塞焊缝，再焊加强板与甲板的角焊缝，如图 7－15 所示，最后焊接带缆桩与加强板的角焊缝。焊接塞焊缝时，应先焊内圈四周，然后逐层堆焊，如图 7－16 所示。如采用 $CO_2$ 气保护焊实心焊丝，则效果更好，不需逐层敲焊渣，可连续施焊。在塞焊前，加强板与甲板之间必须有足够数量的定位焊，以保证塞焊时定位焊缝不致裂开。塞焊缝的表面应与加强板表面一样平。焊接加强板的角焊缝时，因船台有一定斜度，可采用上坡焊，如图 7－17(a)所示，其特点是熔深大，易操作，如果焊工技术熟练，也可采用下坡焊，如图 7－17(b)所示，其特点是焊接电流要稍大些，表面成形较美观，但熔深较小，容易产生夹渣缺陷，所以对焊工技术要求较高。

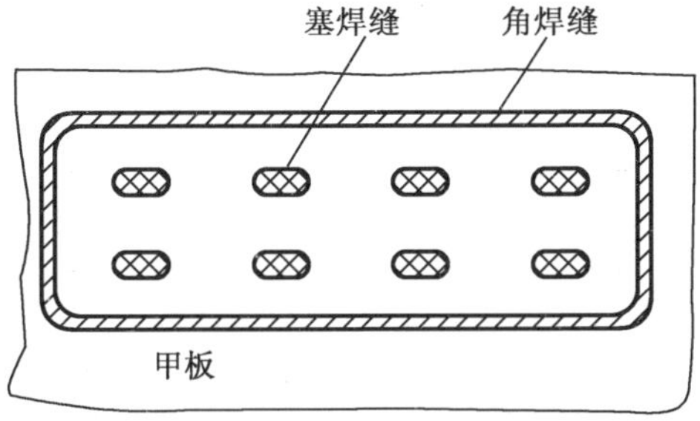


图 7－15　焊加强板的塞焊缝

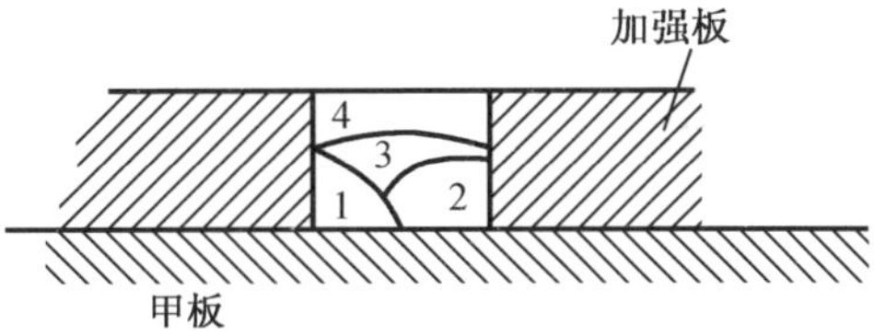


图 7－16　焊加强板塞焊接的堆焊方法

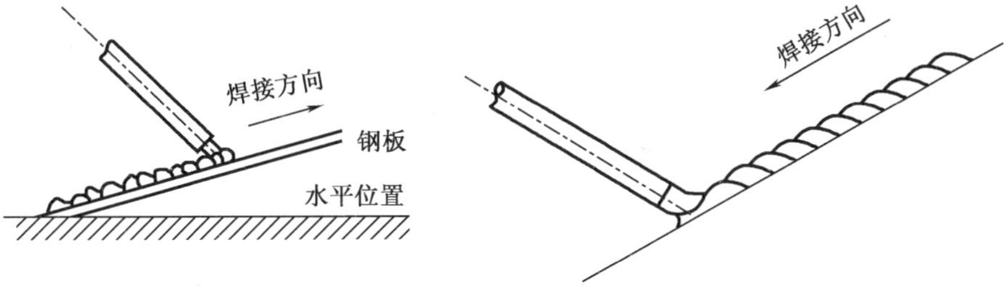


(a)上坡焊　(b)下坡焊

图 7－17　焊加强板的角焊缝上坡焊与下坡焊

# 7.6　艉轴架的焊接

根据不同的船舶类型，艉轴架可分为单支轴架和双支轴架。它固定在船体上，用来支承艉轴的套管。艉轴架可以采用铸钢、钢板焊接，以及分段铸件或锻件焊接组合而成，它与船体内纵横构架相连，并在外板开口处焊以加强板。单支铸钢（人字形）艉轴架的结构如图7－18所示。现分两部分介绍艉轴架的焊接工艺。

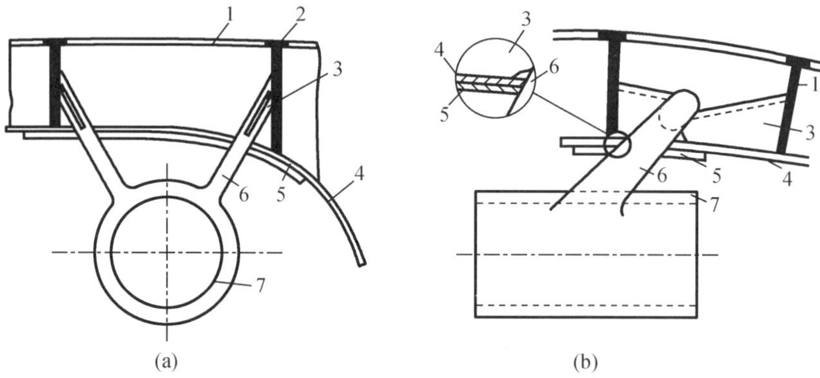


1—肋板；2—旁内龙骨；3—肘板；4—船底外板；5—加强板；6—艉轴架臂；7—艉轴架壳。

**图7－18　单支艉轴架（人字架）结构示意图**

## 一、艉轴架壳与艉轴架臂的焊接工艺

在船舶结构中，艉轴架（美人架或人字架）一般都为浇铸而成的铸钢件材料，因为浇铸量大，有时无法整体浇铸，所以须进行艉轴架壳和艉轴架臂的分段浇铸，然后通过焊接的方法连接组成一体，如图7－19所示。由于艉轴架臂厚度尺寸较大，如果采用焊条电弧焊的方式进行，工效低，所以以往常采用电渣焊的方法进行焊接，但焊后又必须采用高温热处理来进行细化晶粒提高机械性能，工艺较为复杂。现在可以通过 $CO_2$ 气保护焊的方式进行焊接，此焊接工艺效率高，焊接质量好，并且焊后不需通过高温热处理来提高机械性能。

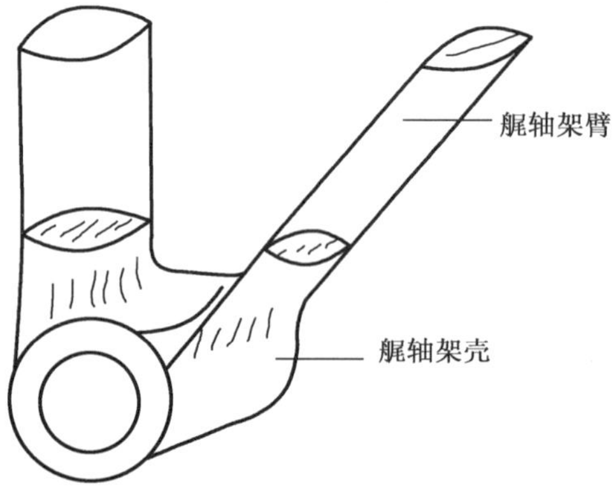


**图7－19　单支艉轴架结构立体示意图**

焊接艉轴架壳和艉轴架臂的对接缝时，主要应防止产生裂缝和焊接变形，其焊接工艺如下。

①焊前对铸件坡口端面区域进行探伤，并对缺陷进行清除后修补。

②将艉轴架壳与艉轴架臂的对接缝加工成对称的 U 形坡口（因为艉轴架臂厚度尺寸大，X 型坡口的焊材填充量大），并使接缝处于垂直位置以便进行立焊。焊接前需在两艉轴架臂之间用加强材固定，以防止焊后变形。

③焊前不必须取预热措施，预热温度由焊件的含碳量、焊件厚度和当时的环境温度按船规要求决定。每个艉轴架臂应由两名焊工对称进行焊接，两个艉轴架臂可以同时进行焊接。

④采用抗裂性好的焊接材料焊接，一侧采用陶质棒式衬垫，另一侧采用 $CO_2$ 气保护焊进行单面焊双面成形操作，对反面成形的焊缝进行清理后，可由两名焊工对称进行焊接。或采用分段退焊法，先焊上端 1/3 的焊缝长度，再焊下端。

⑤进行多层多道焊时，特别要注意清渣，要保证焊缝两边缘焊透，并防止夹渣等缺陷。

⑥每个艉轴架臂应一次连续焊完，焊后采用保温材料进行包扎，使其缓冷或根据工艺要求进行后热消氢处理。

## 二、艉轴架横支臂与艉柱的焊接工艺

在船台上进行艉轴架的焊接时，关键问题是控制变形，否则会影响轴系的安装。下面以双支艉轴架的焊接工艺为例加以介绍，如图 7－20 所示。

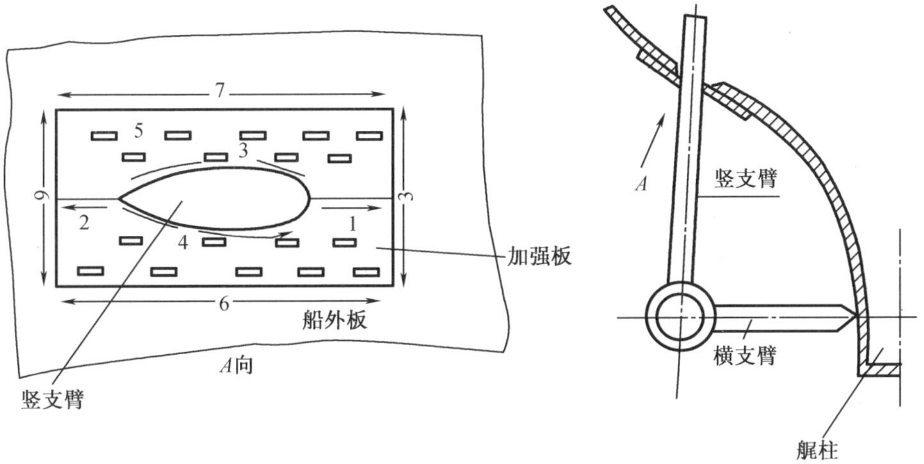


**图 7－20　船台双支艉轴架焊接**

焊接前，艉轴架须加强固定，并在艉轴架毂中心安装一根钢丝线，以便了解和观察艉轴架在焊接过程中的变形情况，并能及时改变焊接顺序来控制变形。

①艉轴架横支臂与艉柱的焊缝坡口应开成不对称的 K 形坡口，平焊面坡口深度约为支臂厚度的 2/3。

②艉柱上的焊接区域在安装横支臂前应彻底清除锈及油等杂物。

③当铸钢件含碳量大于等于 0.23% 时，按船规要求焊前应将焊缝边缘 150 mm 范围内均匀预热至 150～250 ℃（具体温度按材料的碳当量而定）。

④先焊正面平焊缝，采用抗裂性好的焊材（焊条或$CO_2$焊丝），焊接2～3层后可进行多层多道焊，焊至15～20 mm后暂停焊接。

⑤反面清根，然后进行封底焊（仰焊），并根据艉轴架实际变形情况，调整正反面焊接的顺序。

⑥左右艉轴架可单独或同时进行焊接，避免采用过大的焊接电流，控制热输入量并防止焊接过程中产生缺陷。

⑦艉轴架横支臂的焊接应一次连续进行，焊后将焊缝及其周围区域用保温材料包扎缓冷。

## 三、艉轴架竖支臂与构架、外板的焊接

①焊接竖支臂应在横支臂与艉柱的接缝焊接结束后进行。

②焊接竖支臂与船体纵横构架的连接焊缝时，应先焊立角焊缝，再焊平角焊缝，由两名焊工对称地进行。由于支臂的厚度较船外板和加强板厚得多，散热快，所以操作时，焊接电弧应略偏于支臂，以便支臂和板材之间热量均匀，容易焊接，减少未焊透的缺陷。

③竖支臂与船外板、加强板的焊接顺序按图7－20所示的A向视图中的数字和方向进行，这样可减少焊接应力，不容易出现焊接裂缝。

④焊接加强板的塞焊缝时应对称间跳进行，焊接方法可参照图7－15所示的焊接带缆桩加强板的塞焊缝要求。

## 思考题

1. 试述主机座的装焊工艺。
2. 试述舵叶的组成和装焊工艺。
3. 艉轴架横支臂与艉柱的焊接有哪些工艺要求？

# 第 8 章　分段造船中的焊接工艺

目前在建造大型船舶时，都是采用分段造船法。分段是由两个或两个以上零件装焊而成的部件和零件组合而成。它可分为平面分段、半立体分段和立体分段三种。平面分段有隔舱、甲板、舷侧分段等；立体分段有双重底、边水舱等；半立体分段介于二者之间，如甲板带舷部、舷部带隔舱、甲板带围壁及上层建筑等。下面是几种典型分段的焊接工艺。

## 8.1　甲板分段的焊接工艺

### 一、甲板拼板的焊接

甲板是具有船体中心线的平面板材构件，虽具有较小的曲型（一般为船宽的 1/100 ~ 1/50 梁拱），但可在平台上进行装配焊接，焊接顺序可与一般拼板接缝顺序相同。确定焊接顺序时，应保证在船体中心线左右对称地进行，如图 6 – 2 所示。

### 二、甲板分段的焊接

将焊后的甲板吊放在胎架上，为了保证甲板分段的梁拱和减小焊接变形，应将甲板与胎架间隔一定距离进行定位焊。按构架位置划好线后，将全部构件（横梁、纵桁、纵骨）用定位焊装配在甲板上，并用支撑加强，以防构件焊后产生角变形。焊接顺序应按下列工艺进行。

①先焊构架的对接缝，然后焊构架的角焊缝（立角焊缝）及构架上的肘板，最后焊接构架与甲板的平角焊缝。甲板分段焊接时，应由双数焊工从分段中央开始，逐步向左右及前后方向对称进行焊接。

②为了总段或立体分段装配方便，在分段两端的纵桁应有约 300 mm 长度暂不焊，待总段装配好后再按装配的实际情况进行焊接。横梁两端应为双面焊，其焊缝长度相当于肘板长度或横梁的高度。

③在焊接大型船舶时，为了采用 $CO_2$ 自动焊或重力焊，加快分段建造周期，提高生产率，可采用分离装配的焊接方法。分段为横向结构时，先装横梁，$CO_2$ 自动焊或重力焊焊后再装纵桁，然后再进行全部焊接工作，但对纵向结构设计的分段则采用相反顺序。对于大型船舶，也可采用纵横构架单独装焊成整体，然后再和甲板合龙，焊接平角焊。

④焊接小型船舶时，宜采用混合装配法，即纵横构架的装配可以交叉进行，待全部构件装配完成后，再进行焊接，这样可减小分段焊后变形。

## 8.2 舷侧分段的焊接工艺

舷侧分段又称傍板分段，由傍板、肋骨和舷侧纵桁等组成。根据不同舷侧分段的线型特点，可分为平直形状和曲面形状两种。平直的舷侧分段，可在平台装焊，傍板的接缝可采用埋弧焊或 $CO_2$ 陶质衬垫单面焊，然后装配上面的构件，按与甲板分段类同的焊接顺序焊接构件，以及构件与傍板的角焊缝。曲面的舷部分段应在胎架上进行。装配和焊接顺序如下。

①把傍板铺放在胎架上，用定位焊将它与胎架焊牢定位。为了防止分段焊后变形，傍板对接缝用“马”强制，然后采用手工（焊条电弧焊或 $CO_2$）焊进行傍板对接缝焊接。焊接顺序参照图 6－2。

②傍板对接焊完后，装配肋骨和舷侧纵桁，并用定位焊固定构件。然后进行构件之间的对接缝焊接，再进行构件之间的立角焊缝的焊接，最后焊接构件与傍板的角接焊缝。焊接顺序都采用由傍板分段的中央向两端对称逐步向外展开的原则进行焊条电弧焊或 $CO_2$ 焊。

③为了方便装配，同甲板分段一样，构件的两端离傍板端 300 mm 范围内的角接焊缝暂不施焊。

④舷侧分段内侧的所有焊缝结束后，将分段翻身，根据情况分别采用埋弧焊或焊条电弧焊进行封底焊（$CO_2$ 衬垫焊只须对焊缝接头及缺陷进行清理和修补），封底焊前，均须用碳弧气刨清根，以保证焊接质量，封底焊焊接顺序与正面焊缝相同。

## 8.3 舱壁的焊接工艺

舱壁按结构形式可分为平面舱壁和槽形舱壁两种。槽形舱壁是由压成槽形断面（连续梯形）的钢板所组成，板与板之间的接缝可采用埋弧焊。这种舱壁没有纵横构架，多数用于油船及散装货船上。平面舱壁是一种没有弯曲的平板构件，由隔舱壁和加强材组成，一般有横隔壁和纵隔壁之分。

①横隔壁的焊接工艺。横隔壁是对称船体中心线的横向平面分段，拼板时接缝一般采用埋弧焊，对于小型船舶较薄的隔壁可采用焊条电弧焊。焊接顺序与其他拼板顺序相同。拼板焊后，再焊隔壁与加强材的角焊缝，角焊缝可以根据实际情况分别采用焊条电弧焊、$CO_2$ 焊等方法进行。焊接时应从中间向两旁进行或由双数焊工从中间向两旁对称施焊。拼板及角焊缝的顺序如图 8－1 所示。

②纵隔壁的焊接工艺纵隔壁是船体纵向平面分段，没有船体中心线。在对接焊缝结束后，再焊接纵隔壁与加强材的角焊缝，焊接顺序可参照图 8－1 所示，也可按图 8－2 所示的顺序，不采用左右对称的方法，而采用间断跳焊法，以利于热量分布。

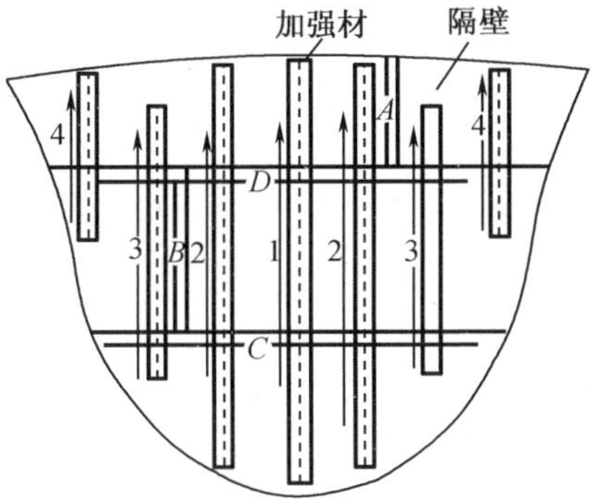


图 8 -1　横隔壁分段的焊接

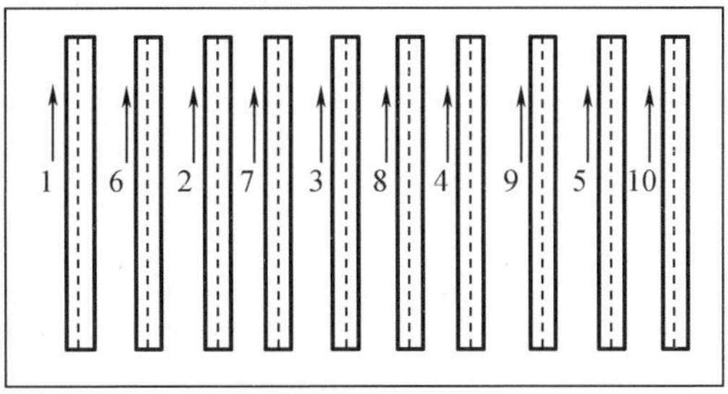


图 8 -2　纵隔壁分段的焊接

## 8.4　甲板带舷部半立体分段的焊接工艺

在起重能力允许的条件下,建造大型船舶时,大多采用甲板带舷部半立体分段的施工方案,因为,这样可以加快造船的建造速度,有利于机装和电装等工序的同时施工。甲板带舷部半立体分段一般采用以甲板为基准面的倒装法,其建造方法有两种:一种是分别在胎架上制成甲板分段和舷侧分段,焊接结束后进行合龙,并在开口处进行加强,然后再焊接甲板与舷侧傍板的角接缝,以及构架之间的联系接缝,分段完成后,翻身上船台进行甲板封底焊和舷口角焊缝;另一种是在甲板胎架上将甲板分段装焊结束后,再安装舷侧肋骨,然后焊接肋骨与横梁相交的节点,待全部焊接结束,再装焊傍板。如图 8 -3 所示,焊接时,以 *ZX* 为船体甲板结构的中心,左右对称焊接,先焊 1 横梁与纵骨的立角焊,然后双数焊工对称焊接右侧(2)和左侧 3.5(4)等立角焊。

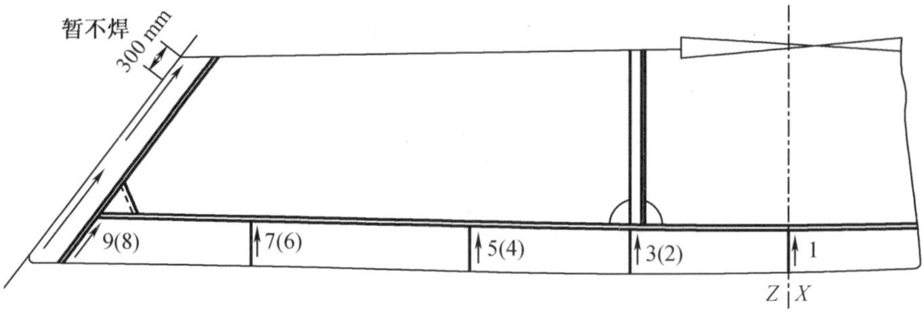


图 8 -3　甲板带舷部半立体分段示意图

具体焊接工艺如下。

①构架焊接时,执行焊接顺序基本原则的规定,如同时存在对接缝和角接缝,应先焊对接缝,再焊构架之间的立角焊缝,最后焊构架与甲板(或傍板)的平角焊缝。

②舷侧肋骨与傍板为散装时,应先焊傍板对接缝,再焊肋骨与傍板之间的角接缝。

③舷侧肋骨与傍板的角接缝上端(即舷侧分段下口)须留 300 mm 长度暂不焊,总装时再焊。

④若舷侧分段带有下甲板边板时,为防止焊后变形,应待加上临时斜撑后再施焊。焊

接时应采用逐步退焊法。

⑤若舷侧分段上带有边油舱，不论是采用插入式或补板式，焊接时应对肋骨上开的止漏孔进行包角焊，防止油从肋骨与傍板相交处渗出。

⑥甲板纵桁、纵骨在分段端头接缝处，与甲板的角接缝须留 300 mm 长度暂不焊，总装时再焊。

## 8.5 上层建筑半立体分段的焊接工艺

上层建筑分段是薄板结构，钢板一般都较薄，焊后容易产生变形，对船体美观有很大影响。为了减少焊后矫正的工作量，应选择正确的焊接工艺，使焊接变形量达到最低程度。上层建筑分段主要由围壁板、扶强材和顶甲板等组成，以采用倒装法建造较多。具体的焊接工艺如下。

①在平台上采用埋弧自动焊、焊条电弧焊或 $CO_2$ 气体保护焊等方法进行板材的对接焊缝，为防止变形，焊前最好能将钢板与胎架或平台用定位焊固定。

②为了加强上层建筑结构的刚性，其焊接工作应待整体装配工作结束后，并在围壁的下端及分段的开口处和分段吊运时的受力位置，都装焊临时加强材后，才能进行焊接。

③上层建筑前端壁有弧度，在装前壁内扶强材时，为了保持外观线型，应在胎架上进行。

④上层建筑结构的焊接顺序应先焊对接缝，再焊立角焊缝，最后焊接围壁构架与甲板的平角焊。为获得较小的焊脚尺寸和减少焊接变形，应采用小电流和细直径焊条（焊丝），最好采用“立向下”焊条或 $CO_2$ 气体保护焊。

⑤焊接围壁板上扶强材的角焊缝时，应采用对称焊和分段焊工艺，先焊上面的 1/3 长度，然后由下向上焊。

⑥壁板与顶甲板的角焊缝应采用分中逐步退焊法。

⑦由于上层建筑焊后变形较大，故凡门槛板处下端的一块板均暂不焊，待总装后再装焊。

## 8.6 双层底分段的焊接工艺

双层底分段是由船底板、内底板、肋板、中桁材（中内龙骨）、旁桁材（傍内龙骨）和纵骨组成的小型立体分段。根据双层底分段的结构和钢板的厚度不同，有两种建造方法：一种是以内底板为基面的倒装法，对于结构强、板厚的或单一生产的船舶，多采用倒装法建造；另一种是以船底板为基面的顺装法，它在胎架上建造，能保证分段的正确线型。

### 一、倒装法的装焊工艺

①在装配平台上铺设内底板，进行装配定位焊，并按图 6－2 的顺序进行埋弧自动焊。

②在内底板上装配中桁材、旁桁材和纵骨。定位焊后，利用自动或半自动 $CO_2$ 焊等方法进行对称平角焊，焊接顺序如图 8－4 所示；或者暂不焊接，等肋板装好一起进行手工

平角焊。

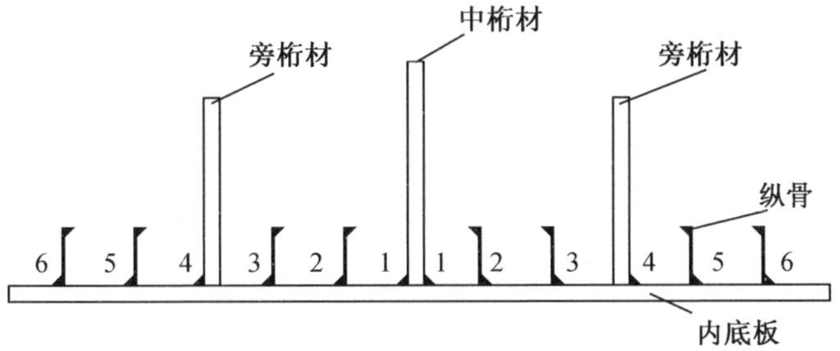


图 8-4　内底板与纵向构件的焊接顺序

③在内底板上装配肋板，定位焊后，采用焊条或 $CO_2$ 焊方法焊接肋板与中桁材、旁桁材的立角焊，其焊接顺序如图 8-5 所示，然后焊接肋板与纵骨的角焊缝。焊接顺序的原则是由中间向四周，由双数焊工（图中为 4 名焊工）对称进行。立角焊长度大于 1 m 时，要分段退焊，即先上后下焊接。

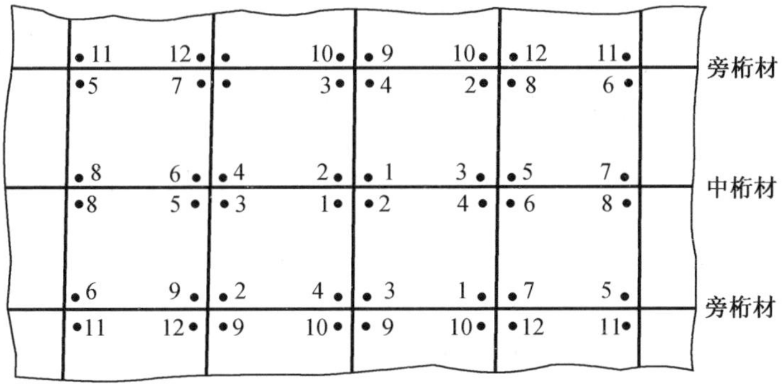


图 8-5　内底板分段立角焊焊接顺序

④焊接肋板、中桁材、旁桁材与内底板的平角焊，焊接顺序如图 9-6 所示。

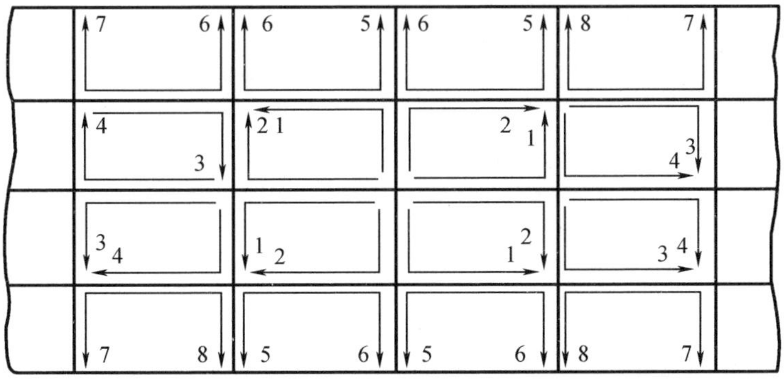

图 8-6　内底分段平角焊的焊接顺序

⑤在肋板上装纵骨构架，并做好铺设船底板的一切准备工作。

⑥在内底构架上装配船底板，定位焊后，焊接船底板对接缝（$CO_2$ 陶质衬垫单面焊）或焊条仰焊后碳刨清根封底焊。但有时为了减轻劳动强度，也可采用先焊外缝，翻身后碳刨清根再焊内缝（两面都是平焊），焊接顺序如图 8-7 所示。

⑦为了总段装配方便,只焊船底板与内底板的内侧角焊缝,外侧角焊缝待总装后再焊。

⑧分段翻身,焊接船底板的内缝封底焊(原来先焊外缝),然后焊接船底板与肋板、中桁材、旁桁材、纵骨的角焊缝,其焊接顺序参照图 8 -6。

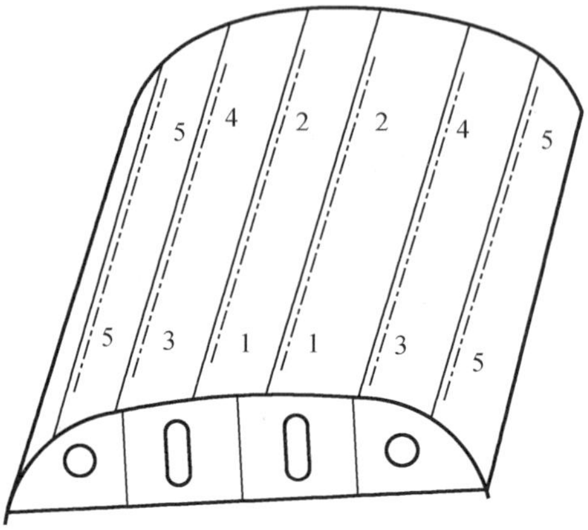


图 8 -7　船底外板对接焊的焊接程序

## 二、顺装法的装焊工艺

①在胎架上装配船底板,并用定位焊将它与胎架固定,再用碳弧气刨坡口后焊接(或 $CO_2$ 陶质衬垫单面焊)。如果船底板比较平直,也可采用埋弧焊。船底外板在胎架上进行对接焊缝焊接如图 8 -8 所示。

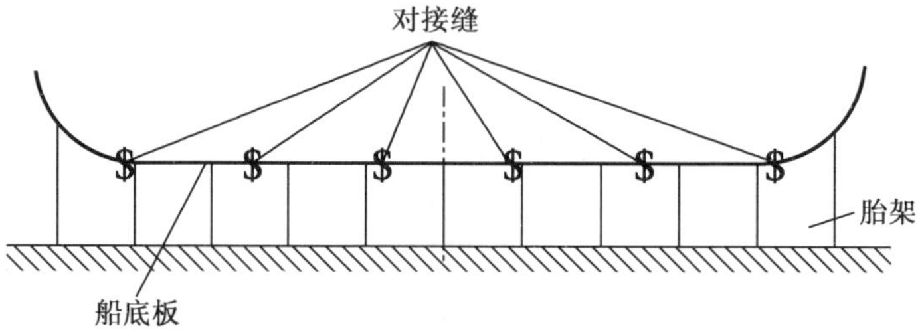


图 8 -8　船底外板在胎架上进行对接焊缝焊接

②在船底板上装配中桁材、旁桁材、船底纵骨,定位焊后,用自动或半自动角焊机进行船底板与纵向构件的角焊缝的焊接,如图 8 -9 所示。焊接顺序,参照图 8 -5 所示。

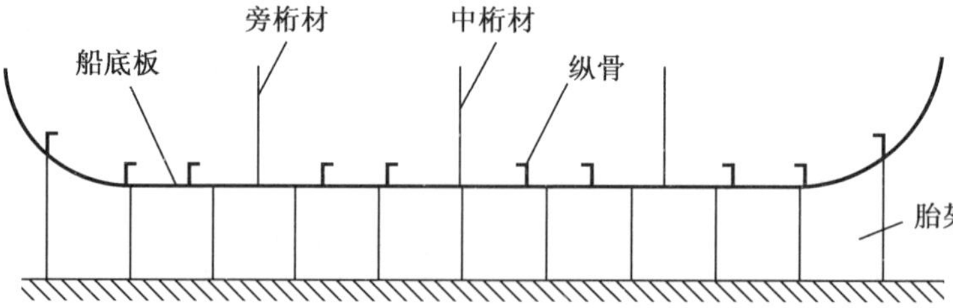


图 8 -9　船底外板与纵向构件角焊缝的焊接

③在船底板上装配肋板,定位焊后,先焊肋板与中桁板、旁桁板、船底纵骨的立角焊,然后再焊接肋板与船底板的平角焊的焊接,如图 8 -10 所示,焊接顺序参照图 8 -6 和图8 -7。

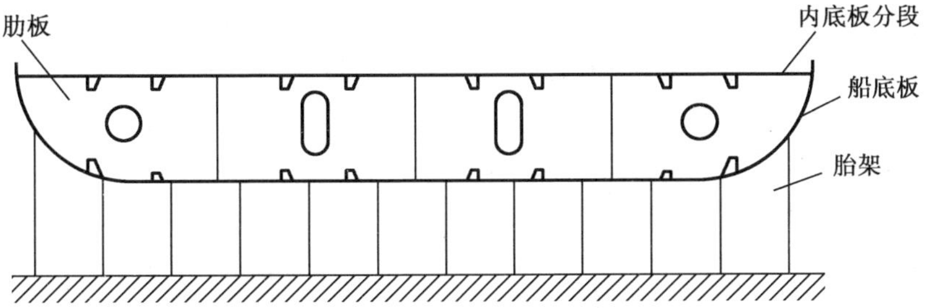


图8－10　船底外板与肋板的焊接

④在平台上装配焊接内底板，对接缝采用埋弧焊或 $CO_2$ 陶质衬垫单面焊。焊完正面焊缝后翻身，并进行反面焊缝的焊接（或反面修补焊）。焊接顺序参照图6－2。

⑤在内底板上装配纵骨，并用自动或半自动 $CO_2$ 焊进行纵骨与内底板的平角焊缝的焊接。

⑥将内底板平面分段吊装到船底构架上，并用定位焊将它与船底构架、船底板固定，如图8－11所示。

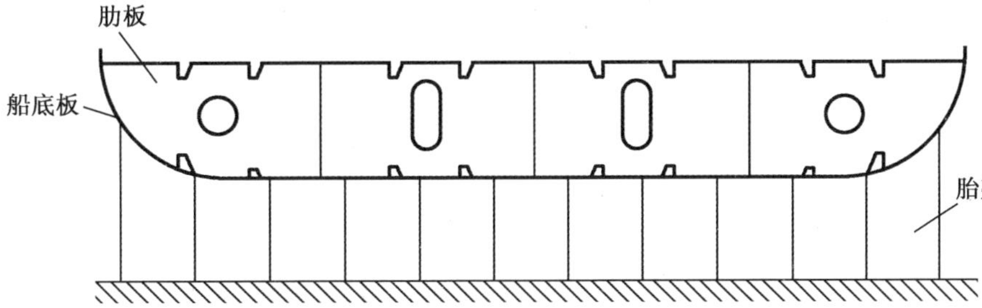


图8－11　将内底板分段装到船底构架上的情况

⑦将双层底分段吊离胎架，并翻身后焊接内底板与中桁材、旁桁材、船底板的平角焊缝，以及焊接船底板对接焊缝的封底焊（或修补焊）。

倒装法的优点是工作比较简便，直接可铺在平台上，减少胎架的安装，节省胎架的材料和缩短分段建造周期。缺点是变形较大，船体线型较差。顺装法的优点是安装方便、变形小，能保证底板有正确的外形；缺点是在胎架上安装，成本高、不经济。

## 8.7　舱口结构的焊接工艺

由于船舶在甲板上开了装卸货物用的舱口，甲板强度受到削弱。为了增加甲板开口处的强度，必须加强甲板舱口的结构。此结构主要由舱口围壁（包括半圆铁和上、下面板），以及肘板等组成，如图8－12(a)所示。甲板舱口是一个长方形开口（四角为圆弧形）。舱口围壁一般先预制成4块平面部分和4块圆弧部分，在甲板开孔上将它装配合龙成一个整体。其焊接工艺过程如下。

①将预制好的4块平面舱口围壁部件（包括上、下面板和半圆铁）和4块圆弧形舱口围壁装配到甲板舱口处，并用定位焊固定，然后再装上、下肘板，同样用定位焊固定。

②焊接舱口围壁的对接焊缝（立焊），先焊内缝，再碳刨清根焊外缝封底焊或 $CO_2$ 陶质衬垫单面焊，由双数焊工按图 8－12（b）所示的Ⅰ、Ⅰ、Ⅲ、Ⅳ顺序对称焊接。

③焊接舱口围壁与甲板的角焊缝，同样由双数焊工按图 8－12（b）所示，1、2、3、4 顺序对称焊接，先焊接平直的 4 条焊缝，再焊 4 条圆角焊缝。

④焊接肘板与围壁板和甲板的角焊缝及其他焊缝。

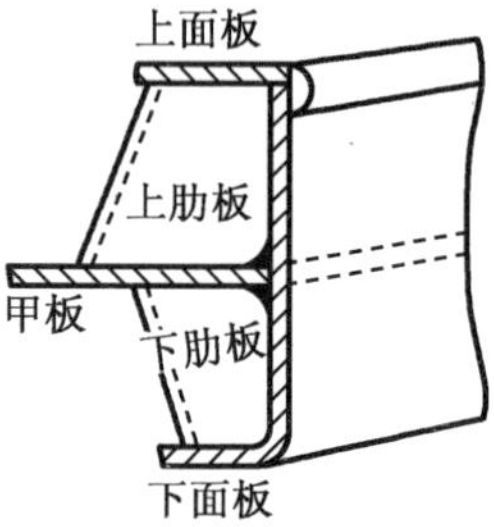


(a)舱口结构剖面

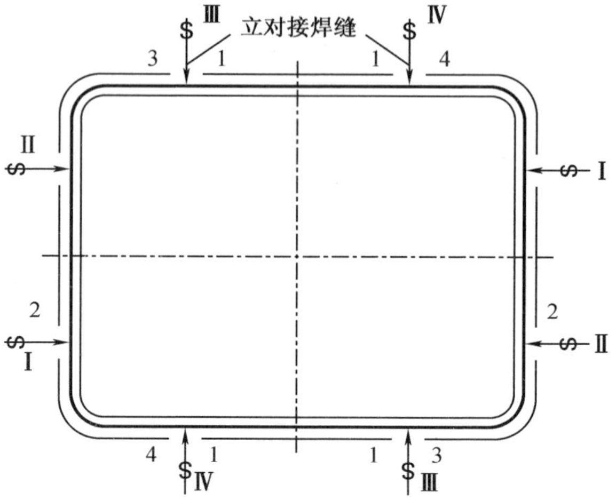


(b)舱口围壁于甲板的角焊缝焊接顺序

**图 8－12　舱口结构的焊接顺序**

## 8.8　平面分段总装成总段的焊接工艺

在建造大型船舶时，先在平台上装配焊接成平面分段，然后将各组分段总装焊接后成总段，如图 8－13 所示，最后再吊上船台（船坞）进行总段装焊（大合龙）。

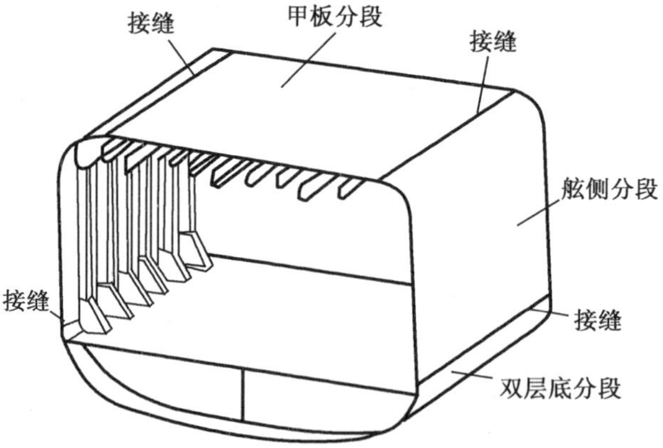


**图 8－13　平面分段总装成总段**

平面分段总装成总段的焊接工艺如下。

①为了减小焊接变形，甲板分段与舷侧分段、舷侧分段与双层底分段之间的对接缝，应采用“马”板加强定位。

②由双数焊工对称地焊接两侧舷侧外板分段与双层底分段对接缝的内侧焊缝，焊前应根据板厚开设特定坡口，采用焊条电弧焊或 $CO_2$ 陶质衬垫单面焊，焊时采用分中分段退焊法。

③焊接甲板分段与舷侧分段的对接缝。在采用焊条电弧焊时，先在接缝外面开设 V 型坡口，进行手工平焊，焊完后，内面碳刨清根，进行仰焊封底或 $CO_2$ 陶质衬垫单面焊；也可以采用接缝内侧开坡口焊条电弧焊仰焊打底，然后在接缝外面采用埋弧焊。

④焊接肋骨与双层底分段外板的角接焊缝，焊完后焊接肋骨与肘板的角焊缝，以及肘板与内底板的角焊缝。

⑤焊接肘板与甲板或横梁间的角焊缝。

⑥用碳刨将舷侧分段与双层底分段间外对接缝清根，进行封底焊接（$CO_2$ 陶质衬垫单面焊成形焊道修补焊）。

## 思考题

1. 舷部分段在胎架上的装焊顺序怎样？
2. 双层底分段有哪些装焊方法？

# 第 9 章　艏、艉总段的焊接工艺

艏、艉总段都是由艏柱或艉柱、甲板、傍板、隔舱壁及内部构架等组成。根据船舶的大小和制造厂的起重能力，将艏、艉总段划分成二至五段分别制造，然后在船台上合龙成一体，再与其他总段或立体分段进行大合龙。由于艏、艉总段线型与结构比较复杂，质量要求高，制造也较困难，所以下面以艏、艉总段为例，对总段建造工艺的典型进行介绍。

## 9.1　艏柱的焊接

艏柱根据制造方式可分为锻造艏柱、铸造艏柱，钢板焊接艏柱及铸造和钢板焊接混合组成的艏柱等几种形式。

锻造艏柱断面形状一般比较简单，呈矩形，多数用于小船。钢板焊接的艏柱质量较小，但容易变形，承受外力不大。铸造艏柱能承受较大的外力，但质量大，受到铸造能力的限制，所以都只能用于小型船舶。较大型的船舶采用钢板焊接和铸造的优点，做成混合式艏柱，即在设计水线附近及以下部分，线型较瘦弱，承受外力大，强度要求高，采用铸钢，而在设计水线以上部分采用钢板焊接制成。

目前使用较广泛的钢板焊接和铸钢件混合制成的艏柱如图 9－1 所示。艏柱板制段的结构如图 9－2 所示。艏柱的装配和焊接均在胎架上进行，以确保焊后线型光顺。

### 一、艏柱铸钢件的组成及坡口

①根据船舶的大小，铸钢件由数段组成，并在胎架上装配定位。

②铸钢件的接头，应采用双 U 形坡口形式，既能保证艏柱的强度，又能减少焊接工作量和焊接变形。

③焊接前应将开好坡口的艏柱在胎架或平台上拼接并牢固连接，并在接缝上加“马”板，然后才能焊接。

### 二、铸钢件的焊接要求

①当铸钢件含碳量达到 0.23% 或刚性较大时，则应采取预热和保温措施。

②选用焊材其熔敷金属的机械性能应不低于基本金属。

③焊后必须进行回火处理。如果整体热处理条件不具备时，允许采用有效的局部热处理。采用电渣焊方法进行焊接时，焊后热处理为正火加回火。

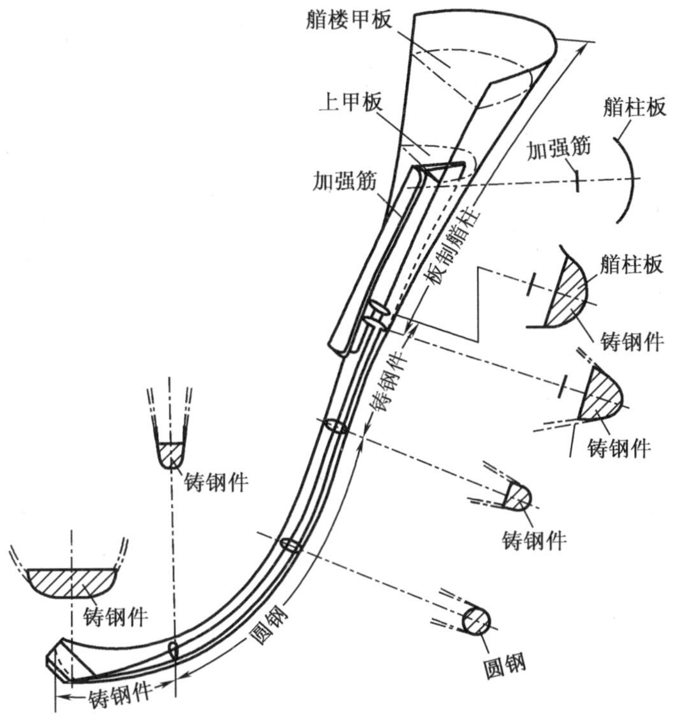


图 9－1 混合式艏柱示意图

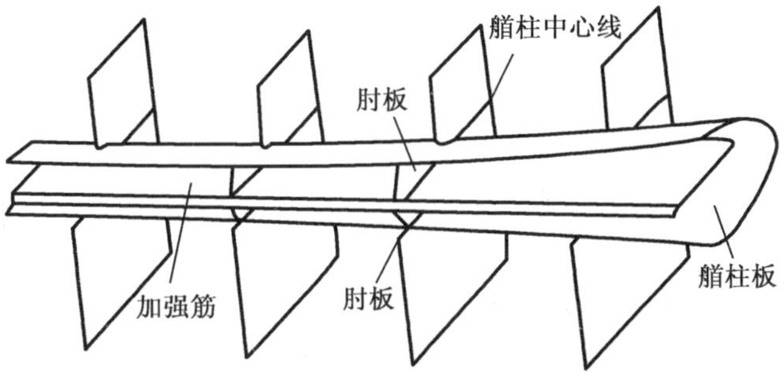


图 9－2 艏柱板制段的结构示意图

## 三、焊接顺序

①对各段接缝焊接时不能一次焊完，为防止其他接头处的定位焊拉裂，应使各段接头的焊接层数均匀上升。

②若一名焊工焊接，应先焊最中间一段，然后再左右交错进行。

③正面焊缝焊至 2/3 厚度时，应清除反面的钝边和缺陷，待反面焊缝焊至 2/3 厚度时（视变形情况而定），再焊正面焊缝，直至盖面焊完成。

## 9.2　艉柱的焊接

艉柱因需安装舵系、艉轴架等,受震动载荷量大,本身质量也大,厚度较大,断面形状比较复杂,因此大多数采用铸钢结构或铸钢与钢板组合结构。大型船舶的铸钢结构艉柱由于受到铸造设备能力的限制,所以需要分段浇铸,然后焊接成整体。制造大型铸钢结构的艉柱一般采用电渣焊,而组合结构可采用焊条电弧焊或 $CO_2$ 气体保护焊。

焊接艉柱时,因其断面大、填充金属量多,所以易产生变形和过大的焊接应力而产生裂缝,应采取一定的工艺措施加以控制。

现以某船艉柱为例加以介绍,此艉柱的外形及焊缝位置,如图 9-3 所示。它由三段铸钢件组成。为便于电渣焊接,预先将艉柱各分段接缝浇铸成如图 9-4 所示的形状。

### 一、焊前准备工作

①焊接前接缝端面应由机加工成平面,接缝两侧宽 100 mm 的范围内也应加工成平面,以便于冷却滑块移动并紧贴焊缝。

②对此区域进行超声波探伤,如发现有严重的夹渣和疏松等缺陷,需经修补后才能进行焊接。

③按要求装配好后,在接缝的两侧中部和上部各焊 2 块门形"马"。焊缝间隙上端应比下端大 2~4 mm,可根据焊缝长度而定,如图 9-5 所示。图中括号内数字为接缝 2 的间隙。整个艉柱用定位焊与胎架固定,胎架应与地面或平台固定,并安装一定数量的加强筋,防止艉柱焊后变形。

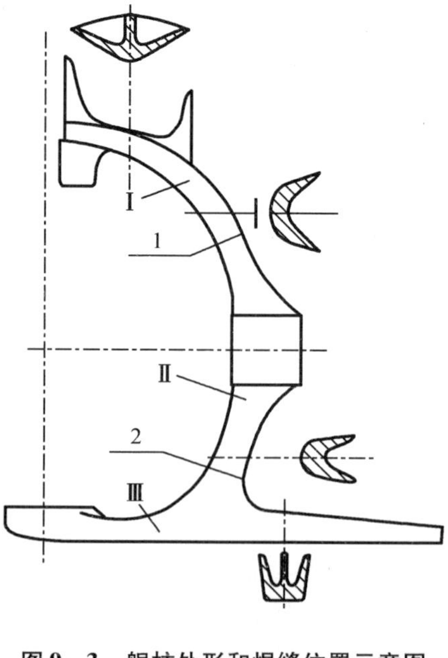


**图 9-3　艉柱外形和焊缝位置示意图**

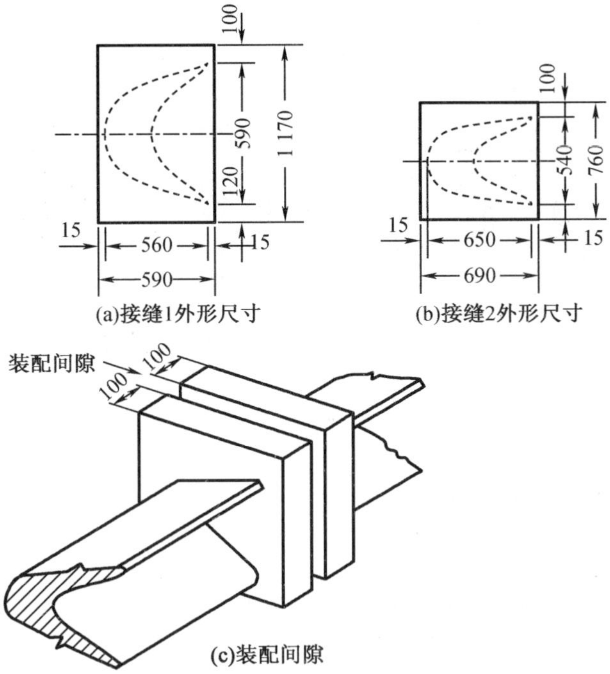


图 9－4　艉柱电渣焊各分段接缝形状(单位:mm)

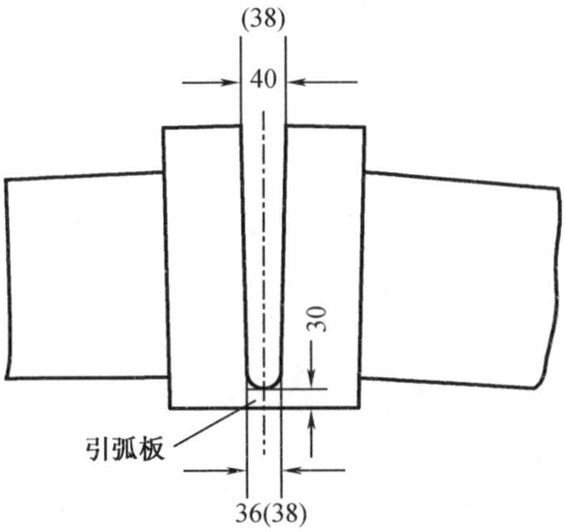


图 9－5　艉柱电渣焊的装配间隙情况(单位:mm)

## 二、焊接过程

①焊接顺序是先焊接缝 1,后焊接缝 2,如图 9－3 所示。先将艉柱Ⅰ段和Ⅱ段对接放置,如图 9－6 所示,再将艉柱Ⅰ、Ⅱ段与Ⅲ段对接放置,如图 9－7 所示。

②准备好焊接设备和焊接材料。可采用丝板电渣焊或熔嘴电渣焊方法。焊接时,摆动方向和焊接规范尽量取得一致。

③焊接过程:当电弧过程消失并造成一定深度渣池而进入正常电渣过程后,即开始正常焊接。丝极电渣焊时,6 根焊丝的导电嘴可按规范要求进行横向摆动。此时无论丝极电

渣焊或熔嘴电渣焊都应将焊接电压和焊丝速度调整至正常的焊接规范。

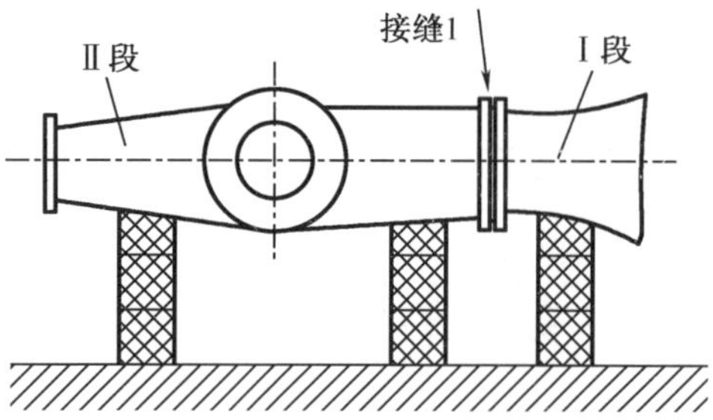


图9－6　艉柱Ⅰ段和Ⅱ段的对接

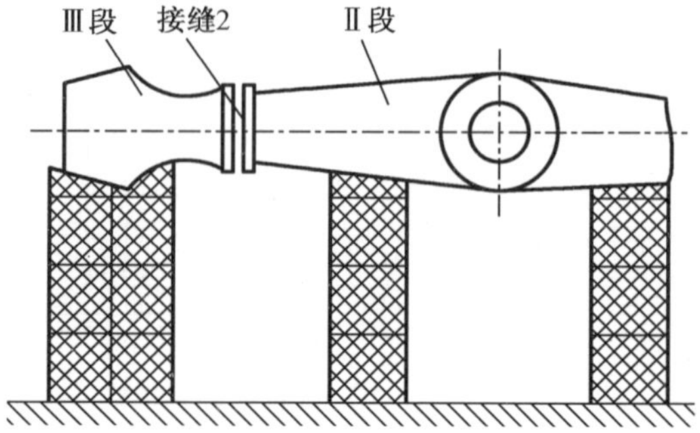


图9－7　艉柱Ⅰ、Ⅱ段与Ⅲ段对接

### 三、焊后热处理

艉柱焊后热处理规范如图9－8所示。

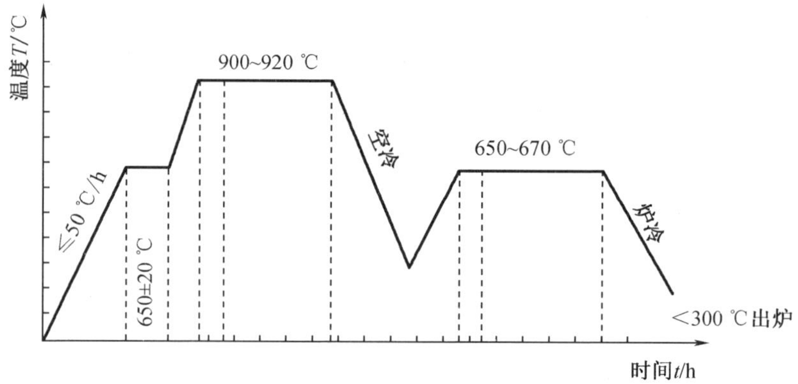


图9－8　艉柱焊后热处理规范图

## 9.3　艉总段的焊接工艺

①将甲板铺放在胎架上，拼接后采用“马”与胎架拉紧，即可进行焊接。

②安装肋骨框、甲板纵桁及隔舱壁等构件，并用定位焊固定。在狭小场合及焊接比较困难处，可以边装配边焊接。一般构件暂不焊接。

③在安装舵轴管筒前，应将其中的内侧焊缝先焊好，然后再安装舵轴管筒。

④安装槽形板、艉柱和企口板（即舷侧顶板），使整个构架连成一体，保证构架在焊接时具有足够的刚性。然后先焊接甲板与构架间的接缝，再焊接构架与企口板的角焊缝。

⑤安装一侧外板，先焊外板的内侧对接缝，再焊构架与外板的角接缝，然后安装另一侧外板。由于艉总段的空间狭小，施工条件差，所以跟艏总段一样需留1块板暂不安装，以改善内部通风条件，待内部焊接工作全部完成后，再进行安装焊接，如图9－9所示。

⑥装焊最后那块外板（俗称满档板）时，此板的内缝无法焊接，故应采取加垫板的方法，如图9－10所示。加垫法就是在这块外板装配前，先将垫板定位焊于焊道的内缝。此外板

与肋板的连接采取塞焊方法,将外板与肋板连接处开长方形间断孔。装配定位焊后,先焊接对接缝,务必使焊道内缝与垫板连接好,然后再焊塞焊孔,最后进行外板的封底焊和外板与艉柱的焊接。

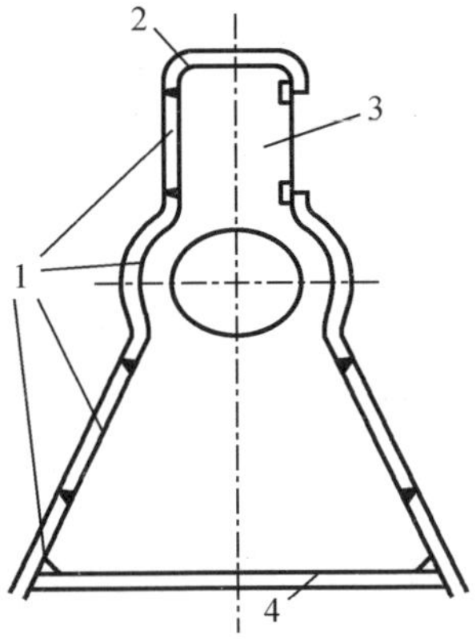


1—外板;2—槽形板;3—肋板;4—甲板。

**图 9－9　艉段构架与外板的接缝**

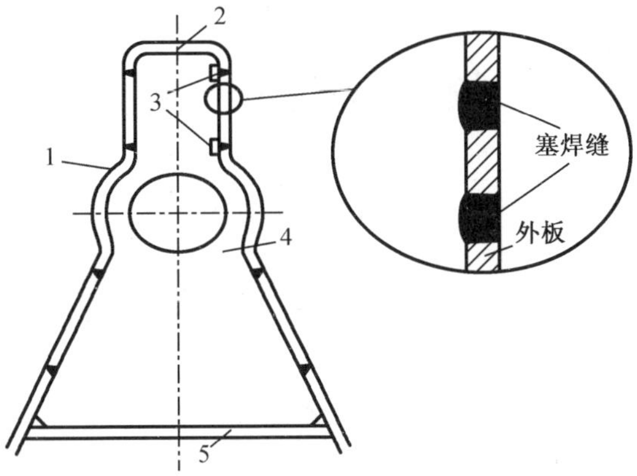


1—外板;2—槽形板;3—垫板;4—肋板;5—甲板。

**图 9－10　满档板加垫板焊接方法**

## 思考题

1. 艏柱铸钢件的焊接有哪些工艺要求和焊接顺序?
2. 艉总段装焊工艺是如何布置的?

# 第10章　船台(船坞)焊接工艺

## 10.1　船台的装焊顺序

船台(船坞)装配与焊接工作,是把船体各立体分段、总段吊运到船台上(船坞)进行装配焊接成为完整船体的过程。船台(船坞)装配俗称大合龙,装配后的接缝称为大接缝,船台(船坞)焊接就是完成大接缝的焊接工作。在吊装能力允许的条件下,尽量采用总段(环形段)的建造方法,这可大大缩短船台(船坞)的建造周期。

船台(船坞)装配按照分段在船台上(船坞)的合龙过程可分为四种主要方式:总段装配法,塔式装配法,岛式装配法及混合装配法。塔式装配法,它是将船体的底部分段、舷部分段、隔壁分段、甲板分段、艏艉立体分段和上层建筑分段等,分别先后吊上船台,先以近中的某一底部分段作为基准分段,接着逐次向艏艉两端和上方延伸,像宝塔似的逐渐形成整体。大型船厂由于起重能力强,采用总段的建造方法,并在总段内还包括很多机装和电装的工程,这种建造方法更缩短船舶生产的周期。

船台(船坞)的装焊顺序是按照分段吊装上船台的次序,来确定大接缝的焊接顺序。严格遵守装焊顺序,可以把船体的变形量,特别是艏艉端的上翘值控制在最小公差范围内。因为船体结构在大合龙时,其变形具有一定规律和特点,如船体龙骨线向下弯曲,而船艉端向上翘曲,船舶总长缩短,船体中纵剖面出现扭曲等。根据产生这些变形的原因就能采取相应的措施和制定合理的装焊顺序。

### 一、船体大合龙产生变形的原因

①由于船体结构较强,故船体中心轴高度位置位于船体下部,而在船台上(船坞)进行的焊接工作大部分集中在中心轴之上(包括上层建筑和舾装件等焊缝),焊接后使船体上部受缩、受压,而中心轴下部受拉,结果导致整个船体产生两端上翘的变形。

②位于中心轴上部的甲板结构较船底结构弱,特别是上层建筑的板材较薄,促使焊接后变形大,加之大量火工矫正集中在甲板和上层建筑上,造成较大的收缩,增大了船体收缩和上翘,同时造成船体总长度缩短。另外,有时分段余量不足,更加剧船体总长缩短。

③由于船体中间分段的质量往往大于艏艉分段的质量(艉机型船除外),因此,焊接和火工矫形促使形成两端上翘,并引起船体中纵剖面扭曲。

此外,船台上(船坞)船体分段大接缝处有凹凸变形的趋势。一般正圆势接缝焊接后,型线向内凹进;反圆势焊缝则向外凸出。

## 二、船台上(船坞)船体变形的预防措施

在船体建造过程中,每道工序都应时刻注意预防船体变形,并采取相应的工艺措施。

(1)船底基线预放反变形

船底基线预放反变形是以底部基准分段为基准,向艏艉逐段由小到大放低一定的反变形。

(2)船体纵向加放余量

为了保证船体总长度,除了在分段建造时每档肋距加放余量外,在大接缝处的肋骨间距可适当加大,以抵消焊接后船体总长的收缩。

(3)艏艉端加适当压载

为了预防船体大接缝引起的焊接上翘和火工矫形上翘,而采取强制变形措施,即在焊接、火工矫形前,在船舶艏艉端甲板上加一定质量(应考虑甲板结构强度及安全)的压载。

(4)大接缝反变形法

为预防大接缝处焊接引起的凹凸变形,应采取相应的反变形法,对一般正圆势接缝,焊前向外凸出,对一般反圆势接缝,焊前应向里凹进,如图 10－1 所示。

(5)大接缝加“梳形排”

为了控制大接缝处焊接的局部变形,在横跨焊缝,且成一定锐角处加装多块“梳形排”,如图 10－2 所示。

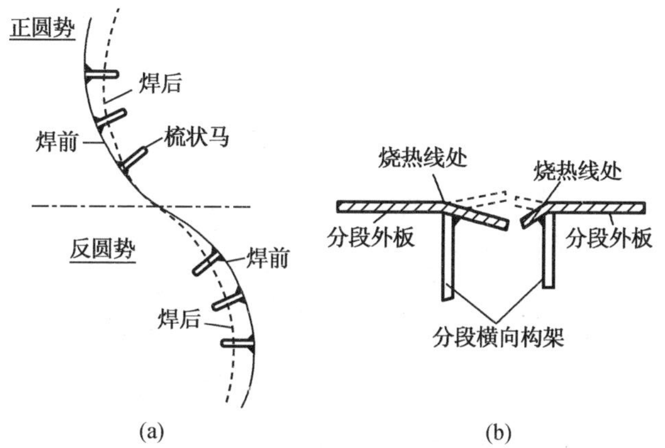


**图 10－1　大接缝反变形法**

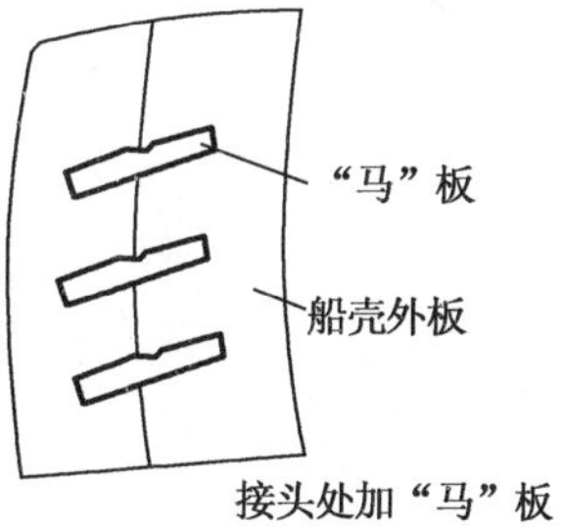


**图 10－2　大接缝处加“梳形排”**

(6)按合理的装焊顺序施工

以塔式装配法中的双层底分段与底边水舱分段的装焊顺序及顶边水舱舷部分段的纵向装焊顺序作为典型例子进行介绍。

①底部分段的装焊顺序。底部分段由中部双层底分段和底边水舱分段组成,其装焊顺序如图 10－3 所示。中部双层底分段可以连续吊装,但最少在吊 3 只分段后才能焊第 1 条对接缝,并在焊前在两端头加压载,以及在分段下用松紧螺丝与船台拉牢,以免焊后引起上翘变形。最好是在吊装 5 只分段后才开始第 1 只与第 2 只分段的构架面接缝焊接。底边水舱分段吊装后,先焊与中部双层底的纵接缝,再焊底边水舱之间的端接缝。图中○符号表示分段吊装,◎符号表示进行焊接,数字表示装焊顺序。

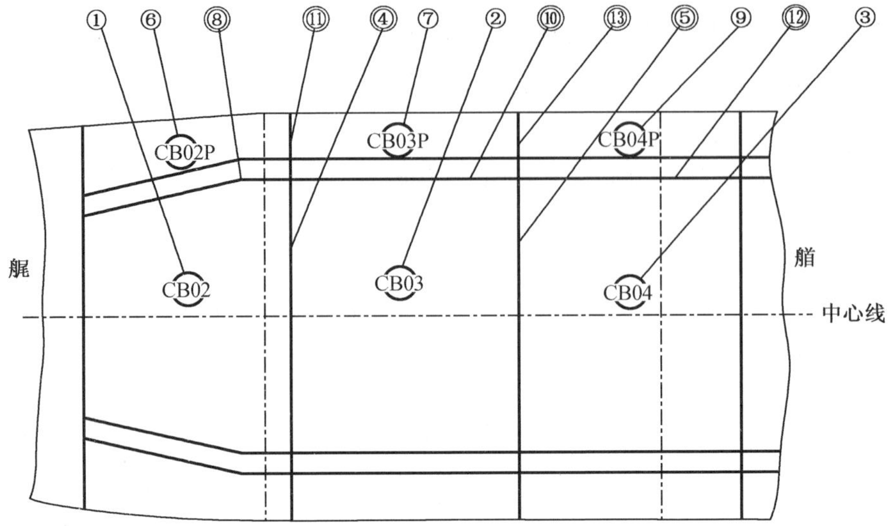


图 10 – 3　双层底分段和底边水舱分段的装焊顺序

②顶边水舱舷部分段的装焊顺序。顶边水舱舷部分段的装焊顺序如图 10 – 4 所示，图中符号和数字表示方法同上。

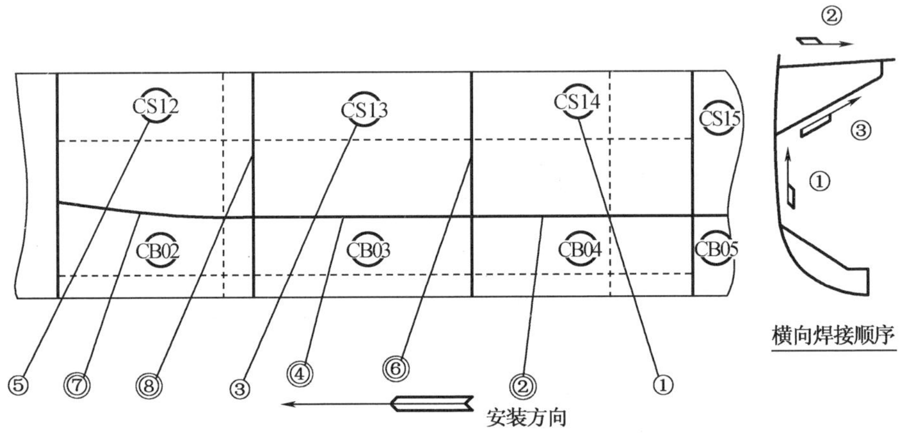


图 10 – 4　顶边水舱舷部分段的装焊顺序

## 10.2　船体大接缝焊接工艺

船体大接缝就是各分段或总段在船台上进行合龙后形成的对接焊缝。大接缝的质量对船体结构强度起着极其重要的影响，焊接时，必须严格执行焊接工艺才能确保中基准线不偏移，减少大接缝的内应力，防止气孔、夹渣、咬口、未焊透、裂缝等缺陷的产生。

船体大接缝的焊接工艺如下。

## 一、焊前准备

①焊前应彻底清除接缝边缘的水分、油锈、切割氧化皮等杂质。

②大接缝的坡口尺寸应符合技术标准要求。焊条电弧焊接时，坡口开在装有构架的一面，以便于碳刨清根工作的进行。定位焊应焊在坡口的反面，正面焊缝焊后碳刨清根时一起刨除(或根据 $CO_2$ 陶质衬垫单面焊及 SEG 法要求开设坡口)。

③必须采用经船级社认可的焊接材料进行焊接，焊条必须经烘焙后存放在保温桶内随取随用。

④焊接电源必须完好，不能由于焊接规范不稳定而影响焊缝质量。

## 二、大接缝的焊接顺序

船体大接缝焊后，引起船体变形，造成船体两端向上翘曲和总长缩短，因此大接缝焊接时应遵守下述的焊接顺序原则执行：

①单底的底部分段合龙应先焊横焊缝，后焊构架对接缝，再焊角焊缝。

②双层底的底部分段合龙时，焊接顺序如图 10－5 所示。先焊外底板对接缝，然后焊内底板仰焊缝(或 $CO_2$ 陶质衬垫单面焊)，再焊构架对接缝，最后焊构架角焊缝。

③舷部、甲板分段合龙后，舷部与底部分段纵向大接缝的焊接，应在舭肘板安装结束后才能进行。其焊接顺序如图 10－6 所示，先焊舷部与底部的纵向焊缝，然后焊舭肘板的角接缝，最后焊内底边板与外板的角焊缝。

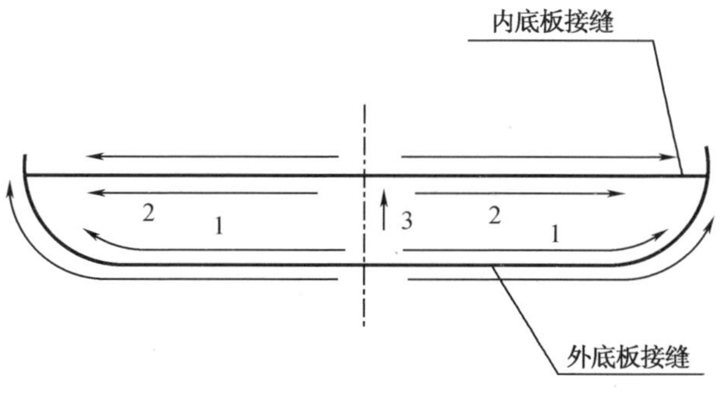


图 10－5　双层底分段大接缝焊接顺序

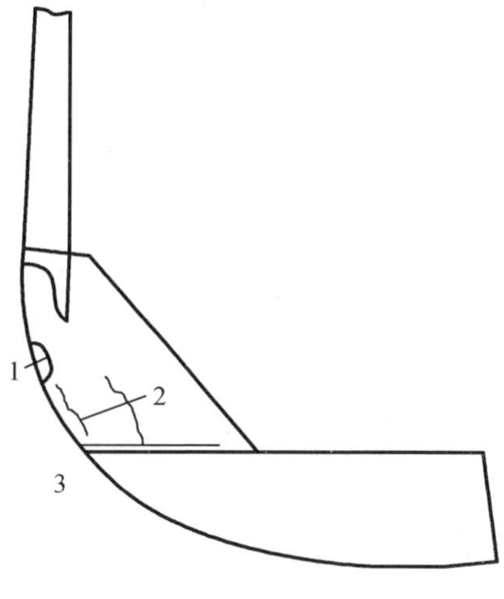


图 10－6　舷部与底部分段纵向大接缝焊接顺序

④舷部分段与相邻分段的合龙接缝，应待相应的甲板分段安装后才能焊接，其焊接顺序，如图 10－7 所示。

⑤大接缝焊接时，内部构架的焊接顺序应按图 10－8 所示施焊。当只有一个纵方向构架焊接时，按如图 10－8(a)所示的焊接顺序进行；若有纵横方向构架焊接时，按如图 10－8(b)所示的焊接顺序进行。

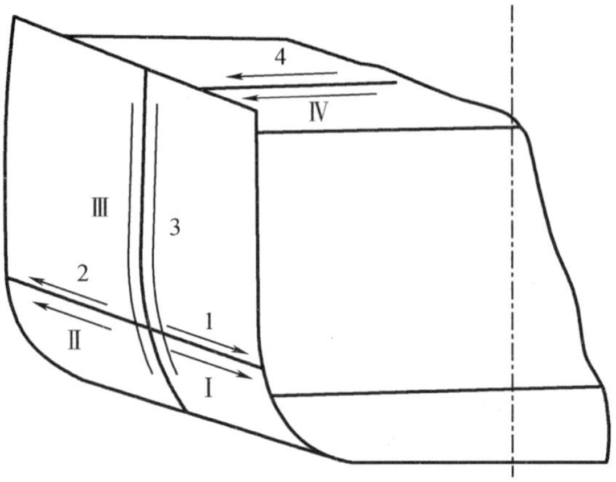


图 10－7　舷部分段与甲板分段大接缝焊接顺序

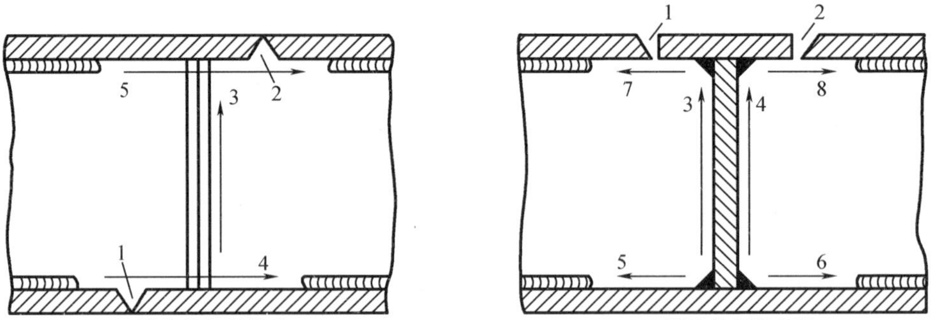


图 10－8　大接缝时内部构架的焊接顺序

## 三、大接缝焊接工艺要求

①大接缝打底焊时，应根据板厚和空间位置等来选择合适的焊接材料。

②多层焊时，每焊一道焊缝必须清除前一道焊缝的焊渣和飞溅物，如有缺陷出现，必须修补后才能继续施焊（接头错开）。

③环形大接缝焊接时，由双数焊工从中间向左右两侧对称进行焊接，如图 10－9 所示。对于单底总段环形接缝由 4 名焊工同时进行，而对于双层底总段环形接缝由 8 名焊工同时进行，如图 10－9（a）、（b）所示。整条接缝在打底焊全部结束后，才能焊以后各层。

④大接缝在十字接口处，应先焊纵向焊缝，后焊环形接缝，或按图 6－3（c）所示的焊接顺序施焊。

⑤当间隙超差过大时，应先进行坡口边缘堆焊修补后，再正常施焊。

⑥对刚性很大的大接缝焊接时，如嵌补分段的焊接，要密切注意到气温（如日光照射时与无日光照射的区别）对大接缝间隙变化的影响。应在无日光照射时施焊，若在有日光照射时，虽然接缝间隙最小，施焊条件最好，但随着气温的下降，钢板收缩会对焊缝造成很大的拉伸应力，影响焊缝的质量，易产生裂缝。

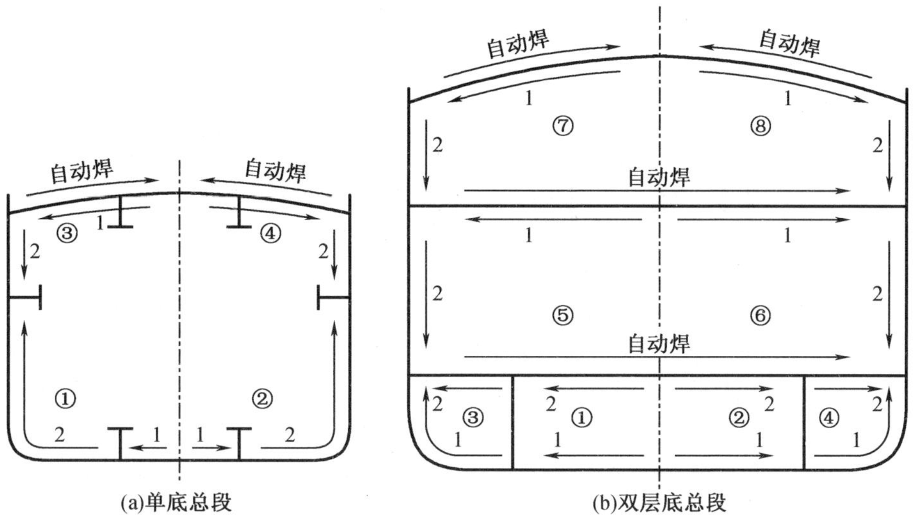


图 10－9　总段环形接缝的焊接顺序

## 思考题

1. 试述船体大合龙产生变形的原因。
2. 船体大接缝焊接时应遵守哪些焊接顺序的原则?

# 第 11 章　船体维修的焊接工艺

船舶在航行运载过程中，经常受到风浪和各种外力的作用，海水腐蚀作用，加之人为因素的影响，会发生渗漏（外板、甲板、舱壁等板材接缝的渗漏）、凹陷（外板、甲板、舱壁、围壁等板材结构受到大于局部强度的外力作用而引起的残余变形）、裂缝（由于船体构件受到过大的外力、作用，或金属结构疲劳与腐蚀等，使船体构件产生裂缝）、腐蚀（船舶在水中由于电化学作用与化学反应而遭到腐蚀，甚至发生剥落）、破洞与折断（由于船舶碰撞、触礁或中弹而使船身出现破洞）等损坏，使船舶长期地或短期地失去正常的工作能力。因此，需要通过修理来消除这些缺陷，使船舶保持或恢复正常的技术状况。在修船过程中当然少不了焊接工艺，下面介绍几种典型的船舶修理焊补工艺。

## 11.1　旧焊缝的焊补

金属腐蚀是因为金属与周围介质发生了化学反应和电化学作用，船体在水（海水）中的腐蚀是相当严重的，一般最容易出现的部位是：水线变化区的外板、艏、艉柱部分；泄水孔周围和舭部转角处，护舷材以下部位和焊缝区域等。船舶的焊缝遭受锈蚀后，其完整性就逐渐受到破坏，焊缝变细并凹入钢板表面内时，局部强度逐渐下降，在腐蚀严重处会产生渗漏现象，必须进行焊补修复。焊补工艺如下。

①焊补前，焊缝两侧 20 ~ 30 mm 范围内，应用喷砂将锈层等污物清除干净，并用碳弧气刨将需焊补的焊缝扣槽，使之露出金属光泽，扣槽应尽量圆滑过渡并与原焊缝宽窄均匀深浅一致，如图 11 – 1 所示。

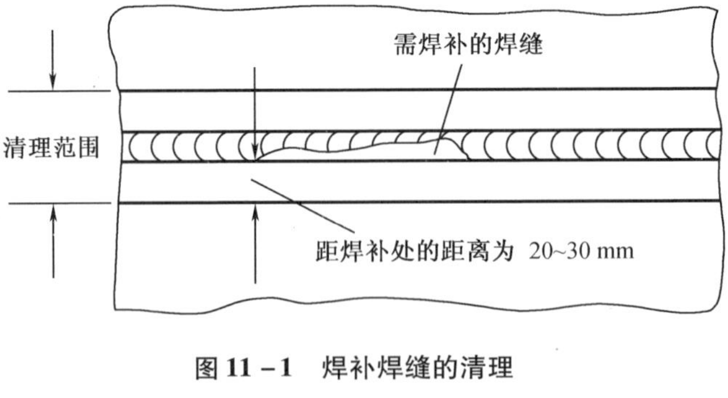


**图 11 – 1　焊补焊缝的清理**

②根据焊补焊缝的部位选取合适的焊接材料，并根据焊补的位置选取合适的焊接工艺参数。

③焊补时，从修补的焊缝两端向中间施焊，对于长焊缝应采用分段退焊法。

④要注意补焊焊缝的表面成形和尺寸，不要焊成比原来焊缝过高或过宽，新旧焊缝的

连接应均匀过渡。

## 11.2　裂缝的焊补

船体裂缝产生的原因很多，如船体在装配过程中，各构件没有达到规定的公差要求就进行焊接，产生较大的内应力，这种内应力潜伏在船体构架内，当它和船舶工作时受到的其他外力叠加时，便会产生裂缝；船体结构所用的材料性能不符合要求，以及在施工生产中，操作工艺不当，焊接过程中存在夹渣、气孔、裂缝、未焊透等缺陷，加上不合理的施焊顺序造成了应力集中，这些都是产生裂缝的隐患；再就是金属遭到腐蚀和船舶在波浪上反复受到交变应力的作用及推进器、主机、辅机等工作时产生的船舶震动而引起的金属疲劳，在外力作用下（如碰撞、搁浅等原因），只要超过了理论计算时的船舶纵向与横向强度，便会产生船体裂缝，从而会产生渗漏。裂缝是不允许存在的缺陷，必须清除后焊补或修复。裂缝的焊补工艺如下。

①仔细检查裂缝的起始和终止点，必要时还应检查与出现裂缝部位处于相同受力情况下的同类构件有无裂缝。

②清除裂缝。在裂缝的两端钻止裂孔，以防止裂缝扩展。钻止裂孔时，采用直径为 6 ~8 mm 的钻头，钻孔深度应比裂缝深度深 3 ~5 mm。如果是穿透性裂缝，应沿板厚钻穿，应尽量采用碳弧气刨方法来消除裂缝。

③在裂缝处按照焊缝的要求和标准开设坡口：尽量采用碳弧气刨方法来修正坡口形状，对于未穿透裂缝焊补坡口底部要圆滑过渡；如果是穿透性裂缝，应开成对称双面坡口形式（或正面焊接后背面清根封底焊）。

④采用低氢型焊条或抗裂性好的 $CO_2$ 焊丝焊补。焊接时，应从坡口两端向中部施焊。如果焊补处钢板较厚或所处部位刚性较大，可采用100 ℃范围的预热措施，以及每焊一段焊缝立即进行锤击焊缝的办法，以防止再次产生裂缝。

## 11.3　船体外板的挖补

根据船体的损坏程度，在船舶修理过程中，常采用补板或换新的办法：补板又分挖补和贴补两种，即在发现漏水焊缝处或局部腐蚀严重处挖补或贴补一块比漏水焊缝长的钢板，四周进行连续对接焊或连续搭接焊；在漏水严重而补板又不可能的情况下，就采取换新的办法，即将漏水焊缝两侧的钢板或损坏变形处的钢板全部割除换上新钢板。无论是挖补还是换新都称作外板拆换。下面以两个不同的典型例子加以说明。

### 一、小块矩形补板的焊接

①补板与船体外板的接缝，应开成四角为圆弧过渡，如图 11 -2 所示。要求圆弧半径 $r=10\delta$（$\delta$ 为板厚），且不小于 50 mm；要求 $a>b$。如果补板较小，可以直接开成椭圆形作为工艺孔封板处理，如图 11 -3 所示。

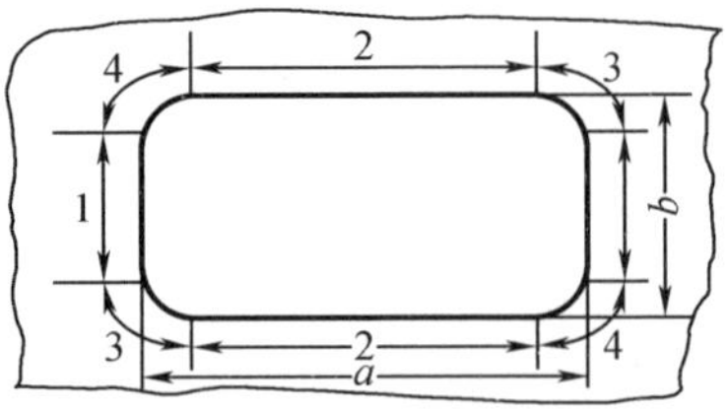


图 11 -2　小矩形补板焊接程序

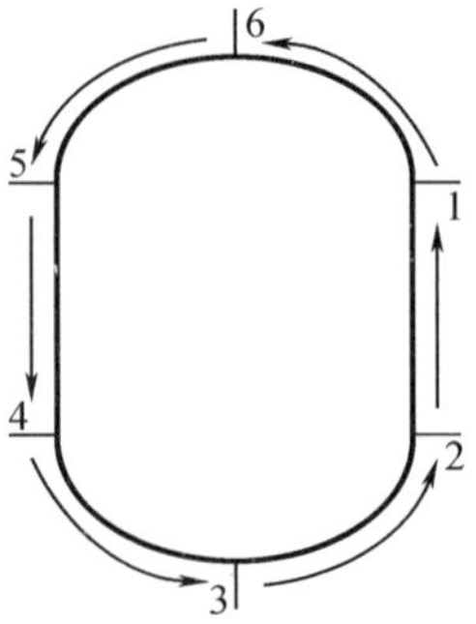


图 11 -3　工艺封板的焊接顺序

②在船体外板外面用定位焊将补板焊牢固定,采用碳弧气刨在补板接缝的内面刨削坡口。然后选择合适的焊接材料和焊接工艺参数进行焊接。

③为防止过大的焊接应力产生焊接裂缝,焊接时,可由 2 个焊工对称进行,先焊接横向和纵向接缝中间部分。在焊接第一层时,要求焊缝内无缺陷,然后根据钢板厚度连续多层多道焊接。

④焊完纵、横向中间部分的焊缝后,焊接四角圆弧部分接缝。为了防止产生裂缝,从焊补第二层开始,每焊完一层都要轻轻锤击焊缝,以减小内应力。如果板转角所处部位刚性较大时,应在四角圆弧部分留一角暂不焊,待四周焊缝焊完盖面焊缝并冷却后再焊,以此减缓应力集中,从而减少裂缝出现的可能性。对工艺封板形式的补板可由 1 名焊工完成,按图 11 -3 所示的 1 ~5 顺序分段逐步退焊,并待 1 ~5 全部焊接结束(包括盖面焊)完全冷却收缩后,最后焊第 6 顺序段。

⑤焊完内部焊缝后,采用碳弧气刨在接缝外面扣槽,然后进行封底焊,同样亦可以在四角圆弧部分留一角暂不焊,待冷却后最后再焊。

## 二、整张钢板换新的焊接

①将保留钢板的边接缝用氧 - 乙炔焰切割开约 300 mm,以便于端接缝的焊接,如图 11 -4 所示。

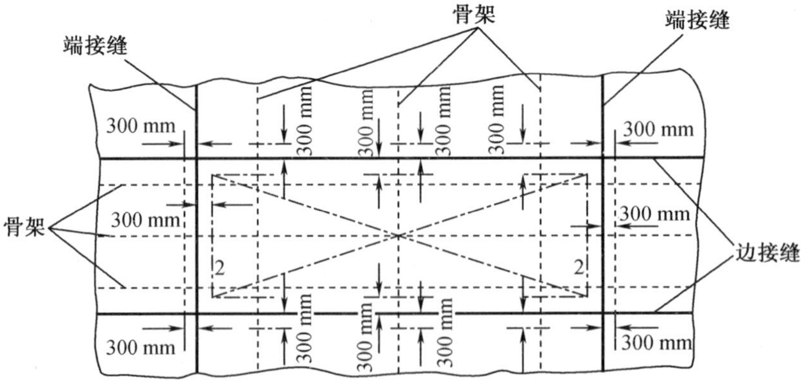


图 11 -4　整张钢板换新的焊接程序

②将被换钢板四角的保留钢板与构件的所有角接焊缝割开约 300 mm,并采用碳弧气刨将舱内的对接接缝刨削坡口。

③根据被换板的位置，选取焊条牌号、直径或焊丝及焊接工艺参数，然后先焊被换钢板与纵、横构件的角接焊缝，但距被换钢板边缘 300 mm 宽度内的角接焊缝暂不焊。

④焊接钢板的边接焊缝（横焊缝），后焊端接焊缝（立焊缝）。焊接边接缝时，应采用分中分段退焊法施焊，最好由双数焊工同时进行。

⑤用碳弧气刨在钢板接缝外面扣槽，再进行封底焊。封底焊时，同时先焊边接焊缝，后焊端接焊缝。

## 11.4　舵杆的焊补修复

船舶的舵杆会因各种原因产生扭曲、裂缝、折断等缺陷，产生这些缺陷时，都应进行焊补修复。它的修复工艺类同于中碳钢的焊接工艺。下面以某船 35 号钢舵杆与水平法兰切换并用焊条电弧焊修复为例，介绍其焊补工艺。

①用机械加工方法加工焊接坡口。如图 11－5 所示，为了保证焊后舵杆的垂直度，焊前须用角钢或槽钢来加强定位，并在坡口内定位焊定位固定，定位焊缝的长度约 50 mm。

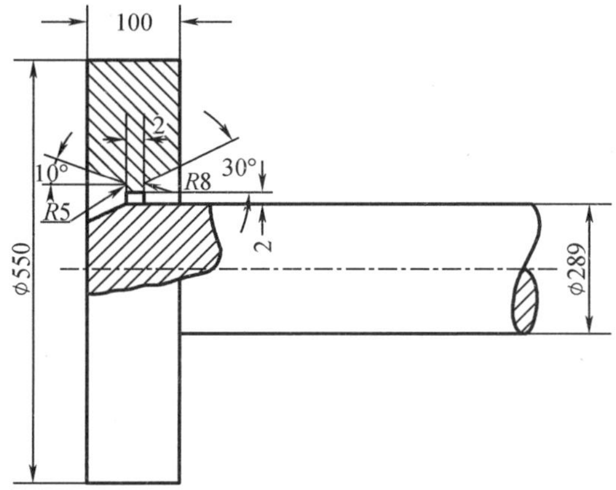


**图 11－5　35 号钢舵杆与法兰的焊接**（单位：mm）

②焊前将坡口周围的油、锈、氧化物等杂物清除干净。

③采用 E5015（结 507）低氢型焊条，焊前按规定进行烘焙。

④焊前用氧－乙炔火焰或远红外电加热对工件进行预热（离坡口 20～30 mm），预热温度为 150～250 ℃。

⑤将装配好的舵杆放在水平位置进行焊接，也就是处于立焊位置焊接。这样每焊一道焊缝后，便于清除焊渣，而且可以圆周转动，便于控制焊接变形。

⑥为了减少和防止焊接变形，应将焊缝沿圆周长分成 6 段或 8 段，采用分段跳焊法进行焊接，随时测量变形趋势决定焊接的顺序。可以由 1 名焊工或 2 名焊工同时对称进行焊接。

⑦焊第一层焊缝时易出现裂缝，操作时应注意运条速度，不宜太快，以免焊缝太薄而拉裂。收弧时将弧坑填满，以免出现弧坑裂缝。

⑧舵杆焊后需进行回火热处理，以消除焊接应力。

## 思考题

1. 试述船体裂缝的焊补工艺。
2. 试述舵杆焊补的修复工艺。

# 第 12 章　管系的焊接工艺

船上的蒸汽系统、液压系统、压缩空气系统等管子都属于Ⅰ、Ⅱ级管系，且压力较高，通常为 1.6～30 MPa，管子的材料种类及直径规格较多，管壁厚度也为 3～16 mm 不等，管子的使用要求较高，因此制造过程中必须控制好焊接工艺。

## 12.1　法兰焊装工艺

法兰的装配要求如下。

①法兰装配必须使用法兰定规和水平尺或重锤，法兰螺孔转角误差为 $DN<150$，$\pm5°$，$DN\geqslant150$，$\pm1.0°$。法兰与管子装配时，应保持垂直，插入式法兰内圆不得点焊。

装配误差：$DN<150$，偏转角 $\theta<0.5°$，$DN\geqslant150$，偏转角 $\theta<0.3°$。

②对接焊法兰装配。对焊法兰与管子或管子与管附件等的定位，应保持同轴度，同时确保相互间的垂直度。同轴度定位误差最小不超过 2 mm。

③装配结束后应清除坡口与法兰上油、水、锈等污物。

④法兰装配定位焊可采用焊条电弧焊或 $CO_2$ 焊，一般定四点定位焊、焊条直径可采用 $\phi2.5\sim3.2$ mm，定位焊尺寸不宜过大。

⑤法兰管对接焊装工艺参照下节管系对接。

## 12.2　管系对接接头焊装配工艺

管系对接装配要求如下。

(1) 对接管系（壁厚 $T\leqslant4.2$ mm）

装配要求如图 12－1 所示。

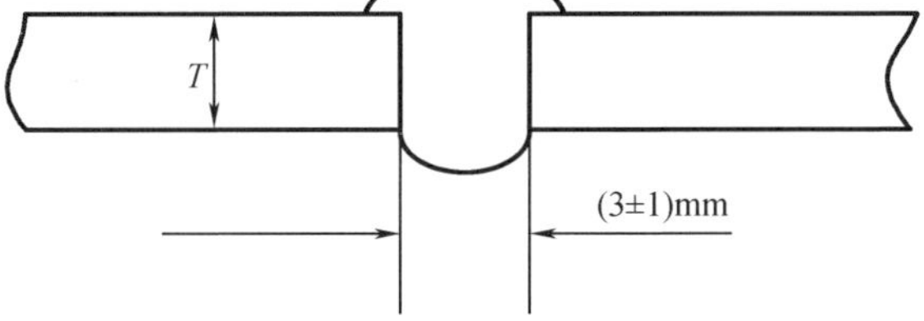


(a)

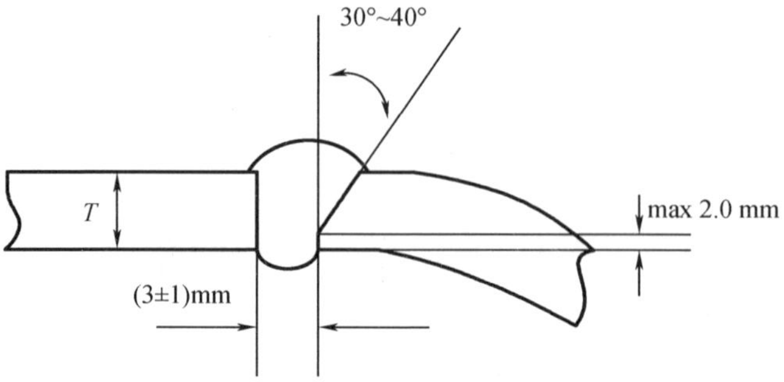


(b)

**图 12-1　管子对接要求示意图(1)**

(2)对接管系(4.2 mm < $T \leqslant$ 9.3 mm)

装配要求如图 12-2 所示。

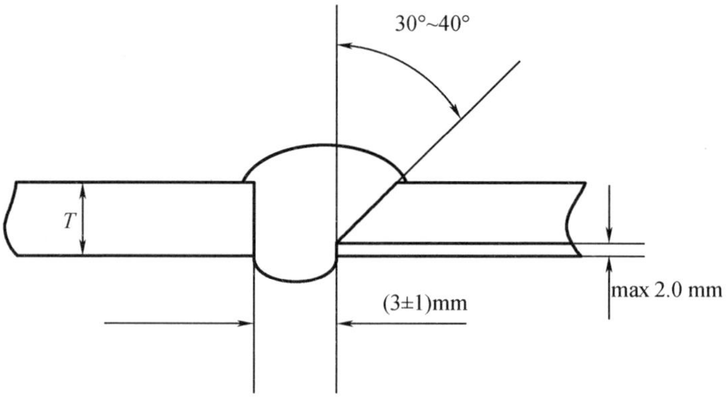


(a)

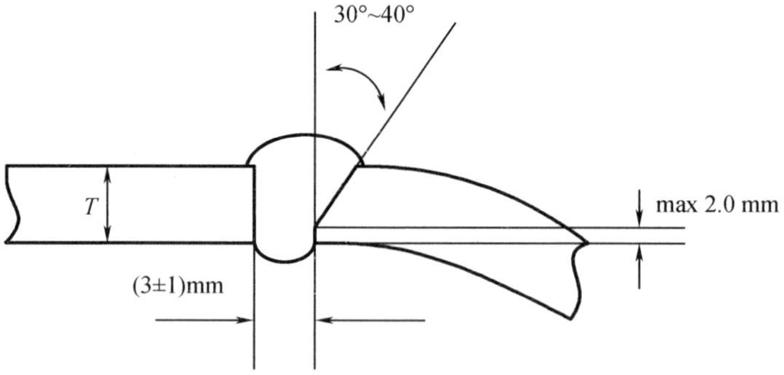


(b)

**图 12-2　管子对接装配要求示意图(2)**

(3)对接管系($T$ > 9.3 mm)

装配要求如图 12-3 所示。

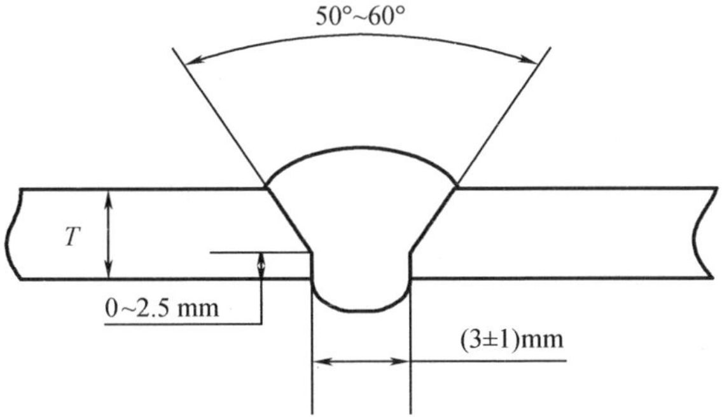


图 12-3　管子对接装配要求示意图(3)

# 12.3　管子支管对接焊装配工艺

## 一、支管接头装配要求

①直支管装配要求及焊接尺寸如图 12-4 所示。

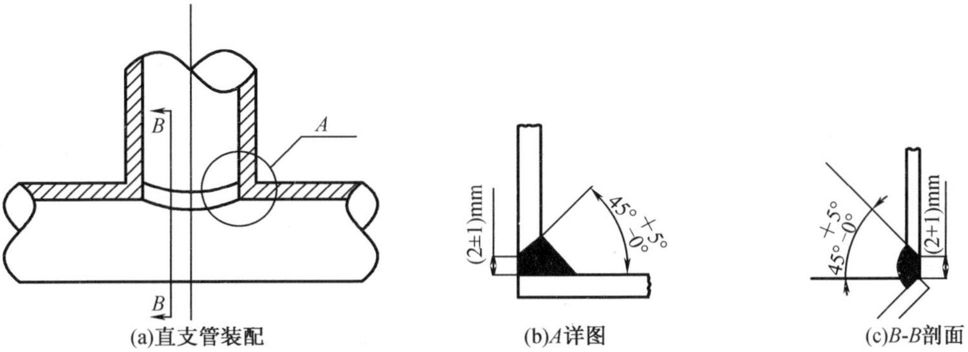


图 12-4　管子支管装配要求示意图(1)

②斜支管装配要求及焊接尺寸如图 12-5 所示，$F$ 为焊脚尺寸。

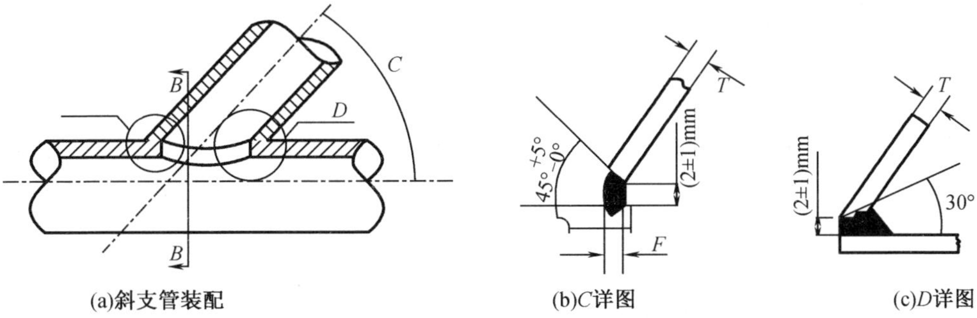


图 12-5　管子支管装配要求示意图(2)

③骑坐式管子装配要求及焊接尺寸如图 12 - 6 所示。

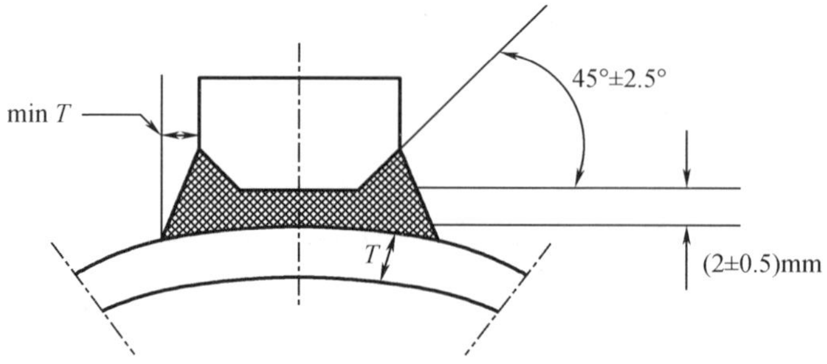


**图 12 - 6　骑坐式管子装配要求示意图**

④技术要求。焊脚尺寸 $F$ 一般取 6 mm 或 0.7 · $T$（$T$ 为管子壁厚），$F$ 取大于等于 $T$。

⑤定位焊要求。根据管系口径及壁厚采用钨极氩弧焊、焊条电弧焊或 $CO_2$ 焊。

### 二、支管焊接工艺

支管焊接同管系对接焊相似（采用对称焊接以防止焊接变形）。

## 12.4　船舶碳钢钢管焊接通用工艺

本焊接工艺适用碳钢钢管（以下简称钢管）的对接接头、钢管和法兰的角焊和套管搭接焊的焊条电弧焊、$CO_2$ 气体保护焊和钨极氩弧焊。

### 一、钢管对接焊接工艺

对接坡口形式和焊接要求，如表 12 - 1 中所示。

**表 12 - 1　管对接坡口型式及焊接要求**

| 适用范围/mm | 坡口形式 | 备注 |
|---|---|---|
| $t \leqslant 4.2$ | 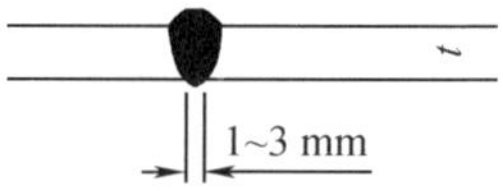  | I 形坡口 |
| $6 \geqslant t > 4.2$ | 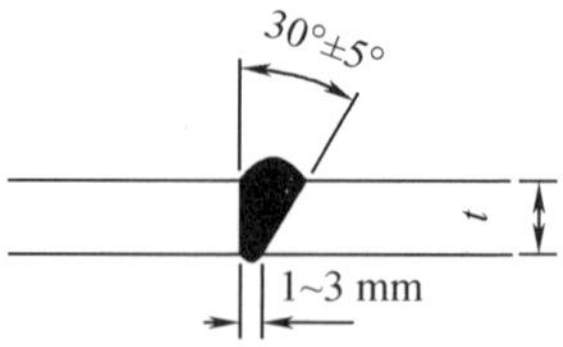  | 单 V 形或<br>双 V 形坡口 |
| $t > 6$ | 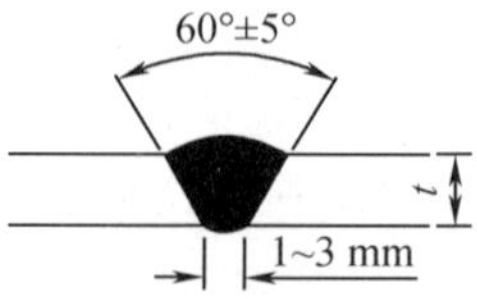  | 双 V 形坡口 |

**表 12-1(续)**

| 适用范围/mm | 坡口形式 | | | 备注 |
|---|---|---|---|---|
| 管子和附件不同壁厚的对接 | 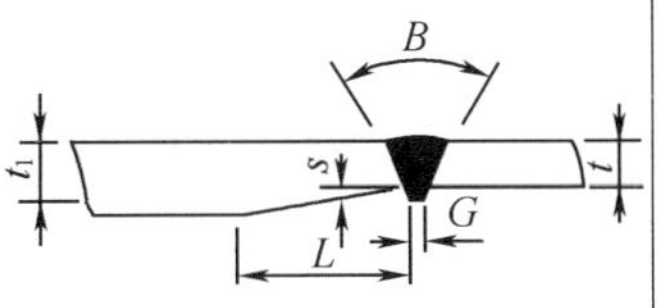 | $t_1-t>2.3$ mm | $G=1\sim3$ mm<br>$S=0\sim1$ mm<br>$B=60°\pm5°$<br>$L\geqslant3(t_1-t)$ | 双 V 形坡口 |
| | 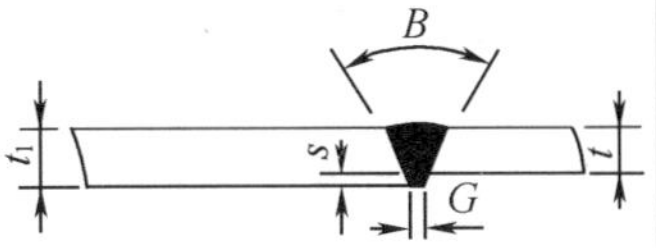 | $t_1-t\leqslant2.3$ mm | | 双 V 形坡口 |
| 相同壁厚对中允差 | 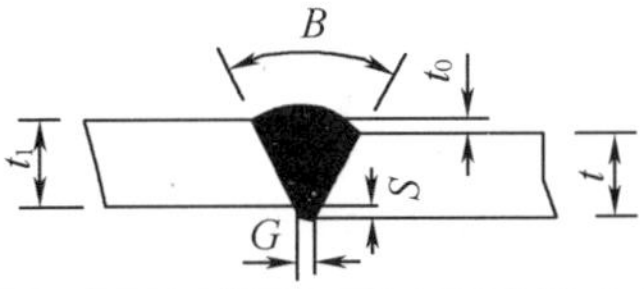 | $t_0\leqslant3$ mm | | 双 V 形坡口 |

1. 工艺要求

①钢管坡口内部及其附近 50 mm 范围内，焊前应清除锈斑、杂质和油污等。

②钢管坡口及焊接热影响区，如有锈斑、杂质和油污等应清除。

2. 定位焊

①钢管按图纸要求或现场校管，经确认无误后用定位焊或“马板”焊接固定。

②定位焊点数：*DN*150 mm 以下为 3 点(360°/3)；*DN*200 ~ 350 mm 为 4 点(360°/4)；*DN*400 ~ 600 mm 为 5 点(360°/5)；*DN*600 mm 以上按管子大小增加定位焊点数，焊点控制间距为 350 ~ 400 mm 圆弧长。

③定位焊长度：*DN*150 mm 以下为 10 mm；*DN*200 mm 以上为 20 ~ 30 mm。定位焊将成为焊接底层的一部分，焊接要求和底层的焊接工艺相同。

3. 钢管焊接工艺

(1)氩弧焊工艺

①用于管子对接焊的氩弧焊工艺是钨极氩弧焊，用于管子对接焊的打底层。

②电极：铈钨电极($\phi$2.4 mm 或 3.2 mm)。

③保护气体：工业纯氩。

④焊接设备：额定电流为 250 ~ 500 A 的非熔化极氩弧焊机。

⑤焊丝：TIG-50($\phi$2.4 mm 或 3.2 mm)或适合母材的其他牌号焊丝。

⑥焊接工艺参数如表 12-2 所示。

**表 12-2　钨极氩弧焊焊接工艺参数**

| 管壁厚度 $t$/mm | 电极直径/mm | 焊丝直径/mm | 氩气流量/(L·min$^{-1}$) | 焊接电流/A |
|---|---|---|---|---|
| $t\leqslant4$ | 2.4<br>或 3.2 | 2.4<br>或 3.2 | 8 ~ 15 | 100 ~ 180 |
| $4<t\leqslant12.5$ | | | | 110 ~ 185 |

⑦操作要求。

a. 采用单面焊双面成型技术，保证管子内部焊缝成型良好，外部成型平滑光顺。

b. 正确使用焊机的提前及滞后送气保护两个功能，确保焊接接头得到良好的氩气保护效果。

c. 熄弧时应及时使用焊机的电流衰减功能，禁止焊缝弧坑出现缩孔现象。

d. 焊接结束后刷清焊缝，自查焊缝表面质量，不合格处按要求修补表面缺陷。

(2)焊条电弧焊工艺

①焊条。符合钢管等级标准的各种焊条。焊前需经 350 ~ 400 ℃烘干 1 h，烘好后置于 100 ℃的保温箱内待用，焊工每次领半天的用量，当天未用完的焊条应退回焊条间重新烘干。用于点焊的酸性焊条无须烘烤，但必须保持焊条干燥。

②焊接设备。焊接设备应适应各类焊条电弧焊电源。

③焊接工艺参数如表 12 - 3 所示。

**表 12 - 3　MSAW 焊接工艺参数**

| 管壁厚度/mm | 焊条直径/mm | 焊接电流/A |
|---|---|---|
| $t \leq 4$ | 2.4 或 2.5 | 90 ~ 140 |
| $4 < t \leq 12.5$ | 3.2 | 110 ~ 160 |

④操作要求。焊条电弧焊主要用于钢管的填充或盖面层焊接，所以要求焊接电流适当，焊道间清渣干净，焊缝整齐美观，无夹渣、未熔合、咬边等缺陷。

(3)$CO_2$ 气体保护焊工艺

①焊丝。符合钢管等级标准(2Y 或 3Y 标准)的各种 $CO_2$ 气体保护焊焊丝。

②保护气体。食品级纯 $CO_2$ 气(99.5% 以上)或其他按焊接需求的混合气体，如 $CO_2$ 气与氩气混合气(20% $CO_2$ + 80% Ar)等。

③焊接设备。各类合格的 $CO_2$ 气体保护半自动焊机。

④焊接工艺参数如表 12 - 4 中所示。

**表 12 - 4　$CO_2$ 气体保护焊接工艺参数**

| 管壁厚度/mm | 焊丝直径/mm | $CO_2$ 流量/($L \cdot min^{-1}$) | 焊接电流/A | 焊接电压/V |
|---|---|---|---|---|
| $t \leq 6$ | 1.2 | 18 ~ 25 | 150 ~ 170 | 14 ~ 21 |
| $6 < t \leq 12.5$ | | | 120 ~ 220 | 12 ~ 22 |

⑤操作要求。

a. 采用单面焊双面成型技术，钢管内侧焊缝应表面成形良好，外侧焊缝表面成形应平滑光顺。

b. 滑油、燃油、液压系统及对清洁度要求较高的系统管子应采用氩弧焊打底。

c. 焊缝接头速度应快速，保证接头无凹陷，无缩孔。

d. 焊缝中间过于凸出，可以用砂轮修磨光顺后再焊第二层以保证焊接质量。

e. 每道焊缝完成后要把焊渣清理干净，除去飞溅，补好“马脚”，如有表面缺陷要修补。

缺陷清除后才能焊下一层。

f. 焊接完成后,应去除钢管及法兰等附件内外表面的飞溅、焊瘤和其他杂物。

(4)钢管焊缝检测要求

①焊缝外观检查应符合船检规范要求。

②射线探伤。

a. 在Ⅰ级管系中,外径大于 76 mm 的管子的对接焊焊缝应全部经 X 射线或 γ 射线检测。

b. 在Ⅱ级管系中,外径大于 100 mm 的管子的对接焊焊缝,以及Ⅰ级管系中外径小于或等于 76 mm 的管子的对接焊焊缝,应以 10% 抽样进行 X 射线或 γ 射线检测。

c. 由于技术原因,导致的不能采用 X 射线或 γ 射线对Ⅰ级管系和Ⅱ级管系的对接焊缝进行检测时,经船级社同意可采用其他等效检测方法。

(5)返修

①缺陷清除。

凡无损探伤发现的不合格缺陷均须返修清除,应对照底片在焊缝上划出缺陷位置,薄壁管可用薄片砂轮去除缺陷,厚壁管可用碳弧气刨将缺陷清除。对于存在于焊缝根部的背面缺陷,薄壁管可用薄片砂轮把焊缝在缺陷处磨穿,厚壁管可以在缺陷处先用碳弧气刨刨出较宽、较深的槽,然后用薄片砂轮在缺陷处磨穿,直至将缺陷完全清除。

②焊接修补。

焊接修补工艺应与上述钢管焊接工艺相同,对于根部返修,宜采用氩弧焊打底。

## 二、套管搭接和钢管与法兰焊接工艺

1. 工艺要求

①套管搭接和钢管与法兰的焊接可采用焊条电弧焊、钨极氩弧焊或 $CO_2$ 气体保护焊。

②套管搭接和钢管与法兰焊接工艺要求按船检规范进行施工和检验。

2. 定位焊

①定位焊点数。*DN*150 mm 以下为 3 点(360°/3);*DN*200 ~ 350 mm 为 4 点(360°/3);*DN*400 ~ 600 mm 为 5 点(360°/3);*DN*600 mm 以上按管子大小增加定位焊点数,焊点控制间距为 350 ~ 400 mm 圆弧长。

②定位焊长度。*DN*150 mm 以下为 10 mm;*DN*200 mm 以上为 20 ~ 30 mm。

3. 套管搭接和钢管与法兰的焊接工艺

①焊条电弧焊工艺要求参照钢管对接焊。

②$CO_2$ 气体保护焊工艺要求参照钢管对接焊。

③操作要求。

a. 焊接完成后,应去除钢管及法兰等附件内外表面的飞溅、焊瘤和其他杂物。

b. 焊接法兰、套管内角焊缝时,焊脚不能过大,高出法兰平面或管内壁的部分应打磨修正。

4. 焊接顺序

焊接时应尽可能使接头处于平焊或立焊位置,焊接顺序如图 12 - 7 所示。

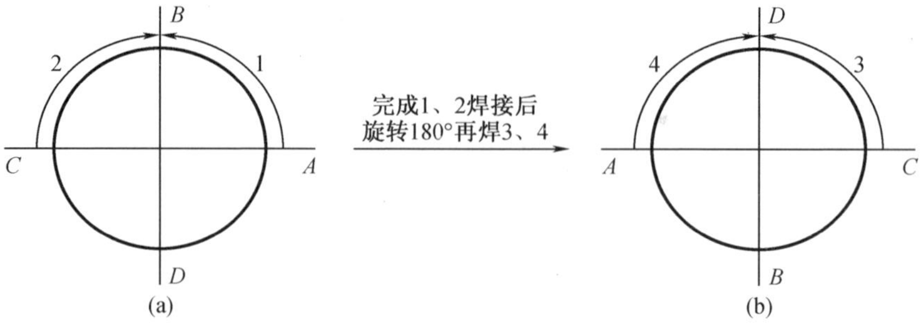


**图 12 – 7　焊接顺序示意图**

## 思考题

1. 法兰焊装工艺要求有哪些?
2. 管系对接的焊装工艺有哪些?
3. 直支管焊装要求有哪些?

# 第 13 章　船体结构制造中的高效焊接

随着船舶工业的飞速发展,高效焊接技术得到了全面的应用推广。高效焊接技术是指与常规药皮焊条电弧焊相比,其熔敷效率高、焊接速度快、且操作方便、易于机械化和自动化的焊接工艺。高效焊接方法的特点是生产效率高、焊缝质量好、节约能源和材料。目前船企应用的高效焊接工艺,根据其工艺特点和材料的不同,可分为以下几类,如图 13－1 所示。

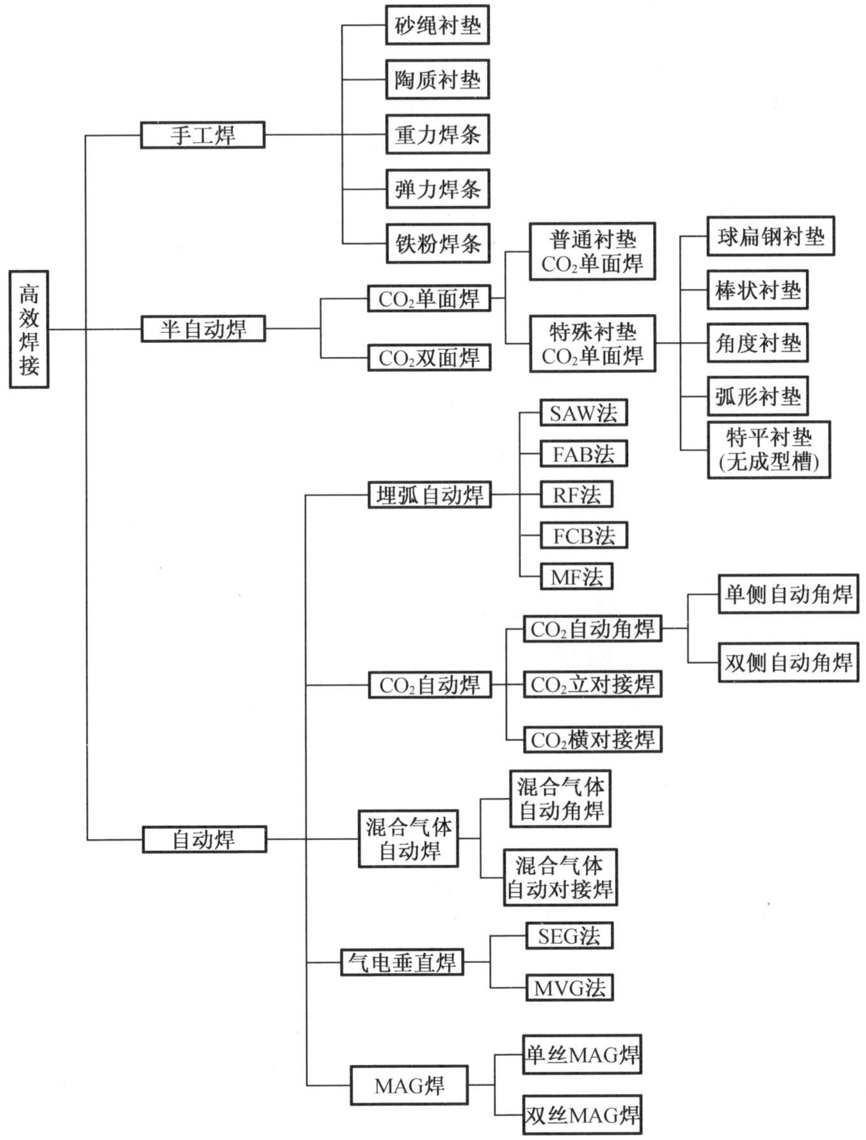


**图 13－1　高效焊接工艺方法分类示意图**

## 13.1　高效焊条电弧焊

高效电弧焊焊条，如铁粉焊条、立向下焊条、重力焊条等，在普通焊条的基础上，在药皮中添加铁粉提高熔敷效率或通过改善焊条的操作工艺性，以及采用重力架或弹力架实行一人多台焊接，来达到提高焊接效率的目的。目前这类工艺使用较少。

## 13.2　埋弧自动焊

### 一、单丝埋弧自动焊

普通的埋弧自动焊具有设备简单、操作方便、适用范围广等优点，在船厂使用最为广泛，是主要的高效焊接技术之一（具体工艺见埋弧焊章节）。

### 二、双丝单面埋弧自动焊（RF 法）

RF 法是一种焊剂双丝单面埋弧自动焊工艺，主要采用双丝，焊丝直径为 4.8 ~ 6.4 mm。

1. 工艺特点

RF 法工艺的基本原理是通过一种充气软管，将带有衬垫焊剂的焊剂槽紧贴于焊缝背面，采用双丝焊接。由于 RF 法所使用的衬垫焊剂是一种热固化焊剂，在焊剂中加入了具有热硬化特性的酚醛树脂、铁粉和脱氧剂。焊接时，酚醛树脂受热至 80 ~ 120 ℃后，会因脱水缩合反应而固化托住熔池并强制焊缝成形，从而达到单面焊双面成形的目的，如图 13 – 2 所示。

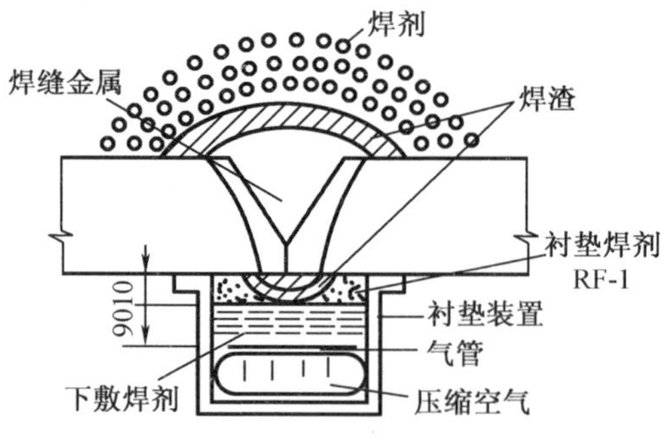


**图 13 – 2　RF 法工艺原理图**

RF 法还具有以下的优点：

①与单丝埋弧焊相比，焊接效率可提高 3 ~ 4 倍，而且焊接质量稳定。

②节省了碳弧气刨工作量和焊接材料、电能消耗，以及提高作业场地的利用率。

③利用钢板的自重实现焊件衬垫与表面接缝的密贴，因此无须压力架等装置，降低了焊接设备的成本。

④有利于装备成平面分段流水线工位，提高拼板装配效率，拼板不需翻身焊接。

2. 焊接装备

①RF 法工艺采用两台 1500 型焊接设备，其中主丝采用直流电源，辅丝采用交流电源。

②焊剂垫装置及辅助装置。

a. 焊剂垫装置是 RF 法工艺的关键设施之一，它的功能直接影响到拼板在无其他外力作用下，完成双丝单面埋弧自动焊的工艺过程。焊剂垫装置的结构如图 13 –3 所示。

b. 焊接辅助装置包括焊剂添加小车、焊剂可变刮板器、焊接电缆夹持器以及焊接设备固定车等，以确保焊接过程的正常使用。

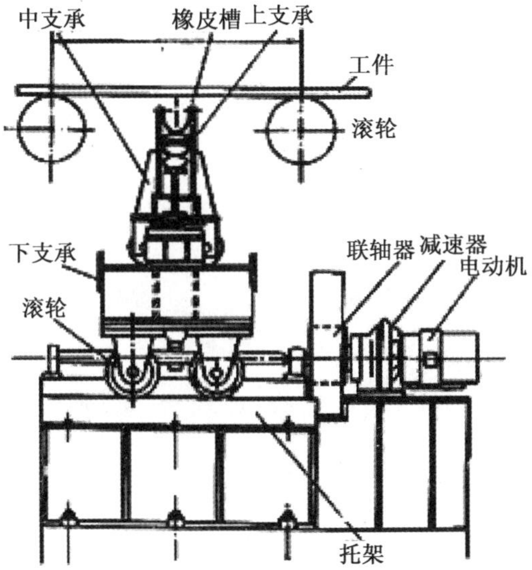


图 13 –3　焊剂垫装置示意图

## 三、双丝单面埋弧自动焊(FAB 法)

FAB 法是一种软衬垫双丝单面埋弧自动焊工艺，主要采用双丝，焊丝直径为 4.8 ~ 6.4 mm，主要用于船台内底板和甲板大接缝的焊接。由于 FAB 法使用的陶质衬垫具有不同形状，所以可以适用于不同接头形式的焊接。焊接时，如果在坡口内加入适量的铁粉，不仅可以提高焊接效率，而且焊缝成形良好。

1. FAB 法工艺特点

FAB 法原理是采用可挠性软衬垫作为焊缝背衬，并通过给予一定支撑力的装置使软衬垫紧贴工件焊缝背面，从而达到单面焊双面成形的一种高效焊接工艺，如图 13 –4 所示。

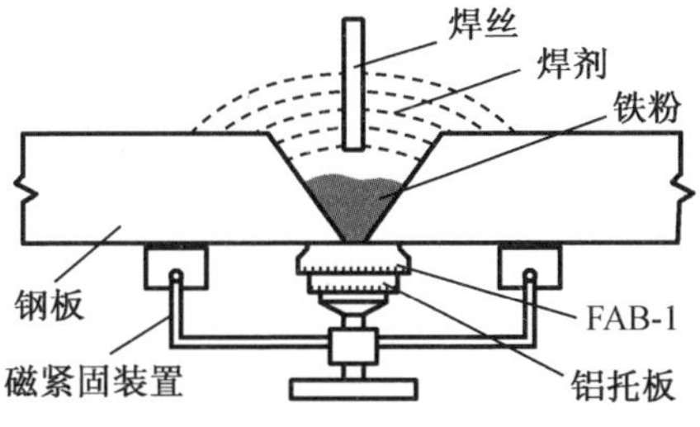


图 13 –4　FAB 法工艺的基本原理示意图

FAB 法工艺特点如下。

①焊接效率高,焊接质量好;

②由于实现了单面焊双面成形的效果,从而减少了仰焊和碳弧气刨的工作量,改善了焊工的劳动条件和降低劳动强度;

③操作工艺简便、材料成本低,综合经济效益较明显。

2. 焊接设备装置

FAB 法工艺采用的焊接设备包括双丝埋弧自动焊机和焊接电源,其电源可以是交流和交流组合或直流与交流组合两种形式。

## 四、双丝或多丝单面埋弧自动焊(FCB 法)

FCB 法是在 RF 法的基础上改进的单面埋弧自动焊工艺。采用焊剂 + 铜衬垫并有双丝、三丝和四丝等多种工艺,如图 13 – 5 所示。FCB 法目前已成为大型船厂提高平面分段流水线作业的拼板主要焊接工艺,焊丝直径为 4.8 ~ 6.4 mm。对于 12 ~ 35 mm 厚度拼板对接,FCB 法可实现单面焊双面成形的效果。

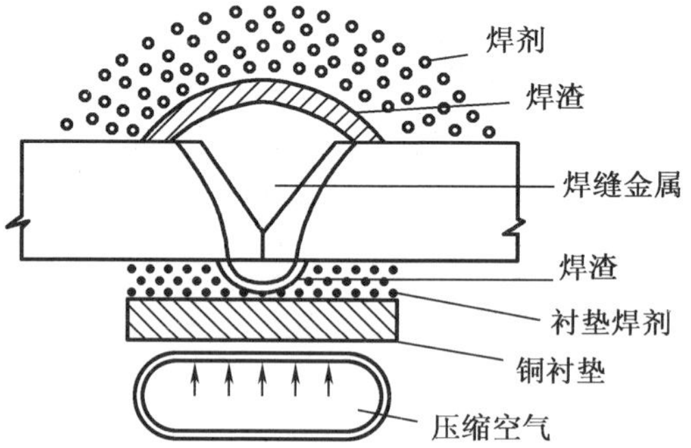


**图 13 – 5　FCB 法工艺的基本原理图**

1. FCB 法工艺特点

①设备设有焊接专家系统,焊接时可调用焊接工艺参数,实现了自动化控制。

②由于采用铜衬垫托住成形焊剂密贴焊缝背面,因此能选择更大的工艺参数,进行较大厚度板材的单面埋弧焊。

③与双面焊相比,多丝焊的工艺可提高焊接效率 3 ~5 倍。

④设备装置结构较为复杂,成本较高。

2. 焊接设备装置

焊接设备装置主要由门架式台车、衬垫装置、衬垫焊剂自动铺设及回收装置、三丝埋弧自动焊机、表面焊剂循环装置、焊接电源、气动装置和控制系统等部分组成。

# 13.3　气体保护焊

$CO_2$ 气体保护焊(MAG)方法,一般有实心或药芯焊丝可供选择,焊丝直径通常为 1.2 ~1.6 mm。$CO_2$ 资源丰富、价格低廉,$CO_2$ 气体保护焊是一种焊接效率高、焊缝质量好以及经济效益显著的高效焊接技术。$CO_2$ 气体保护焊有半自动和自动焊两种,其焊接效率是焊条电弧焊 3 ~6 倍。目前 $CO_2$ 药芯焊丝在船厂的使用较为广泛,虽然使用成本比实心焊丝高，但是其焊接工艺性比实心焊丝好，且熔敷效率高，焊接质量好，焊缝成形美观，也是船厂主要的高效焊接技术之一（具体工艺见 $CO_2$ 气体保护焊章节）。

## 一、陶质衬垫 $CO_2$ 半自动单面对接焊

陶质衬垫 $CO_2$ 半自动单面对接焊主要用于曲面分段和半立体分段的拼板，以及分段总组和船台（船坞）的合龙大接缝的焊接。该工艺方法是一种采用砖式陶质衬垫块作为对接焊缝的单面焊双面成形衬垫，并配以 $CO_2$ 半自动焊，适用平焊、立焊和横焊的一种高效焊接方法，如图 13－6 所示。

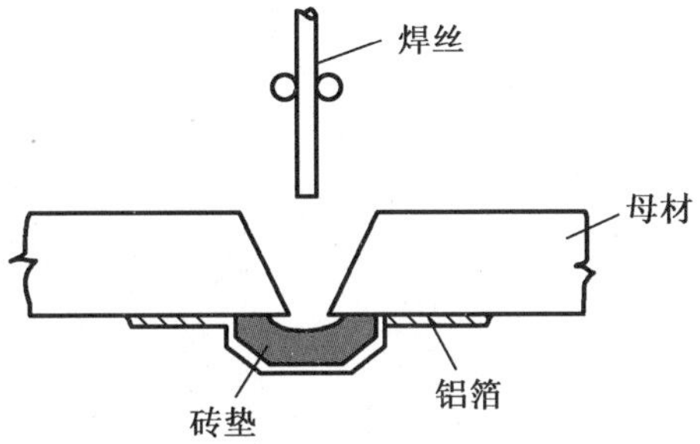


图 13－6　$CO_2$ 单面对接焊工艺示意图

其工艺特点如下：

①焊接效率比焊条电弧焊超过 3～5 倍，而且工艺简单，衬垫安装方便；

②进行分段拼板对接、分段总组合龙对接焊后，可减少分段的翻身工作量，并节省分段堆放场地；

③对于船台（船坞）大合龙焊缝，尤其如甲板等，可使大量的仰对接工作转化为平焊，提高焊接效率，减轻焊工的劳动强度，确保焊接质量；

④取消了焊缝清根的碳弧气刨工作量，节约能耗及焊材、碳棒等，缩短了焊接工作周期。

## 二、$CO_2$ 自动角焊小车和多功能焊接小车

1. $CO_2$ 自动角焊小车

$CO_2$ 自动角焊是在 $CO_2$ 半自动焊的基础上发展起来的，它将 $CO_2$ 半自动焊的焊枪夹装在一台轻便型自动焊接小车上，实现焊接过程的自动化。它主要用于横角焊缝的自动化焊接。焊接时，由焊接小车上的两个可调节的仿形滚轮紧靠垂直钢板向前移动，不同的焊脚尺寸可通过调节焊接电流和焊接速度来实现。$CO_2$ 自动角焊机工作示意图如图 13－7 所示。

(a)单面自动角焊机　(b)双面自动角焊机

图 13－7　$CO_2$ 自动角焊机工作示意图

其工艺特点如下：

①自动角焊机操作简单，使用方便；

②一人操作多台角焊机工作，提高焊接效率和质量，减轻焊工的劳动强度。

2. $CO_2$ 多功能焊接小车

多功能焊接小车是在普通的焊接小车基础上加以改进的，增加了各类型的轨道及焊枪摆动机构装置，可实现平、立、横、仰角接和对接，以及筒体内外壁焊缝的全位置焊接，如图 13－8 所示。

图 13－8　多功能 $CO_2$ 焊接小车工作示意图

3. 多电极 $CO_2$ 自动角焊

多电极 $CO_2$ 自动角焊主要用于船体平面分段流水线纵骨横角接缝的焊接，是片段化制作的主要高效焊接方法之一，焊接时最高速度可达 1 m/min，一般有 16 电极或 24 电极同时进行焊接，可一次完成 4 或 6 根纵骨的焊接。如图 13－9 所示为 16 电极 $CO_2$ 自动角焊设备。

图 13－9　16 电极 $CO_2$ 自动角焊设备

4. 气电垂直自动焊(SEG 法)

SEG 法工艺，采用 $\phi$1.6 mm 药芯焊丝，$CO_2$ 气体保护，并对焊接熔池强制一次成形的方法来完成焊接。焊缝的前后分别采用水冷铜滑块和陶质衬垫紧贴，以保持熔池的稳定和焊缝成形良好。SEG 法主要用于船体舷侧、隔舱壁等垂直对接缝的焊接，对于 9 ~ 38 mm 厚度板材，可一次完成焊接，而且焊接质量稳定，焊缝成形美观。其原理如图 13 – 10 所示。

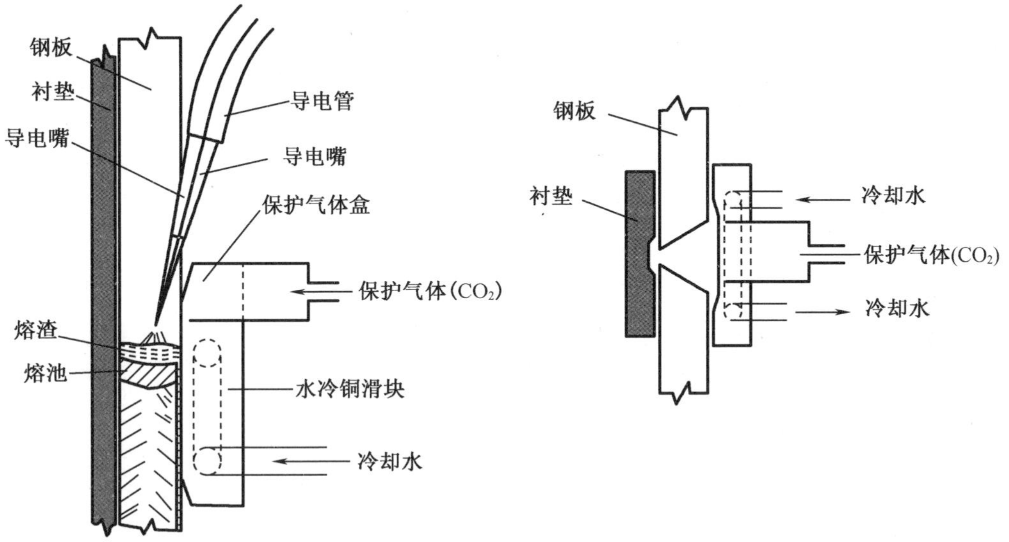


**图 13 – 10　SEG 法原理示意图**

气电垂直自动焊的工艺特点如下。

①当焊接电流达到 380 V 左右时，其熔敷效率可达 180 g/min，是焊条电弧焊的近 10 倍。

②焊接装置质量小、体积小，且组合拆装方便，部分区域的焊接可扩大应用到 45° ~ 95° 的倾斜立对接缝。

③操作容易、简便。由于控制系统设有熔池自动监视和自动上升装置，操作技术掌握容易、劳动强度低。

④采用陶质衬垫和铜滑块对熔池的强制成形一次完成焊接，焊接质量好，综合成本较低。

高效焊接技术是提高船舶的建造质量和建造周期的重要手段，所以在船舶行业得到越来越广泛的应用。目前高效焊接在船体结构中的应用情况如图 13 – 11 所示。

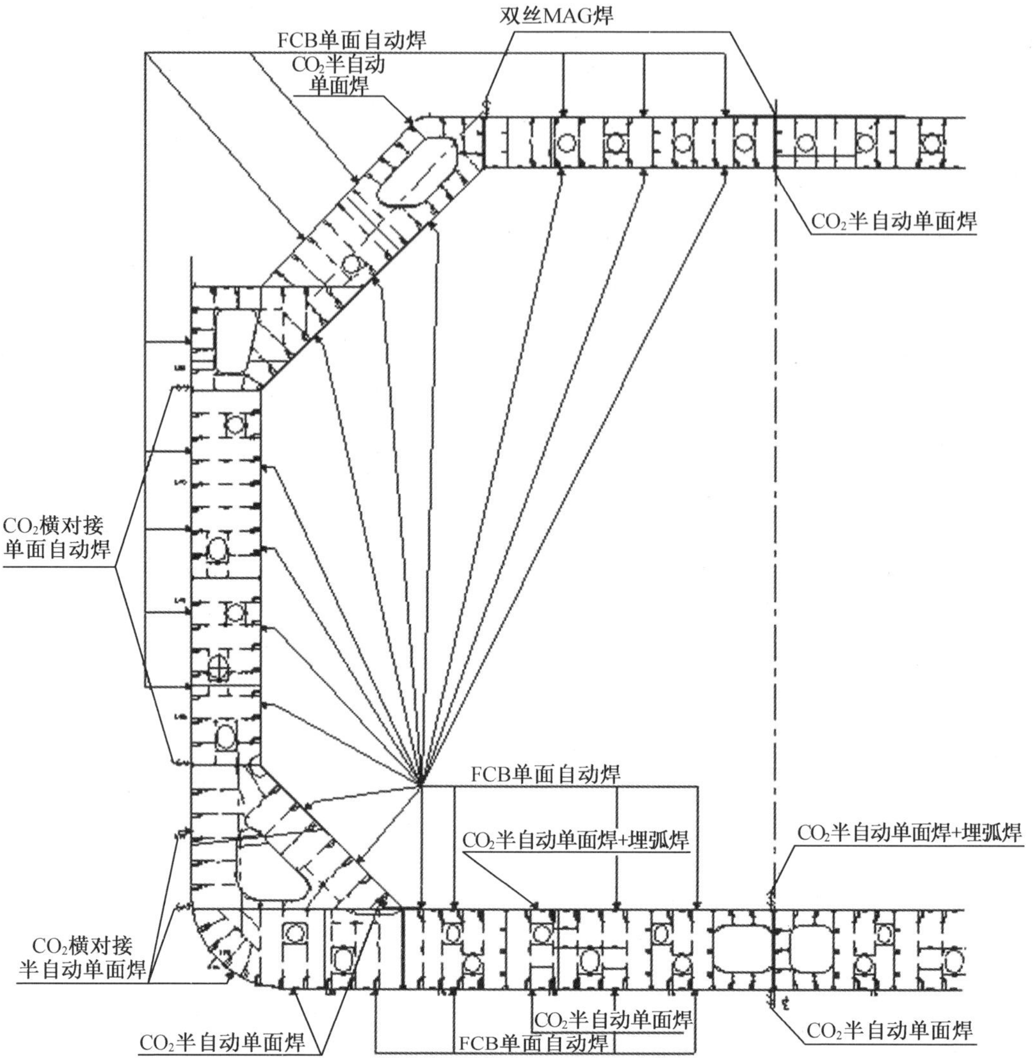


**图13－11　高效焊接技术在船体结构中的应用情况**

## 13.4　船体焊接工艺发展方向

在世界范围内，船厂的焊接技术水平欧洲和美国最高，日本和韩国其次，中国属于第三梯队。在20世纪90年代中期，世界各主要造船企业已普遍完成了一轮现代化的技术改造。目前，在此基础上，又陆续启动了新一轮现代化改造计划，投资目标直接集中在高新技术上，投资力度进一步加大，大量采用自动化焊接生产系统和先进的焊接机器人技术，并且把焊接技术融入计算机集成制造系统（CIMS）。目前各大先进船厂逐步从区域造船向敏捷造船过渡，有两项重点的焊接工艺值得关注。

## 一、焊接机器人的应用

机器人焊接是焊接自动化的最高水平，是计算机技术、自动控制技术、气体保护焊接技术的完美结合，适用于船舶构件批量化、小型化焊接生产，以及狭窄舱室短焊缝全位置焊接。日本的日立造船株式会社在 1992 年时应用机器人焊接的工作量已达到总焊接量的 20%，近几年正朝着 50% 的目标努力，而远期的目标则要达到 80%。丹麦欧登塞船厂采用日本日立造船公司开发的轻便型数控机器人和自行开发的大型门式焊接机器人，可使造船生产中 20% ~25% 的焊缝由焊接机器人来完成。日本 NKK 津船厂在 1995 年已建成了小组立装焊焊接机器人群的工作系统，实现了小组立装焊车间的无人化焊接。2003 年，韩国现代也已研发出了 5 种获得国际认证的焊接机器人用于船厂焊接。日本钢管公司在 2000 年推出了一种仰焊机器人，能在干船坞里从船体下面焊接船底外板。该机器人是将两把焊枪水平地插入被焊钢板的间隙内，一个在上，一个在下，并使其做横摆运动来充填焊缝。焊枪上装有激光传感器，它能帮助机器人监控间隙宽度和焊接方向，并能从数据库中选择最佳焊接方案。焊枪与电源、控制设备装在一个 4 轮车架上，该系统采用了焊接、传感器和机器人等各方面的新技术，具有良好的实用性和先进性。奥地利的 igm 机器人系统公司在机器人船舶焊接方面做了大量工作，并在部分船厂有了较成功的工程应用。焊接机器人如图 13 - 12 所示。

**图 13 - 12　焊接机器人**

目前，国内各大船厂都开始关注机器人焊接，江南造船（集团）有限公司提出了在部装的小型构件上首先尝试使用机器人焊接的设想；上海外高桥造船（集团）有限公司则提出了将简易机器人焊接技术作为发展方向的想法；大连船舶重工也提出了适时研究焊接机器人技术、增加技术储备的设想。2015 年南通中远川崎船舶工程有限公司首创建成了船舶智能制造机器人生产线；2016 年沪东中华造船（集团）有限公司在长兴岛也完成了智能制造车间的建设。

## 二、激光 - 电弧复合焊接工艺

激光 - 电弧复合焊接工艺具有焊接速度快、自动化程度高、焊接热变形小等优点，是焊接技术发展中一项重要的新技术，如图 13 - 13 所示。与单纯的激光焊相比，焊接电弧的加入使得工件表面的熔合宽度增大，降低了对装配间隙、错边及对中度的敏感性，降低了对工件装配精度的要求，更加适应生产现场的实际情况。这项工艺已经在日本、韩国和欧美一些国家的造船领域得到广泛研究与应用。欧洲造船业为了巩固自己在高附加值军民用舰船市场份额上的优势地位，斥巨资，率先将激光焊接和激光复合焊接应用到舰船建造的实践中，有针对性地发挥其在上述高要求焊接作业环境中的良好适用性能，以期达到提高生产效率、降低制造成本、增强企业竞争力的目的。历经多年持之以恒的不懈努力，积累了丰富的经验，其具有的激光焊接和激光复合焊接在造船业应用的技术及工艺水平处于国际领先地位。

**图 13－13　激光－电弧复合焊接**

1995 年德国玛雅（Meyer）船厂成功地把激光焊接技术用于钢制船体部件三明治结构的生产中，这一技术的成功应用成为船舶制造业的里程碑。它在重工业生产中的应用标志着新的、先进的激光焊接技术代替传统的热连接方式，三明治结构在船舶制造中的应用（提高了整船的强度、刚性和安全性，同时减轻重量）为船体制造带来了结构性的变革。该厂用 12 kW$CO_2$ 激光器和数字电源设备对 5 mm、8 mm、12 mm 和 15 mm 厚度的钢板进行了系统的焊接试验，试验表明，激光－电弧复合焊接工艺的综合焊接能力明显优于其他焊接工艺。2002 年，该厂率先将配有激光－电弧复合焊接装置的自动化生产线应用到大型船体部件的实际生产中，对 20 m×20 m 的部件进行平板焊接，无须翻转焊件。目前该船厂已广泛使用 $CO_2$ 激光－电弧焊接工艺。

2015 年沪东中华造船（集团）有限公司在激光焊接技术方面也取得了突破，完成了 10 mm 以下的钢板焊接试验，并投入实际生产应用。

## 思考题

1. 什么是高效焊接技术？高效焊接方法的特点是什么？
2. 什么是 RF 法，其工艺特点是什么？
3. 什么是 FAB 法，其工艺特点是什么？
4. 什么是 FCB 法，其工艺特点是什么？
5. 什么是 SEG 法，其工艺特点是什么？

# 第三部分　船用金属材料的焊接

随着我国造船业的发展，船舶制造中焊接所涉及的金属材料使用种类越来越多，如普通船体结构钢，高强度船体结构钢，不锈钢复合材料，双相不锈钢，铝合金及铜、镍、钛等及其合金材料等。这一部分将对它们在焊接过程中出现的问题进行分析和讨论。

# 第 14 章　碳素结构钢的焊接

碳素钢简称碳钢，是以铁为基体，以碳为主要合金元素的铁碳合金，是目前生产中应用最广泛的一种金属材料。

## 14.1　一般船体结构钢的焊接

一般船体结构钢属碳素钢（也称低碳钢）的一种，其化学成分和力学性能，请见第一部分“船体结构钢”章节。因为低碳钢中的含碳量及其他合金成分较少，所以焊接性比其他类型钢材好。

### 一、焊接特点

①可装配组件各种不同的接头形式，适应不同位置的焊接，而且焊接工艺和技术比较简单，容易掌握。

②焊接前一般不需预热，但若在气温低于 5 ℃或材料厚度大于 30 mm 的情况下，需采取 50 ~ 80 ℃预热措施。

③塑性较好，焊缝产生裂纹和气孔的倾向小，可制造各类船体结构等。

④不需要使用特殊和复杂的设备，交流、直流弧焊机均可焊接。

⑤焊接熔池可能受到空气中氧、氮的侵袭，使焊缝氧化或产生氮气孔。

### 二、焊接工艺

一般船体结构钢几乎可采用所有的焊接方法进行施焊，且都能保证焊接接头的良好质量。生产中应用最多的焊接方法有焊条电弧焊、埋弧焊、$CO_2$ 气体保护焊等。

（1）焊条电弧焊

焊条的选择主要根据母材的强度等级和结构的特点或工作条件，如 E4315、E5015 等焊条。

（2）埋弧焊

埋弧焊的焊接接头等强度，主要依靠选择相应的焊丝和焊剂来获得，如 H08、H08A 焊丝配 HJ430 或 HJ431 焊剂；H08MnA 焊丝配 HJ431 或 SJ101 等。

比起焊条电弧焊，埋弧焊可以采用较大的热输入，生产效率高。由于埋弧焊可以选择的工艺参数较大，可得到较大的熔深，因此在焊接较大厚度材料时，须注意坡口的设计角度，即须考虑焊缝的成形系数，防止产生焊接缺陷。

虽然这类材料焊接性好，但焊接过程中还需考虑热输入量不应过大，避免焊接接头过热区产生魏氏体组织（晶粒粗大）而影响接头的力学性能。

(3) $CO_2$ 气体保护焊

船舶制造由于焊接工作量大，焊接质量要求较高，为了提高焊接工作效率，$CO_2$ 气体保护焊在船企使用率较高，而且 $CO_2$ 气体保护焊的焊缝金属具有足够的力学性能及良好的抗裂性，并能实现机械化自动焊的焊接。常用的焊丝有 E50－6（实心）、E501T－1（药芯）等。

## 14.2　中碳钢的焊接

在船舶生产中，如轴系材料须采用强度级别较高的中碳钢，其含碳量为 0.25%～0.60%。中碳钢与低碳钢相比较，含碳量高且强度也较高，常用的有 35 号钢、45 号钢和 55 号钢等。

### 一、中碳钢的主要焊接特点

①热影响区容易产生低塑性的淬硬组织。如果含碳量越高，材料厚度（结构刚性）越大，淬硬倾向也越大。焊接时，焊接材料的选择不当易产生冷裂纹。

②在一般焊接条件下，焊缝的熔合比为 30%～40%，因此，在焊缝内部的含碳量较高，其结果容易产生热裂纹的倾向。

### 二、中碳钢焊接实例

以 45 号钢为例，为了保证焊件焊后不产生裂纹，并能得到满意的力学性能，常用的工艺措施如下几点。

1. 尽可能选择抗裂性好的焊接材料

如 E5015 碱性低氢型焊条，这种焊材的抗冷裂纹及热裂纹的能力较强；在焊接刚性强的构件时，如果条件允许，可以选择强度略低，塑性、韧性较好的焊材（如奥氏体不锈钢焊条）打底焊，然后用等强度焊材焊接；特殊情况下，可以全部采用奥氏体不锈钢焊材进行焊接，其特点是不需要焊前预热，不易产生裂纹。但这种焊接材料成本较高，所以一般不常采用。

2. 预热

预热是焊接和补焊中碳钢的主要工艺措施。尤其是焊件材质厚、刚度大时，预热有利于减小热影响区的淬硬倾向，防止冷裂纹，并能改善焊接接头的塑性。整体预热和恰当的局部预热还能减小焊后残留应力。预热温度的高低除决定于材料的含碳量，还受很多因素的影响，如焊件的大小及厚薄、焊材的类型、焊接参数，以及结构的刚性等。

一般情况下，35 号钢和 45 号钢预热温度可选用 150～250 ℃（见第一部分的“冷裂纹敏感系数”），并随着含碳量的增加或结构刚性的增大，预热温度提高。

局部预热时，加热区域为焊缝坡口两侧 150～250 mm。

3. 焊缝坡口

结构焊缝坡口应考虑焊工的操作位置及焊缝金属的熔合比等，大厚度板材最好开设双 V 形或双 U 型坡口，以减少母材熔入焊缝金属的比例，以及金属焊材的填充量，防止产生裂纹。

4. 焊接操作要点

①焊条使用前要按规定烘焙，烘焙温度按材料厂家提供的说明书而定。

②焊接第一道焊缝时，应尽量采用小电流，慢速焊。

③焊接中，可以采用锤击焊缝表面的方法，以减少焊接应力细化晶粒。

④每层焊缝结束后应清理焊渣、飞溅等，并修复缺陷。

⑤如果焊缝过长或几何形状复杂，可进行分段焊或分段跳焊，使热量分布均匀。

⑥收弧时，宜将熔池填满，防止弧坑裂纹。

⑦焊后，焊件采取缓冷措施，并根据工艺要求采取消氢处理或消除应力热处理。

## 思考题

1. 一般船体结构钢的焊条电弧焊、$CO_2$ 气体保护焊、埋弧焊的常用焊材有哪些？

2. 中碳钢的焊接特点及焊接工艺是什么？

# 第 15 章　低合金结构钢的焊接

低合金结构钢是在碳素钢的基础上加入一种或多种合金元素冶炼而成的。焊接结构生产中,低合金结构钢主要用于船舶制造、容器、桥梁等。

一般把屈服强度大于 290 MPa,抗拉强度大于 450 MPa 的钢,称为高强钢,如 AH32、AH36、DH32 或 DH36 等高强度船体结构钢,它们的化学成分和力学性能,请见第一部分“船体结构钢”章节。

## 15.1　高强度船体结构钢的焊接

高强度船体结构钢与一般 Q345(16Mn)钢相似,它们的主要特点是强度高,塑性、韧性良好,并具有良好的焊接性,同低碳钢焊接一样,几乎所有焊接方法适合。焊接过程中,一般也不需要采取复杂的工艺措施,就能得到性能良好的焊接接头。

### 一、高强度船体结构钢的焊接特点

1. 热影响区的淬硬倾向

由于这类钢的含碳量及合金元素含量较低,其淬硬倾向较小,但随强度等级的提高,热影响区的淬硬倾向也随着变大。为了避免产生淬硬组织,焊接时可选择较大的热输入,根据结构刚性或环境温度,可采取预热措施,降低焊接接头的冷却速度,提高热影响区的塑性。预热还有利于加速氢的扩散和减少焊接应力。

2. 焊接接头冷裂纹

随着材料的强度等级提高,裂纹的倾向也相应增加。冷裂纹倾向主要发生在大厚度钢材或结构刚性大的焊件中。冷裂纹产生的原因主要是:焊缝区域的含氢量、热影响区的淬硬程度和接头的刚性所产生的焊接应力(避免结构采用强制装配的方法)。

### 二、高强度船体结构钢焊接工艺

1. 焊接材料的选择

焊接材料的选择必须以满足焊缝金属与母材的等强度为原则,焊缝强度不应过多的大于母材,否则会影响接头的塑性,严重时甚至会产生横向裂纹。

2. 焊接方法

(1)焊条电弧焊

根据焊缝强度要求,通常选用低氢碱性焊条,如 E5015 等。

这类材料一般焊前不需要进行预热,但当气温较低时或结构刚性较低及材料达到一定厚度范围时,为了防止淬硬组织或冷裂纹的产生,焊件需进行适当的预热、采用合理的焊接顺序等工艺措施。预热温度如表 15－1 中所示。

**表 15－1　高强度船体结构钢预热温度和焊件厚度**

| 焊件厚度/mm | 预热温度/℃ | 焊接环境 |
|---|---|---|
| 30～50 | ≥100 | 当板厚小于 30 mm 且焊件低于 0 ℃时，在焊缝周围 100 mm 范围内可适当预热（15～50 ℃） |
| 50～100 | ≥150 | |

（2）埋弧焊

埋弧焊时，焊丝可采用 H08MnA、H10Mn2 等配 HJ431 或 SJ101 焊剂。焊剂使用前必须按规定烘焙，烘焙温度可依据产品说明书。

对接焊缝可根据板材的厚度开或不开坡口，坡口形式和角度按结构设计要求而定。

（3）$CO_2$ 气体保护焊

同低碳钢焊接相同，$CO_2$ 气体保护焊常用的焊丝有 E50－6（实心）、E501T－1（药芯）等。常用工艺为陶质衬垫单面焊，单面焊双面成形运用减少分段结构的工作量，并且大大减轻了焊工仰焊的劳动强度。

## 15.2　TMCP 钢的焊接

目前大型集装箱船舶制造中，TMCP 钢较多的用于舷顶列板和舱口围结构，以作为船舶结构抗裂之需。TMCP 钢（也称为大线能量钢材）是一种采用控轧和激冷相结合的技术，即依靠控轧和控制始冷温度和终冷温度、冷却速度，使组织间，如铁素体、珠光体、贝氏体、马氏体的比例控制在一定的水平，从而获得所需的强度和韧性。TMCP 钢通常纯度较高、晶粒细小，与正火钢相比，力学性能和焊接性方面都更优越。由于 TMCP 能提高钢的强度级别，所以比正火钢碳当量更小，而且大厚度结构一般不需要采用预热措施，改善了焊工的工作条件。

### 一、TMCP 钢的焊接特点

1. 热影响区接头强度

在常温下，TMCP 钢不需要采用预热，焊后不需要保温，且抗裂性良好。由于 TMCP 钢靠快速冷却提高材料强度的，虽然是一种大线能量材料，但在高热输入焊接方法时，也会对其热影响区有软化的现象，不过采用高能量密度热源并提高焊接速度，可以减小软化区的宽度，有利于防止软化对焊接接头强度的影响。

2. 焊接裂纹

因为 TMCP 钢碳当量较低，所以热影响区淬硬倾向小，产生冷裂纹的倾向也小，但是焊缝金属为了使与母材同等强度，因此在焊缝金属中添加合金元素，会造成焊接时热影响区金属可能先于焊缝金属发生奥氏体向铁素体转变，导致扩散氢从热影响区向焊缝扩散（这种情况与低合金高强度钢的焊接相反）。因此 TMCP 钢焊接时，更可能在焊缝中产生裂纹。

3. 热影响区的组织和韧性

热影响区的组织取决于材料的化学成分和焊接热输入，热影响区的韧性又与组织相对应。TMCP 钢焊接时，热影响区高温转变为奥氏体，在冷却过程中，随冷却时间的不同转变为不同的组织。当采取小热输入进行焊接时，由于冷却时间短，组织为下贝氏体，韧性好；当热输入大而冷却时间长，组织为上贝氏体和侧板条铁素体时，韧性恶化。

### 二、E40（TMCP 钢）焊接工艺

1. 坡口的选择

大厚度结构焊缝坡口宜设计为双 V 形或双 U 形，一方面容易控制焊接变形量；另一方面可减少焊缝金属的填充量和焊接层道（避免后焊道对前焊道热影响区粗晶区碳化物溶解产生的可扩散碳在奥氏体中的聚集而对接头韧性的影响）。

2. 焊接方法

考虑到大厚度结构焊接的工作效率，一般不宜采用焊条电弧焊方法。

（1）$CO_2$ 气体保护焊

$CO_2$ 陶质衬垫单面焊（药芯焊丝）可实现全位置的焊接，且焊接效率高、质量好。焊材选择 6Y40 级药芯焊丝，如 Super coerd 81 - K2 等。

（2）埋弧焊

大型平直构件适宜采用埋弧自动焊，焊材可选择与母材同级的 4Y40M 焊丝，如 OK Autrod 等。

3. 焊接

由于 TMCP 钢的焊接性较好，一般不需焊前预热、焊后保温等工艺措施。多层焊时注意道层的清理，认真操作防止焊接缺陷的产生。焊接时，注意控制热输入量，防止焊缝的裂纹产生。

焊后，如果焊缝需要返修时，注意此时的焊缝金属不是 TMCP 钢材料本质了，所以必须考虑焊缝金属的合金成分和结构的刚性，采取必要的预热措施，防止焊缝裂纹的产生。

## 15.3 低碳低合金调质钢的焊接

低碳低合金调质钢属于热处理强化钢（淬火 + 高温回火）。通过淬火可获得低碳马氏体，再进行高温或低温回火后得到低碳索氏体或马氏体。低碳低合金调质钢的含碳量是由强度要求决定的，为了保证良好的综合性能，一般要求含碳量控制在 0.25% 以下，另外加入合金元素主要是为了保证淬透性，提高钢的抗回火性，减小淬火裂纹和焊接裂纹。这类钢在海工产品结构中使用较多，如 Q690 钢等。

### 一、低碳低合金调质钢的焊接特点

1. 冷裂纹

冷裂纹是低碳低合金结构钢焊接时较为常见且最严重的缺陷，随着母材强度级别的提高，冷裂纹的敏感性增大。由于这种钢加入的合金元素较多，所以对氢的敏感性较大，冷裂纹倾向较大。

2. 热影响区性能的变化

(1)热影响区的脆化

热影响区脆化是造成焊接接头或结构破坏的主要原因之一。接头过热区的脆化较为突出,其主要是由于该材料从奥氏体冷却转变时,如果冷却速度较低,首先析出铁素体,使周围的剩余奥氏体聚集碳元素,而高碳奥氏体在继续冷却时将转变为高碳马氏体或高碳贝氏体。这种由铁素体、高碳马氏体或高碳贝氏体组成的混合组织,使过热区严重脆化。冷却速度越低,脆化越严重。如果提高冷却速度,则铁素体的析出会受到抑制,材料韧性有所改善,但进一步提高冷却速度对改善韧性并无明显的效果,相反会使塑性下降或产生冷裂纹。因此对于该类钢材,要求有一个既能得到良好的塑性,又能防止冷裂纹的最佳冷却速度范围,为了达到这个冷却速度,在焊接时应采用较小的热输入。

(2)热影响区的软化现象

热影响区软化主要出现在调质状态下焊接时,这是因为钢材调质淬硬时的强度被焊接的电弧热退火的结果,而且焊前回火温度越低,软化区的范围越宽,强度降低的幅度也越大。

## 二、低碳低合金调质钢的焊接工艺

1. 焊接方法

低碳低合金调质钢在调质状态下焊接,为了使回火区的软化降到最低程度,应采取热源比较集中的焊接方法,如焊条电弧焊、埋弧焊、钨极或熔化极气体保护焊等。

2. 焊缝布置

该类材料的焊缝设计和布置应避免应力集中,比如,尽量考虑便于施焊的位置;焊缝不要设计在结构断面突然变化的部位;焊缝和母材的交界处要平滑过渡等。

3. 坡口加工

坡口尽量采用机械加工,如果采用火焰切割,须通过回火或用机械加工方法去除切割硬化层。如果材料强度级别较高,须预热后再进行切割。

4. 预热措施

预热的目的是为了防止冷裂纹的产生,一般不超过 200 ℃,焊接的层间温度与预热温度相同。

5. 焊材的选择

焊材的选择应根据母材的热处理状态情况。如果在调整状态下焊接时,选用焊材应该标准焊缝金属与调质状态下的母材具有相同的力学性能,如中国标准中的 E85 系列的焊条(J857 等)或美国标准中的 E110 系列的焊材;当接头刚性较大时,为了防止裂纹,可选用强度略低,塑性、韧性较好的填充金属。如果母材是在退火状态下焊接时,焊后须进行调质热处理,选用的焊材应保证焊缝金属经过与母材相同的热处理后,具有与母材同样的力学性能,因此,要求焊缝与母材的合金成分相同或相近。

由于低碳低合金调质钢焊接时,氢的危害更加突出,必须严格控制焊缝中的扩散氢含量,所以焊条或焊剂必须按规定烘焙,焊条烘焙后放置保温桶内,随用随取。

6. 焊接参数的选择

为了防止热影响区的脆化,保证焊接接头韧性的前提下,焊接时采用允许的最大热输入的焊接参数。

7. 焊后热处理

低碳低合金调质钢焊后一般不需进行消除应力热处理，如果在 510 ~ 690 ℃温度间进行退火处理，反而会造成韧性的恶化，此外，该类钢材中有许多存在对再热裂纹敏感，所以不做消除应力热处理。

## 思考题

1. 高强度船体结构钢焊接特点是什么？选择焊材的原则是什么？
2. 什么是低碳低合金调质钢，其焊接特点是什么？
3. 什么是 TMCP 钢，其焊接特点是什么？如何选用 TMCP 钢的焊材？

# 第16章　专业用合金钢的焊接

铬钼珠光体耐热钢和低温钢都属于专业用合金钢。

## 16.1　铬钼珠光体耐热钢的焊接

耐热钢中以铬钼珠光体耐热钢应用最为广泛，这是因为这类耐热钢适用于350～550 ℃的温度场合，很多作业的构件须在承受这样高的温度下服役，如锅炉、船用蒸汽推进器的组件等。

### 一、铬钼珠光体耐热钢的焊接特点

与碳钢相比，铬钼珠光体耐热钢有两个特殊性能：一是高温强度（即热强性）；二是高温抗氧化性（即热稳定性）。与其他高合金钢相比，其具有好的冷热加工性，在工作温度范围内，力学性能也不低于高合金钢。

铬钼珠光体耐热钢是以铬、钼为基本合金元素的低合金钢，其中钼本身的熔点很高，因而能显著地提高金属的高温强度。由于铬和氧的亲和力大，高温时，在金属表面形成氧化铬，致密的氧化铬在金属表面形成一层保护膜，从而防止内部金属氧化。铬除了能提高钢材的高温氧化性以外，还可以提高钢材的高温耐蚀性。

铬钼珠光体耐热钢中常加入一些钒，组成铬钼钒钢。加了钒后，能强烈地形成碳化钒。它呈弥散分布，阻碍高温时金属的塑性变形。另外，加入钒后，由于碳与钒的化合，保证了钼能全部进入固溶体中。钒的这两个作用都能提高高温强度。有些珠光体耐热钢为提高高温强度还加入少量的钨、铝、硼等元素。

1. 热影响区的冷裂纹

铬钼珠光体耐热钢由于含有铬和钼，会给焊接带来一定的困难，因为焊接时，铬钼耐热钢在空气中冷却会有明显的淬硬倾向，在焊缝和热影响区就容易出现硬而脆的马氏体组织，不仅影响了焊接接头的力学性能，而且还产生很大的内应力，导致焊缝和热影响区产生冷裂纹。

由于焊缝金属的含碳量较低，所以焊接接头冷却时，焊缝的奥氏体转变速度比母材快。因此焊缝中的氢由于奥氏体发生组织转变而溶解度降低，使焊缝中的氢向近缝区聚集，待近缝区的奥氏体转变为马氏体时，因此时温度已经很低了，氢已无法向外逸出，只能在马氏体中呈过饱和状态存在，这时氢在近缝区造成很大的静压力，并使马氏体脆化；再加上钢中各种组织变化引起体积的变化及材料膨胀系数，会在近缝区产生较大的组织应力和热应力。所以这种钢的近缝区被淬硬、形成马氏体组织、氢扩散造成近缝区氢的聚集，再加上焊接残留应力，使近缝区容易造成冷裂纹。

2. 焊缝金属的合金化

铬钼珠光体耐热钢在高温时和室温时的性能有很大的差别。在选择焊材时，不仅要考虑金属的室温性能，而更主要的是须满足高温性能要求，而影响高温性能和组织稳定性的主要因素就是钢中合金元素的含量。所以耐热钢焊接时，焊缝金属化学成分应最大限度接近被焊钢材的化学成分；否则，因长期在高温条件下运行，焊接接头内的合金元素发生扩散，特别是熔合区碳的迁移，而使焊接接头的持久强度和塑性降低。为了减少焊缝形成裂纹的倾向，应尽量减少焊缝中的含碳量，但是，随着焊缝金属中含碳量的减少，其持久强度又有较大的降低，为此焊缝中含碳量要求不低于 0.07%。同时，在焊缝中往往还应加入多种合金元素以获得优良的综合性能。

### 二、铬钼珠光体耐热钢的焊接工艺

以 12Cr1MoV 耐热钢焊接为例，它具有较高的热强性和持久塑性，焊接性良好，在 580 ℃以下抗氧化性良好。曾用于液化天然气(LNG)船高温蒸汽管耐热钢材料。

1. 焊材选择

因为管系的焊接以钨极氩弧焊或焊条电弧焊或钨极氩弧焊打底成形，焊条填充、盖面焊。12Cr1MoV 钢焊接时，采用 E5515 – B2 – V(R317)焊条或 H08CrMoVA 焊丝。焊材的化学成分与母材相近，且焊条为低氢型碱性焊条，焊条使用前必须按要求烘焙。

2. 预热

预热是减缓焊后冷却速度防止裂纹的有效措施，并且在一定程度上降低焊接残留应力，保证焊接接头的力学性能。不同的合金成分应选择不同的预热温度，对于 12Cr1MoV 钢，根据材料的壁厚不同，焊前预热温度可选择 200 ~ 300 ℃。

3. 装配和焊接操作要求

无论是定位焊还是正式焊接，焊前必须按工艺要求预热(火焰或远红外加热)，由于珠光体耐热钢裂纹倾向大，所以焊接时，尽量在自由状态下进行。因此要求焊缝的拘束度不能过大，不应采用强制装配。

焊接时，尽量一次完成焊接，保证焊接过程或层间温度不低于预热温度。如果中间需要暂停，也必须进行保温缓冷；再焊接时，必须清理焊接区域并重新预热。

4. 焊后缓冷

焊后缓冷是焊接耐热钢必须严格遵守的原则。一般采用保温棉覆盖或包裹焊缝及近缝区的方法，以确保焊后的缓冷作用。

5. 焊后热处理

焊后的热处理工艺主要是指高温回火，特殊情况下视材料的化学成分而定是否需正火加回火。12Cr1MoV 钢焊后需要 710 ~ 750 ℃回火。

## 16.2　低温用钢的焊接

低温用钢用于低温( – 20 ℃以下)工作的焊接构件，如液化石油气、液化天然气、液氧、液氮等贮罐、槽车、船舶及其他低温装置。

低温用钢按合金元素可分为无镍、铬低温钢和有镍、铬低温钢两大类。按使用温度可

分为 -40 ℃、-70 ℃等数个级别。低温用钢因为显微组织对低温韧性有明显的影响,因而也常按显微组织进行分类,分为铁素体型、低碳马氏体型和奥氏体型。铁素体型这一类钢都是低合金钢,其显微组织为铁素体加少量珠光体,含碳量都很低,且对 S、P 控制比较严,常用的有 Q345(16MnR)、09Mn2VR 等,低碳马氏体型以 9Ni 钢最具代表性,适用于温度为 -196 ℃的工作环境,主要是用于制取和贮存液氮的设备制造或天然液化气储罐。奥氏体型低温用钢应用最早的是 Cr-Ni 奥氏体型钢,其中以 18-8 型 06Cr19Ni10、12Cr19Ni9 钢应用最广泛,如 LNG 船泵塔、液化舱穹顶等构件。

## 一、对低温用钢性能的要求

低温下具有足够的韧性这是对低温用钢的主要要求。低温用钢最重要的力学性能指标是在工作温度下的缺口韧性,通常是对使用温度下的冲击韧度做出规定。

影响低温韧性的因素很多,有化学成分、显微部分、晶粒度与热处理状态等。

对低温韧性影响较大的合金元素有 C、Mn 与 Ni 等。碳会降低低温韧性,为了保证低温韧性与焊接性,低温用钢中的含碳量一般要求控制在 0.22% 以下,Mn 是提高韧性的元素之一,Ni 是提高低温韧性的重要元素,低温用钢中 Mn 和 Ni 是用得最多的合金元素。

钢中碳化物分布状态也会影响其低温韧性。碳化物以细小的粒状分布,比片装分布时的低温韧性高。

低温用钢除有足够的韧性外,还应有足够的强度。为减轻自重并节约钢材,在保证结构的刚度和韧性,并易于加工制造的前提下,应尽可能选用高强度,特别是高屈服强度的钢。

另外,低温用钢还应具有相应的耐蚀性和优良的焊接性,以及小的膨胀系数和热导率。

## 二、低温用钢(9Ni 钢)的焊接

9Ni 钢主要用于制造液化天然气储罐和运输船舶,最低使用温度可达 -196 ℃,其强度高、低温韧性优异、焊接性能良好,是深冷环境下使用的韧性最好的材料。其主要特点是高镍含量、高纯净度、较高强度、高的低温冲击韧性、良好焊接性能。性能指标:材料的屈服强度 $\sigma_s \geqslant 585$ MPa,抗拉强度 $\sigma_b = 680 \sim 820$ MPa;材料的延伸率 $\delta \geqslant 18\%$;材料在 -196 ℃的夏比冲击功 $AKv(T) \geqslant 150$ J。9Ni 的化学成分如表 16-1 所示。

**表 16-1 9Ni 钢主要化学成分**

| 元素 | C | Si | Mn | S | P | Ni |
|---|---|---|---|---|---|---|
| 含量/% | 0.13 | 0.15~0.30 | ≤0.90 | ≤0.04 | ≤0.035 | 8.5~9.50 |

1.9Ni 钢的焊接特点

(1)粗晶过热组织

当选择高镍奥氏体焊接材料时,焊缝过热区易出现粗晶过热组织。

(2)热裂纹和夹渣

因为高 Ni 焊材,在焊接过程中能形成低熔共晶体而造成热裂纹;由于镍基材料的熔池流动性较差,操作不当易产生夹渣。

(3)磁偏吹

由于9Ni钢为强磁性材料,要求母材在出厂时采取磁性屏蔽措施。如果采用直流电焊接易产生磁偏吹。

2.9Ni钢焊接工艺

(1)坡口设计

由于高镍基焊材的熔池流动性较差,为避免产生夹渣等焊接缺陷,坡口设计一般比普通碳钢为大。

(2)焊接方法

9Ni钢焊接方法有焊条电弧焊、埋弧焊和钨极氩弧焊等。施工中考虑全位置的焊接,一般以焊条电弧焊为主要焊接方法,但为了避免直流电源进行焊接时,易于产生电弧偏吹现象,所以应采用交流电源进行焊接。

(3)焊材选择

一般选择ENiCrMo-6系列等高镍焊材。

(4)焊接

为保证焊接接头的低温韧性,焊接时应严格控制热输入;9Ni钢焊接前一般采取预热措施,同时严格控制层间温度,避免焊接接头过热和焊缝金属出现晶粒增长变大;多道焊时,注意道层间的清理,尤其接头处的处理,防止液化裂纹;焊条电弧焊时焊接电流不应选择过大,因为高镍焊条电阻率较大,太大的焊接电流容易造成后半段的焊条药皮过热发红,影响焊接质量。

## 思考题

1.铬钼珠光体耐热钢焊接接头有哪些要求?如何满足这些要求?

2.12CrMoV的焊接特点及焊接工艺是什么?

3.低温钢的性能有哪些要求,其影响因素是什么?

4.9Ni钢的焊接特点有哪些,主要的焊接方法是什么?

# 第 17 章　不锈钢的焊接

不锈钢在航空、化工、造船和核工业中等应用广泛。

不锈钢是指主要合金元素铬的含量为 12% 以上，且具有不锈、耐酸等特性的钢。

一般泛指的“不锈钢”是不锈钢、耐热钢的通称。严格的区分，不锈钢只是空气中能够抵抗腐蚀的钢；耐酸钢是在某些化学侵蚀介质中能够抵抗腐蚀的钢；而耐热钢是在高温下能抗氧化，抗蠕变、抗破断，并能抵抗有一定腐蚀性质的钢。耐酸钢和耐热钢一般具有不锈的性能，而不锈钢一般的耐酸和耐热性能却较差。

不锈钢一般可按化学成分和组织分类：

按化学成分可分为铬不锈钢和铬镍不锈钢两大类。

铬不锈钢：12Cr13（1Cr13）、20Cr13（2Cr13）、30Cr13（3Cr13）、10Cr17（1Cr17）等。

铬镍不锈钢：06Cr19Ni10（0Cr18Ni9）、12Cr19Ni9（1Cr18Ni9）、06Cr18Ni12Mo2Cu2（0Cr18Ni12Mo2Cu2）等。

按组织可分为铁素体型不锈钢、马氏体型不锈钢、奥氏体型不锈钢、奥氏体 - 铁素体双相型不锈钢及沉淀硬化型不锈钢。

铁素体系不锈钢：10Cr17（1Cr17）、10Cr17Mo（1Cr17Mo）。

马氏体型不锈钢：20Cr13（2Cr13）、30Cr13（3Cr13）、40Cr13（4Cr13）。

奥氏体型不锈钢：06Cr18Ni11Ti（0Cr18Ni10Ti）、06Cr17Ni12Mo2Ti（0Cr18Ni12Mo3Ti）、06Cr19Ni10（0Cr18Ni9）、06Cr19Ni11Nb（0Cr18Ni11Nb）、16Cr20Ni14Si2（1Cr20Ni14Si2）。

奥氏体 - 铁素体双相型不锈钢：14Cr18Ni11Si4AlTi（1Cr18Ni11Si4A1Ti）、022Cr19Ni5Mo3Si2（00Cr18Ni5Mo3Si2）。

沉淀硬化型不锈钢：05Cr17Ni4Cu4Nb（0Cr17Ni4Cu4Nb）、07Cr17Ni7A1（0Cr17Ni7A1）。

## 17.1　奥氏体型不锈钢的焊接

奥氏体型不锈钢所含的主要合金元素为 Cr、Ni，当钢中含 Cr 达到 18% 以上，再加入 8% 的 Ni 时，便可得到从常温到熔点的组织是没有相变的奥氏体组织。

奥氏体型不锈钢在氧化性和某些还原性酸液中具有良好的耐腐蚀性，有良好的加工性和焊接性，但不能进行热处理强化；一般多用于温度低于 350 ℃条件下的工作环境。

### 一、奥氏体型不锈钢分类

1. 18 - 8 型

这是应用最广的一类奥氏体型不锈钢，如 06Cr19Ni10 钢。在此基础上，为细化钢的晶粒及改善焊接性，克服晶界腐蚀等问题，在不锈钢中加入了 Ti、Nb 等稳定因素，形成如

06Cr18Ni11Ti 钢等。为提高钢的耐腐蚀性能，发展了超低碳不锈钢，如 LNG 船液化气穹用 304L 不锈钢等。

2. 18 – 12 型

这类钢除了提高 Ni 的质量外，一般加入质量分数为 2% ~4% 的 Mo 或 Cu 等合金元素，使其耐腐蚀性、耐点蚀性能有所提高，使这类钢形成基本上是单相的奥氏体组织，这类钢的 Ni 含量需提高到 10% 以上，主要用作（非氧化性酸液中）耐酸不锈钢，如 LNG 船低温管材料 316L 不锈钢。

3. 25 – 20 型

这类钢的 Cr、Ni 的含量很高，因而具有很好的耐腐蚀性能和耐热性能。由于含镍量高，奥氏体组织十分稳定，如 06Cr25Ni20（0Cr25Ni20）钢等。

## 二、常用奥氏体型不锈钢的焊接特点

目前，在船舶生产过程中常用的奥氏体不锈钢材料有 SUS304、SUS304L、SUS316、SUS316L 等，它们化学成分和表示方法如表 17 – 1 所示。

**表 17 – 1　常用奥氏体不锈钢的化学成分和表示方法**

| 表示方法（国家） | | | 化学成分/% | | | |
|---|---|---|---|---|---|---|
| 中国 | 美国 | 日本 | C | Cr | Ni | Mo |
| 0Cr18Ni9 | 304 | SUS304 | ≤0.08 | 17 ~ 19 | 8 ~ 11 | — |
| 00Cr18Ni10 | 304L | SUS304L | ≤0.030 | 17 ~ 19 | 8. ~ 11.5 | — |
| 0Cr17Ni12Mo2 | 316 | SUS316 | ≤0.08 | 16 ~ 18 | 10 ~ 14 | 2 ~ 3 |
| 00Cr17Ni14Mo2 | 316L | SUS316L | ≤0.030 | 16 ~ 18 | 12 ~ 14 | 2 ~ 3 |

奥氏体型不锈钢焊接性能良好，但如果焊材选用不当或焊接工艺不正确时，会使焊接接头产生晶间腐蚀和热裂纹。

1. 晶体腐蚀

晶间腐蚀是 18 – 8 型奥氏体钢最危险的破坏形式之一。室温下碳元素在奥氏体的溶解度很小，但如果含碳量超过 0.02% ~0.03% 时，经固溶处理的奥氏体钢（稳定的）当加热到 450 ~ 850 ℃时（敏化温度）或在该温度下长期使用时，就会在腐蚀介质中产生晶间腐蚀。

奥氏体钢产生晶间腐蚀一般认为是由于晶粒边界形成贫铬层造成的，其原因是在 450 ~ 850 ℃温度下，碳在奥氏体中的扩散速度大于铬在奥氏体中的扩散速度。当奥氏体中含碳量超过在室温的溶解度后，碳就不断地向奥氏体晶粒边界扩散，并和铬化合，析出碳化铬（$Cr_{23}C_6$）。但是铬的原子半径较大，扩散速度较小，来不及向边界扩散，晶界附近大量的铬和碳化合成碳化铬，造成奥氏体边界贫铬，当晶界附近的含铬量低于 12% 时就失去了耐腐蚀的能力，在腐蚀介质作用下，即产生晶间腐蚀。

受到晶体腐蚀的不锈钢，从表面上看来没有痕迹，但在受到应力时即会沿晶界断裂，几乎完全丧失强度。

奥氏体型不锈钢焊接不当时，不仅会在焊缝和热影响区造成晶间腐蚀，如图 17 – 1（a）、（b）所示，且在焊接接头近缝区的一个狭带上（通常宽度小于 1 mm）也会发生这种腐蚀，因晶间腐蚀的破坏形式类似刀的切口，故称为刀状腐蚀，如图 17 - 1(c)所示。

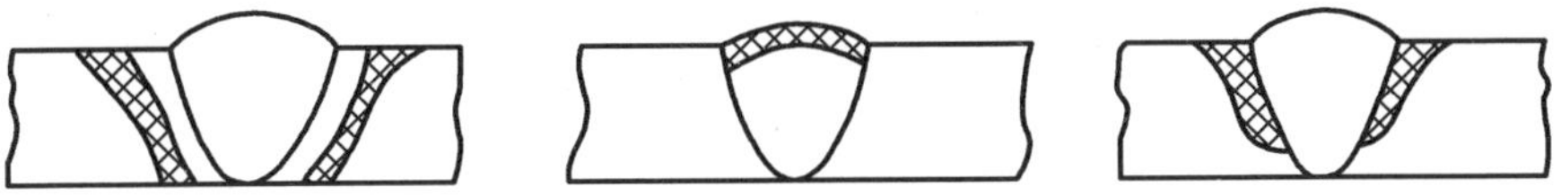

(a)发生在热影响区　(b)发生在焊缝表面　(c)发生在熔合线

**图 17 - 1　奥氏体不锈钢焊接接头的晶间腐蚀**

刀状腐蚀一般发生在焊后再次处于敏化温度区间加热的情况下，产生的原因也与 $Cr_{23}C_6$ 析出后形成的贫铬层有关。

2. 热裂纹

奥氏体不锈钢焊接时产生热裂纹有多方面的原因：一是由于其物理特性，如导热率差、线膨胀系数大，焊接过程中或焊后，焊接接头产生较大的焊接应力；二是材料中的化学成分复杂，如 C、S、P、Ni 等元素，在焊接时会形成低熔共晶；三是不锈钢的液、固相线距离大，结晶时间长，因此造成偏析现象严重。

## 三、奥氏体不锈钢的焊接工艺

奥氏体不锈钢的焊接工艺主要通过防止晶间腐蚀和热裂纹而采取的工艺措施。

1. 晶间腐蚀的防止措施

①控制含碳量，母材金属和焊接材料的含碳量控制在 0.08% 以下；

②添加稳定元素，在母材和焊接材料中添加与碳亲和力强的 Ti、Nb 等元素；

③进行固溶化处理，即将焊接接头加热到 1 050 ~ 1 100 ℃温度后快速冷却，使晶粒中的 Cr 迅速扩散至晶界(Cr 含量 > 12%)；

④进行均匀(稳定)化处理，即将焊接接头加热到 850 ~ 900 ℃保温 2 h，使晶粒中的 Cr 扩散至晶界；

⑤使焊缝形成双相组织，即在焊缝中添加 Cr、Si、Al、Mo 等铁素体形成元素，使焊缝具有奥氏体加铁素体(3% ~ 5%)的双相组织；

⑥采用合理的焊接工艺，焊接时减少在 450 ~ 850 ℃温度区间的停留时间，采用小电流、快焊速和短弧焊工艺(必要时可采用水冷却)。

2. 热裂纹的防止措施

①使焊缝形成双相组织，一方面少量铁素体可以细化晶粒，另一方面铁素体比奥氏体能溶解更多的杂质，减少偏析现象；

②控制化学成分，减少焊缝中 Ni、S、P 的含量，增加 Cr、Mo、Mn 的含量；

③采用合理的焊接工艺，如，采用小电流、快焊速、短弧焊、窄焊道，加快冷却速度等措施。

3. 焊接材料的选择

根据母材的化学成分，选择相应的焊接材料，如 304(0Cr18Ni9)的母材选择 308(A102 或 A107)的焊接材料；316L(00Cr17Ni14Mo2)的母材选择 316L(A022)的焊接材料等。此外，根据结构的要求(焊缝的空间位置)、母材的情况(材料厚度或管壁厚度)及施工现场的实际状况，选择焊接方法并选择合适的焊接材料。

4. 焊接方法

根据结构和施工的条件，目前不锈钢的焊接方法有焊条电弧焊(使用最广泛、设备简单、操作方便)，$CO_2$ 药芯焊丝气保护(焊接效率高、焊缝成形美观)，MIG 焊(焊接效率高、接头机械性能好、操作要求和技术难度大)，埋弧自动焊(效率高、只适应平焊位置)，钨极氩弧焊(使用较广泛、设备简单、操作方便、适应全位置焊接、焊接质量好，但效率较低)。

5. 焊接

在奥氏体不锈钢的实际焊接过程中，应遵循以下几点：

①焊道(焊缝坡口)两侧 20～30 mm 范围内清理，必要时可在焊道两侧涂上防飞溅的介质；

②焊接时，采用小电流、快速焊(不做横向摆动)，有时还可采用水冷却的方法，目的是减少熔池停留时间；

③控制层(道)间温度(100 ℃以下)，焊缝较宽时，必须分道焊接；

④焊道清渣时，采用非铁碳合金材料的锤(凿)子和不锈钢刷子(打磨的工具必须是新的，不能与打磨铁碳材料的工具混用)，防止碳元素过渡到焊缝中，增大晶间腐蚀倾向；

⑤不得在焊件上随便引弧，回路线应接牢，避免金属表面破坏而降低耐腐蚀性能；

⑥焊后进行抛光[①]或钝化处理[②]。

## 17.2　双相型不锈钢的焊接

双相不锈钢主要应用于处理海水等含有氯的各种化工厂的机器设备或石油、天然气挖掘用油井管、管线、造纸、化肥工业、制盐工业及特种化学品船等。

双相不锈钢不仅具有铁素体钢的强度及韧性，而且又有奥氏体钢的耐应力腐蚀，其屈服强度 $\sigma_s$ 是一般奥氏体不锈钢的 2 倍，尤其耐氯离子侵蚀(耐孔蚀能力)。耐孔蚀当量(PRE)是评估不锈钢耐蚀性质的能力依据。公式如下：

$$PRE = Cr + 3.3(Mo + 0.5W) + 16N(\%)$$

PRE 值愈高，代表耐孔蚀性愈佳。

PRE 值超过 40 者又称超级双相不锈钢，这钢种最低的铬含量为 24%，镍含量约 7%，钼含量要超过 3.5%，氮含量介于 0.22%～0.30%。

双相钢与其他材质的比较，如表 17－2 所示。

**表 17－2　双相不锈钢与 F、A 物理性质的比较**

| 物理性质 | F | A | F + A | Fe |
|---|---|---|---|---|
| 热膨胀系数/[μm·(m·℃)$^{-1}$] | 10.0 | 17.2 | 13.2 | 12 |
| 热传导(0～100℃)/[W·(m·k)$^{-1}$] | 26.8 | 16.2 | 21.0 | 47 |
| 磁性(100℃) | 强磁性 | 无磁性 | 磁性 | 强磁性 |

① 抛光处理：对不锈钢表面进行抛光处理，因为粗糙度细的不锈钢表面能生成一层致密性均匀的氧化层，增加不锈钢的耐腐蚀的能力。

② 钝化处理：采用化学物质对不锈钢表面人为地进行氧化使其生成氧化层，增加不锈钢的耐腐蚀能力。

双相不锈钢，顾名思义就是在奥氏体不锈钢基础上再加入一定量 Cr、Mo、N 等铁素体形成元素，成为奥氏体－铁素体(20% ~70%)的双相组织的不锈钢材料。S2205 双相不锈钢母材和焊材的化学成分，如表 17－3 所示。

**表 17－3　S2205 双相不锈钢母材和焊材化学成分**

| 材料 | ASTM（美国标准） | EN（欧洲标准） | 化学成分/% | | | | | |
|---|---|---|---|---|---|---|---|---|
| | | | C | Cr | Ni | Mo | Mn | N |
| 母材 | S2205 | 1.4462 | 0.02 | 22 | 6 | 3.1 | 1.5 | 0.17 |
| 焊材 | E2209 | 2293NL | 0.02 | 23 | 9.5 | 3.2 | 0.8 | 0.16 |

## 一、S2205 双相不锈钢的焊接特点

1. 铁素体和奥氏体焊后的比例平衡

焊接接头冷却时，特别是 1 200℃到 800 ℃的冷却速度，是影响焊接接头铁素体含量的主要原因。因为双相不锈钢铁素体含量小于 25% 时，其强度就可能减低；铁素体含量大于 70% 时，氯点蚀倾向就会增加、韧性降低、氢致裂纹的风险也会增加。

2. 475 ℃脆化问题

由于双相不锈钢铁素体含量高达 50%，因此存在高铬铁素体钢固有的脆化倾向，如果焊接接头在 300 ~500 ℃范围内停留时间较长，将易产生 475 ℃脆化。

3. 冷裂纹倾向

虽然双相不锈钢的焊接性良好，当双相组织的比例合适时，冷裂纹敏感性很小。如焊接时，由于热输入的因素，造成铁素体组织成分过高，当结构的拘束度较大及焊缝金属含氢量较高时，也存在冷裂纹的倾向。

## 二、S2205 双相不锈钢的焊接工艺

双相不锈钢焊接除要满足奥氏体不锈钢焊接时必须执行的工艺外，主要还有对焊缝金属中的铁素体含量的控制，对于 S2205 双相不锈钢材料的焊缝金属的铁素体理论上应该控制在 40% ~50% 的最佳范围内。

1. 坡口设计

根据板材的厚度开设单面或双面坡口；根据焊接方法设计不同的坡口角度，如平焊设计角度对称形式，横焊可设计下小上大的不对称坡口形式；考虑到焊缝金属的熔合比和焊缝熔池的流动性，所以坡口角度设计比一般碳钢的略大。

2. 焊接方法

双相不锈钢的焊接，一般焊条电弧焊、熔化极气体保护焊、钨极氩弧焊和埋弧焊等均适宜。

(1)焊条电弧焊

焊条电弧焊操作灵活，适宜全位置焊接及修补焊，但焊接效率较低。

(2)$CO_2$ 或 MAG 焊

熔化极气体保护焊(药芯焊丝)，配合陶质衬垫单面焊可减轻焊工仰焊的工作量，且效

率高、质量好。

(3)埋弧焊

埋弧自动焊对于平直焊缝或厚度较大的双相钢板材焊接,再配以含铬碱性烧结焊件,能获得质量好、成形美观的焊缝。

(4)钨极氩弧焊

对于船体结构的制造,钨极氩弧焊的效率太低,所以可作为局部的修补焊接。

3. 焊接

因为双相不锈钢的焊接性较好,所以焊接时,一般不需预热处理,但须对焊接的层间温度加以控制。双相不锈钢控制层间温度有别于合金钢为了防止冷裂纹而控制层间温度。双相不锈钢控制层间温度目的,主要控制焊接接头的热输入,最大限度保证冷却速度,达到铁素体和奥氏体焊后的比例平衡,所以,这也是双相不锈钢焊接的特殊工艺方法。

## 思考题

1. 不锈钢按其组织形态分有哪几类?
2. 什么是晶间腐蚀? 奥氏体不锈钢防止晶间腐蚀的措施有哪些?
3. 奥氏体不锈钢焊接时,操作工艺要点有哪些?
4. 什么是双相不锈钢? 双相不锈钢的焊接特点是什么?
5. 双相不锈钢焊接时,如何控制双相组织的平衡?

# 第 18 章　异种钢的焊接

一般来说，两种不同材质的金属材料之间的焊接称为异种钢焊接，如同类材料不同强度等级之间的焊接；碳钢与不锈钢材料之间的焊接；碳钢与耐热钢材料之间的焊接；碳钢与铜合金材料之间的焊接等。异种金属材料的焊接一般有如下特点：

①两种金属材料的线膨胀系数不同，焊接时所产生的应力差影响焊接质量；

②两种金属材料的导热率不同，焊接时造成温度场分布不均匀，影响焊缝结晶条件；

③两种金属材料的化学成分不同，造成焊接熔池的化学成分复杂性（合金元素增加或稀释），影响焊接接头的质量。

由于上述原因，所以异种金属材料焊后的焊接接头存在金相组织、力学性能、应力分布情况等的不均匀，从而影响焊接接头的质量。为了获得满意的焊接接头，异种金属材料焊接时必须制定严格的工艺措施。

## 18.1　同类材料不同强度等级之间的焊接

同类材料，不同强度等级之间的焊接指的是强度结构钢之间的焊接，如 45 号钢与 B 级船用钢的焊接。主要考虑以下两个问题：

（1）焊接材料的选用

由于是两种不同强度材料之间的焊接，所以选择焊接材料时，以低匹配的原则，即根据 B 级船用钢的强度选择焊接材料，如 E4303 或 E4315 等。

（2）焊接工艺要求

应根据 45 号钢的焊接特点来选择焊接工艺，参考 45 号钢焊接工艺措施。

## 18.2　珠光体钢（碳钢）与不锈钢的焊接

珠光体钢与不锈钢之间的焊接，目前各行业使用较为广泛，如 LNG 船的船体结构和液货舱围护系统（锚固扁钢）的连接、液化气穹分段和船体分段的连接都是船体结构钢与奥氏体不锈钢（SUS304L）异种材料之间的焊接。

### 一、碳钢和奥氏体不锈钢的焊接特点

（1）焊缝金属的稀释

两种材料的接合造成焊缝金属的合金元素的稀释。

(2)过渡层的形成

由于焊接时熔池存在时间短,熔融金属(焊材和被熔化的母材)化学成分不均匀,如紧靠碳钢一边其成分比例较高,在焊缝区域形成成分不同的过渡层。

(3)扩散层的形成

由于熔池金属的稀释,造成碳钢一侧的碳的扩散,使焊接接头的强度降低,在奥氏体一侧形成增碳层而硬化。

(4)焊接接头的应力特点

由于两种材料的线膨胀系数、热导率不同造成的热应力,以及焊后的焊接残余应力,影响焊接接头的焊接质量。

(5)延迟裂纹倾向

由于氢在不同组织中的溶解度不同,使得扩散氢得以聚集,增加了延迟裂纹的倾向,易使焊接接头发生破坏。

## 二、碳钢和奥氏体不锈钢的焊接工艺

1. 焊接方法的选择

奥氏体不锈钢和碳钢的焊接方法很多,可根据焊件的结构、大小、焊缝的空间位置等,选择埋弧自动焊、焊条电弧焊、熔化极气保护焊、钨极气保护焊等。

2. 接头形式的选择

根据焊件的结构及焊缝的长度,一般有两种接头形式:一是堆焊过渡层,即在碳钢一侧坡口上采用含 Cr、Ni 量高的焊材,如 E309L,进行 1 ~2 层堆焊,如图 18 -1 所示,然后再采用与奥氏体钢相同的焊材,如 E304 或 E304L 进行焊接;二是采用含 Cr、Ni 量高的焊材,如 E309L,直接进行焊接,因为板状平直焊缝采用堆焊层的方法会影响焊接效率。

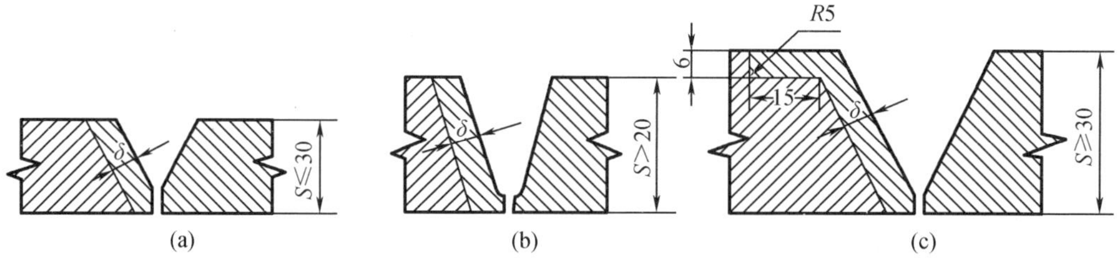


**图 18 -1　堆焊过渡层示意图**

3. 焊接材料的选择

由于不锈钢和珠光体钢的化学成分差异,在焊接时,焊接接头的质量取决于焊缝组织,焊缝的组织又取决于焊缝的成分,而焊缝的成分又受限于选择的焊接材料的化学成分和焊接时对于熔合比的控制。

下面我们对照不锈钢组织图(也称为舍夫勒图)(如图 18 -2 所示),进行焊材选择的介绍。

图中横坐标为铬当量,即把焊缝中某些合金元素的含量折算成相当的铬含量(%)。

$$Cr_{当量} = Cr + Mo + 1.5Si + 0.5Nb\ (\%)$$

图中纵坐标为镍当量,即把焊缝中某些合金元素的含量折算成相当的镍含量(%)。

$$Ni_{当量} = Ni + 30C + 0.5Mn\ (\%)$$

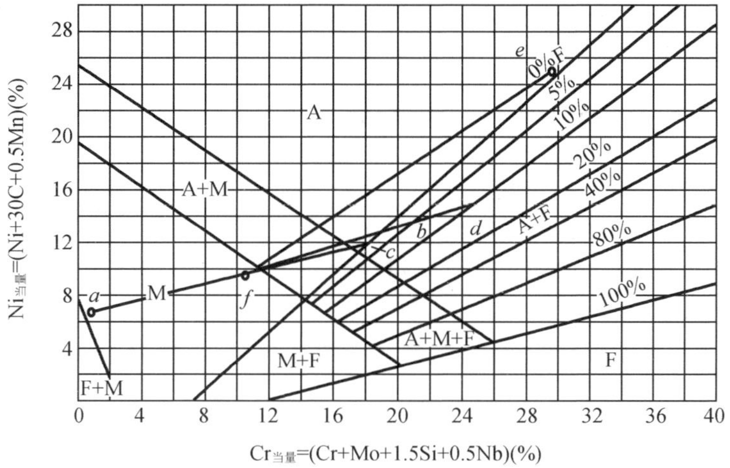


**图 18－2　不锈钢组织图**

当知道两种母材金属的化学成分，可折算出铬当量和镍当量，然后在不锈钢组织图上找出相应的点，再根据熔合比估算出焊缝的组织状态。我们以船用 D 级板和 SUS304L (00Cr19Ni10) 两种材料焊接为例说明不锈钢组织图的具体应用。它们的化学成分和当量值，如表 18－1 所示。

**表 18－1　两种母材的化学成分和当量值**

| 母材 | 化学成分/% | | | | | $Cr_{当量}$ /% | $Ni_{当量}$ /% | 图中位置 |
|---|---|---|---|---|---|---|---|---|
| | C | Mn | Si | Cr | Ni | | | |
| SUS304L | 0.030 | 2.00 | 1.00 | 19.5 | 10.5 | 20.5 | 12 | *b* |
| D 级板 | 0.21 | 0.8 | 0.35 | — | — | 0.53 | 6.6 | *a* |

图中两种材料的当量位置分别为 *a* 点和 *b* 点。假设两种材料采用不加填充焊丝焊接，且熔合比相当，各为 50%，则在图中处于 *a*、*b* 两点的中间的 *f* 点。

我们再通过三种不同焊接材料的选择比较来确定适合的异种材料连接的焊接材料。三种焊接材料分别为 E308L(18－8 型)、E309L(25－13 型)和 E310(25－20 型)，它们的化学成分和当量值，如表 18－2 所示。

**表 18－2　不同型号焊材的化学成分和当量值**

| 焊接材料 | 化学成分/% | | | | | $Cr_{当量}$ /% | $Ni_{当量}$ /% | 图中位置 |
|---|---|---|---|---|---|---|---|---|
| | C | Mn | Si | Cr | Ni | | | |
| E308L | 0.033 | 0.91 | 0.65 | 19.2 | 9.6 | 21.5 | 11.5 | *c* |
| E309L | 0.034 | 1.48 | 0.6 | 23.5 | 13 | 24.6 | 14.8 | *d* |
| E310 | 0.09 | 1.4 | 0.5 | 26.2 | 21 | 30.0 | 24.5 | *e* |

我们可以从各焊材的当量值确定在图 18－2 中的点 *c*、*d*、*e*，然后分别连接 *f*、*c*，*f*、*d*，*f*、*e*

各线段。假如熔焊时的熔合比为 30% ~40%，那么采用 308L 焊材时，焊缝在图中 *fc* 线段上的位置处于 A(奥氏体) + M(马氏体)的区域，这说明由于 D 级板的稀释作用，使焊缝的成分和组织发生了变化，在焊缝中出现了脆而硬的马氏体组织，所以对焊缝的质量是不利的；采用 310 焊材时，焊缝在图中 *fe* 线段上的位置处于 A(奥氏体)的区域，由于焊缝为单相奥氏体组织，所以热裂纹倾向较大，也会影响焊缝的焊接质量；采用 309L 焊材时，焊缝在图中 *fc* 线段上的位置处于 A(奥氏体) + F(铁素体)的区域，焊缝为含 2% ~3% 的铁素体和奥氏体的双相组织，具有较高的抗裂性能，所以对焊缝的质量是有利的。

4. 焊接操作要点

珠光体钢与奥氏体钢焊接时，主要考虑减少熔合比，控制焊缝金属的稀释，具体可通过以下措施：

①适当增加坡口角度，减少熔合比。

②选择合适的焊接工艺参数，如采用小电流、细直径、快速焊，减少熔合比和热输入量。

③根据珠光体母材的冷裂敏感性确定在珠光体一侧预热或不预热的工艺措施。

## 18.3　不锈复合钢板的焊接

不锈复合钢是一种新型材料，它是由较薄的覆层(不锈钢)和较厚的基层(珠光体钢)复合轧制而成的双金属板材。覆层一面与工作介质相接触，保证耐腐蚀性能，基层一面保证材料的强度要求。采用不锈复合钢材料制造结构，既可降低结构的制造成本，又可保证结构的使用要求，因此，在许多行业被大量推广应用。

不锈复合钢板的焊接工艺，与不锈钢和珠光体钢的异种材料焊接工艺基本类同，其焊接时的焊缝由基层、覆层和过渡层三部分组成。

### 一、焊接材料的选择

①基层焊材的选择，主要考虑与基层材料强度等级相同为原则；

②覆层焊材的选择，主要考虑覆层的耐腐蚀性能，所以选择与覆层材料化学成分相近的焊材为原则。

③过渡层焊材的选择，主要考虑基层材料对过渡层焊缝金属的稀释(参考上述不锈钢与珠光体钢焊接材料选择)。

### 二、坡口形式的选择

根据不锈复合钢材料厚度和结构的特点，坡口的选择有外坡口和内坡口两种，一般以选择外坡口为多，坡口形式如表 18 - 3 所示。

**表 18－3　不同材料厚度和坡口形式**

| 板厚/mm | 外坡口 | 内坡口 |
| --- | --- | --- |
| 6～20 | 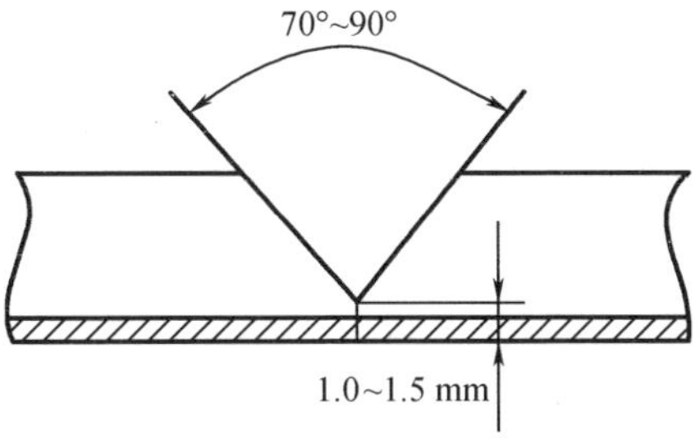 | 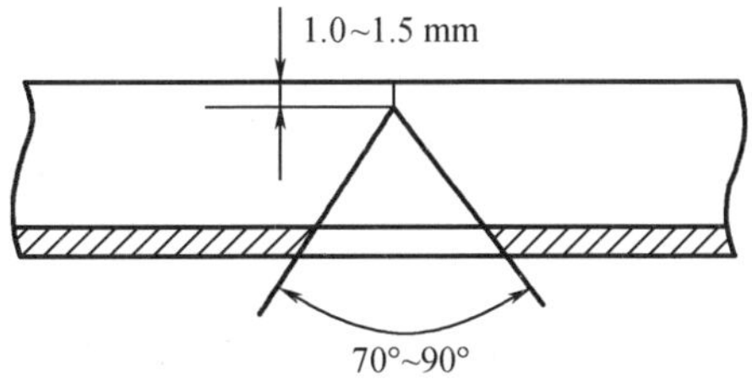 |
| 20～32 | 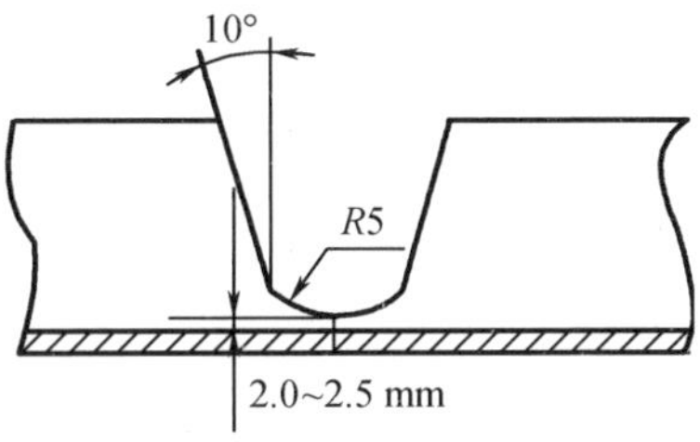 | 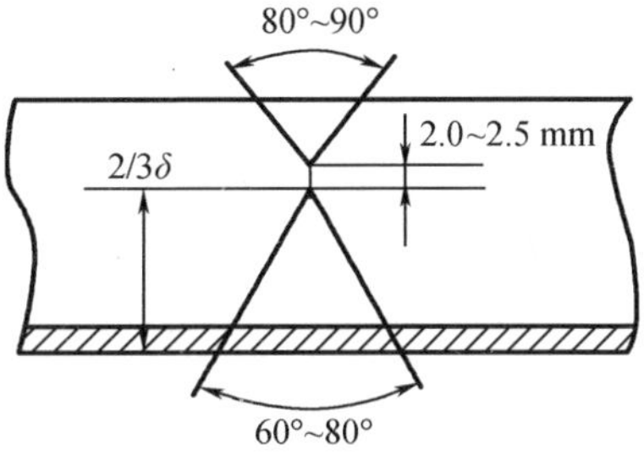 |

在实际工作中，一般选择外坡口的形式居多，先完成基层的焊接，清根后再进行过渡层的焊接，最后完成覆层的焊接，目的是减少不锈钢覆层的重复加热而影响不锈钢耐腐蚀性能。

## 三、装配和定位要求

不锈复合钢板装配时，一定以覆层为基准对齐，错变量不得大于技术规定的要求，并且不得采取强制装配的方法，否则会降低焊接接头的使用寿命。定位焊一定要焊在基层面上，基层的焊接材料应与基层匹配；过渡层焊接使用过渡层的焊接材料；不允许基层的焊材用在覆层上或覆层的焊材用在基层上。

## 四、焊接

各层的焊接绝对禁止焊接材料的混用，不锈钢覆层的焊接应执行不锈钢焊接工艺、基层的焊接应执行基层焊接工艺。

## 思考题

1. B 级船用钢与 45 号钢焊接时，如何选择焊材和工艺措施？
2. 船用钢和奥氏体不锈钢接头形式有哪些？各应如何选择焊材？
3. 船用钢和奥氏体不锈钢的焊接特点是什么？
4. 如何运用不锈钢组织图选择焊接材料？
5. 什么是不锈钢复合板，其有何特点？
6. 不锈钢复合板焊接，如何选择焊接材料？
7. 不锈钢复合板装配定位焊有何要求？
8. 不锈钢复合板焊接顺序有什么要求？

# 第 19 章　铸铁补缝

铸铁是含碳量大于 2% 的铁碳合金。铸铁中除了铁和碳以外，还含有 Si、Mn、P、S 等元素，这些元素含量都比碳钢高，在某些特殊用途的合金铸铁中，根据需要还加入 Cu、Mg、Ni、Mo 或 Al 等合金元素。

铸铁中碳除极少量固溶于铁素体中外，还因铸铁成分、熔炼工艺和结晶条件的不同，或以游离态（石墨）、或以化合态（渗碳体或其他碳化物）存在，或二者共存。当碳主要以渗碳体等化合物形式存在时，铸铁断口呈银白色，称为白口铸铁。白口铸铁具有硬而脆的基本特性，生产中主要用作炼钢原料和生产可锻铸铁的毛坯。当碳部分以石墨、部分以渗碳体存在时，称为麻口铸铁，工业用途不大。当碳主要以石墨形式存在时，铸铁断口呈灰黑色，称为灰铸铁，是工业上广泛应用的一种铸铁。灰铸铁按石墨形成形态不同，可分为灰铸铁、可锻铸铁、球墨铸铁和蠕墨铸铁。

1. 灰铸铁

灰铸铁中碳基本上以片状石墨存在，铸件的断口呈灰黑色，故称灰铸铁。在灰铸铁中，由于石墨的含量、形状和大小是在一个比较大的范围内变化的，所以灰铸铁的种类比较多。

灰铸铁的牌号用 HT + 数字表示，其中 HT 是“灰铁”两字汉语拼音字母的字头，数字表示最低抗拉强度，如 HT200 表示最低抗拉强度为 200 MPa 的灰铸铁。

2. 可锻铸铁

可锻铸铁是由白口铸铁经长时间高温石墨化（铸铁中的碳以石墨形式析出的过程称为石墨化）退火，使渗碳体分解而形成团絮状石墨的一种高强度铸铁。由于可锻铸铁石墨形态的改善，与灰铸铁相比，其具有较高的强度、塑性和韧性。可锻铸铁只是代表一类铸铁的名称，并不是可锻造的铸铁。

3. 球墨铸铁

球墨铸铁中自由状态的石墨多以圆球形态存在，这样由片状石墨所引起的应力集中作用将随石墨球化程度的加大而逐步减少，使球墨铸铁的强度、塑性和韧性得到很大的提高。另外，球墨铸铁还可以通过热处理来改善其组织和性能，从而进一步提高其力学性能。

球墨铸铁中使用最多的球化剂为稀土镁合金。

球墨铸铁牌号用 QT + 两组数字表示，QT 是“球铁”二字汉语拼音字母字头，两组数字分别表示最低抗拉强度和最小断后伸长率。例如，QT400 - 15 表示最低抗拉强度为 400 MPa，最小断后伸长率为 15% 的球墨铸铁。

4. 蠕墨铸铁

蠕墨铸铁的生产与球墨铸铁相似，是向一定成分的铁液中加入蠕化剂（稀土硅铁、稀土硅钙铁等）而制得的，其石墨形态介于片状和球状之间，呈蠕虫状。蠕墨铸铁石墨片短、粗，端部呈球形，其强度接近于球墨铸铁，有一定的韧性和较高的耐磨性。

# 19.1　灰铸铁的焊接

由于石墨的力学性能很低，使金属基体承受载荷的有效面积减小，而且片状石墨会使应力集中严重，使得灰铸铁的强度和韧性远不如钢，但由于石墨的存在也使得灰铸铁获得了一些钢所不及的优异性能，如良好的切削加工性、铸造性、耐磨性、减振性，以及极低的缺口敏感性。

常用灰铸铁的化学成分如表 19－1 所示。

**表 19－1　灰铸铁的化学成分**

| 元素 | C | Si | Mn | S | P |
|---|---|---|---|---|---|
| 含量/% | 1.6～3.8 | 1.2～3.0 | 0.4～1.2 | ≤0.15 | ≤0.4 |

## 一、灰铸铁的焊接的特点

铸铁的焊接性是很差的，特别是在焊条电弧焊时，如果焊条选用不当，或者没有采取一些特殊的工艺措施，则在焊接过程中会产生一系列的缺陷。这些缺陷大致有以下几种。

1. 白口

在补焊灰铸铁时，往往会在熔合线处生成一层白口铸铁，严重时会使整个焊接断面全部白口化，由于白口铸铁硬而脆，极难进行机械加工，因此，对焊后需要进行机械加工的焊接接头，将会带来很大的困难。

产生白口的原因主要是由于冷却速度快和石墨化元素的不足。在一般的焊接条件下，补焊区冷却速度比铸造时快得多，特别是熔合区的成分和母材相近，在快冷条件下很容易产生白口。

白口组织的预防措施如下。

(1)改变焊缝金属的化学成分

增加焊缝中石墨化元素的含量，可以在一定条件下防止焊缝金属产生白口。可在焊条或焊丝中加入大量的 C、Si 元素，以便在一定的焊接工艺条件配合下，使焊缝形成灰口组织。此外，还可采用非铸铁焊接材料(镍基、铜钢、高钒钢)来避免产生白口或其他脆硬组织的可能性。

(2)减慢焊接接头的冷却速度

延长熔合区处于红热状态的时间，以使石墨充分地析出，这是避免熔合区产生白口的主要工艺途径。例如气焊时的焊补区的冷却速度较慢，可防止焊缝及熔合区产生白口。电弧焊前将焊件整体或焊补区局部预热至 600～700 ℃(热焊法)或 400 ℃左右(半热焊法)，减慢冷却速度，也可以防止白口的产生。

(3)采用钎焊焊接法

由于钎焊过程中焊件母材不熔化，也可以避免熔合区产生白口，如采用黄铜钎料，但强度较低。

2. 裂纹

铸铁补焊时出现的裂纹有焊缝中的冷裂纹、近缝区的冷裂纹、热裂纹和母材开裂。

(1)焊缝中的冷裂纹

灰铸铁焊接时，最容易在焊缝中产生热应力裂纹，这种裂纹多为横向分布，位置可能在焊缝上，也可能在近缝区。这种裂纹是在焊缝完全凝固后，一般在 400 ℃以下时产生，故属于冷裂纹。它主要出现于铸铁型焊缝冷焊时，裂纹产生时常伴随着清脆的金属开裂声响，这是由于焊接收缩应力较大引起的。因此，铸铁的冷裂纹和钢的冷裂纹形成机理大不相同，当焊接接头的拘束力较大时(如焊缝较长或接头刚度大时)，即使不出现渗碳体及马氏体淬硬组织，裂纹也会产生。

铸铁焊接冷裂纹的产生，主要与铸铁的性能和组织有关。灰铸铁焊缝的力学性能较低，尤其是塑性很差，特别是它的内部有石墨片存在，这不仅削弱了焊缝的有效工作截面，且相当于在焊缝中存在许多微观小裂纹，形成焊缝裂源。在焊接过程中，由于接头局部不均匀加热，使焊缝在冷却过程中因收缩而产生较大的拉应力，这种应力是随温度的降低而增大的，会造成片状石墨的两端片状石呈严重的应力集中状态。当应力值超过铸铁的强度极限时，就可能会发展成为宏观裂纹，并扩大到整个截面。因此，这种冷裂纹能否产生，关键是取决于焊接区的应力状态。在焊接接头刚度大，或者焊补体积较大时，将会促使焊接应力增大，导致铸铁冷裂纹的产生。

(2)近缝区冷裂纹

当采用低碳钢焊条焊接时，或者母材与焊缝强度级别相差较大时，还容易产生近缝区裂纹。这种裂纹大多沿纵向分布，也有横向或斜向分布的，裂纹多发生于半熔化区或半熔化区与奥氏体区交界处，常沿熔合线开裂，严重时会造成整个焊缝剥离。其产生的原因主要与焊缝强度高、收缩率大，以及半熔合区的性质有关。碳钢焊缝的收缩率是 2.17%，半熔化区是白口组织，其收缩率为 2.3%，奥氏体区是石墨化不完全的半白口组织，其收缩率为 1.1%。因此，在冷却过程中，焊缝附近的半熔化区与奥氏体之间存在着很大的切应力，如图 19－1 所示。由于铸铁母材的强度低，牵制不住焊缝的收缩，因而导致在半熔化区与奥氏体之间产生纵向裂纹，严重时将会造成整个焊缝沿半熔化区从母材上剥离。当工件越厚或焊道越多时，焊接应力就越大，焊缝的剥离也就越容易产生。

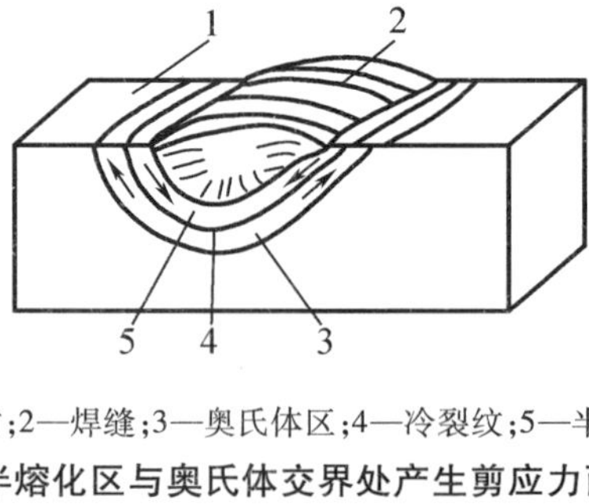


1—母材；2—焊缝；3—奥氏体区；4—冷裂纹；5—半熔化区。

**图 19－1　沿半熔化区与奥氏体交界处产生剪应力而引起的冷裂纹**

(3)热裂纹

当使用镍基焊条、氧化铁型焊条或其他一些非铸铁型焊条时，还可能在焊缝中产生热裂纹，这主要是由于过多的母材熔入焊缝金属，以致造成非铁组织的焊缝中 C、S、P 等成分增高；或者由于镍基焊条焊接时，Ni 与 S、P 等元素容易形成低熔点共晶，因此对热裂纹也比较敏感。

(4)母材开裂

在灰铸铁焊接中,有时还有可能在焊接区以外的母材上出现裂纹。其原因是局部加热后应力过大会把母材的薄弱处拉断,断裂部位往往是铸件的薄壁处及断面形状突变处。

3. 防止裂纹的措施

灰铸铁焊件防止裂纹的主要措施一是减小焊接应力,二是通过调整焊缝的化学成分,使其具有一定的塑性。

(1)减小焊接应力

采用适当温度下的热焊,或者加热减应区焊,都有利于改善接头的应力分布状态;在冷焊时采用严格的工艺措施,如小电流、分段、断续焊,也有利于减小接头中的焊接应力。

(2)改变焊缝的化学成分或合金形态

使焊缝金属具有较高塑性的非铸铁组织(镍基、高钒钢、铜钢组织等),增加了焊缝的塑性变形能力,将使近缝区的焊接应力得以松弛,故使焊接接头的裂纹倾向大为降低。

(3)防止热裂纹产生

通过增加药皮的碱度及适当加入脱硫元素来降低杂质的危害。

(4)工艺措施

工艺上采取减少熔合比的措施,减少母材中碳、硫、磷大量进入熔池。

## 二、铸铁补焊方法

选择补焊方法时应考虑下列因素:

①待焊铸件的大小、厚薄、复杂程度、缺陷类型、尺寸、所处部位的刚度、铸铁材质等;

②对焊补质量的切削加工作、硬度、强度、颜色、密封性等方面的要求。

铸铁的焊补方法很多,但每种方法各有其特点,只能适应某些类型铸件中某些缺陷的焊补。铸铁焊补方法有气焊、钎焊、焊条电弧焊等。

## 三、灰铸铁的补焊工艺

1. 焊条电弧焊冷焊法

冷焊法就是焊前不预热,焊接过程中不辅助加热,因此可以大大提高补焊生产率,降低补焊成本,改善劳动条件。因此,实际工作中尽可能采用冷焊法。但是冷焊法在焊接后,焊缝及热影响区的冷却速度都很快,极易形成白口组织。此外,因焊件受热不均,常形成较大的内应力,引起裂纹。

(1)焊条选择

常用的冷焊焊条按焊后焊缝的可加工性分为两类:一类用于焊后不需要机械加工的铸件,如铜铁铸铁焊条、高钒铸铁焊条、氧化型钢芯铸铁焊条和低碳钢焊条;另一类用于焊后需要机械加工的铸件,如纯镍焊条、镍铜合金焊条和镍铁合金焊条,但这类焊条价格昂贵。

(2)补焊工艺

焊前将铸件缺陷周围的型砂、油污清除干净,补焊裂纹时,须在裂纹两端钻止裂孔,然后将裂纹、气孔等缺陷除去,开成坡口。对于深坡口的焊件,当母材材质差,而焊缝强度高时(如选择氧化型钢芯焊条、高钒焊条、镍铁焊条等),为防止焊缝剥离,可在坡口两侧拧入钢质螺柱,如图 19 - 2 所示。焊接时,先绕螺柱焊接,再焊螺柱之间的空隙。由于螺柱承担了部分焊接应力，所以能够防止母材剥离，并提高焊接接头的强度。

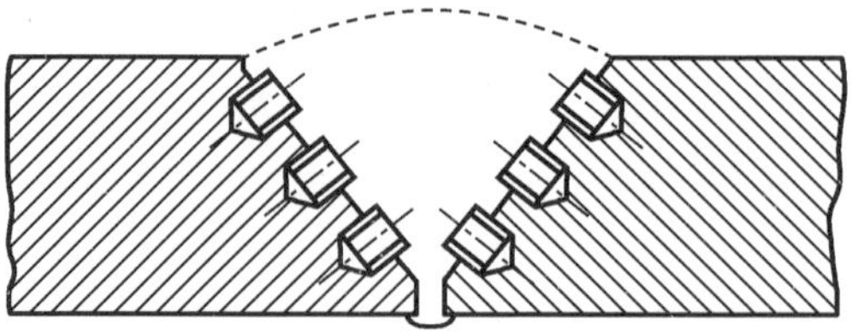

图 19－2　螺柱分布示意图

操作时要采用小电流断续焊、分散焊，在尽量窄的坡口中采用多层焊，以减小焊补区的热输入，减小与整体之间的温度差。为减小热应力，每次焊 15 mm 左右后，立即用小锤锤击焊缝，待焊道冷却到 50～60 ℃时再焊下段焊缝。

补焊过程中，焊缝附近的局部过热会引起焊缝剥离，为防止局部过热和提高功效，可以用水或者蘸水棉纱，在每一段焊道焊后立即冷却焊缝把输入的热量引出来，急冷一般不会引起裂纹。

为改善焊缝的加工性能，施焊退火焊道。如果焊补时只需采用单层焊道，则焊道底部熔合区比较硬，这时可在焊成的焊道上部铲去一层，再焊一道，此焊道称为退火焊道。退火焊道能使先焊焊道的底部受到退火作用而变得较软，从而改善加工性能。

2. 焊条电弧焊热焊法

热焊法焊接时，焊件冷却缓慢、均匀，有利于消除白口组织，减小应力，防止裂纹；但热焊法成本高，工艺复杂，生产周期长，焊接时劳动条件差，因此应尽量少用。热焊法一般用于补焊缺陷被四周刚度大的部位所固定，焊接时不能自由地热胀冷缩，用冷焊法会造成焊件产生裂纹的情况。

（1）焊条

可选择铸铁芯铸铁焊条，如 Z208 或 Z248。

（2）焊前准备

补焊前将铸件缺陷部位的铁渣、熔渣、油脂及残留型砂等清除至显示出金属光泽；再根据缺陷性质，用钻孔、錾挖等方法在缺陷处修制必要的坡口，并根据焊件形状及材料厚度进行焊前预热，预热温度最好在 650～750 ℃。

（3）热焊法工艺

①焊接时，最好在平焊位置，要始终保持温度不低于 400～500 ℃。

②每条焊缝应一次焊成，焊缝体积大时，可轮流操作，保证焊接连续进行，直至完全填满为止。更换焊条动作要迅速，避免熔池过快冷却。如进行间断焊，应彻底清除在接头处残留的石墨及熔渣等污物后再继续焊。为保证焊缝相接处充分熔透，当焊条运走到接头处时要延长停留时间。

③焊接中，为减少热量损失，使操作者不受高温辐射，除焊接部位留在外面，其余部分均用隔热材料覆盖，同时不要在有风的地方进行焊接。

④焊后零件应放置在保温材料中缓冷，大厚度焊件可放在退火炉内加温后随炉冷却。

⑤如需消除焊件残留应力，应进行焊后热处理。

3. 灰铸铁气焊工艺

气焊火焰温度比电弧焊温度低，因此，对焊件的加热和冷却都比较缓慢，这对于防止产生白口和裂纹是很有利的。用气焊补焊铸件质量一般都比较好，而且焊后易于切削加工，但用气焊补焊铸铁生产率低，成本高，劳动强度大，构件易变形，对于大型铸件难以焊透。用气焊补焊小型构件，一般不需预热，焊接质量好，所示还是应用较多。

为了保证气焊不产生白口组织并有良好的切削加工性，铸铁焊丝的成分应有较高的含碳量和含硅量。常用的焊丝，如 HS401，熔剂有 CJ201，熔点较低（约 650 ℃）呈碱性，能在焊接时产生高熔点 $SiO_2$ 化合成易熔的盐类物质。

火焰可以是中性焰或弱碳化焰，具体选用应根据补焊的实际情况进行选择。

## 19.2　球墨铸铁的焊接

与灰铸铁相比，球墨铸铁具有强度钢、塑性和韧性好的特点，在生产中也得到广泛的应用。

### 一、球墨铸铁的焊接性

球墨铸铁与灰铸铁的不同之处，是在浇铸前向铁液中加入一定量的 Mg、Ce、Y 等球化剂进行球化处理，使石墨以球状析出。由于球化元素 Mg、Ce、Y 等都是强烈阻碍石墨化元素，焊接时会使焊接区的过冷倾向很大，焊缝及半熔化区更容易出现白口组织，过热奥氏体的淬硬倾向也更大，更容易出现马氏体脆硬组织。

球墨铸铁在生产中主要用于制造强度和塑性要求较高的零部件，所以对焊接接头的力学性能要求也较高。但是因焊接结晶的特征及焊缝成分的特点，往往使接头不容易实现与母材在金相组织，力学性能及切削加工性能等方面相匹配。所以球墨铸铁比灰铸铁的焊接性更差。并且球墨铸铁由于具有较高的强度和一定的塑性，母材能承受较大的焊接应力，使其裂纹倾向减小。因此球墨铸铁的焊接，除了要防止白口及淬硬组织产生外，为了保证焊接接头的力学性能，还应考虑到焊缝中的石墨球化及焊后热处理问题。

### 二、球墨铸铁的焊条电焊弧

用焊条电弧焊补球墨铸铁时，按所用的焊条不同，可分为异质和同质两类。

1. 异质焊缝的焊条电弧焊（冷焊）

补焊工艺与灰铸铁冷焊工艺基本相同。

补焊球墨铸铁时，异质焊缝多为强度较高的金属，如补焊非加工面时，可采用高钒铸铁焊条 EZV（Z117），获得高钒钢焊缝；补焊加工面则采用镍铁焊条 EZNiFe－1（Z408），获得镍基焊缝。

2. 同质焊缝的焊条电弧焊（热焊）

同质焊缝即球墨铸铁焊缝，采用含有球化及石墨化剂的钢芯铸铁焊条 EZCQ（Z238），配合一定的工艺而获得。采用 Z238 焊条进行热焊后，其焊缝为球墨铸铁组织，再经过焊后热处理，基本上可使接头的组织、性能及色泽等都与母材接近。焊前的清理方法与灰铸铁基本相同，电源采用直流反接或交流。焊接时要预热，铸件较小时预热温度在 500 ℃左右；对于大件，预热温度则应提高到 700 ℃，其焊接电流应略低于灰铸铁热焊时的电流值，焊后也应保温缓冷。

焊后应根据要求进行正火或退火处理。

## 三、球墨铸铁的气焊

气焊火焰的温度较低,会使焊缝中镁的蒸发量减少,有利于石墨球化;同时由于加热和冷却过程都比缓慢,故可减小白口及淬硬倾向,对石墨化过程也较为有利。因此气焊方法适合于球墨铸铁焊接。

气焊球墨铸铁一般要使用球墨铸铁焊丝,这种焊丝有很强的球化和石墨化能力,以保证焊缝获得球墨铸铁组织。常用的有钇基重稀土球墨铸铁气焊丝(HS402)和稀土镁球墨铸铁铁气焊丝,熔剂为 CJ201。

气焊时为减少母材及焊丝中球化元素的烧损,一般采用中性焰或弱碳化焰。因球墨铸铁接头的白口及淬硬倾向大,焊接前要对焊接区进行预热,一般预热温度为 600 ℃,刚度大的铸件应在较大范围预热或整体预热。

由于气焊加热速度慢,焊接效率低,而且厚大件需要预热,故球墨铸铁气焊一般用于壁厚不大铸件的焊接。在生产中,常用于壁厚小于 50 mm,或者欠缺不大且接头质量要求较高的中小铸件的补焊。

## 思考题

1. 铸铁焊接容易出现什么问题? 如何防止白口组织?
2. 灰铸铁焊接时,为什么焊缝和近缝区易产生冷裂纹,防止措施有哪些?
3. 铸铁焊接可选择哪些焊接方法,它们各自的特点是什么?
4. 铸铁焊接时,什么是冷焊法,什么是热焊法,什么是半热焊法?
5. 冷焊法和热焊法的特点是什么?
6. 球墨铸铁焊条电弧焊选用的焊条有哪几种?
7. 气焊时,焊丝、溶剂如何选用?
8. 与灰铸铁相比,球墨铸铁在产生白口和裂纹倾向方面有什么不同? 其焊接性为什么比灰铸铁还差?

# 第 20 章　铝及其合金的焊接

铝是银白色的轻金属,具有良好的塑性,较高的导电性和导热性,同时还具有抗氧化和耐各种介质腐蚀的能力。由于铝合金的强度较好,质量小(密度约为钢的 1/3),加工性能好,适宜压制、焊接、锻造、铸件等多种工艺加工,可用于制造电缆、化工耐蚀容器、油箱及家用器皿等。

## 一、铝及铝合金概述及分类

1. 铝及铝合金的物理特点

铝的密度小(2.7 $g/cm^3$),熔点低(660 ℃),电阻小(是钢的 1/4),导热系数大(是钢的 3 ~4 倍),热膨胀系数大(是钢的 2 倍),延展率高,塑性好。

2. 铝及铝合金的化学特点

①铝元素具有活泼的化学特性,因此铝及其合金和空气接触时,会形成一层很薄且致密的氧化层($Al_2O_3$)。

②表面的氧化膜,可以防止金属继续氧化,有利于自然防腐,但给焊接加工带来困难,这也是铝及铝合金焊接时的一个重要特点。

3. 铝及铝合金的力学性能

①铝及其合金的力学性能随着其纯度而变化,纯度越高,强度越低,塑性越高。

②纯铝的抗拉强度很低,只有 90 MPa 左右,但是铝合金却具有较高的抗拉强度,如果采用一定的工艺措施可达到 500 ~600 MPa,相当于低合金钢的抗拉强度。

4. 铝及铝合金材料的分类

①1000 系列(工业用纯铝)。其特点是强度较低,但耐腐蚀性能、焊接工艺性及加工性很好,反光性高,是热和电的优良导体;主要用于家庭用品,机械零件装饰品、反射镜等。

②2000 系列(铝铜合金)。该系列含 Cu 量 1.5% ~6.0%,属热处理合金;其特点是耐腐蚀性差,焊接工艺性在铝合金中是最差的,但切削性比较好;主要用于飞机材料,铆钉结构件等。

③3000 系列(铝锰合金)。该系列含 Mn 量 1.0% ~1.3%,经过冷轧加工制成各种材质的非热处理合金;其特点是耐腐蚀性、加工性、焊接性和纯铝几乎一样,但强度稍低(略高于纯铝);主要用于建材的成形加工材料,如锅、水壶等容器,及热交换器零部件等。

④4000 系列(铝硅合金)。该系列含 Si 量 4.51% ~13.5%,为非热处理合金;其特点是熔点低,可作焊接材料;主要用于焊条(焊丝)及硬钎焊用填料,或制作补强件、热交换器等。

⑤5000 系列(铝镁合金)。该系列含 Mg 量 0.2% ~5.6%,为非热处理合金;其特点是耐海水腐蚀、焊接工艺、成形性好,强度比较高;主要用于做焊接材料及建筑、船舶车辆、机械零件、饮料罐等方面。

⑥6000 系列(铝镁硅合金)。该系列含 Mg 量 0.45% ~1.5%,含 Si 量 0.2% ~1.2%,

属热处理合金；其特点是耐腐蚀性好、易成形加工、挤压性好、强度高（劣于 2000 系列及 7000 系列）；主要用于结构材料、建筑用窗框、土木建筑用品、螺栓、铆钉等。

⑦7000 系列（铝锌镁合金）。该系列含 Zn 量 0.5% ~6.1%，含 Mg 量 0.1% ~2.9%，含 Cu 量 0.1% ~2.0%，属高强度热处理合金；其特点是焊接工艺性、耐腐蚀性差，是铝合金中强度最高的材料，称为硬铝，抗拉强度达 500 MPa；主要用于飞机结构材料、体育用品材料、车辆结构材料等。

⑧8000 系列。该系列为备用系列。

## 二、常用铝合金的焊接

1. 常用铝合金焊接方法

(1)气焊

气焊是利用火焰的热量对工件被焊部位和焊丝进行熔融连接，火焰的性质须采用中性焰，避免碳化焰或氧化焰，焊接时还须配以铝焊剂清除被焊部位的氧化层及提高焊缝熔池的流动性。气焊的优点主要是经济、方便，适用于小薄件（0.5 ~2.0 mm），但是气焊的生产率低、变形大。

(2)焊条电弧焊

与一般的焊条电弧焊相同，铝合金的焊条电弧焊在铝及其合金的焊芯上涂以药皮，采用直流反接，但使用不多。

(3)钨极氩弧焊

该方法在铝及铝合金焊接中使用最为广泛。

(4)熔化极氩弧焊

该方法由于其焊接效率高，尤其是在大厚度铝合金材料的焊接中得到广泛运用，如铝合金球罐、高速列车、高级游艇、铝合金气垫船等。

(5)摩擦搅拌焊

该焊接方法由于焊接变形小，对铝合金材料的焊接有着重大的意义，在我国目前还处于研发的阶段。

2. 铝及铝合金焊接特点

(1)易氧化

纯铝很难存在，在铝及铝合金表面总有一层难熔的氧化铝薄膜，其熔点高达 2 050 ℃（铝及铝合金熔点为 660 ℃），且氧化膜会吸附水分，所以焊前去除表面氧化膜，是保证焊接质量的一项重要手段。

(2)易焊穿

铝及铝合金焊接时由固态变为液体时，没有显著的颜色变化，所以不易判断熔池温度。当铝在 370 ℃时，强度很低（10 MPa），焊接时因不能支撑液体金属而造成成形不良或塌陷甚至焊穿。

(3)热裂纹（热裂纹产生的因素）

①铝的线膨胀系数、凝固收缩率比钢大近 1 倍，所以铝焊件的焊接应力大；

②铝合金的合金成分及杂质在熔池中形成低熔共晶；

③收弧时产生的弧坑裂纹。

(4)接头不等强度

焊接热影响区出现软化,强度降低,造成焊接接头无法达到与母材的等强度。

(5)气孔

氢在液态铝中的溶解度为 7 mL/kg,而在 660 ℃凝固温度时,氢的溶解度仅为 0.4 mL/kg,相差近 20 倍,如图 20-1 所示。原溶于液态铝中的氢在结晶时大量析出,形成气泡。而由于铝的物理特点,导热性好,熔池结晶速度快,停留时间短(在相同的工艺条件下,铝熔合区的冷却速度是高强钢的 4~7 倍),所以氢在凝固点因为溶解度发生突变,不利于气泡的逸出,因此沿结晶的层状线形成均布形式的"结晶层气孔"。

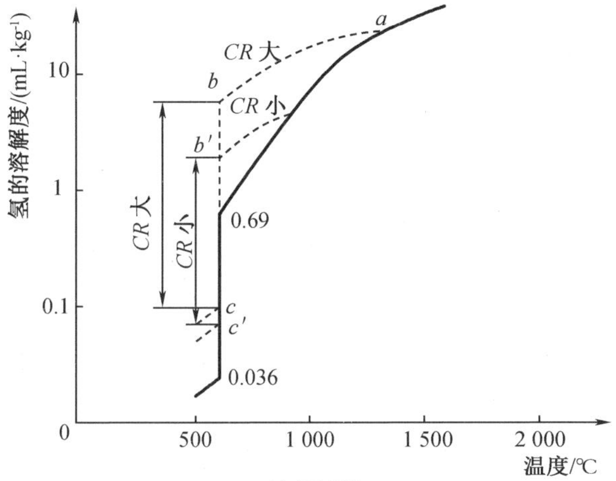


CR—冷却速度。

**图 20-1　氢在液态铝中的溶解度**

## 三、铝及铝合金焊接工艺

铝及铝合金焊接时,最主要的问题是氢气孔。

1. 氢的主要来源

①空气和保护气体中的水分;

②焊材和母材表面吸附的水分;

③工件坡口处的氧化膜、油污等。

2. 防止措施

①使用纯度较高的保护气体;

②焊前对焊件、焊丝、焊条等认真清除潮气、水、油污、氧化膜等;

③焊接时,可通过适当的手势,充分搅拌熔池,并且采用合适的焊接工艺参数配合较慢的焊接速度,提高熔池存在的时间,有利于氢的逸出;

④焊接过程中尽可能不要中断,防止气孔的形成。

铝及铝合金焊接时,另外的问题是材料表面氧化层的处理,由于铝及其铝合金的熔点温度在 660 ℃,而氧化层的熔点温度达 2 050 ℃,因此焊接时难熔的氧化层易造成焊接缺陷,而且氧化层还吸附一定的水分,影响焊接的质量,所以焊接时必须去除氧化层。氧化层去除方法:一可以采用机械的方法,如钢丝刷、锉刀、砂纸、砂轮等;二可以采用化学的方法,如硝酸、氢氧化钠、硫酸+铬酸、磷酸+铬酸;三采用焊接时的正极电极发出的正离子轰击铝及铝合金表面的氧化层，达到清洁的作用，即所谓的阴极破碎（或阴极雾化）。如熔化极氩弧焊采用直流负接极或钨极氩弧焊采用交流电源。

铝及铝合金焊接对施工的环境有一定的要求，如工作环境要求清洁，无尘或少尘，不与其他产品尤其是碳钢结构同处工作；工作环境要求干燥，无漏雨、漏水，环境气温一般要求高于0 ℃，相对湿度小于85%；工作环境要求风速小于0.5 m/s。

3. 焊接方法

（1）熔化极氩弧焊

熔化极氩弧焊与$CO_2$气体保护焊在操作上相似，但铝合金焊接$CO_2$焊又有以下几个方面的不同：

①保护气体不同。熔化极氩弧焊采用纯氩气（99.9%或99.99%）或混合气（氩气+氦气或氩气+氦气+氮气）保护。

②焊接电源不同。熔化极氩弧焊电源采用有脉冲或有双脉冲功能的，并带有可分别调节引弧电流、电弧电压；焊接电流、电弧电压；收弧电流、电弧电压（或一元化调节）的功能。

③送丝机构（或送丝形式）不同。熔化极氩弧焊采用四轮（压轧轮）推或推拉形式的送丝方式。焊丝盘有防护罩。

④焊枪不同。一般采用水冷（或空冷），有推拉式焊枪（焊枪长度可达8 m）和推式焊枪（一般只有3.5～4.5 m）。铝合金焊接送丝软管采用尼龙（特氟龙）材料制成。

⑤安装焊丝的方法不同。焊丝安装前，对焊丝端头用锉刀进行锉磨，使之成为光滑的半球状，再送入导丝管（防止不规则的焊丝端头破坏导丝管内壁）。

⑥焊接的要求和操作手法不同。铝合金焊接时一般采用左焊法（从右向左焊或称为前进法）焊枪略右倾斜10°～15°；操作采用直线往复形的手法，幅度不大，频率略快（目的是为了充分搅拌熔池，有利于氢的逸出）；起弧时，需要采用较大起弧电流，充分打开熔池后恢复正常焊接电流焊接（铝的性质，热导性好、散热快）；对接焊坡口的角度要求比一般碳钢的坡口大10°～20°（即由铝合金焊接的电弧特性和过渡形式决定的）；对接焊时，单面焊双面成形无须留有间隙，用或不用背衬（背衬可用不锈钢或铜材料制成）；坡口及焊缝周围区域清理必须采用酒精或丙酮及不锈钢或铜制刷子。

（2）钨极氩弧焊

铝及铝合金钨极氩弧焊的设备采用交流电源（目的是阴极破碎功能）。

钨极氩弧焊操作方法和技术，基本和直流钨极氩弧焊相同。

（3）气焊

铝及铝合金气焊主要用于薄板构件的焊接和铸铝件的补焊，气焊时必须使用溶剂，以溶解和消除熔池表面的氧化膜及其他夹杂物，改善熔池的流动性。常用的溶剂为CJ401，使用时用水调成糊状涂于焊丝和焊件表面。

## 思考题

1. 铝及铝合金焊接的主要问题是什么？
2. 铝及铝合金焊接的主要焊接方法有哪些？
3. 铝及铝合金焊接常用钨极氩弧焊时，为什么要选用交流电源？
4. 铝合金熔化极氩弧焊与$CO_2$气体保护焊在操作和设备上有何不同？
5. 铝及铝合金焊时，为防止氢气孔应采取哪些措施？

# 第 21 章　铜及其合金的焊接

根据所含的合金元素，铜及铜合金可分为纯铜、黄铜、青铜和白铜。

## 一、铜及铜合金的焊接特点

1. 铜及铜合金焊接的主要问题

(1) 铜的氧化

铜在常温时不易被氧化，但在 300 ℃时，其氧化能力很快增大，当温度接近熔点时，其氧化能力最强，氧化的结果是生成氧化亚铜。焊缝金属结晶时，氧化亚铜与铜形成的低熔共晶分布在铜的晶界上，大大降低了焊接接头的力学性能，所以铜的焊接接头性能一般低于母材，耐腐蚀性能也有所降低。

(2) 气孔

焊缝和熔合区出现大量的气孔，原因主要有：

①熔池在冷却过程中，氢在铜中的溶解度大大降低，如果焊缝金属冷却速度快，再加上铜的热传导率高，过剩的氢来不及逸出便会在焊缝和熔合区产生大量的氢气孔。

②溶解在熔池中的氢会与氧化亚铜产生反应，生成水蒸气，而水蒸气不溶于铜液中，在焊缝凝固时，如果未能及时逸出，便会在焊缝中形成气孔。

(3) 焊缝和热影响区易产生裂纹

产生裂纹的原因有：

①铜及铜合金的线膨胀系数比低碳钢大 50% 以上。熔池由液态转变到固态时的收缩率也较大，对于刚度大的焊件，焊接时会产生较大的内应力。

②铜的氧化，在结晶时，晶界易形成低熔点的氧化亚铜 - 铜的共晶物。

③熔池中氢的存在造成过饱和氢向金属微晶间隙中扩散，形成很大压力，另外熔池中的氢与氧化亚铜生成的水蒸气，也会造成很大的压力。

④母材中的铋、铅等低熔点杂质在晶界上形成的偏析。

(4) 未焊透

焊接纯铜及某些铜合金时，由于铜的导热性能极好，如果采用与焊接低碳钢相同的工艺参数，则焊件很难熔化，填充金属和母材不能良好熔入坡口，造成未焊透。

2. 铜焊接问题的防止措施

(1) 针对铜的热导性及热胀冷缩特性的措施

①采用较大的焊接热源；

②预热；

③合理的焊接顺序；

④采用焊后锤击法，消除应力，防止变形。

(2)针对合金元素烧损的措施

①清除焊材、焊件坡口及周围的氧化物和水分,减少氧的来源;工艺上对熔池进行脱氧处理,防止铜的氧化。

②去除焊件和焊材表面的水分,工艺上采用低氢焊材及采用降低熔池的冷却速度等方法,以利氢的析出。

③选择合适的焊接材料和工艺措施,防止焊接时合金元素的氧化和蒸发。

## 二、铜及铜合金的焊接

1. 纯铜焊接

(1)气焊

由于纯铜的热导性好,因此应选择较大的火焰功率,并采用中性焰进行焊接。焊材的选择可根据结构的要求,如 SCu1898(纯铜焊丝)配以 CJ301 熔剂进行焊接;或采用 SCu4700(黄铜焊丝)进行焊接,这种方法属钎焊。

(2)焊条电弧焊

焊条选择有 T107(纯铜焊芯)、T227(磷青铜)、T237(铝青铜);电源采用直流反接。

(3)钨极氩弧焊

焊材一般选择 SCu1898 纯铜焊丝。

2. 黄铜焊接

(1)气焊

黄铜的焊接主要问题是黄铜中的锌元素蒸发,由于气焊的火焰温度低,所以焊接时锌的蒸发比焊条焊接时少,因此气焊是焊接黄铜的最常用的焊接方法。

焊材选择主要有 SCu4701、SCu6810、SCu6810A 等黄铜焊丝,并配以 CJ301 熔剂。焊接时采用轻微氧化焰,可使熔池表面覆盖一层氧化锌薄膜,防止锌的蒸发。

(2)焊条电弧焊

黄铜的焊条电弧焊一般选择 ECuSn – B(锡青铜)或 ECuAl – C(铝青铜)焊芯的焊条,因为黄铜焊芯的焊条工艺性差,锌的蒸发大。

(3)钨极氩弧焊

如果选择钨极氩弧焊,同样需要考虑锌的蒸发,所以可选择 SCu6560(硅青铜焊丝)进行。采用交流的焊接电源,可以减少锌的蒸发。

## 思考题

1. 铜及铜合金焊接的主要问题是什么?

2. 为什么说气焊方法比较适宜黄铜的焊接?

3. 铜及铜合金产生裂纹的主要原因是什么?

# 第四部分　船厂焊工考试及项目内容

船厂焊工由于工作的内容和性质不同，所以上岗前必须进行相关的焊工资格考试，取得相应的资格证书才能焊接。如从事船舶制造工作必须经船级社焊工资格考试并取得合格证书后，方能上岗作业。如从事制造压力容器设备工作则必须获得劳动局颁发的焊工合格证书，才能进行焊接工作。如从事制造或检修特种设备的焊工（如起重设备），就必须经过质量技术监督局的认可考试，合格后才有上岗资质。另外还有些特种材料或专门的焊接技术，如 LNG 船液货舱围护系统的殷瓦钢焊接，必须获得相应船级社和天然气运输与技术（GTT）公司的认可。

# 第 22 章　船级社焊工考试

中国船级社规定，船体及海上设施的结构、机械、锅炉与受压容器及管系等的碳钢、碳锰钢、合金钢等材质的焊条电弧焊、半自动焊(自动焊)和非熔化极气体保护焊焊工，须向焊工考试委员会(一般应由工厂技术负责人、焊接工程技术人员、焊接质量检验人员、有经验的技术工人及 CCS 验船师等人员组成)申报，经审查批准可参加考试。

## 22.1　考试课目及等级分类

### 一、初级考试申报条件

①持有技校焊接专业毕业证书，现从事焊接工作的人员。

②能独立承担焊接工作，具有熟练操作技能，现从事焊接工作的人员。

③经过基础知识和操作技能培训的人员。

### 二、复证(升级)考试申请条件

①报考者一般应逐级考试。对于特殊情况，经焊工考试委员会审查同意和验船师批准，可根据自己从事实际工作范围及操作熟练程度，申请相应等级的焊工考试。

②一般实际从事本等级工作六个月以上，方可申请高一等级的升级考试。对于申请Ⅲ级的人员，必须持Ⅱ级证书且连续工作满 1 年以上。

从事焊接作业的焊工应取得相应类别的资格考试。考试合格者，CCS 将颁发相应的资格证书。

### 三、焊工等级和考试科目分类

根据产品类型，焊工资格分为船舶与海上设施焊工、船用锅炉压力容器焊工两大类，其焊工等级根据焊接位置的不同来划分，对于板材分为Ⅰ、Ⅱ和Ⅲ级，对于管材分为ⅠP、ⅡP、ⅢP 和ⅢPR 级等。对于船用锅炉压力容器焊工，需要时还应进行管板角接焊的专门考试。

试件不同焊接位置如图 22－1 所示。

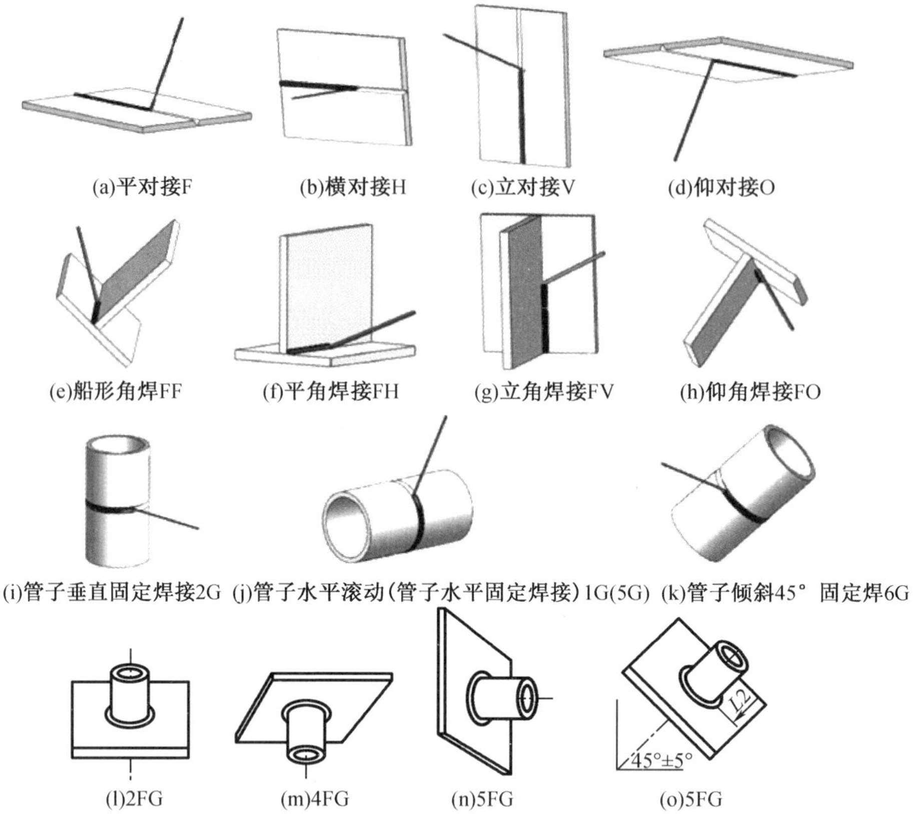


**图 22－1　试件焊接位置示意图**

不同试件形式的考试科目代号表示的焊接位置，如表 22－1 所示。

**表 22－1　考试科目和科目代号表示的焊接位置**

| 试件形式 | 考试科目代号 | 焊接位置 |
|---|---|---|
| 板材对接焊 | F（1G） | 平焊 |
| | H（2G） | 横焊 |
| | V（3G） | 立焊 |
| | O（4G） | 仰焊 |
| 管子对接焊 | 1G | 管子水平滚动焊 |
| | 2G | 管子垂直固定焊 |
| | 5G | 管子水平固定焊 |
| | 6G | 管子倾斜 45°固定焊 |
| | 6GR | 带障碍的管子倾斜 45°固定焊 |

**表 22－1(续)**

| 试件形式 | 考试科目代号 | 焊接位置 |
| --- | --- | --- |
| 板角接 | FF (1F) | 船形角焊 |
| | FH (2F) | 平角焊(横角焊) |
| | FVu (3F) | 立向上角焊 |
| | FVd (3F) | 立向下角焊 |
| | FO (4F) | 仰角焊 |
| 管板角接 | 2FG | 垂直固定平焊 |
| | 4FG | 垂直固定仰焊 |
| | 5FG | 水平固定焊 |
| | 6FG | 倾斜 45°固定焊 |

不同焊工等级对应的考试科目,如表 22－2 所示。

**表 22－2　不同焊工等级对应的考试科目**

| 试件形式 | 焊工等级 | 常规焊工考试科目 | 其他特种科目 |
| --- | --- | --- | --- |
| 板材对接 | Ⅰ | F | — |
| | Ⅱ | H、V | — |
| | Ⅲ | H、V、O | — |
| 管子对接 | ⅠP | 1G | — |
| | ⅡP | 2G 或 5G | — |
| | ⅢP | 2G＋5 或 G6G | — |
| | ⅢPR | 6GR | — |

注:①不同产品类型焊工等级加字母以区分:船舶与海上设施焊工加“S”;船用锅炉压力容器焊工加“B”。

②其他特种科目的焊接,如水下焊接这里不做叙述,详见《CCS 材料与焊接规范》

## 四、复试与重新考试

①每一考试科目中,如有 1 个试样不合格,可在原试件上取 2 倍试样按原试验要求进行复试,复试全部合格者,该科目为合格。

②每一考试科目中,如射线检验不合格,或有 2 个弯曲试样不合格,则该科目为不合格,不进行复试。

③不合格的考试科目允许在 1 个月内进行 1 次该科目的补考。补考的全部试验项目合格则该科目合格。

④焊工考试全部科目不合格者,1 个月后方可重新参加考试。全部考试科目合格后方能发给证书。重新考试仍不合格者,应经过培训后方可重新申请考试。

⑤凡由于试件加工不当,或因非焊接因素造成缺陷而导致试验不合格者,试件作废并

重新焊接后进行试验。

### 五、证书和有效期

①焊工考试合格后,由 CCS 发给焊工资格证书,焊工应严格按照证书所规定的工作范围进行焊接操作。

②焊工在进行焊接操作时,验船师可随时检查其焊工资格证书。

③焊工资格证书的有效期为发证之日起 3 年。定位焊科目的焊工资格证书为长期有效。

④在有效期满之前,焊工应重新参加考试,重新考试可着重于操作技能考试,经考试合格,可再取得有效期 3 年。

⑤焊工在证书有效期内,焊接质量一贯良好,无损检测合格率保持在 90% 以上,且具有产品质量记录,经验船师审查,由焊工考试委员会提名并报 CCS 认可后,可予免试延长有效期 1 年。

⑥对同时具有手工焊和半自动焊焊工资格证书的焊工,证书更新时,手工焊考试合格,两张证书即可同时更新。

⑦焊工考试(包括定位焊)合格后,如连续 6 个月未从事焊接操作,则应在重新操作前,先焊一件本人证书规定科目中最难位置的试件,经试验合格后,方能从事焊接操作。

## 22.2　焊工考试与评定

### 一、考试内容及要求

①焊工考试内容分基本知识和操作技能两种。焊工应先进行应知理论考试,合格后才能参加实际操作技能考试。

②应知理论考试内容应与技能考试的焊接方法相适应,可包括常用母材、焊接材料、焊接设备、焊接工艺、常见焊接缺陷种类、缺陷的防止与修补及焊接安全等基础知识。考试范围应报 CCS 认可。

③实际操作技能考试前,考试委员会应将拟考的焊工等级、材料组别、试件厚度(管径)、接头形式和坡口尺寸报 CCS 确认。

④焊工应按 CCS 规定参加操作技能考试,考试应在验船师监督下完成。主考人员应填写焊工考试现场记录并由验船师确认。考试委员会应填写考试评定汇总表上报 CCS。

⑤考试所用的板材、管材和焊接材料应符合 CCS 的有关规定。考试材料应选取具有代表性的材料。

⑥定位焊焊工应以施焊的每一种位置焊一副试板。

### 二、试件形式与尺寸

①板对接、角接、管对接、管板角接头试件尺寸,如图 22 - 2 所示。

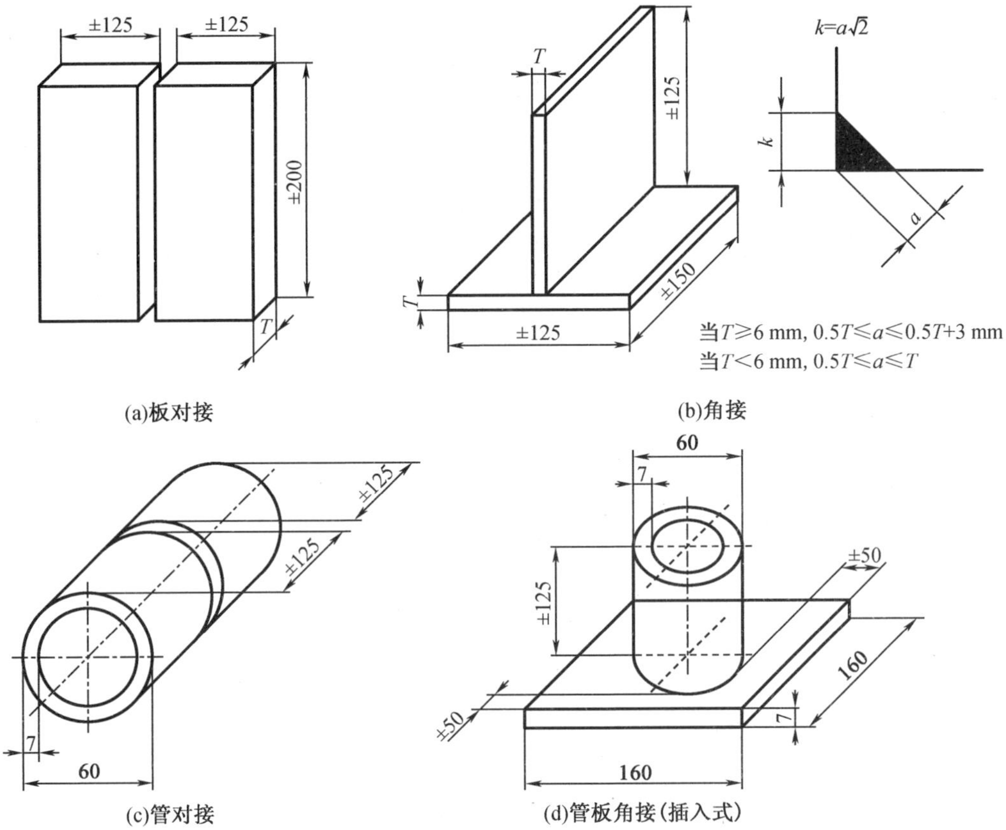


**图 22－2　试件尺寸示意图**(单位:mm)

②管对接的焊缝长度应不小于 150 mm,若管子周长未达到该长度时应增加试件数量。

③对接的具体接头形式(双面焊、单面焊、有无衬垫)和坡口尺寸(坡口角度、钝边、间隙)可由制造厂根据生产实际确定。

④6GR 管对接试件尺寸的特殊要求,如图 22－3 所示。

⑤管板角接头应采用插入式接头形式,如图 22－4 所示。

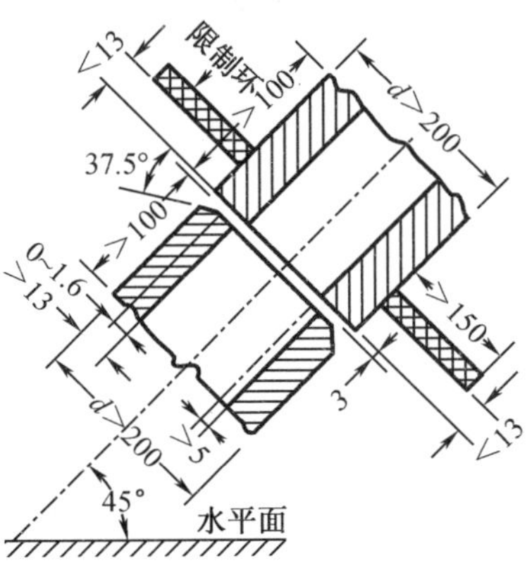


**图 22－3　6GR 管对接尺寸所示图**(单位:mm)

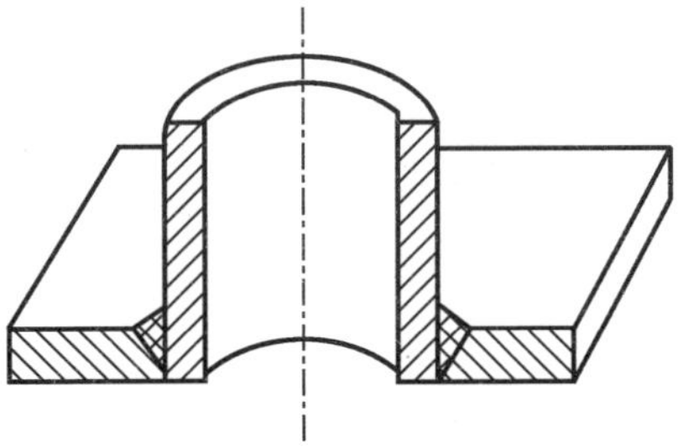

**图 22－4　管板角接所示图**

⑥板角接焊采用填角焊,焊喉厚度,如图 22－2(b)所示。

⑦定位焊试件尺寸及装配要求，如图 22 - 5 所示。

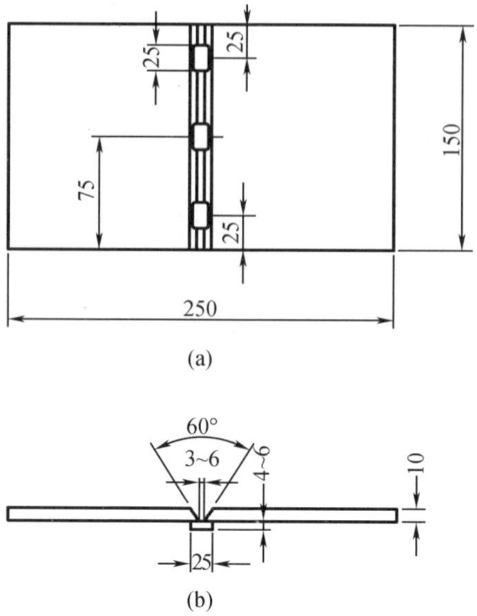


**图 22 - 5　定位焊考试试件装配尺寸要求**(各长度单位：mm)

## 三、试件焊接工艺要求

①按产品上使用的焊接工艺进行试件的焊接。焊接参数应符合焊接工艺规程(WPS)要求。

②按规定进行开设坡口、试件装配和焊前清理。

③每个试件上应有焊工代号和焊接位置记号钢印，并保持至试验的所有阶段；水平固定和 45°固定的管子应有焊接位置的钟点记号。

④试件坡口两端不应使用引弧板和熄弧板。

⑤试件一经施焊，不得改换焊接位置。施焊过程中，应始终保持焊接方向一致，不应变更。

⑥试件应至少在盖面层有一个接头，当进行无衬垫单面焊双面成形考试时，还需在打底层也设置一个接头。

⑦对有预热、后热或热输入控制要求的材料或工艺，考试条件应与产品要求相同(若试件不进行弯曲试验，焊后热处理或时效可以省略)。

⑧焊完后焊缝表面不得打磨或修补。

## 四、试件检验和试验要求

①不同形式的试件应进行的试验、检验项目和试样数量，如表 22 - 3 所示。

表22－3　试件检验或试验项目和试样数量

| 试件形式 | 检验或试验项目 | 试验数量 |
| --- | --- | --- |
| 板对接 | 1. 目视检验；<br>2. 弯曲试验或射线检测 | 1. 目视检验：焊缝全长；<br>2. 射线检测：被检焊缝全长；<br>3. 弯曲试验：正反各1 |
| 管对接 | 1. 目视检验；<br>2. 弯曲试验或射线检测 | 1. 目视检验和射线检测：焊缝全长；<br>2. 弯曲试验：1G、2G 正反各1；5G、6G、6GR 正反各2 |
| 板角接 | 1. 目视检验；<br>2. 破断试验或宏观检验 | 1. 目视检验：焊缝全长；<br>2. 破断试验：被检焊缝全长 |
| 管板角接 | 1. 目视检验；<br>2. 宏观检测 | 1. 目视检验：焊缝全长；<br>2. 宏观检测：2个 |
| 定位焊 | 1. 目视检验；<br>2. 弯曲试验 | 1. 目视检验：所有的点；<br>2. 宏观检测：2个；<br>3. 弯曲试验：试板和垫板整体弯曲，焊缝表面为拉伸面 |

注：1. 实心焊丝气体保护焊（含铝合金）不能免除弯曲试验。
2. 对于船用锅炉压力容器焊工为射线检测＋弯曲试验。
3. 被检焊缝全长指试件两端各去除25 mm后的长度。
4. 当试件厚度大于或等于12 mm时可用侧弯代替。

②外观目视检验时，焊缝表面应为焊后原始状态，不应进行任何加工。

③如用射线检测，焊缝余高和垫板可不去除。

④试样的截取方法应不影响材料的性能，一般可采用机械加工方法。如采用气割方法，则每侧应留有不少于5 mm的机械加工余量。

⑤如用弯曲试验，焊缝余高和垫板（如有时）应采用机械加工方法加工至与母材轧制面齐平，焊缝边缘的咬边不应去除。弯曲试样具体取样位置，如图22－6(a)和(b)所示。

⑥对管板角接头，如图22－7所示，用机械方法将试件四等分，取其中2块，对A、B面进行宏观断面检查（其中B为接头处）。

⑦板角接焊采用折断试验时，试验方法见焊接工艺评定试验方法。

⑧板角接焊采用宏观检验时，其中1个宏观断面应取自接头处。

## 五、考试试件评定

1. 外观目视检验应满足下列要求

①焊缝表面成形良好，焊缝边缘应平顺过渡到母材，焊缝宽度均匀。

②焊缝表面应无裂纹、未熔合、夹渣、气孔和焊瘤等缺陷。

③焊缝咬边深度应不大于0.5 mm。焊缝两侧咬边累计总长度，对于板试件应不超过焊缝全长的10%；对于管试件应不超过焊缝全长的20%。

④无衬垫的试件焊接后，不应有未焊透，但允许有深度不超过0.1$t$（$t$为试件厚度）且不大于1.5 mm、累计长度不超过焊缝全长的10%的局部内凹。

⑤平焊位置的焊缝余高应不大于3 mm，其他位置应不大于4 mm；每侧焊缝宽度应不大于坡口宽度2.5 mm。

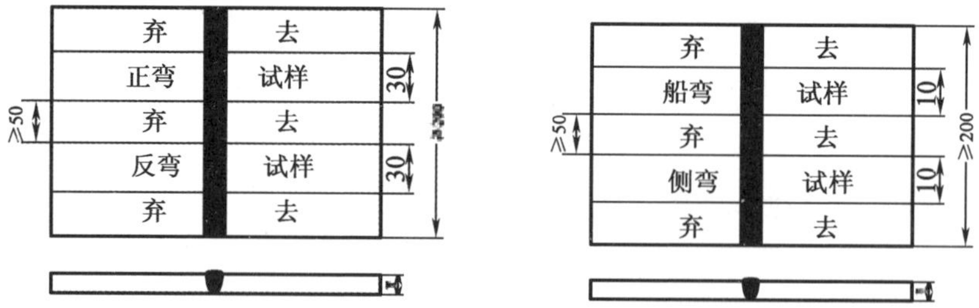


(a)板材试件

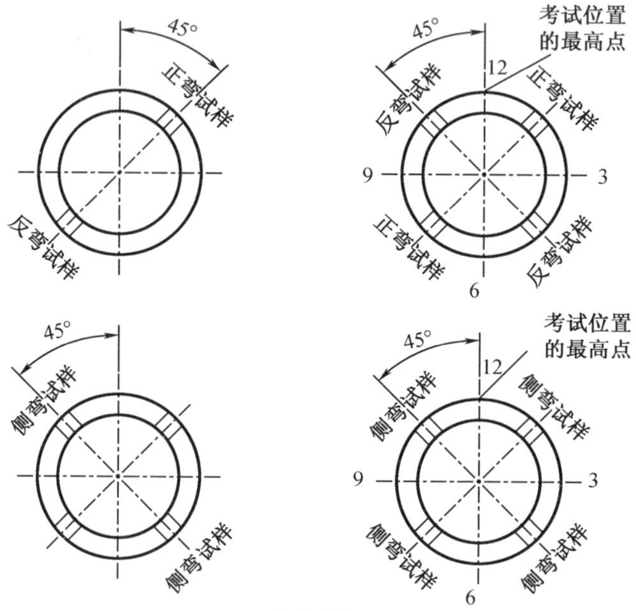


(b)管子试件

**图 22－6　弯曲试件取样位置**(长度单位:mm)

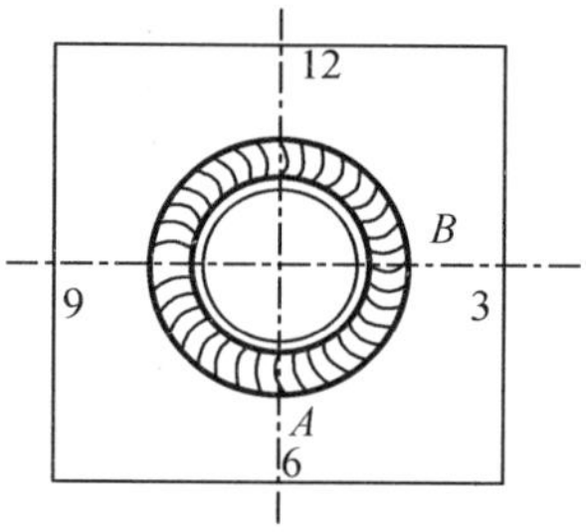


**图 22－7　管板接头宏观断面截取位置**

⑥无衬垫的试件,焊后其根部焊瘤应不大于 3 mm。

2. 对接焊弯曲试验应满足下列要求

①压头直径和弯曲角度按 CCS 规范对焊接工艺认可试验的规定。

②试件经过弯曲试验,在其受拉面的任何方向上均不应有超过 3 mm 的裂纹和其他开口缺陷。

3. 对接焊射线探伤应满足以下要求

钢材和铝合金应分别符合 ISO5817 和 ISO10042 中 B 级或其他相当标准的要求。

4. 板角接焊破断试样的破断面应满足以下要求

应显示出焊缝无裂纹、未熔合和未焊透，对夹渣和气孔应符合 ISO5817 和 ISO10042 中 B 级或其他相当标准的要求。

5. 板角接焊和管板角接头的宏观检验应满足以下要求

应显示出焊缝成形良好、有足够的熔深（管板角接头根部应焊透），无裂纹、未熔合缺陷。

6. 定位焊弯曲试样压断后应满足以下要求

每个定位焊全长的断面上不应出现与垫板或坡口边缘的未熔合，也不应有大于 2 mm 的夹渣或气孔。

# 22.3　焊工资质适用范围

## 一、焊工资质适用范围

焊工通过的资格认可不但适用于与考试条件相同的项目，而且适用于基本参数在规定范围内的项目。这些基本参数包括：焊接方法、焊接接头形式、母材材质和规格、焊接材料及焊接位置。

当焊工等级相同时，锅炉压力容器焊工资格可覆盖船舶与海上设施焊工资格。

各等级的焊工资格均可覆盖定位焊工资格。

## 二、焊接方法

焊工资格适用的焊接方法划分为 3 类，如表 22－4 所示。同一类中焊接方法的资格可相互覆盖。

**表 22－4　焊接方法分类**

| 代号 | 分类 | 焊接方法 |
|---|---|---|
| M | 焊条电弧焊 | 焊条电弧焊 |
| S | 熔化极保护焊 | 药芯焊丝自保护焊<br>实心焊丝活性气体保护焊<br>实心焊丝惰性气体保护焊<br>药芯焊丝活性气体保护焊<br>药芯焊丝惰性气体保护焊 |
| T | 非熔化极气体保护焊 | 钨极气体保护焊 |

若采用两种焊接方法组合焊（如钨极氩弧焊打底）的考试合格，可获得该两种焊接方法的焊工资格，分别适用于打底层焊接方法的单面焊和盖面层焊接方法的双面焊，其厚度适用范围与试件中各自的焊缝厚度相适应。

## 三、焊接接头形式

①对接焊不同接头形式的适用范围如表 22－5 所示。

表 22－5　对接焊不同接头形式的适用范围

| 焊工考试接头形式 | | 适用范围 | | | |
|---|---|---|---|---|---|
| | | 单面焊 | | 双面焊 | |
| | | 有衬垫 | 无衬垫 | 清根 | 不清根 |
| 单面焊 | 有衬垫 | 考试形式 | 不适用 | 适用 | 不适用 |
| | 无衬垫 | 适用 | 考试形式 | 适用 | 适用 |
| 双面焊 | 清根 | 适用 | 不适用 | 考试形式 | 不适用 |
| | 不清根 | 适用 | 不适用 | 适用 | 考试形式 |

②外径大于 25 mm 的管对接可以覆盖相应位置的板对接。

③板对接可以覆盖相应位置的外径不小于 600 mm 的管对接，以及水平滚动焊位置的外径不小于 150 mm 的管对接。

④对接焊可覆盖相应位置的角接焊（包括焊透角焊、深熔焊或填角焊）。

⑤填角焊不能覆盖焊透角接焊。

## 四、母材

①钢材的分组如表 22－6 所示。在一个组别中任何一种材料可以覆盖相同组别中所有其他材料的焊工资格。

表 22－6　钢材的分类

| 材料组别 | 钢材类型 |
|---|---|
| W01 | 碳钢/碳锰钢和屈服强度规定值 $R_{eH} \leq 390$ MPa 的低合金高强度钢 |
| W02 | CrMo 钢及抗蠕变 CrMoV 钢 |
| W03 | 屈服强度规定值 $R_{eH} > 390$ MPa 的高强度钢，以及 Ni 含量 $< 5\%$ 的镍钢 |
| W04 | Cr 含量为 12% ~20% 的铁素体或马氏体不锈钢 |
| W05 | Ni 含量 $\geq 5\%$ 的低温镍钢 |
| W011 | 奥氏体或双相不锈钢 |

②钢材焊工资格对其他组别的覆盖范围，如表 22－7 所示。

表 22－7　钢材焊工资格适用范围

| 试件材料组别 | 适用范围 | | | | | |
|---|---|---|---|---|---|---|
| | W01 | W02 | W03 | W04 | W05 | W11 |
| W01 | 考试形式 | 适用 | 适用 | 适用 | 适用 | 不适用 |
| W02 | 适用 | 考试形式 | 适用 | 适用 | 适用 | 不适用 |
| W03 | 适用 | 适用 | 考试形式 | 适用 | 适用 | 不适用 |
| W04 | 适用 | 适用 | 适用 | 考试形式 | 适用 | 不适用 |
| W05 | 适用 | 适用 | 适用 | 适用 | 考试形式 | 不适用 |
| W11 | 适用 | 适用 | 适用 | 适用 | 适用 | 考试形式 |

注：1. 试件用的焊接材料应与母材的材料组别相同。
2. 仅当使用 W11 组别的焊接材料。

③任一型号铝－镁系（5000 系列）或铝－硅－镁系（6000 系列）铝合金焊工考核合格后，可覆盖该两系列中所有铝合金。

## 五、焊接材料

①在焊条电弧焊中，使用碱性焊条考试合格者同时也具有酸性焊条焊接的资格。纤维素型焊条不能覆盖其他药皮类型焊条焊接的资格。

②在熔化极气体保护焊中，实心焊丝考试合格者同时也具有药芯焊丝焊接的资格。

③在钨极氩弧焊中，带填充焊丝考试合格者同时也具有不带填充焊丝焊接的资格。

## 六、试件厚度（管子壁厚）

①钢材和铝合金的厚度适用范围分别如表 22－8 和表 22－9 所示。

表 22－8　钢材的板厚适用范围

| 试件厚度 $T$/mm | 适用厚度范围 $t$/mm |
|---|---|
| $T \leqslant 3$ | $T \leqslant t \leqslant 2T$ |
| $3 < T \leqslant 20$ | $3 < t \leqslant 2T$ |
| $T > 20$ | $t > 3$ |

表 22－9　铝合金的板厚适用范围

| 试件厚度 $T$/mm | 适用厚度范围 $t$/mm |
|---|---|
| $T \leqslant 6$ | $0.5T \leqslant t \leqslant 2T$ |
| $T > 6$ | $t \geqslant 6$ |

②管径的适用范围如表 22－10 所示。

**表 22 – 10　钢材和铝合金管径的板厚适用范围**

| 管子试件外径 $D$/mm | 适用范围 $d$/mm |
|---|---|
| $D \leqslant 25$ | $D \leqslant d \leqslant 2D$ |
| $D > 25$ | $d \geqslant 0.5D$ |

## 七、焊接位置

①焊接位置的覆盖原则为高的焊工等级可以覆盖低的焊工等级。

②不同等级的焊工考试合格后适用的角接焊的焊接位置，如表 22 – 11 所示。

**表 22 – 11　各种接头形式考试科目适用的焊接位置**

| 焊工等级 | 适用的板角接范围 | 适用的管板角接范 |
|---|---|---|
| Ⅰ | FF、FH | — |
| Ⅱ | FF、FH、FVu | — |
| Ⅲ | FF、FH、FVu、FO | — |
| ⅠP | FF、FH | — |
| ⅡP | FF、FH<br>FF、FH、FVu、FO | 2FG<br>2FG、4FG、5FG |
| ⅢP | FF、FH、FVu、FO | 2FG、4FG、5FG、6FG |
| ⅢPR | FF、FH、FVu、FO | 2FG、4FG、5FG、6FG |

注：本表对于锅炉压力容器焊工的管板角接不适用。

# 22.4　特种材料焊工资质考试要求

LNG 船液货舱围护系统的殷瓦钢焊接的焊工资质，必须得到入籍船级社和 GTT 公司认可方能上船焊接。这里就进行手工焊（TIG）的焊工考试的科目做简单的介绍。

手工 TIG 焊工的考核科目分为以下几类。

## 一、一般鉴定

通常所说的 G 证考试，一般鉴定考核合格的焊工能够在船上进行各种位置的焊接（除 SP4、SP5、SP6、SP7、PW1、PW2、PW3、PW4、PW5、PW6 之外）。G 证科目考试试样如图 22 – 8 所示。这个试样再现了围护系统平薄膜和横向环之间接头的一部分。焊工必须完成三种不同位置的焊接，即平、立、仰试样焊接，并进行外观、着色探伤、金相（每条焊缝根据要求截取一个或多个试样）的检验。G 证科目考试合格者，可覆盖专门鉴定的 SP1 ~ SP3 科目考试。

## 二、专门鉴定

①SP1，即 TIG 定位焊工的考核项目，适合焊工在各种位置进行不使用填充金属的 TIG 定位焊。

②SP2，即不使用填充金属的殷钢 TIG 焊工的考核项目，适合焊工在各种位置的殷钢列板卷边、殷钢终端列板卷边和殷钢搭接接头进行不使用填充金属的 TIG 焊接。

③SP3，即使用填充金属的殷钢 TIG 焊工的考核项目，适合焊工在各种位置的列板搭接、二面或三面体与板条的连接、殷钢主梁角板等进行使用填充焊丝的 TIG 焊接。

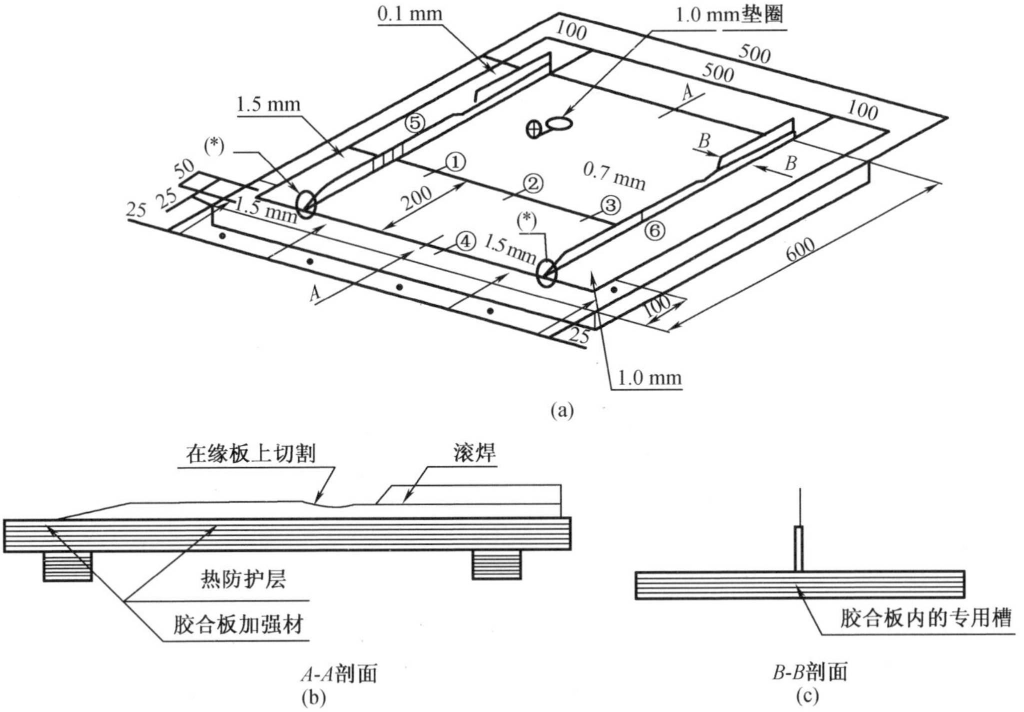


**图 22－8　G 证考试科目试样图**

((＊)指使用殷钢填充金属的 TIG 焊接。)

④SP4，即使用填充金属的殷钢与不锈钢焊工的考核项目，适合焊工在各种位置的锚固扁钢与殷钢板条、殷钢板条与泵塔支柱座等异种材料 TIG 焊接。

⑤SP5，即带凸缘的螺柱焊接考核项目，适合焊工在各种位置进行带凸缘的螺柱（不锈钢）与殷钢薄膜的手工 TIG 焊接，如图 22－9 所示。

⑥SP6，即连接件底座的焊接考核项目，适合焊工在各种位置使用或不使用填充金属进行连接件底座（碳钢与不锈钢异种材料）的手工 TIG 焊接，如图 22－10 所示。

⑦SP7，即不锈钢挡板与支柱殷钢板的焊接考核项目，适合焊工在平焊或仰焊时进行二面体挡板与殷钢支柱板的手工 TIG 焊接。

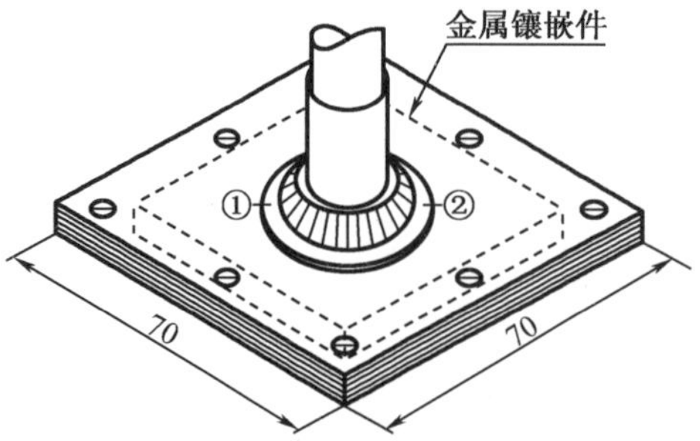


图 22 – 9　带凸缘的螺柱示意图(单位:mm)

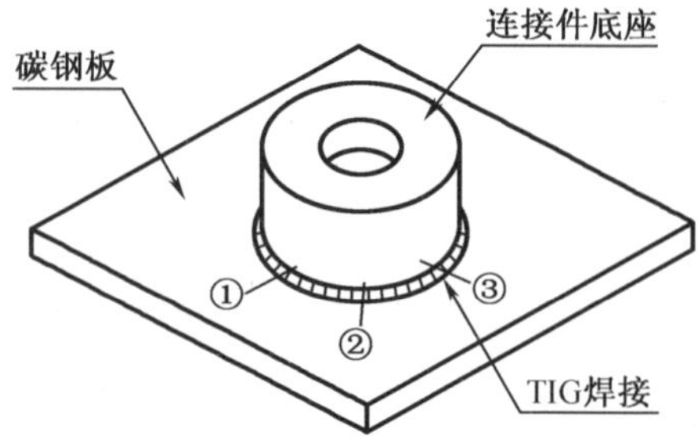


图 22 – 10　连接件底座示意图

## 三、特殊鉴定

①WP1,即三面体以及挡板与主梁个焊接,适合焊工在殷钢三面体的预制件阶段进行填充金属的手工 TIG 焊接,如图 22 – 11 所示。

②WP2,即殷钢方管与十字管末端的焊接考核项目,适合焊工在殷钢方管末端与二面体梁进行的手工 TIG 焊接,如图 22 – 12 所示。

③WP3,即殷钢对接焊考核项目,适合焊工使用填充金属在泵塔支座处于殷钢衬套的预制件阶段进行手工 TIG 焊接。

④WP4,即不锈钢对接焊考核项目,适合焊工使用填充金属进行锚固扁钢之间的手工焊接。

⑤WP5,即锚固扁钢与船体碳钢焊接的考核项目,适合焊工使用填充金属进行不锈钢与碳钢异种材料之间的手工焊接。

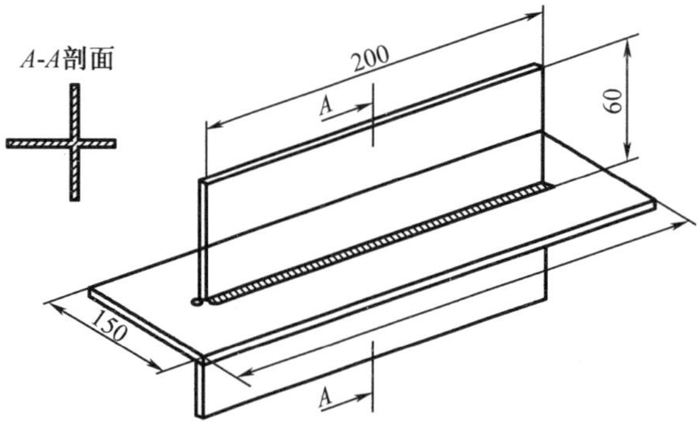


图 22 – 11　特殊鉴定 WP1(单位:mm)

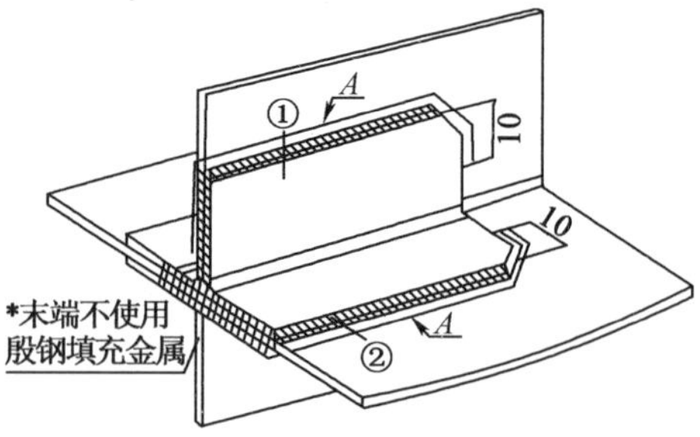


图 22 – 12　特殊鉴定 WP2(单位:mm)

⑥WP6 支座预制不锈钢与殷钢、不锈钢与不锈钢的焊接考核项目,适合焊工使用填充金属在支座预制时进行不锈钢与殷钢或不锈钢与不锈钢焊接,如图 22 – 13 所示。

此外,自动焊操作人员和自动焊接设备鉴定考核项目这里不做详细介绍了,可以参见 GTT 液化舱围护系统“焊接设备及操作人员鉴定规程”。

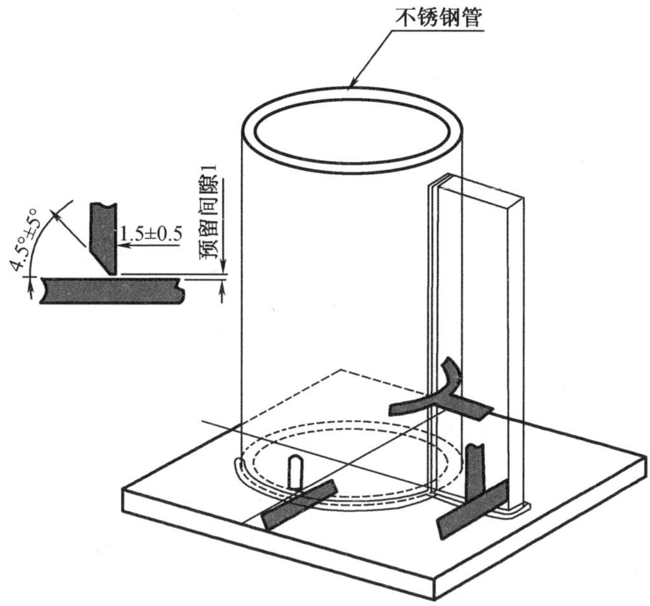


图 22－13　特殊鉴定 WP6

## 思考题

1. 船厂焊工考试科目是如何分类的？
2. 焊工资格证的有效期是如何规定的？
3. 船厂焊工考试的内容是什么？
4. 考试试件的盖面层有何要求？
5. 考试试件的外观检验有何要求？
6. 船厂焊工考试申请条件是什么？
7. 船厂焊工升级申请有何条件？

# 第 23 章　焊工操作技术

焊工的操作技能水平的高低决定了企业产品的质量。本章主要围绕船厂焊接高级工或技师考核科目的内容,介绍焊条电弧焊和二氧化碳气体保护焊等焊接方法操作技术。

## 23.1　焊条电弧焊操作技术

焊条电弧焊也称手工电弧焊,是熔焊中最基本的一种焊接方法,也是目前应用最广泛的一种手工焊接方法。通过焊条电弧焊的操作练习,掌握基本的操作技能,可以为今后学习其他焊接方法打下牢固的基础。

### 一、V 形坡口横对接单面焊双面成形技术

将试板组合成 V 形坡口形式,焊缝与水平平行位置的板对接,称为 V 形坡口横对接焊。试件尺寸如图 23－1 所示。

1. 试件装配要求

横对接装配示意图如图 23－2 所示。

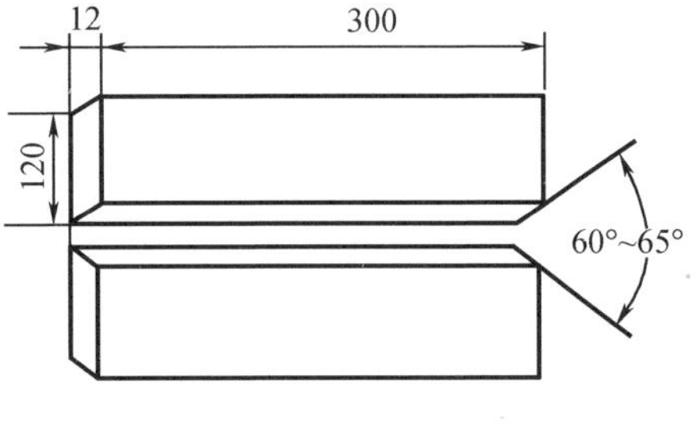


**图 23－1　横对接试件图**(单位:mm)

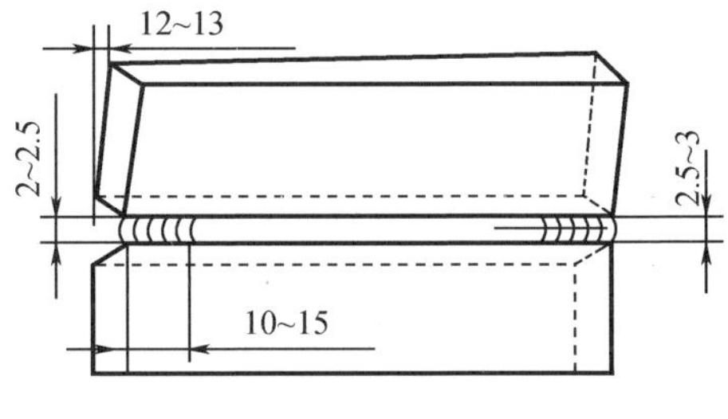


**图 23－2　横对接装配示意图**(单位:mm)

①坡口两侧 20 ~ 30 mm 内用砂轮打磨出金属光泽。

②坡口间隙 2 ~ 3 mm。

③坡口钝边 0.5 ~ 1.5 mm。

④坡口错边 0 ~ 0.5 mm。

⑤定位焊位置坡口内或试板背面坡口的两端 10 ~ 15 mm。

⑥试件反变形,考虑横对接为多层多道焊,预制 6° ~ 7°。

⑦试件固定高度,以个人的操作习惯,一般为试件最低端至地面 500 ~ 650 mm。

2. 焊缝质量技术要求

操作技术要求如表 23－1 所示。

**表 23－1　操作技术要求**

| 打底(成形)层 | 中间(填充)层 | 盖面层 |
|---|---|---|
| 1. 焊缝无气孔、夹渣、裂纹及未熔合;<br>2. 焊缝无未焊透、内凹及焊瘤;<br>3. 焊缝背面高度≤2 mm,高度差≤1 mm | 1. 焊缝无气孔、夹渣、裂纹及未熔合;<br>2. 焊道平整,中间无内拱,两侧无死角;<br>3. 起头不凸,收尾无凹陷;<br>4. 上下坡口两侧棱边清晰 | 1. 焊缝无气孔、夹渣、裂纹及未熔合;<br>2. 焊缝宽度整齐,宽度差≤2 mm;<br>3. 焊缝余高≤3 mm,高度差≤2 mm;<br>4. 焊缝咬边≤0.5 mm,长度≤10 mm;<br>5. 焊缝收弧端饱满;<br>6. 角变形≤1°,无错边;<br>7. 试件无引弧痕迹 |

3. 焊接参数

焊接参数如表 23－2 中所示。

**表 23－2　焊接参数**

| 焊条型号 | 焊接道层 | 焊条直径/mm | 焊接电流/A | 焊接方式 | 焊接道数 | 焊条数量/根 |
|---|---|---|---|---|---|---|
| E5015 | 打底层 | 3.2 | 90～110 | 连弧或断弧 | 1 | 3～4 |
| | 中间层 | 4 | 150～160 | 连弧 | 2 | 3～4 |
| | 盖面层 | 4 | 140～160 | 连弧 | 3～4 | 4～5 |

4. 操作方法

(1)打底层

焊条角度与试件角度如图 23－3 所示。

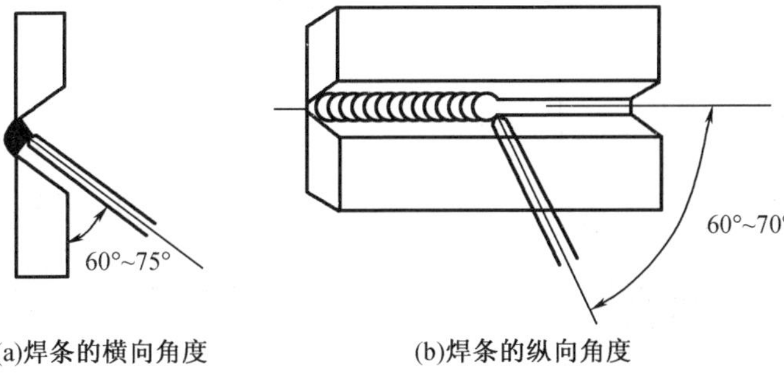


**图 23－3　横对接打底焊示意图**

①起弧。从左侧定位焊处引弧,然后电弧在定位焊接头处稍做停顿(冷接头)。

②运条。当在接头处看见坡口产生一个熔孔时即断弧焊,后面一次的断弧焊对准前一个熔池的弧坑口,断弧焊的节奏、频率要均匀(注意熔池停顿时间不能太长,否则背面成形下口产生卷边或焊瘤;上口产生咬边),一个焊条即将焊完前最后一个断弧焊时,可将电弧轻轻向坡口压一下,使坡口产生一个熔孔(便于接头),更换焊条的速度要快(热接头)。

③接头。在前熔池弧坑的后面约 10～15 mm 重新起弧后,将焊条迅速移向熔孔,和起弧处一样稍做停顿。见到新的熔孔后,即表示接头完成,开始下一根焊条的焊接。如果焊接过程发生问题或弧坑处发现缺陷,则必须进行批铲或砂轮打磨清除缺陷,再进行焊接。

④收尾。当焊接至端部定位焊前 3 ~ 4 mm 时，可用连弧的方法与定位焊连接并焊接到终端用断弧焊点焊 2 ~ 3 次，把弧坑填满。

(2)中间层

中间层焊接时，焊条与试板的角度如图 23 – 4 所示。

①起弧。在距开始端 10 mm 左右处引弧，然后迅速移至端头，焊条做上下摆动使熔池产生。

②运条。采用上下两道的布置，下焊道采用打斜圆的运条方法，如图 23 – 5 所示。上焊道可以用直线形或直线往复形的运条方法。填充后坡口的棱边预留的尺寸如图 23 – 6 所示。

③收弧。也可采用断弧焊方式或采用回焊法填满终端的弧坑。

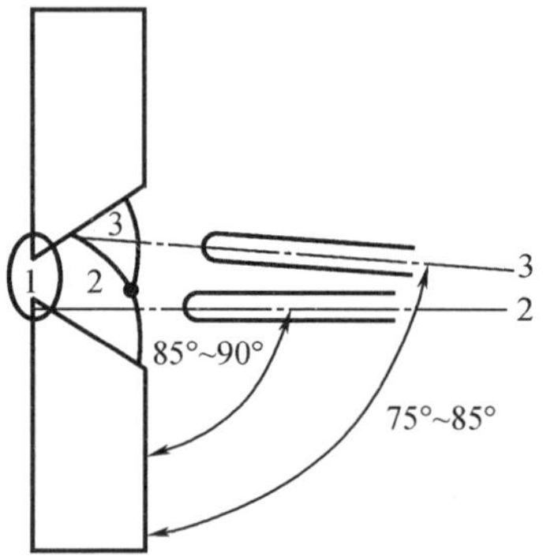


图 23 – 4　中间层焊接示意图

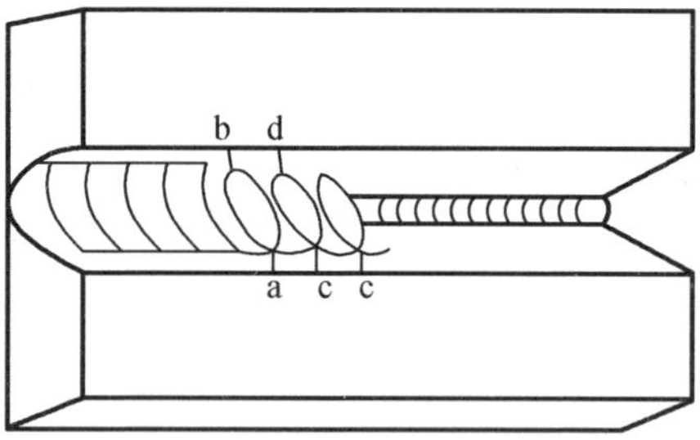


图 23 – 5　运条方法示意图

(3)盖面焊

盖面焊时，焊条与试板的角度如图 23 – 7 所示，数字为焊接顺序。

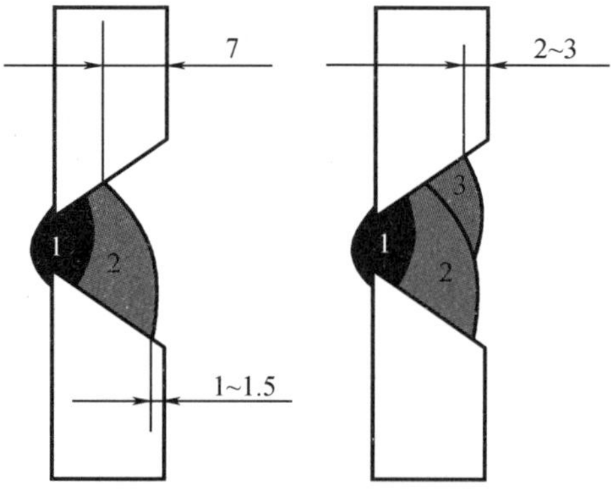


图 23 – 6　填充层高度示意图(单位：mm)

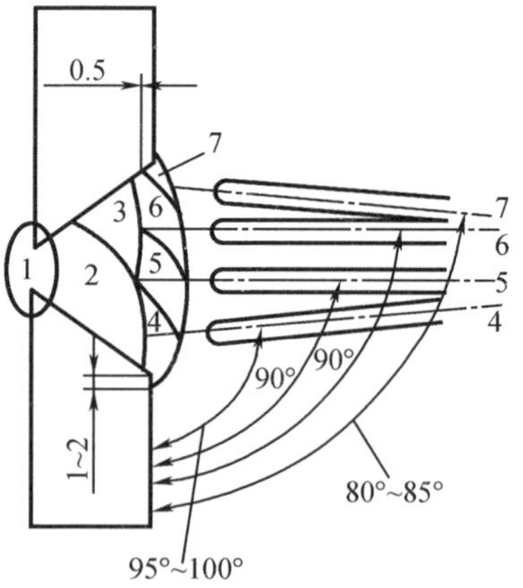


图 23 – 7　横对接盖面示意图(单位：mm)

①起弧。与填充道相同。

②运条。第一道最关键，它是后道的基础，所以第一道一定要焊得直并有一定的饱满度，可以采用直线形或直线往复形的运条方法。后道要压在前道的 2/3 处，道与道之间不能有凹槽；最后一道的可调小参数，提高焊接速度，并须防止产生咬边。

③收弧。采用断弧焊方式或采用回焊法填满终端的弧坑。

## 二、V 形坡口立对接单面焊双面成形技术

将试板组合成 V 形坡口形式，焊缝与水平成垂直位置的板对接，称为 V 形坡口立对接焊。试件尺寸如图 23－8 所示。

1. 试件装配要求

立对接装配示意图如图 23－9 所示。

①坡口两侧 20～30 mm 内用砂轮打磨出金属光泽。

②坡口间隙为 3.5～4.5 mm。

③坡口钝边 0.5～1.5 mm。

④坡口错边 0～0.5 mm。

⑤定位焊位置为坡口内或试板背面坡口的两端 10～15 mm。

⑥试件反变形，预制 1°～3°。

⑦试件固定高度，以个人的操作习惯，一般为试件最低端至地面 300～450 mm。

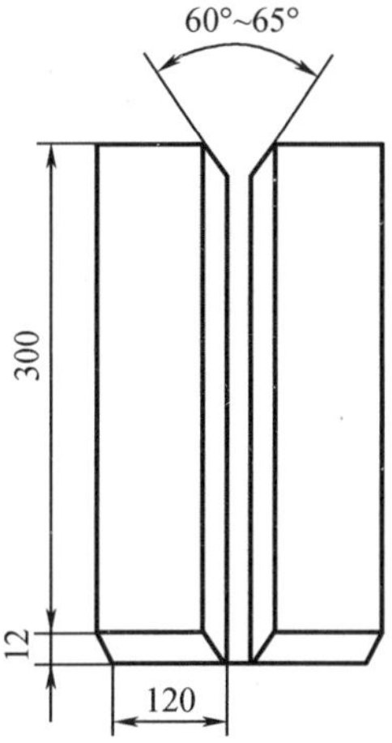


图 23－8　立对接试件图（单位：mm）

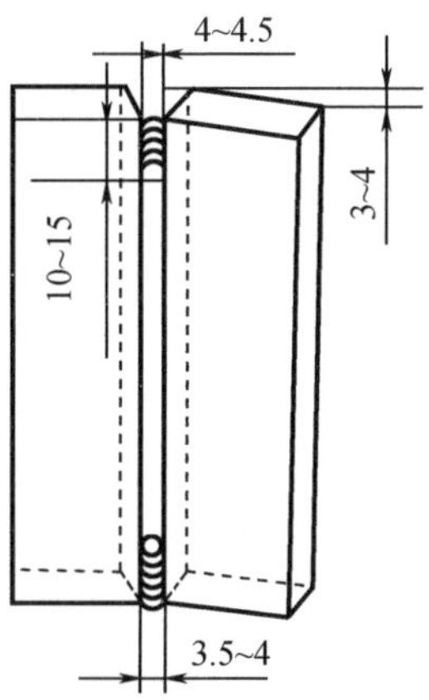


图 23－9　立对接装配示意图（单位：mm）

2. 焊缝质量技术要求

参照横对接试板焊接，需要注意的还有每层的起弧端避免熔池下淌形成焊瘤。

3. 焊接参数

焊接参数如表 23－3 所示。

表 23－3　焊接参数

| 焊条型号 | 焊接道层 | 焊条直径/mm | 焊接电流/A | 焊接方式 | 焊接道数 | 焊条数量/根 |
|---|---|---|---|---|---|---|
| E5015 | 打底层 | 3.2 | 90～110 | 断弧 | 1 | 4～5 |
| | 中间层 | | 120～130 | 断弧或连弧 | | 5～6 |
| | 盖面层 | | 110～120 | 断弧或连弧 | | 4～5 |

4. 操作方法

(1)打底层

焊条角度与试件角度如图 23 - 10 所示。

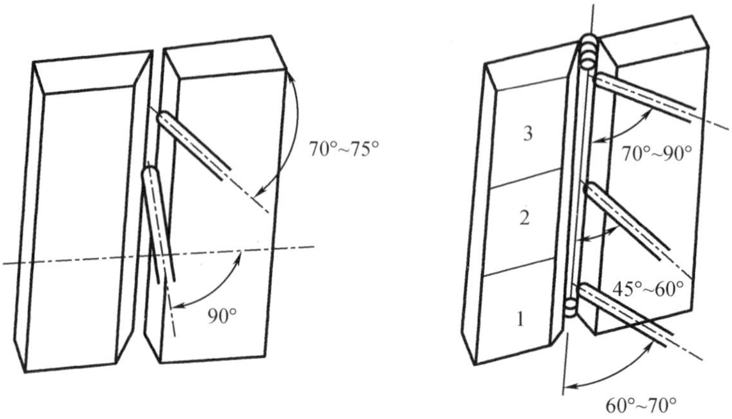


(a)焊条的横向角度　(b)焊条的纵向角度

**图 23 - 10　立对接打底焊示意图**

操作方法基本和横焊打底类同,但熔池在坡口的两侧的停顿时间可比横对接略长些,约 0.5 ~ 1 s。这样立焊的熔孔要比横焊的略大,注意慎防焊道中间凸起,形成两侧死角;当一根焊条最后一个断弧焊收弧时,电弧可以往坡口的一边带一下,防止弧坑缩孔,并形成熔孔。立对接打底层熔池形状示意图如图 23 - 11 所示。

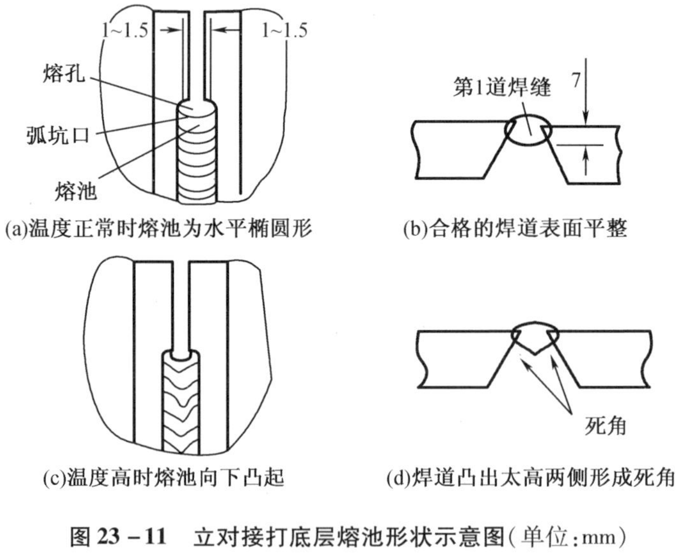


(a)温度正常时熔池为水平椭圆形　(b)合格的焊道表面平整

(c)温度高时熔池向下凸起　(d)焊道凸出太高两侧形成死角

**图 23 - 11　立对接打底层熔池形状示意图(单位:mm)**

(2)中间层

①打底层清渣后,检查焊道是否有凸起、焊瘤等缺陷,并用批铲或砂轮清除。

②焊条与试件的角度如图 23 - 10 所示。

③起弧。在试板下端上面 10 ~ 15 mm 处引弧,然后回到下端口,熔池在坡口两侧摆动并稍做停顿形成一个“肩”,然后断弧,起头结束。

④填充。如果是断弧焊,即在形成的“肩”的熔池上方再起弧,采用三角形的运条方法

进行;如果是连弧焊接时,即在起头形成“肩”后不要断弧,采用锯齿形方法进行焊接。填充层的高度比坡口的棱角低 1 ~2 mm。填充高度与接头示意图如图 23 –12 所示。

⑤接头。更换焊条速度要快,接头处熔池可稍做停顿,比断弧焊时间略长,约 2 ~3 s,如图 23 –12 所示。

⑥收尾。收尾时,因为上端口熔池温度较高,可以采用断弧焊的方法进行,填满弧坑。

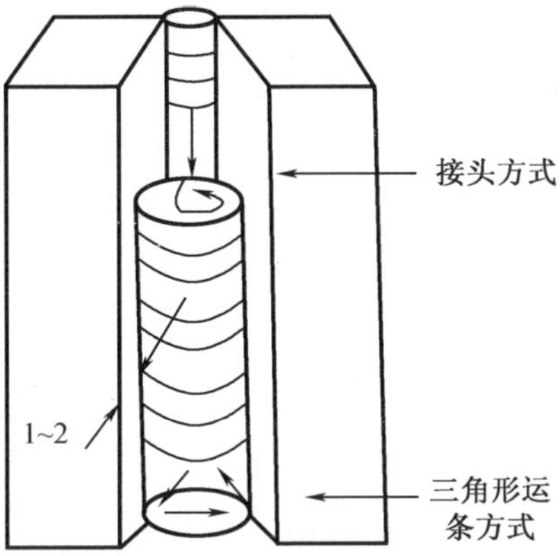


**图 23 –12　填充高度与接头示意图**(单位:mm)

(3)盖面层

盖面层的焊接方法与填充层相似,主要防治咬边。

## 三、V 形坡口仰对接单面焊双面成形技术

将试板组合成 V 形坡口形式,焊缝与水平成水平且呈仰视位置的板对接,称为 V 形坡口仰对接焊。试件尺寸如图 23 –13 所示。

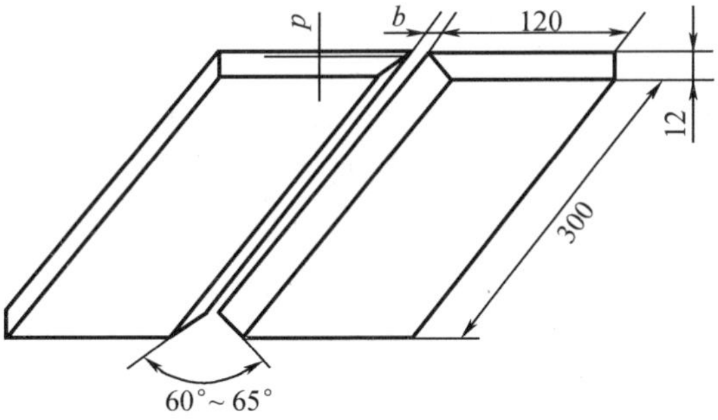


*p*—焊工自定的钝边尺寸;*b*—坡口间隙尺寸。

**图 23 –13　仰对接试件图**

1. 试件装配要求

①坡口两侧 20 ~30 mm 内用砂轮打磨出金属光泽。

②坡口间隙 3 ~4 mm。

③坡口钝边 0.5 ~1.5 mm。

④坡口错边 0 ~0.5 mm。

⑤定位焊位置为坡口内或试板背面坡口的两端 10 ~15 mm。

⑥试件反变形,预制 1° ~3°。

⑦试件固定高度,以个人的操作习惯,一般为试件表面至地面 900 ~1 000 mm。

2. 焊缝质量技术要求

参照横对接试板焊接技术要求。

3. 焊接参数

焊接参数如表 23 – 4 所示。

**表 23 – 4　焊接参数**

| 焊条型号 | 焊接道层 | 焊条直径/mm | 焊接电流/A | 焊接方式 | 焊接道数 | 焊条数量/根 |
|---|---|---|---|---|---|---|
| E5015 | 打底层 | 3.2 | 90 ~ 100 | 断弧 | 1 | 4 ~ 5 |
| | 中间层 | | 110 ~ 120 | 连弧或挑焊 | 1 或 2 | 5 ~ 6 |
| | 盖面层 | | 100 ~ 120 | 断弧或连弧 | 1 | 4 ~ 5 |

4. 操作方法

(1) 打底层

焊条与试件的角度如图 23 – 14 所示。打底层的焊接，为了便于控制背面的成形，电源的极性一般选择直流正接(只有逆变式焊机能达到效果)。E5015 焊条属碱性低氢型焊条，工艺上要求使用直流负(反)接，所以在此仅适用于打底层焊接。

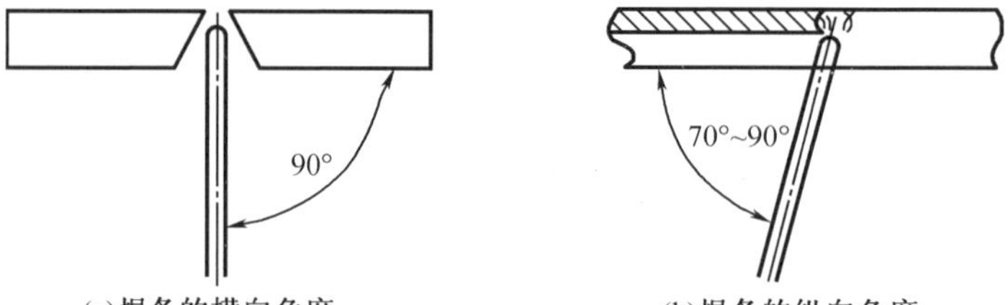


**图 23 – 14　仰对接焊接示意图**

操作方法基本和立焊打底类同，但熔池在坡口的两侧的停顿时间可比立对接略短些，防止熔池下坠而使焊道中间凸起，坡口两侧形成死角；接头时，如发现熔池收弧处有缩孔等缺陷应清除，并使接头处呈斜坡状，便于接头；另外需要注意的是试板的固定方位及起弧和收弧端焊条角度的控制，防止磁偏吹现象。

(2) 中间层

①打底层清渣后，检查焊道是否有凸起、焊瘤等缺陷，并用批铲或砂轮清除。

②填充层可采用单道二层或左右分道的布置。单道焊接时，可采用锯齿形或三角形的运条方法进行；分道焊接时，可采用直线形或直线往复形的运条方法进行。注意填充层的高度比坡口的棱角低 0.5 ~ 1 mm。

③接头。更换焊条速度要快，接头处熔池可稍做停顿，比断弧焊时间略长，约 1 ~ 2 s，参照立焊。

④收尾。收尾时，因为收尾端口熔池温度较高，而且会有磁偏吹的现象，所以注意控制焊条角度并采用断弧焊的方法，填满弧坑。

(3) 盖面层

采用连弧或断弧焊进行盖面层的焊接。连弧焊时，用锯齿形或三角形的方法，主要控制咬边和焊缝余高过高等焊接缺陷。

## 四、V 形坡口管子垂直固定(2G)单面焊双面成形技术

如果管子直径≥$\phi$78 mm,壁厚≥6 mm,一般可以采用焊条电弧焊方法进行焊接了。当管子的轴心线与水平成垂直位置的管对接固定焊,称为管子垂直固定对接焊(也称 2G)。如图 23 – 15 所示。

1. 试件尺寸与装配

以 $\phi$108 mm × 8 mm 管子,试件材料 20 号为例,试件装配及尺寸如图 23 – 16 所示。

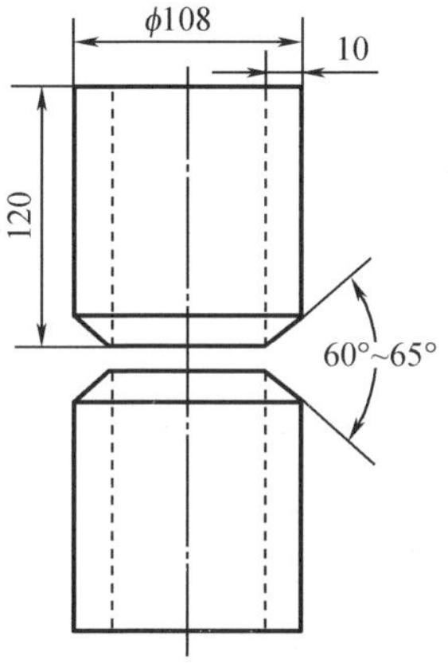


**图 23 – 15　2G 管试件图**(单位:mm)

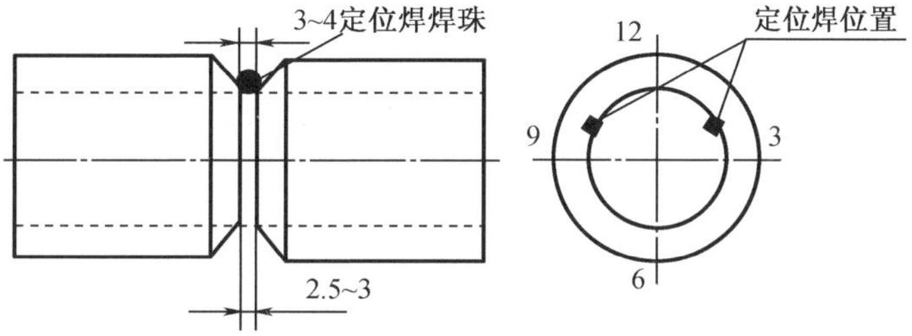


**图 23 – 16　2G 管装配及定位焊示意图**(单位:mm)

装配技术要求如下:

①坡口两侧 20 ~ 30 mm 内(包括管子内部)用砂轮打磨出金属光泽。

②坡口间隙 2.5 ~ 3 mm。

③坡口钝边 0.5 ~ 1.5 mm。

④组对,可利用角钢,将管子水平放置在角钢上进行定位。

⑤坡口错边 0 ~ 0.5 mm。

⑥定位焊,在 2 点和 10 点钟方位的坡口内,长度 10 ~ 15 mm,然后用砂轮对定位焊的两端进行打磨削斜处理;或采用过桥式点焊(焊接至此处去除),如图 23 – 16 所示。

⑦试件固定高度,以个人的操作习惯,一般为试件管子低端至地面 500 ~ 650 mm。

2. 焊缝质量技术要求

操作技术要求如表 23 – 5 所示。

**表 23 – 5　操作技术要求**

| 打底(成形)层 | 中间(填充)层 | 盖面层 |
|---|---|---|
| 1. 焊缝无气孔、夹渣、裂纹及未熔合;<br>2. 焊缝无未焊透、内凹及焊瘤;<br>3. 焊缝背面高度≤2 mm,高度差≤1 mm | 1. 焊缝无气孔、夹渣、裂纹及未熔合;<br>2. 焊道平整,中间无内拱,两侧无死角;<br>3. 盖面道层间过渡良好,无脱节;<br>4. 上下坡口两侧棱边清晰 | 1. 焊缝无气孔、夹渣、裂纹及未熔合;<br>2. 焊缝宽度整齐,宽度差≤2 mm;<br>3. 焊缝余高≤3 mm,高度差≤2 mm;<br>4. 焊缝咬边≤0.5 mm,长度≤10 mm;<br>5. 焊缝收弧端饱满;<br>6. 试件无引弧痕迹 |

3. 焊接参数

焊接参数如表 23 - 6 所示。

**表 23 - 6　焊接参数**

| 焊条型号 | 焊接道层 | 焊条直径/mm | 焊接电流/A | 焊接方式 | 焊接道数 | 焊条数量/根 |
|---|---|---|---|---|---|---|
| E5015 | 打底层 | 3.2 | 90 ~ 110 | 断弧 | 1 | 4 ~ 5 |
| | 中间层 | | 120 ~ 130 | 断弧或连弧 | 2 | 4 ~ 5 |
| | 盖面层 | | 110 ~ 120 | 断弧或连弧 | 3 | 5 ~ 6 |

4. 操作方法

(1) 打底层

焊条与试件的角度如图 23 - 17 所示。因为试件垂直放置,假设定位焊在 2 点和 10 点,那么起弧点最好在 6 点左右的位置,如图 23 - 17(a)所示。

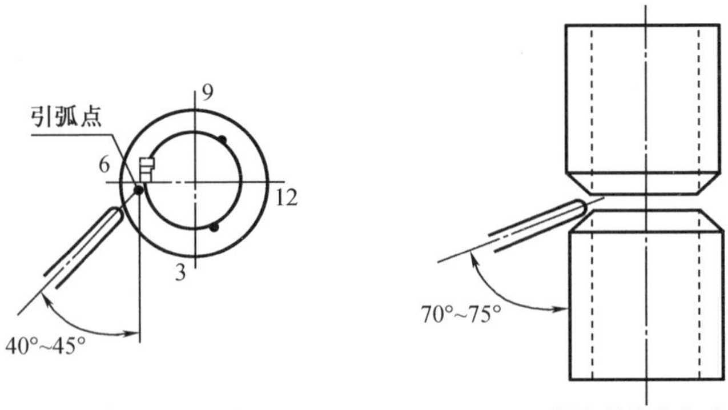


(a)焊条的纵向角度　(b)焊条的横向角度

**图 23 - 17　2G 管焊接示意图**

起弧后,电弧从上坡口引至下坡口,当坡口两侧的熔敷金属形成熔池,并产生熔孔时,起头结束,然后采用横焊的操作手法施焊。不同的是起弧端须进行处理,当焊接至起弧端剩 3 ~ 4 mm 时,迅速采用连弧焊,用来回运条方法接头并填满弧坑。

(2) 中间层

中间层的施焊基本类同横焊,不过上下两道的接头须错开 10 ~ 15 mm。

(3) 盖面层

盖面层的施焊同横对接盖面一样,三道的接头应错开,保证三道之间的焊缝过渡和顺,没有咬边、凹陷和焊瘤等缺陷。

## 五、V 形坡口管子水平固定(5G)单面焊双面成形技术

管子的轴心线与水平呈平行位置的管对接固定焊,称为管子水平固定对接焊(也称 5G)。

1. 试件尺寸与装配

同样以 $\phi$108 × 8 mm 管子,试件材料 20 号为例。试件装配及尺寸如图 23 - 18 所示。

装配技术要求如下:

①坡口两侧 20 ~30 mm 内(包括管子内部)用砂轮打磨出金属光泽。

②坡口间隙 3 ~3.5 mm。

③坡口钝边 0.5 ~1.5 mm。

④组对,可利用角钢,将管子水平放置在角钢上进行定位。

⑤坡口错边 0 ~0.5 mm。

⑥定位焊,在 2 点和 10 点钟方位的坡口内,长度 10 ~15 mm,然后用砂轮对定位焊的两端进行打磨削斜处理;或采用过桥式点焊(焊接至此处去除),如图 23 -19 所示。

⑦试件固定高度,以个人的操作习惯,一般为试件管子低端至地面 800 ~900 mm。

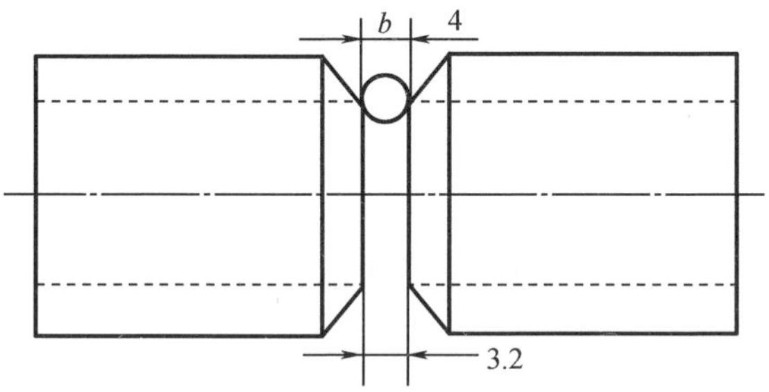


**图 23 -18　5G 管试件装配图**(单位:mm)

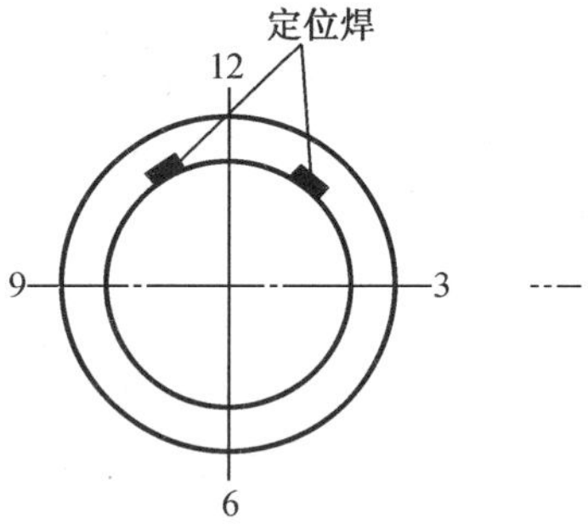


**图 23 -19　5G 管定位焊示意图**

2. 焊缝质量技术要求

基本和 2G 管焊接相似,不同之处是 6 点和 12 点处的接头余高的高低差控制,以及美观度的把握。

3. 焊接参数

焊接参数如表 23 -7 所示。

**表 23 -7　焊接参数**

| 焊条型号 | 焊接道层 | 焊条直径/mm | 焊接电流/A | 焊接方式 | 焊接道数 | 焊条数量/根 |
|---|---|---|---|---|---|---|
| E5015 | 打底层 | 3.2 | 90 ~100 | 断弧 | 1 | 4 ~5 |
| | 中间层 | | 120 ~130 | | | 4 ~5 |
| | 盖面层 | | 110 ~120 | | | 5 ~6 |

4. 操作方法

(1)打底层

焊条与试件的角度如图 23 -20 所示。

①起弧施焊时,可以在 5 点或 7 点的位置引弧,然后在坡口的两侧各做点焊,使它们连接,再在连接处断弧焊,形成一个熔孔即起头结束。施焊的运条方法可以参照仰对接或立对接焊,因管板较板材薄,所以熔池的停顿时间略短。

②6 点处接头,由于起头较为困难,容易出现电弧偏吹或熔滴下坠,所以当焊缝过 9 点断弧时,可对 6 点处进行打磨清除缺陷,并使接头处理斜坡状便于接头。接头方法参照仰对接焊的接头。

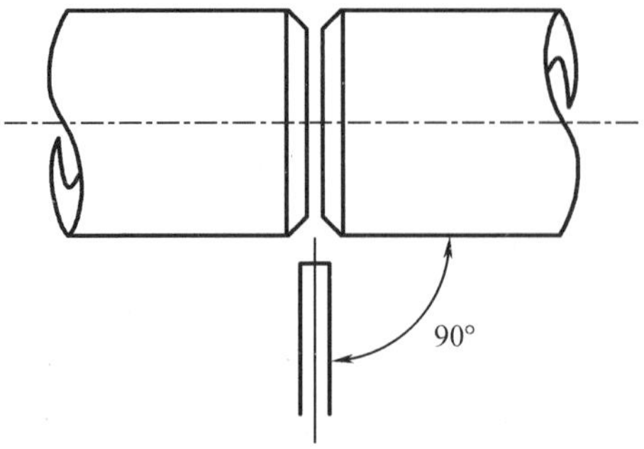


(a)焊条的横向角度

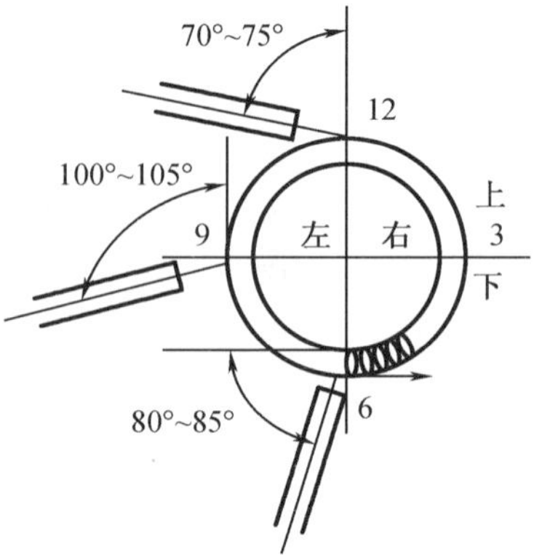


(b)焊条的纵向角度

**图 23－20　5G 管焊接示意图**

③收尾时，为了保证接头熔合良好，在 12 点处的接头部位也应打磨处理成斜坡状，当电弧临近接头处 3～4 mm 时，迅速用连弧焊来回运条方法使接头封闭熔合并继续向前焊一小段；也可采用断弧焊方法把弧坑填满，如图 23－21 所示。

（2）中间层

中间层的焊接操作时，焊条角度参照打底层焊接。

焊接前，清除坡口内及周围的飞溅、焊渣、烟尘，铲削或打磨接头处凸出部分，起头、接头、收尾焊接时的位置，如图 23－21 所示。填充层的焊接一般采用断弧焊的方法，两侧断弧时可稍做停顿。填充层高度如图 23－22 所示。

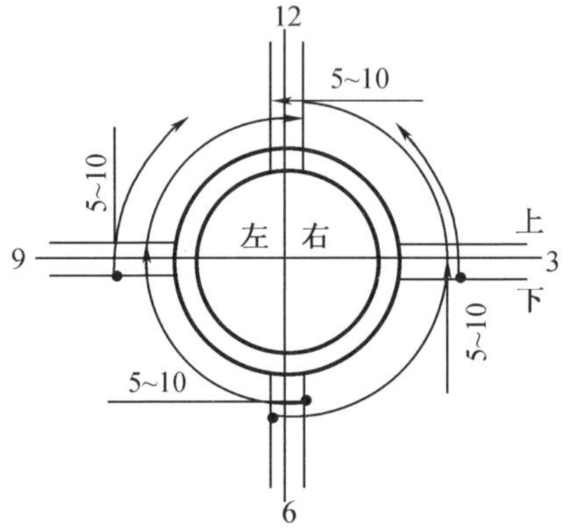


**图 23－21　5G 管起头、接头、收尾示意图**（单位：mm）

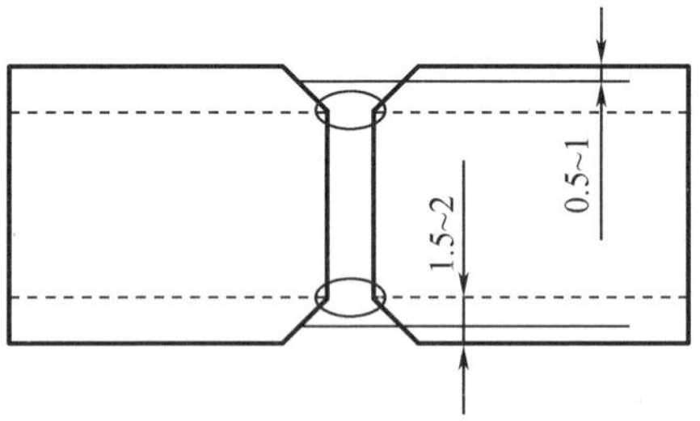


**图 23－22　5G 管填充层高度示意图**（单位：mm）

（3）盖面层

盖面层的焊接操作方法和中间层相似，不同的是焊条的摆幅比中间层大，须注意的是控制好焊缝两侧不要产生咬边。

## 六、V 形坡口管子 45°固定（6G）单面焊双面成形技术

管子的轴心线与水平位置成 45°的管对接固定焊，称为管子 45°固定对接焊（也称 6G），如图 23－23 所示。

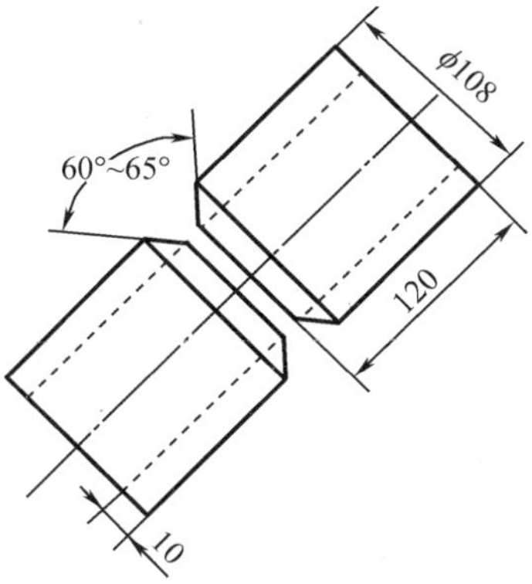


图 23－23　6G 管试件图(单位:mm)

1. 试件尺寸与装配

参照 5G 管的装配要求。

2. 焊缝质量技术要求

焊缝技术要求基本与 5G 管的类同,但由于管子呈 45°倾斜,所以容易造成焊缝余高偏离焊缝中心,因此须把控好操作方法。

3. 焊接参数

焊接参数如表 23－8 所示。

表 23－8　焊接参数

| 焊条型号 | 焊接道层 | 焊条直径/mm | 焊接电流/A | 焊接方式 | 焊接道数 | 焊条数量/根 |
|---|---|---|---|---|---|---|
| E5015 | 打底层 | 3.2 | 90~100 | 断弧 | 1 | 4~5 |
| | 中间层 | | 120~130 | | 1 或 2 | 4~5 |
| | 盖面层 | | 110~120 | | 1 | 5~6 |

4. 操作方法

(1)打底层

焊条与试件的角度如图 23－24 所示。打底层的焊接操作方法基本和 5G 管操作类同。

(2)中间层

中间层焊接,由于管子处于倾斜位置,熔池容易偏于下坡口,造成下坡口焊缝较饱满,上坡口易凹陷,造成盖面层焊接的困难。因此可以采用上下两道布置填充层,即可避免单道焊的问题。

接头的起弧和收弧点与 5G 的操作一样,应错开。填充层的焊缝高度如图 23－25 所示。

(3)盖面层

盖面层的焊接比 5G 管操作难度明显要大,主要问题是液态金属在重力的作用下下淌造成上坡口咬边现象,焊缝的余高点偏离焊缝中心。为防止这些问题,操作时可采用横拉式盖面或竖拉式盖面方式,如图 23－26 所示。

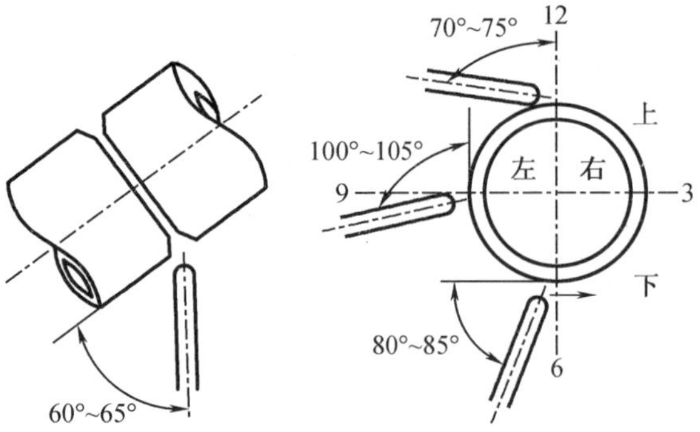


(a)焊条的横向角度　　(b)焊条的纵向角度

**图 23－24　6G 管焊接示意图**

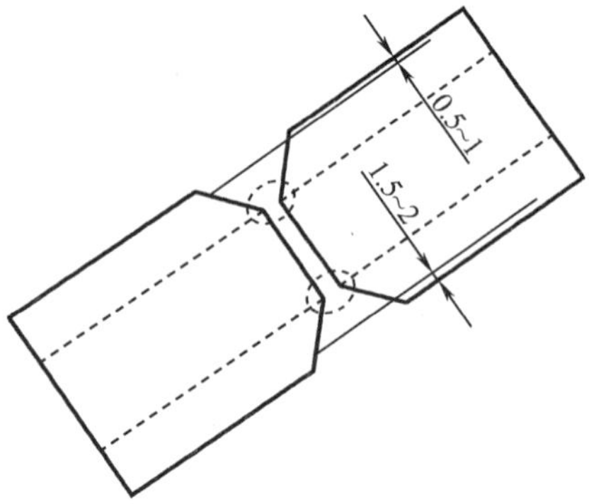


**图 23－25　6G 管填充层高度示意图**(单位:mm)

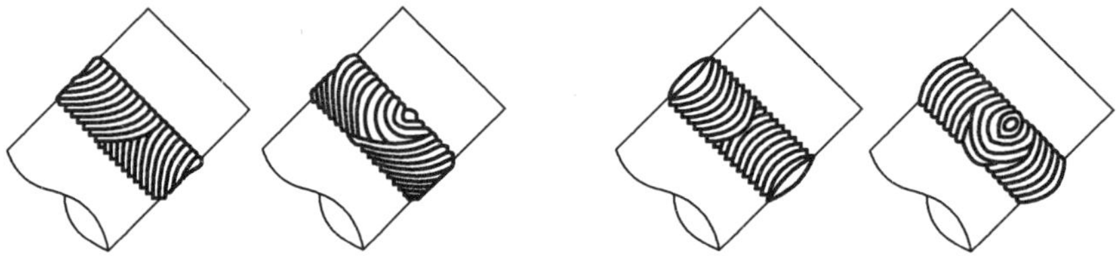

(a)横拉式盖面　　(b)竖拉式盖面

**图 23－26　45°固定管对接盖面示意图**

横拉式盖面的方式主要适用于坡口较宽的焊缝,由于管件的焊缝处于倾斜状态,较大的熔池液面因为自重的因素,只有在水平状态下便于控制;而竖拉式盖面适用于小坡口的焊缝,因为焊接时熔池面积小,停留时间短,所以竖拉式盖面方法的焊缝成形便于控制。

## 23.2　钨极氩弧焊和焊条电弧焊混合操作技术

管子采用焊条电弧焊打底焊时,因为焊渣、飞溅会给管子内部造成污染,所以对一些内部要求高的管子焊接,打底层较多采用钨极氩弧焊打底,焊条电弧焊或 $CO_2$ 气体保护焊填充、盖面方法进行,即称为混合焊方法。这里我们以 $\phi$108 mm × 8 mm V 形坡口水平固定管子(5G)的焊接为例,介绍 GTAW + SMAW 混合焊的操作方法。

1. 试件装配尺寸和技术要求

5G 管混合焊试件图如图 23－27 所示。

(1)坡口两侧 20 ~ 30 mm 内(包括管子内部)用砂轮打磨出金属光泽。

(2)坡口间隙 2.0 ~ 2.5 mm。

(3)坡口钝边 0.5 ~ 1.5 mm。

(4)组对,可利用角钢,将管子水平放置在角钢上进行定位。

(5)坡口错边 0 ~ 0.5 mm。

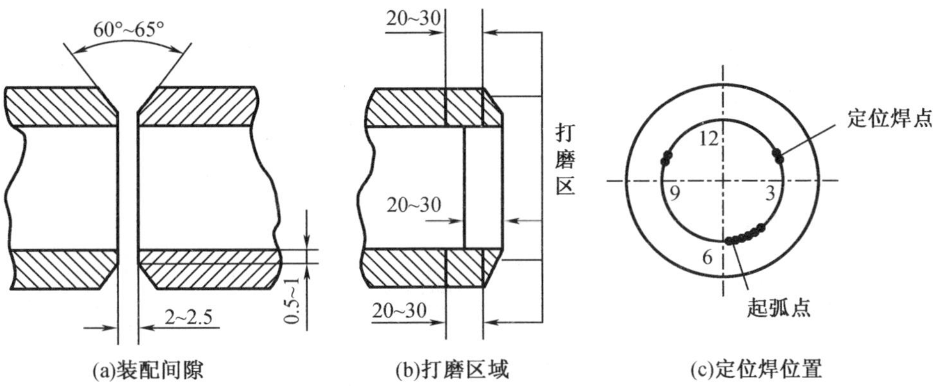


图 23－27　5G 管混合焊试件图(单位:mm)

2. 焊缝质量技术要求

操作技术要求如表 23－9 所示。

表 23－9　操作技术要求

| 打底(成形)层 | 中间(填充)层 | 盖面层 |
|---|---|---|
| 1. 焊缝无气孔、夹渣、裂纹及未熔合;<br>2. 焊缝无未焊透、内凹及焊瘤;<br>3. 焊缝背面高度 0～1 mm,高度差≤1 mm | 1. 焊缝无气孔、夹渣、裂纹及未熔合;<br>2. 焊道平整,中间无内拱和两侧无死角;<br>3. 盖面道层间过渡良好,无脱节;<br>4. 上下坡口两侧棱边清晰 | 1. 焊缝无气孔、夹渣、裂纹及未熔合;<br>2. 焊缝宽度整齐,宽度差≤2 mm;<br>3. 焊缝余高≤3 mm,高度差≤2 mm;<br>4. 焊缝咬边≤0.5 mm,长度≤10 mm;<br>5. 焊缝收弧端饱满;<br>6. 试件无引弧痕迹 |

3. 混合焊的焊接工艺参数

钨极氩弧焊和焊条电弧焊的焊接工艺参数如表 23－10 和表 23－11 中所示。

表 23－10　钨极氩弧焊的焊接工艺参数

| 焊丝型号 | 焊条直径/mm | 焊接电流/A | 电弧电压/V | 喷嘴直径/mm | 氩气流量/($L \cdot min^{-1}$) |
|---|---|---|---|---|---|
| TIG－50 | 2.4 或 2.5 | 90～100 | 10～12 | 12～15 | 8～15 |

表 23－11　焊条电弧焊的焊接工艺参数

| 焊条型号 | 焊接道层 | 焊条直径/mm | 焊接电流/A | 焊接方式 | 焊接道数 | 焊条数量/根 |
|---|---|---|---|---|---|---|
| E5015 | 填充层 1 | 3.2 | 90～100 | 断弧 | 1 | 2～3 |
| | 填充层 2 | | 120～130 | | | 4～5 |
| | 盖面层 | | 110～120 | | | 5～6 |

钨极直径为 $\phi$2.5 mm,端部锥度如图 23－28 所示。层道布置为四层,即氩弧焊打底一层,填充二层,盖面一层。

4. 氩弧焊操作技术要领持枪和送丝手法

持枪和送丝手法如图 23－29 所示。

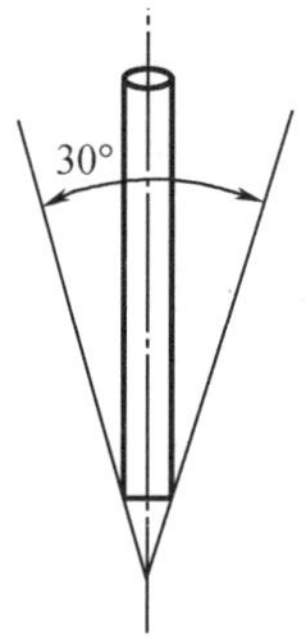


图 23－28 钨极锥度示意图

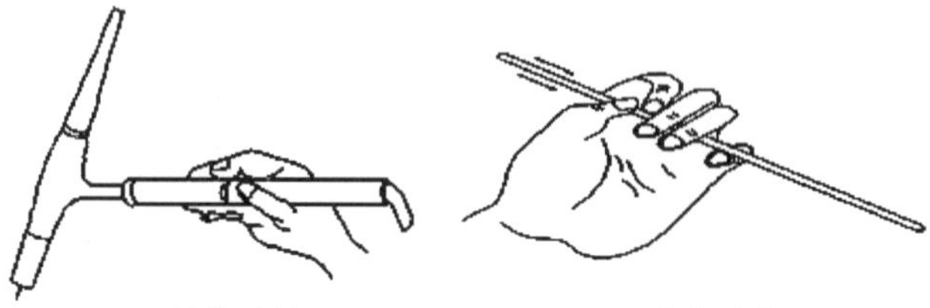

(a)持枪手法

(b)送丝手法

图 23－29 持枪和送丝手法

打底层起弧点在 6 点钟部位开始，如图 23－30 所示；焊枪角度如图 23－31 所示。

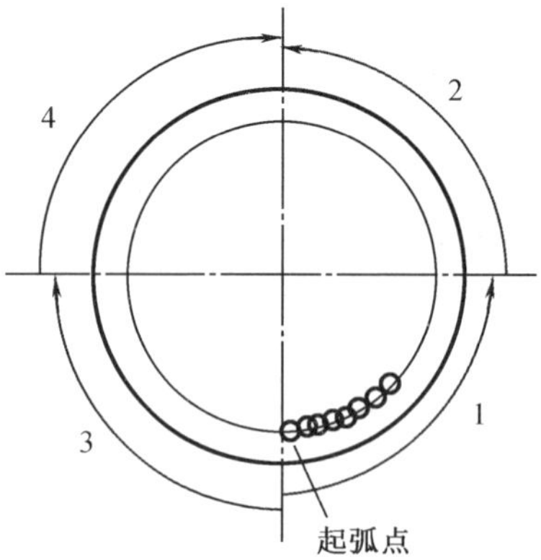


图 23－30 打底层起弧点示意图

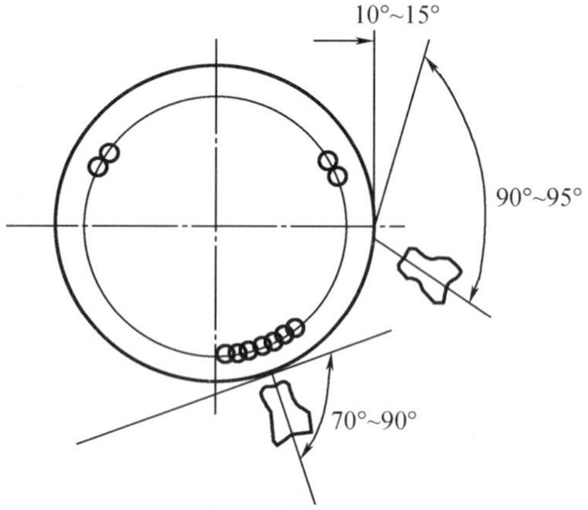


图 23－31 焊枪角度示意图

起弧后，焊枪在坡口进行预热，形成熔池后先在坡口的一侧添加一点焊丝，然后在坡口的另一侧添丝，使坡口熔合。完成上述动作，焊枪向前移动，待出现熔孔后继续添丝焊接。焊枪均匀沿管子向上移动，焊枪角度随之转动，保证氩气对熔池的保护。

收弧时，焊枪偏离坡口间隙，把电弧带到坡口的一侧熄弧，并在滞后送气结束后，提起焊枪。

接头时，在弧坑的下方 5～10 mm 处再起弧，然后慢慢移动至熔孔边，待产生熔池后继续添丝焊接。

收尾时，将收尾处处理干净，焊接至收尾处 3～5 mm 时，停止加丝，将电弧打圈对接头处继续预热后，再将焊丝送进熔孔根部并填满弧坑，结束焊接。

5. 填充和盖面

氩弧焊打底结束后，考虑到打底层较薄，易焊穿，所以用较小的焊接电流先焊一层，再焊第二层的填充层，最后焊接盖面层。焊条电弧焊的操作方法参照 5G 管的焊接。

# 23.3　$CO_2$ 气体保护焊操作技术

在船舶制造焊接过程中，$CO_2$ 气体保护焊应用最为广泛，涉及角接、对接全位置焊的焊接（包括陶质衬垫焊平、立、横单面焊），以及各类管－板（管与法兰）焊接、管－管对接等。根据 $CO_2$ 气体保护焊的焊接特点，我们这里对焊接基本操作技术做一些介绍。

## 一、$CO_2$ 焊基本操作技术运用

1. 焊接起弧

焊丝端头对准焊缝起头处，保持焊丝伸出长度（10～15 mm），并与焊缝距离 2～3 mm，按下启动开关。电弧引燃后开始焊接，如果使用二次焊接电流功能时，可以松掉启动开关，焊接正常进行。为避免焊缝始端处出现未焊透等现象，应在离焊件端头 10～20 mm 处先引弧，然后移至端头，作停顿或横向摆动，待金属熔化后，再以正常焊接速度前进，如图 23－32 所示。

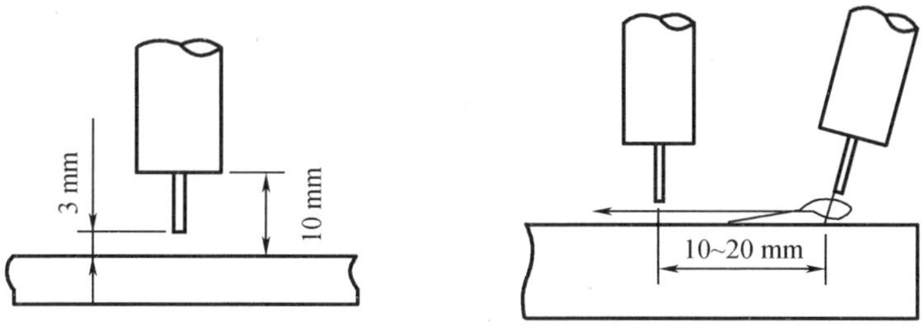


(a)起弧前焊丝位置　　(b)起弧时焊丝位置及运行

**图 23－32　起弧示意图**

2. 焊接接头

接头连接时为避免假焊、脱节或凸起现象，要在离始焊处 10～20 mm 的距离先引弧，电弧引燃后快速移至弧坑需焊接的位置，做小幅的弧形摆动，再向焊接方向运行，如图 23－33 所示。

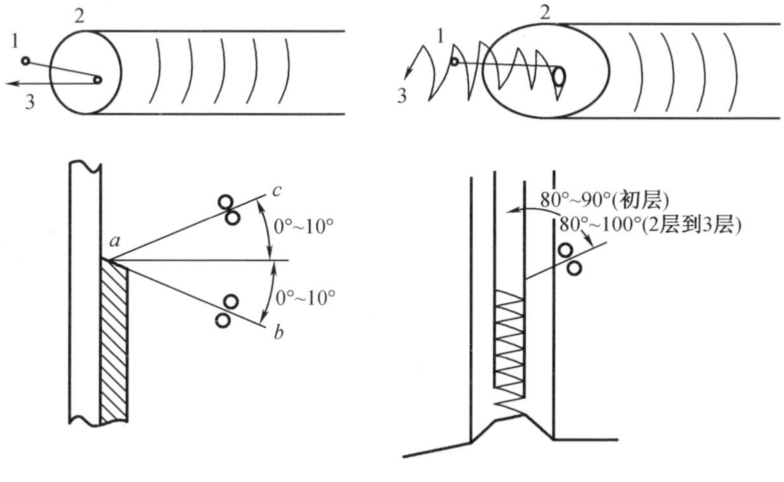


**图 23－33　焊接接头连接示意图**

3. 焊接收弧

收弧时，只需松开开关，焊接结束（二次焊接电流功能无）。如果有二次焊接电流功能，按下开关，此时可以启动衰减电流（预设置二次焊接电流），填满弧坑进行收弧，再松开开关，焊接结束。

## 二、V 形坡口立对接单面焊双面成形技术

这里主要以 $CO_2$ 气体保护焊实心焊丝单面焊双面成形的技术为例。试件尺寸如图 23－34所示。

1. 试件装配要求

①坡口两侧 20～30 mm 内用砂轮打磨出金属光泽。

②坡口间隙 2～2.5 mm。

③坡口钝边 0.5～1.5 mm。

④坡口错边 0～0.5 mm。

⑤定位焊，坡口内或试板背面坡口的两端 10～15 mm。

⑥试件反变形，预制 1°～2°。

⑦试件固定高度，以个人的操作习惯，一般为试件最低端至地面 300～450 mm。

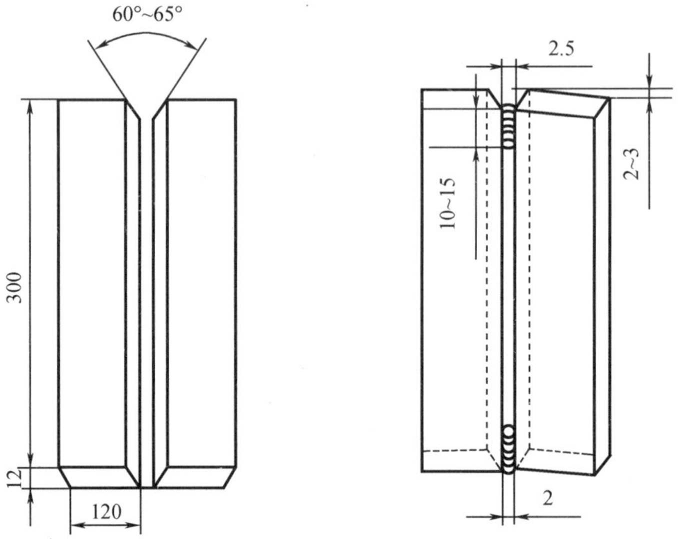


**图 23－34　试件装配尺寸示意图**（单位：mm）

2. 焊缝质量技术要求

该技术参照横对接试板焊接，需要注意的还有每层的起弧端避免熔池下淌形成焊瘤。

3. 焊接参数

焊接参数如表 23－12 所示。

表 23－12　焊接参数

| 焊丝型号 | 焊接道层 | 焊条直径 /mm | 焊接电流/A | 电弧电压/V | 气体流量 /(L·min$^{-1}$) | 焊丝干伸长度/mm |
|---|---|---|---|---|---|---|
| ER50－6 | 打底层 | 1.2 | 100～110 | 19～20 | 10～15 | 8～15 |
| | 中间层 | | 110～120 | 20～21 | | |
| | 盖面层 | | 110～120 | 20～22 | | |

4. 操作方法

$CO_2$ 气体保护焊操作关键是电弧电压与焊接电流的匹配要恰当，当焊接电流增加时，电弧电压也要相应增加。焊枪角度与试件角度如图 23－35 所示。

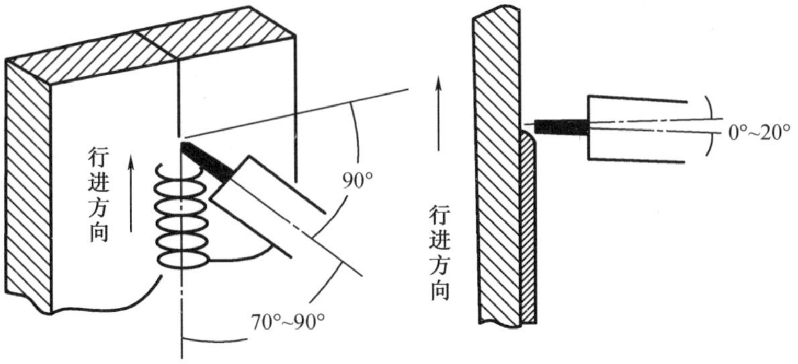


图 23－35　焊枪角度与试件角度示意图

(1) 打底层

起弧后，等熔池在坡口处形成熔孔时，采用小摆幅锯齿形的操作手法连弧进行焊接，焊丝不能脱离熔池，尽量一次完成打底层。如果产生接头，必须清理接头处的缩孔，并形成斜坡状，便于接头。

(2) 中间层

中间层的焊接，焊接参数选择可比打底层略大些；对焊道和坡口上的熔渣、飞溅物等须清理干净；并注意焊枪喷嘴上的飞溅清理，保持气体流畅。中间层的操作手法可以采用锯齿形或倒月牙形的手法，如图 23－36 所示。

填充层高须留有 1～1.5 mm 的深度，以利盖面焊接。

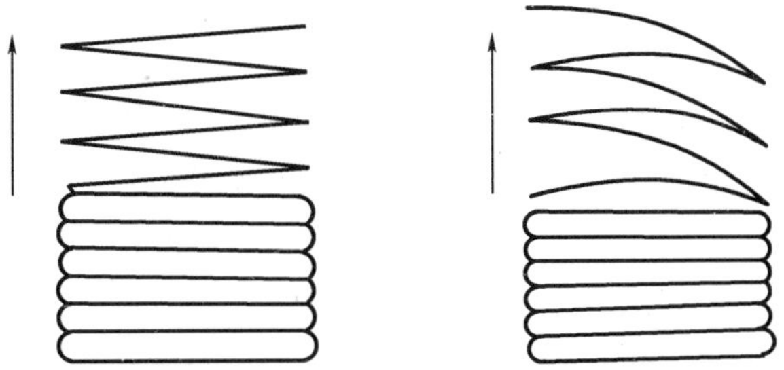

(a)锯齿形　(b)倒月牙形

图 23－36　立焊的操作手法

(3)盖面层

盖面层焊接时,焊枪摆动的频率可略快些,坡口两侧可略做停顿,防止咬边现象。盖面层的操作手法同中间层一样,可以采用锯齿形或倒月牙形的手法,如图 23－36 所示。

$CO_2$ 气体保护焊的仰对接、管对接等项目的操作技术可参照立对接的焊接,这里不再介绍。

$CO_2$ 气体保护焊的操作技术相对来说要比焊条电弧焊简单,因为 $CO_2$ 气体保护焊的送丝速度是通过机械进行的,而且焊丝的送进速度均匀,不像焊条电弧焊,焊工可以减少焊条的送进动作,所以操作技术更容易掌握。

## 思考题

1. 试件装配组对时,为什么要考虑焊缝坡口的钝边和间隙尺寸?
2. 试件完成组对后,为什么须对试件预制反变形?
3. 焊接最后一道填充层焊缝(即盖面焊之前)时为什么须预留 1 ~ 2mm 的深度?
4. 使用 E5015 焊条打底层焊接,为什么一般采用断弧的焊接方法,而填充或盖面层可以采用连弧的焊接方法?

# 参 考 文 献


[1] 上海市职业技能鉴定中心. 电焊工(四级)[M].2 版. 北京:中国劳动社会保障出版社, 2013.

[2] 中国机械工程学会焊接学会. 焊接手册:第 1 卷[M]. 北京:机械工业出版社,1992.

[3] 中国机械工程学会焊接学会. 焊接手册:第 2 卷[M]. 北京:机械工业出版社,1992.

[4] 王勇毅. 船体建造工艺学[M].2 版. 北京:人民交通出版社,1989.

[5] 中国船级社. 材料与焊接规范[S]. 北京:人民交通出版社,2018.

# 附录　常用焊接方法代号

| 焊接方法名称 | 焊接方法代号 | 焊接方法名称 | 焊接方法代号 |
|---|---|---|---|
| 电弧焊 | 1 | 压焊 | 4 |
| 焊条焊 | 111 | 摩擦焊 | 42 |
| 埋弧焊 | 12 | 扩散焊 | 45 |
| 熔化极惰性气体保护焊(MIG) | 131 | 其他焊接方法 | 7 |
| | | 电渣焊 | 72 |
| 熔化极非惰性气体保护焊(MAG) | 135(实心)<br>136(药芯) | 气电立焊 | 73 |
| | | 激光焊 | 751 |
| 非熔化极惰性气体保护焊(TIG) | 141 | 电子束焊 | 76 |
| | | 螺柱焊 | 78 |
| 等离子弧焊 | 15 | 钎焊 | 9 |
| 电阻焊 | 2 | 硬钎焊 | 91 |
| 点焊 | 21 | 软钎焊 | 94 |
| 缝焊 | 22 | | |
| 闪光焊 | 24 | | |
| 对焊 | 25 | | |
| 气焊 | 3 | | |
| 氧－乙炔焊 | 311 | | |